最新校勘精注今译本

# 四書五經

原　著　春秋　孔子等

学术顾问　汤一介　文怀沙

（三）

中國書店

# 邶 风

## 柏 舟①

### （一）

泛彼柏舟②，　　　　　　飘飘荡荡柏木舟，
亦泛其流③。　　　　　　浮在河中顺水流。
耿耿不寐④，　　　　　　意乱心烦难入睡，
如有隐忧⑤。　　　　　　心里积压无限愁。
微我无酒⑥，　　　　　　不是要喝没有酒，
以敖以游。　　　　　　不是想游没处游。

### （二）

我心匪鉴⑦，　　　　　　我心不比青铜镜，
不可以茹⑧。　　　　　　可把一切尽收容。
亦有兄弟，　　　　　　也有同胞亲兄弟，
不可以据⑨。　　　　　　却无一个能倚凭。
薄言往愬⑩，　　　　　　本想回家去诉苦，
逢彼之怒。　　　　　　正遇他们怒冲冲。

### （三）

我心匪石，　　　　　　我心不是石一块，
不可转也。　　　　　　不能由人转和移。
我心匪席，　　　　　　我心不是席一领，
不可卷也。　　　　　　不能由人卷和提。
威仪棣棣⑪，　　　　　　仪态庄严行为正，
不可选也⑫！　　　　　　哪能随便受人欺！

### （四）

忧心悄悄⑬，　　　　　　忧思重重如火燎，
愠于群小⑭。　　　　　　众妾怨怒胡缠搅。

靓闵既多⑮，　　　　　　所遭苦痛难数清，
受侮不少。　　　　　　　忍受欺侮真不少。
静言思之，　　　　　　　平心静想聚愁云，
寤辟有摽⑯。　　　　　　梦醒捶胸心烦恼。

（五）

日居月诸⑰，　　　　　　天上日月本明媚，
胡迭而微⑱？　　　　　　为何如今减光辉？
心之忧矣，　　　　　　　心头忧患难清洗，
如匪浣衣⑲。　　　　　　好似脏衣聚成堆。
静言思之，　　　　　　　平心静想实可叹，
不能奋飞！　　　　　　　不能展翅向天飞！

**【注释】**

①一个女子不遇于丈夫、见侮于众妾，便写了这首诗以摅忧愤。　②泛：漂流。　③亦：语气词。　④耿耿：焦虑不安貌。　⑤如：同而。隐忧：深忧。　⑥微：非，不是。　⑦匪：同非。鉴：镜子。　⑧茹：容纳。　⑨据：依靠。　⑩愬：同诉，诉苦。　⑪威仪：威严、礼仪。棣棣：雍容娴雅貌。　⑫选：同巽（xùn），屈挠退让。　⑬悄悄：忧愁貌。　⑭愠（yùn）：怒。群小：指众妾。　⑮靓（gòu）：同遘，遇到。闵（mǐn）：苦痛。　⑯寤（wù）：睡醒。辟：抚胸。摽（biào）：捶胸。　⑰日、月：喻指丈夫。居、诸：语气词。　⑱胡：何，为什么。迭：更迭，轮替。微：昏暗不明。　⑲匪浣（huàn）衣：没洗的脏衣服。浣：洗。

# 绿　衣①

（一）

绿兮衣兮，　　　　　　绿呀绿色衣，
绿衣黄里。　　　　　　绿面黄夹里。
心之忧矣，　　　　　　见此心忧伤，
曷维其已②！　　　　　何时是止期！

中華藏書

四书五经·最新校勘精注今译本

中国书店

（二）

绿兮衣兮，　　　　　　　　　绿呀绿色衣，
绿衣黄裳③。　　　　　　　　　绿衫黄下裙。
心之忧矣，　　　　　　　　　　见此心忧伤，
曷维其亡④！　　　　　　　　　何时能消泯！

（三）

绿兮丝兮，　　　　　　　　　　绿呀绿色衣，
女所治兮⑤。　　　　　　　　　是你亲手制。
我思古人⑥，　　　　　　　　　想我故人好，
俾无讹兮⑦。　　　　　　　　　使我免过失。

（四）

绤兮绤兮⑧，　　　　　　　　　粗葛细葛布，
凄其以风。　　　　　　　　　　穿上凉阴阴。
我思古人，　　　　　　　　　　想我故人好，
实获我心。　　　　　　　　　　事事称我心。

【注释】

①这是一首悼念亡妻的诗。　②曷：何。维：助词。已：止。　③裳：下衣。　④亡：无。王引之《经义述闻》："亡，犹已也。"　⑤女：汝，你。治：织做。　⑥古人：故人，指亡妻。
⑦俾（bǐ）：使。讹（yóu）：过失。　⑧绤（chī）：细葛布。绤（xì）：粗葛布。

## 燕　燕①

（一）

燕燕于飞，　　　　　　　　　　燕子在飞翔，
差池其羽②。　　　　　　　　　羽毛有短长。
之子于归③，　　　　　　　　　妹妹今出嫁，
远送于野。　　　　　　　　　　远送到郊荒。
瞻望弗及，　　　　　　　　　　背影望不见，
泣涕如雨。　　　　　　　　　　泪下如雨凉。

燕燕于飞，　　　　　　　　　燕子飞在天，
颉之颃之④。　　　　　　　　　上下屡盘旋。
之子于归，　　　　　　　　　　妹妹今出嫁，
远于将之⑤。　　　　　　　　　远送荒野间。
瞻望弗及，　　　　　　　　　　背影望不见，
伫立以泣。　　　　　　　　　　久立泪涟涟。

（三）

燕燕于飞，　　　　　　　　　　燕子飞前方，
下上其音。　　　　　　　　　　鸣声上下扬。
之子于归，　　　　　　　　　　妹妹今出嫁，
远送于南。　　　　　　　　　　远送到南疆。
瞻望弗及，　　　　　　　　　　背影望不见，
实劳我心。　　　　　　　　　　教人好心伤。

（四）

仲氏任只⑥，　　　　　　　　　二妹顶可信，
其心塞渊⑦。　　　　　　　　　虑事诚且深。
终温且惠⑧，　　　　　　　　　温柔又和蔼，
淑慎其身。　　　　　　　　　　贤惠善修身。
先君之思，　　　　　　　　　　追忆先君志，
以勖寡人⑨。　　　　　　　　　劝我莫消沉。

**【注释】**

①诗写卫国国君（翟相君认为当是卫庄公）送别二妹远嫁。　②差（cī）池：同参差，不齐貌。　③于归：出嫁。　④颉（xié）：上飞。颃（háng）：下飞。　⑤将：送。　⑥仲氏：老二，二妹。古人常以伯（或孟）、仲、叔、季为兄弟姊妹排行。任：信任。只：语气词。　⑦塞：诚实。渊：深。　⑧终：既。惠：和顺。　⑨勖（xù）：勉励。寡人：国君自称。

# 日　月①

## （一）

日居月诸②，  
照临下土。  
乃如之人兮③，  
逝不古处④。  
胡能有定？  
宁不我顾⑤！

太阳月亮挂长空，  
辉映大地放光明。  
你看这人多可恨，  
完全不按古道行。  
为何固执不悔改？  
竟不再到我房中！

## （二）

日居月诸，  
下土是冒⑥。  
乃如之人兮，  
逝不相好。  
胡能有定？  
宁不我报⑦！

太阳月亮挂长空，  
普照大地放光明。  
你看这人多可气，  
完全与我断前情。  
为何固执不悔改？  
意不与我把话通！

## （三）

日居月诸，  
出自东方。  
乃如之人兮，  
德音无良⑧。  
胡能有定？  
俾也可忘⑨！

太阳月亮放光芒，  
日复一日出东方。  
你看这人多可恼，  
品德低劣心不良。  
为何固执不悔改？  
真该把他忘一旁。

## （四）

日居月诸，  
东方自出。  
父兮母兮，  
畜我不卒⑩。  
胡能有定？  
报我不述⑪！

太阳月亮照苍穹，  
日复一日东方升。  
父母爹娘听诉告：  
丈夫情义半路停。  
为何固执不悔改？  
如此待我理不公！

中華藏書

四书五经

·

最新校勘精注今译本

中国书店

八二八

**【注释】**

　　①本诗是一位弃妇对其丈夫的怨愤之词。　②居、诸：语气词。　③乃：竟。之人：这个人。　④逝：发语词。古处：以古道相处。或云古同故，意为以旧日的友好态度相处。　⑤宁：竟然。　⑥冒：笼罩，覆盖。　⑦报：答。　⑧德音：道德名誉。　⑨俾（bǐ）：使。⑩畜：爱。卒：终。　⑪不述：不循义理。述：循。

# 终　风①

### （一）

终风且暴②，　　　　　　　　大风刮起疾又暴，
顾我则笑。　　　　　　　　见我就是嘻嘻笑。
谑浪笑敖③，　　　　　　　　放荡调戏纵轻狂，
中心是悼④。　　　　　　　　叫人伤心又害臊。

### （二）

终风且霾⑤，　　　　　　　　大风刮起尘遮天，
惠然肯来⑥。　　　　　　　　有时柔顺来我前。
莫往莫来，　　　　　　　　要是多日不来往，
悠悠我思。　　　　　　　　却又相思意绵绵。

### （三）

终风且曀⑦，　　　　　　　　大风刮起乌云密，
不日有曀⑧。　　　　　　　　暂晴又阴重遮蔽。
寤言不寐，　　　　　　　　梦醒长思睡不着，
愿言则嚏⑨。　　　　　　　　愿他感应打喷嚏。

### （四）

曀曀其阴⑩，　　　　　　　　阴雾沉沉水气生，
虺虺其雷⑪。　　　　　　　　远方隐隐有雷鸣。
寤言不寐，　　　　　　　　梦醒长思难入睡，
愿言则怀⑫。　　　　　　　　愿他悔悟怀我情。

**【注释】**

　　①诗写一女子对一放荡男子恨爱交织的矛盾心理。　②终：既。暴：疾风。　③谑浪：狂荡地调戏。谑：调戏。浪：放荡。笑敖：放纵地取笑。敖，放纵。王先谦《诗三家义集疏》：

"盖谑非不可谑，而浪则狂；笑非不可笑，而敖则纵。" ④悼：悲伤。 ⑤霾（mái）：烟尘蔽天貌。 ⑥惠然：柔顺貌。 ⑦曀（yì）：天有风而阴暗。 ⑧不日：不到一天。有：同又。 ⑨愿言则嚏（tì）：严粲《诗辑》："愿其嚏而知己思之也。"谚语："打喷嚏，有人想。" ⑩曀曀：天气阴暗貌。 ⑪虺虺（huī）：象声词，近于"轰轰"。 ⑫愿言则怀：《诗辑》："愿汝思怀我而悔悟也。"

# 击 鼓①

## （一）

击鼓其镗②，　　　　　　　　　敲起战鼓响冬冬，
踊跃用兵③。　　　　　　　　　军士踊跃练刀兵。
土国城漕④，　　　　　　　　　别人筑城服劳役，
我独南行。　　　　　　　　　　我独被调去南征。

## （二）

从孙子仲⑤，　　　　　　　　　跟随统帅孙子仲，
平陈与宋⑥。　　　　　　　　　出征调和陈与宋。
不我以归⑦，　　　　　　　　　久久不让回家园，
忧心有忡⑧。　　　　　　　　　忧心如焚真苦痛。

## （三）

爰居爰处⑨，　　　　　　　　　随时随处扎营盘，
爰丧其马⑩。　　　　　　　　　战马走失令人烦。
于以求之⑪？　　　　　　　　　叫我哪里去寻找？
于林之下。　　　　　　　　　　原来藏在树林间。

## （四）

死生契阔⑫，　　　　　　　　　夫妻生死在一道，
与子成说⑬。　　　　　　　　　与你相约永结好。
执子之手　　　　　　　　　　　双双携手爱情深，
与子偕老。　　　　　　　　　　与你白头同到老。

## （五）

于嗟阔兮⑭，　　　　　　　　　可叹远隔路冥冥，
不我活兮！　　　　　　　　　　使我性命难活成！
于嗟洵兮⑮，　　　　　　　　　可哀分离恁长久，
不我信兮⑯！　　　　　　　　　使我誓言全落空！

## 【注释】

①卫国士卒久戍陈宋，欲归不得，作此诗以摅怨愤。清人姚际恒依《左传》记载，认为是指鲁宣公十二年，宋伐陈，卫穆公出兵救陈而受晋国攻伐、处境狼狈的事，可备一说。　②镗（tāng）：击鼓声。　③兵：指兵器。　④土国：在国都服役于土功。城漕：在漕邑筑城。土、城，都作动词。　⑤孙子仲：此次南征的卫国统帅。　⑥平陈与宋：平弥陈、宋两国的纠纷。　⑦不我以归：不让我回去。"我"字因否定而宾语前置。　⑧有忡（chōng）：犹忡忡，心神不宁貌。　⑨爰（yuán）：于是。　⑩丧：丢失。　⑪于以：于何。　⑫契：合。阔：离。契阔：偏义复词，偏取"合"义。　⑬子：作者称其妻子。成说：说定。　⑭于：同吁。于嗟：叹词。　⑮洵（xún）：久远。　⑯信：守信用，守约。

# 凯　风①

## （一）

凯风自南②，　　　　　　　　　和风自南吹到，
吹彼棘心③。　　　　　　　　　轻拂枣树幼苗。
棘心夭夭④，　　　　　　　　　枣树生长旺盛，
母氏劬劳⑤。　　　　　　　　　母亲受尽辛劳。

## （二）

凯风自南，　　　　　　　　　　和风自南吹来，
吹彼棘薪⑥。　　　　　　　　　枣树长成薪柴。
母氏圣善⑦，　　　　　　　　　母亲明达良善，
我无令人⑧。　　　　　　　　　兄弟无人成材。

## （三）

爰有寒泉⑨，　　　　　　　　　一条清澈寒泉，
在浚之下⑩。　　　　　　　　　流过浚城旁边。
有子七人，　　　　　　　　　　虽有儿子七人，
母氏劳苦。　　　　　　　　　　母亲受尽辛酸。

## （四）

睍睆黄鸟⑪，　　　　　　　　　黄雀美丽动人，
载其好音⑫。　　　　　　　　　鸣声悦耳如琴。
有子七人，　　　　　　　　　　虽有儿子七人，
莫慰母心。　　　　　　　　　　不能悦慰母心。

**【注释】**

①这是一首歌颂母亲兼以自责的诗。自古揣度本事，歧解纷纭，率无实据。　②凯：乐。凯风：和乐之风，以喻母亲。　③棘：枣树。棘心：枣树的嫩芽，以喻子女。　④夭夭：旺盛貌。　⑤劬（qú）：辛苦。　⑥束薪：可以做柴火的酸枣树，比喻长大的孩子。　⑦圣善：明达良善。　⑧令：善。　⑨爰：发语词。寒泉：泉名，其水冬夏常寒，故曰寒泉。　⑩浚（xùn）：卫国邑名。此上二句以寒泉之有益反衬七子之不材。　⑪睍睆（xiàn huǎn）：形容颜色美丽。一解为形容鸣声婉转。　⑫载：犹则。此上二句以黄鸟之鸣声娱人，反衬七子之不能安慰母心。

## 雄　雉①

### （一）

雄雉于飞②，　　　　　　　雄雉飞向远方，
泄泄其羽③。　　　　　　　鼓起彩色翅膀。
我之怀矣，　　　　　　　　我把夫君怀念，
自诒伊阻④！　　　　　　　原是自寻忧伤！

### （二）

雄雉于飞，　　　　　　　　雄雉飞向远方，
下上其音。　　　　　　　　鸣声上下抑扬。
展矣君子⑤，　　　　　　　夫君好不艰苦，
实劳我心！　　　　　　　　令我挂肚牵肠！

### （三）

瞻彼日月，　　　　　　　　仰望太阳月亮，
悠悠我思。　　　　　　　　我的相思绵长。
道之云远⑥，　　　　　　　道路如此遥远，
曷云能来⑦？　　　　　　　何时回我身旁？

### （四）

百尔君子⑧，　　　　　　　难道你们君子，
不知德行？　　　　　　　　不知道德荣光？
不忮不求⑨，　　　　　　　莫去贪财妒忌，
何用不臧⑩！　　　　　　　何事能不吉祥！

【注释】

①丈夫远行，妻子思念而作此诗。　②雉（zhì）：野鸡。雄雉：这里以喻丈夫。　③泄泄（yì）：鼓翼飞翔貌。　④诒：通贻，遗留。伊：此。阻：忧愁。　⑤瘝：艰难，劳苦。　⑥云：语助词。　⑦曷：何。　⑧百：凡是，所有。　⑨忮（zhì）：嫉妒害人。　⑩臧（zāng）：善。

# 匏有苦叶①

### （一）

匏有苦叶②，　　　　　　　　葫芦叶枯葫芦熟，
济有深涉③。　　　　　　　　济水渡口深水流。
深则厉④，　　　　　　　　　水深葫芦系腰上，
浅则揭⑤。　　　　　　　　　水浅葫芦扛肩头。

### （二）

有渳济盈⑥，　　　　　　　　济水乍看满盈盈，
有雉雊鸣⑦。　　　　　　　　野鸡咯咯叫不停。
济盈不濡轨⑧，　　　　　　　半截车轮未湿到，
雉鸣求其牡⑨。　　　　　　　野鸡婆唤野鸡公。

### （三）

雝雝鸣雁⑩，　　　　　　　　大雁对唱正多情，
旭日始旦⑪。　　　　　　　　朝阳初上放光明。
士如归妻⑫，　　　　　　　　你若有心将我娶，
迨冰未泮⑬。　　　　　　　　要趁河水未结冰。

### （四）

招招舟子⑭，　　　　　　　　船夫向我连招手，
人涉卬否⑮。　　　　　　　　别人过河我不走。
人涉卬否，　　　　　　　　　别人过河我不走，
卬须我友⑯。　　　　　　　　我等我的好朋友。

【注释】

①诗写济水旁有一个姑娘，在等待对岸的未婚夫前来迎娶。　②匏（páo）：葫芦。系在腰

间利于水中漂浮，故可借以渡水，称为腰舟。苦：通枯。叶枯，标志着葫芦已干，可做腰舟了。 ③济（jǐ）：水名，源出河南济源县西王屋山。涉：这里指渡口。 ④厉：带。这里指带葫芦泅水。 ⑤揭（qì）：扛。 ⑥有涴（mí）：犹涴涴，水满貌。 ⑦有鷕（yǎo）：犹鷕鷕，雉的鸣声。 ⑧濡（rú）：沾湿。轨：车轴的两端。 ⑨牡：雄兽称牡，此指雄雉。 ⑩雝雝（yōng）：鸟的鸣声。 ⑪旭日：初升的太阳。旦：明。 ⑫归妻：娶妻。归本为嫁义，这里是使动用法。 ⑬迨（dài）：及，趁。泮（pàn）：通泮，合。 ⑭招招：摆手相招。 ⑮卬（áng）：我。 ⑯须：等待。

# 谷　风①

## （一）

习习谷风②，　　　　　　　呼呼山谷暴风临，
以阴以雨③。　　　　　　　黑云狂雨冷森森。
黾勉同心④，　　　　　　　夫妻勉力同心过。
不宜有怒。　　　　　　　　不应怒火伤亲人。
采葑采菲⑤，　　　　　　　蔓菁萝卜收回去，
无以下体⑥？　　　　　　　难道留叶舍弃根？
德音莫违⑦：　　　　　　　从前情话别忘记：
及尔同死！　　　　　　　　和你到死不离分！

## （二）

行道迟迟⑧，　　　　　　　无奈离家步迟缓，
中心有违⑨。　　　　　　　心中矛盾意难言。
不远伊迩⑩，　　　　　　　不肯送远应送近，
薄送我畿⑪。　　　　　　　却只送我到门前。
谁谓荼苦⑫？　　　　　　　谁说荼菜味道苦？
其甘如荠⑬。　　　　　　　比我它如荠菜甜。
宴尔新婚⑭，　　　　　　　瞧他新婚多欢快，
如兄如弟。　　　　　　　　两口亲如兄弟般。

**（三）**

泾以渭浊⑮，
湜湜其沚⑯。
宴尔新婚，
不我屑以⑰。
毋逝我梁⑱，
毋发我笱⑲。
我躬不阅⑳，
遑恤我后㉑！

渭水衬得泾水浊，
泾水静时变清波。
瞧他新婚多欢快，
与我旧情一刀割。
别到我的鱼坝去，
别把我的鱼篓挪。
我身尚且容不下，
身后之事更别说！

**（四）**

就其深矣，
方之舟之㉒。
就其浅矣，
泳之游之㉓。
何有何亡㉔，
黾勉求之。
凡民有丧㉕，
匍匐救之㉖。

若是河水深幽幽，
那就可以撑船舟。
若是河水清浅浅，
那就可以下水游。
家中有这缺少那，
总是尽心代你求。
凡是乡邻出灾祸，
总是竭力去援救。

**（五）**

能不我慉㉗，
反以我为仇。
既阻我德㉘，
贾用不售㉙。
昔育恐育鞠㉚，
及尔颠覆㉛。
既生既育，
比予于毒㉜。

如今对我无爱情，
反来为仇理不通。
狠心拒绝我好意，
好像物品卖不成。
从前恐慌又穷困，
与你携手患难同。
如今日子一改善，
转眼看我像毒虫。

## （六）

| | |
|---|---|
| 我有旨蓄③， | 我有咸菜和干菜， |
| 亦以御冬。 | 贮藏起来好过冬。 |
| 宴尔新婚， | 瞧他新婚多欢快， |
| 以我御穷。 | 准备拿我抵困穷。 |
| 有洸有溃③， | 大发雷霆真凶暴， |
| 既诒我肄㉟。 | 蛮横逼我做苦工。 |
| 不念昔者： | 为何不念当初意： |
| 伊余来塈㊱！ | 惟我是爱注深情！ |

【注释】

①这是一首弃妇诗。她曾与丈夫共处患难，而现在丈夫却将她弃逐，另娶新欢。诗中抚今追昔，悲愤陈情。　②习习：犹飒飒，大风声。谷风：山谷中的风。　③以：又。　④黾（mǐn）勉：勉力，努力。　⑤葑（fēng）：蔓菁，又名芜菁、大头菜。菲：萝卜。　⑥以：用。下体：指块根。　⑦德音：善言。　⑧迟迟：缓慢。　⑨中心：即心中。违：相背。有违：有矛盾。　⑩伊：语助词。迩：近。　⑪薄：勉强。畿：即"机"，门槛。　⑫荼（tú）：苦菜。　⑬荠（jì）：菜名，味甜。　⑭宴：欢乐。昏：同婚。　⑮泾、渭：皆水名，源出甘肃。泾浊，渭清，二者在陕西高陵县合流。　⑯湜湜（shí）：水清貌。　⑰屑：洁。这里有看重的意思。　⑱逝：去。梁：鱼梁、鱼坝。用石头拦阻水流，中留缺口，以便捕鱼。　⑲发：借为拨，有乱拉意。笱（gǒu）：竹篓，口对鱼梁空缺处，用来捉鱼。　⑳躬：自身。不阅：不容。　㉑遑（huáng）：暇。有"无暇"、"哪会"之意。恤（xù）：忧虑，顾及。　㉒方：筏子，用作动词。　㉓泳：潜游。　㉔亡：同无。　㉕丧：灾殃。　㉖匍匐：爬行。形容尽力。　㉗能：乃。懂：同畜，爱。　㉘阻：拒绝。　㉙贾（gǔ）：卖。不售：卖不出去。　㉚育：应作"有"，形似而误。恐：恐慌。鞠（jū）：贫穷。　㉛颠跌倒。覆：翻倒。颠覆：指患难。　㉜毒：毒虫。　㉝旨：美。蓄：积藏的菜蔬。　㉞有洸（guāng）有溃：洸洸溃溃。水激怒溃决之貌。这里形容人的凶暴盛怒。　㉟诒：同遗，留。肄（yì）：劳苦事务。　㊱伊：维。来：语助词，无义。塈（jì）：愍的借字，意思是爱。"伊余来塈"意即"惟我是爱"，只爱我一个人。

# 式　微①

## （一）

式微式微②，　　　　　　　　　天已黑，天已黑，

胡不归？　　　　　　　　　　　为何难以把家回？

微君之故③，　　　　　　　　　不为主子服苦役，

胡为乎中露④？　　　　　　　　怎会头顶寒露受伤悲？

## （二）

式微式微，　　　　　　　　　　天已黑，天已黑，

胡不归？　　　　　　　　　　　为何难以把家回？

微君之躬⑤，　　　　　　　　　不为主子养贵体，

胡为乎泥中？　　　　　　　　　怎会脚踩污泥恁倒霉？

【注释】

①这是劳役之人对狠暴领主的强烈抗议。　②式：发语词，无义。微（mèi）：通昧。幽暗，指天黑。　③微：非，不是。故：事。　④中露：即露中。　⑤躬：身体。

# 旄　丘①

## （一）

旄丘之葛兮②，　　　　　　　　山丘的葛藤啊，

何诞之节兮③？　　　　　　　　为何枝节生得特长？

叔兮伯兮④，　　　　　　　　　叔叔和伯伯啊，

何多日也⑤？　　　　　　　　　为何长期不肯相帮？

## （二）

何其处也⑥？　　　　　　　　　为何安居不动？

必有与也⑦。　　　　　　　　　想必是等盟军。

何其久也？　　　　　　　　　　为何拖得恁久？

必有以也⑧。　　　　　　　　　其中必有原因。

## （三）

| | |
|---|---|
| 狐裘蒙戎⑨， | 狐皮袍子蓬松， |
| 匪车不东⑩。 | 不发战车向东。 |
| 叔兮伯兮， | 哎呀叔叔伯伯， |
| 靡所与同⑪！ | 我们心情不同！ |

## （四）

| | |
|---|---|
| 琐兮尾兮⑫， | 我们渺小难民， |
| 流离之子⑬！ | 流散难回国门！ |
| 叔兮伯兮， | 无奈叔叔伯伯， |
| 褎如充耳⑭。 | 嬉笑充耳不闻。 |

**【注释】**

①黎国的一些流亡者来到卫国，盼望执政者出兵援救黎国而不得，作此诗。 ②旄丘：前高后低的土山。葛：野生植物，蔓长而韧。 ③诞：长。节：葛藤的枝节。 ④叔、伯：对贵族的称呼。 ⑤多日：指拖延了许多日子。 ⑥处：安居。 ⑦与：指盟国。 ⑧以：原因。 ⑨狐裘：狐皮袍。蒙戎：一作尨茸，即蓬松。 ⑩匪：彼。不东：不向东来。 ⑪靡：无。同：同心。 ⑫琐：细小。尾：通"微"，卑贱。 ⑬流离：流转离散。 ⑭褎（yòu）：笑貌。充耳：塞耳。

# 简　兮①

## （一）

| | |
|---|---|
| 简兮简兮②， | 鼓声起，响冬冬， |
| 方将万舞③。 | 一场万舞要举行。 |
| 日之方中， | 太阳正在中天照， |
| 在前上处④。 | 队前舞师第一名。 |

## （二）

| | |
|---|---|
| 硕人俣俣⑤， | 身材魁梧好威风， |
| 公庭万舞⑥。 | 万舞演出在宫庭。 |
| 有力如虎， | 舞姿有力猛如虎， |
| 执辔如组⑦。 | 手握马缰赛丝绳。 |

左手执籥⑧，　　　　　左握玉笛声出口，
右手秉翟⑨。　　　　　右挥雉尾翻飞走。
赫如渥赭⑩，　　　　　脸色如染泛红光，
公言锡爵⑪。　　　　　卫公犒赏金杯酒。

（四）

山有榛⑫，　　　　　　山上葱茏榛子壮，
隰有苓⑬。　　　　　　地下蓬勃甘草旺。
云谁之思？　　　　　　我心思慕系何人？
西方美人⑭。　　　　　西方舞师真正棒。
彼美人兮，　　　　　　好勇士啊美男子，
西方之人兮！　　　　　如云飘来自西方！

【注释】

①本诗写一位女子看了舞师的壮美表演而产生强烈的爱慕之心。　②简：鼓声。一说通"倜"，武勇之貌。　③方将：正要，即将。万舞：一种大型舞蹈。"万者，舞之总名。武用干戚，文用羽籥也。"（朱熹《诗集传》）干即盾，戚即板斧，羽是雉羽，籥是一种乐器。　④前上：前列的上头。　⑤硕人：身材高大的人。指舞师。俣俣（yǔ）：魁梧貌。　⑥公庭：宗庙的前庭。　⑦辔（pèi）：马缰绳。组：丝绳。　⑧籥（yuè）：古乐器名，分吹、舞二种。吹籥似笛而短，三孔；舞籥亦似笛，长三尺，六孔，舞师可用以指挥舞蹈。　⑨秉：拿。翟（dí）：野鸡尾。舞师亦可用以指挥舞蹈。　⑩赫：形容脸色红而有光。渥（wò）：涂抹。赭（zhě）：红土。　⑪公：指卫国之君。锡：赐。爵：酒器名。　⑫榛（zhēn）：树名。果名榛子，似栗而小。　⑬隰（xí）：低湿之地。苓（líng）：药名，即甘草。余冠英说："《诗经》里凡称'山有□，隰有□'而以大树小草对举的往往是隐语，以木喻男，以草喻女，这里两句似乎也是这种隐语。"（《诗经选》）　⑭美人：即上文"硕人"。王先谦《诗三家义集疏》云："古人硕、美二字为赞美男女之统词。故男亦称美，女亦称硕。"

# 泉　水①

## （一）

毖彼泉水②，　　　　　想起朝歌心神往，
亦流于淇③。　　　　　突突清泉起波澜，
有怀于卫，　　　　　　流入淇水细涓涓。

| 靡日不思④。 | 无日不思旧家园。 |
| 娈彼诸姬⑤， | 卫国众女多俊秀， |
| 聊与之谋⑥。 | 且和她们去商谈。 |

### （二）

| 出宿于沛⑦， | 当年途中宿沛地， |
| 饮饯于祢⑧。 | 亲友饯行在祢邑。 |
| 女子有行⑨ | 女子出嫁离祖国， |
| 远父母兄弟。 | 远别父母和兄弟。 |
| 问我诸姑， | 救国请教众姑姑， |
| 遂及伯姊⑩。 | 再向姊妹问主意。 |

### （三）

| 出宿于干⑪， | 回答首先宿干地， |
| 饮饯于言⑫。 | 亲友饯行在言邑。 |
| 载脂载舝⑬， | 上好车键膏好油， |
| 还车言迈⑭。 | 车轮滚滚归故里。 |
| 遄臻于卫⑮， | 快返卫国旧都城， |
| 不瑕有害⑯。 | 没啥害处可忧虑。 |

### （四）

| 我思肥泉⑰， | 我思肥泉清水流， |
| 兹之永叹⑱。 | 更增叹息无尽头。 |
| 思须与漕⑲， | 栖身沫邑与漕地， |
| 我心悠悠。 | 一天到晚闷悠悠。 |
| 驾言出游， | 驾上车子出去逛， |
| 以写我忧⑳。 | 以此消我心中愁。 |

**【注释】**

①许穆夫人闻知祖国卫国被狄人攻破，遗民逃至漕邑，于是驰往漕邑吊唁，作此诗。诗中记述了她与卫国诸女子谋划救卫的过程，表达了一时间救国无门的苦闷。　②毖（bì）：泌的借字，涌流貌。泉水：即百泉，在今河南辉县市西北。　③淇：卫国水名。　④靡：无。　⑤娈（luán）：美好貌。诸姬：指卫国未嫁诸女子。卫国姬姓，故称。　⑥聊：姑且。谋：商议。　⑦沛（jǐ）：地名。　⑧饯：饮宴送行。祢（mǐ）：地名。　⑨行：嫁。程俊英说："'女子有行'二句，亦见于他诗，可能是当时常用的谚语。"（《诗经译注》）　⑩伯姊：大姐。　⑪干：地名。　⑫言：地名。　⑬

载：发语词，无义。脂：用油膏车。舝（xiá）：车轴两头的键。不用车时脱下，用时装上。这里舝用作动词。　⑭言：助词。迈：行。　⑮遄（cuán）：快。臻（zhēn）：到。　⑯不瑕：不至（闻一多说）。瑕，古通遐。　⑰肥泉：水名。《水经注》："其水更迳朝歌城北，又东南流注马须沟水，又东南注淇水，为肥泉也。"　⑱兹：通滋，增加。永叹：长叹。　⑲须、漕：皆卫国地名。须本为须，即古文沫（mèi）字，因形近而误。　⑳写：通泻，抒泄、消除。

# 北　门④

## （一）

| | |
|---|---|
| 出自北门， | 茫然走出城北门， |
| 忧心殷殷②。 | 心头忧虑重沉沉。 |
| 终窭且贫③， | 既无排场又穷困， |
| 莫知我艰。 | 没人知道我艰辛。 |
| 已焉哉④， | 算了吧， |
| 天实为之， | 这是老天安排下， |
| 谓之何哉！ | 还有啥办法！ |

## （二）

| | |
|---|---|
| 王事适我⑤， | 皇家公差一件件， |
| 政事一埤益我⑥。 | 日常政事更没完。 |
| 我入自外， | 我从外面回家转， |
| 室人交徧谪我⑦。 | 家中个个发怨言。 |
| 已焉哉， | 算了吧， |
| 天实为之， | 这是老天安排好， |
| 谓之何哉！ | 还有啥法找！ |

## （三）

| | |
|---|---|
| 王事敦我⑧， | 皇家公差一重重， |
| 政事一埤遗我⑨。 | 日常事务更无穷。 |
| 我入自外， | 我从外面回家中， |
| 室人交徧摧我⑩。 | 家中个个冷冰冰。 |
| 已焉哉， | 算了吧， |
| 天实为之， | 这是老天安排定， |
| 谓之何哉！ | 还能咋变更！ |

中華藏書

四书五经·最新校勘精注今译本

中国书店

①这是一首位卑小吏的怨苦之诗。　　②殷殷：忧愁深重貌。　　③终：既。窭（jù）：困窘。原意是住房窄陋，无法讲究礼节。　　④已焉哉：既然这样子。有"算了吧"的意思。　　⑤王事：有关王室的差事。适：同谪，即掷字。掷我：扔给我。　　⑥政事：指日常政务。一：完全。埤（pí）：厚、重。益：增加。　　⑦室人：家人。交：交潜，轮流。　遍：同遍。谪（zhé）：责备。　　⑧敦：迫、促。　　⑨遗（wèi）：加，交给。　　⑩摧：讽刺。

# 北　风①

## （一）

| | |
|---|---|
| 北风其凉， | 北风冷森森， |
| 雨雪其雱②。 | 大雪落纷纷。 |
| 惠而好我③， | 深情把我爱， |
| 携手同行。 | 携手回家门。 |
| 其虚其邪④， | 让车缓缓进， |
| 既亟只且⑤！ | 不要快速奔！ |

## （二）

| | |
|---|---|
| 北风其喈⑥， | 北风嗖嗖凉， |
| 雨雪其霏⑦。 | 大雪纷纷扬。 |
| 惠而好我， | 深情把我爱， |
| 携手同归。 | 携手回家乡。 |
| 其虚其邪， | 把车稳稳驾， |
| 既亟只且！ | 不要太匆忙！ |

## （三）

| | |
|---|---|
| 莫赤匪狐⑧， | 不红不是狐， |
| 莫黑匪乌⑨。 | 不黑不是乌。 |
| 惠而好我， | 深情把我爱， |
| 携手同车。 | 同车上归途。 |
| 其虚其邪， | 让车慢慢跑， |
| 既亟只且！ | 不要太仓促！ |

①这是一首姑娘出嫁诗。新娘把知心的话儿悄悄说给新郎。　②雨雪：下雪。雱（pāng）：雪盛貌。　③惠：爱。　④虚：借为舒，舒缓。邪：借为徐，徐缓。　⑤亟：同急。只且（jū）：语助词，犹言"也哉"。　⑥喈（jiē）：风急貌。　⑦霏（fēi）：雪密貌。　⑧匪：通非。狐：狐狸，古时视为婚姻瑞应之象。　⑨乌：乌鸦，亦为婚姻瑞应之象。

# 静　女①

## （一）

静女其姝②，　　　　　　　善良姑娘多美丽，
俟我于城隅③。　　　　　　城角等我会佳期。
爱而不见④，　　　　　　　故意隐藏不露面，
搔首踟蹰。　　　　　　　　抓耳挠腮好着急。

## （二）

静女其娈⑤，　　　　　　　善良姑娘白又细，
贻我彤管⑥。　　　　　　　送我一支红管笛。
彤管有炜⑦，　　　　　　　红管玲珑光闪闪，
说怿女美⑧。　　　　　　　百看不厌爱入迷：

## （三）

自牧归荑⑨，　　　　　　　牧场茅草送情人，
洵美且异⑩。　　　　　　　又鲜又嫩妙绝伦，
匪女之为美⑪，　　　　　　不是茅草有多美，
美人之贻。　　　　　　　　它是美人一片心。

【注释】

①这是一首爱情诗。其中以男子口吻叙写了他们幽期密会的生动情景。　②静：靖的借字，善。静女：善女，淑女。姝（shū）：美丽。　③俟：等待。城隅：城角。　④爱：薆的借字，隐藏。　⑤娈：美好貌。　⑥贻：赠送。彤（tóng）：红色。管：一种乐器。　⑦炜（wěi）：红而有光貌。　⑧说：同悦。怿（yì）：喜爱。女：同汝，指彤管。　⑨牧：郊外牧场。归：同馈，赠送。荑（tí）：初生的茅草，象征爱情。　⑩洵：确实。　⑪匪：非。女：汝，指荑。

# 新　台①

## （一）

新台有泚②，　　　　　　　堤上新台闪光辉，
河水浼浼③。　　　　　　　河水茫茫大浪随。
燕婉之求④，　　　　　　　本想嫁个好男子，
籧篨不鲜⑤。　　　　　　　却遇蛤蟆太倒霉。

## （二）

新台有洒⑥，　　　　　　　堤上新台高巍巍，
河水浼浼⑦。　　　　　　　河水滔滔去不回。
燕婉之求，　　　　　　　本想嫁个好男子，
籧篨不殄⑧。　　　　　　　却遇蛤蟆好伤悲。

## （三）

鱼网之设⑨，　　　　　　　为了打鱼把网开，
鸿则离之⑩。　　　　　　　不料蟾蜍钻进来。
燕婉之求，　　　　　　　本想嫁个好男子，
得此戚施⑪。　　　　　　　却遇蛤蟆真可哀。

**【注释】**

①齐女将嫁卫宣公之子伋，卫宣公代为迎娶。他听说此女美丽，便在河上筑台，劫为己有。人民憎恨，作此诗。　②泚（cǐ）：鲜明貌。　③浼浼（mǐ）：水盛貌。　④燕婉：欢乐美好貌。　⑤籧篨（qúchú）：即"居诸"，就是蛤蟆。用来比喻卫宣公。鲜：美。　⑥洒：古音xiǎn，高峻貌。　⑦浼浼：古音mǎn，水盛貌。　⑧殄（tiǎn）：同腆，善也。　⑨鱼网之设：男女求偶的隐语。　⑩鸿：即蛤蟆。闻一多《诗新台鸿字说》："苦汉即鸿之古读也……而苦汉实蟾蜍之异名。"后来他又进一步说："'鸿''公'谐声，'鸿'是双关语。"确是精见。离：通罹，遇上。　⑪戚施：蛤蟆。

中華藏書

诗经

中国书店

# 二子乘舟①

## （一）

二子乘舟，  　　　　　　　　两儿同乘一条船，
泛泛其景②。  　　　　　　　　飘飘荡荡向天边。
愿言思子③，  　　　　　　　　常把你们来牵挂，
中心养养④。  　　　　　　　　心里忧伤甚不安。

## （二）

二子乘舟，  　　　　　　　　两儿同乘一条船，
泛泛其逝⑤。  　　　　　　　　飘飘荡荡影杳然。
愿言思子，  　　　　　　　　常把你们来牵挂，
不瑕有害⑥？  　　　　　　　　此行是否有祸端？

**【注释】**

①这是一首父母忧念乘舟远行之子的诗。一说卫宣公为公室矛盾而谋杀了自己的伋、寿二子，国人伤之而作此诗。　②泛泛：漂流貌。景：古通憬，远行貌。　③愿：每每。　④养养：恙恙的借字，忧愁不安貌。　⑤逝：往。　⑥不瑕：不至。瑕：古通遐。

# 鄘 风

## 柏 舟①

### (一)

泛彼柏舟,　　　　　　　柏木小船忆销魂,
在彼中河②。　　　　　　河中波粼粼。
髧彼两髦③,　　　　　　分垂鬓发美年少,
实维我仪④,　　　　　　我已和他订终身,
之死矢靡它⑤。　　　　　誓死不变心。
母也天只⑥　　　　　　　老天爷,老娘亲,
不谅人只⑦!　　　　　　为啥不能体谅人!

### (二)

泛彼柏舟,　　　　　　　柏木小船忆销魂,
在彼河侧。　　　　　　　近岸草如茵。
髧彼两髦,　　　　　　　分垂鬓发美年少,
实维我特⑧,　　　　　　我已和他结同心,
之死矢靡慝⑨。　　　　　誓死不离分。
母也天只,　　　　　　　老天爷,老娘亲,
不谅人只!　　　　　　　为啥不能体谅人!

## 【注释】

①诗写一位姑娘要求婚姻自由,宁死不改其志。　②中河:即河中。　③髧(dàn):头发下垂貌。两髦(máo):古代男子二十岁加冠,未冠前披发,额前长至眉毛,额后扎成两缕,左右各一,叫两髦。　④维:是。仪:古读é,义为配偶。　⑤之:到。矢:誓。靡它:没有二心。　⑥只:语气词。　⑦谅:体谅。　⑧特:配偶。　⑨慝(tè):忒的借字,更改。

# 墙 有 茨①

## (一)

墙有茨②，　　　　　　　　　墙上蒺藜守，
不可埽也③。　　　　　　　　不可连根扭。
中冓之言④　　　　　　　　　宫中隐秘话，
不可道也。　　　　　　　　　不可说出口。
所可道也⑤，　　　　　　　　若要说出口，
言之丑也。　　　　　　　　　听来实在丑。

## (二)

墙有茨，　　　　　　　　　　墙上蒺藜满，
不可襄也⑥。　　　　　　　　不可连根剪。
中冓之言，　　　　　　　　　宫中隐秘话，
不可详也。　　　　　　　　　不可详细谈。
所可详也，　　　　　　　　　若要详细谈，
言之长也。　　　　　　　　　说来没个完。

## (三)

墙有茨，　　　　　　　　　　墙上蒺藜多，
不可束也⑦。　　　　　　　　不可连根拖。
中冓之言，　　　　　　　　　宫中隐秘话，
不可读也⑧。　　　　　　　　不可公开说。
所可读也，　　　　　　　　　若要公开说，
言之辱也。　　　　　　　　　人脸没处搁。

## 【注释】

①卫宣公劫娶了儿妻齐女宣姜。宣公死后，其庶长子公子顽又与宣姜姘居，生三男二女。对此宫廷秽事，本诗作了讥讽。　②茨（cí）：蒺藜。　③埽：同扫。不可埽：墙上蒺藜，可用以防闲内外，故云。　④冓（gòu）：内室，此指宫闱内部。　⑤所：若。全句为假设语气。⑥襄：通攘，除去。　⑦束：总聚，意思是收拾干净。　⑧读：诵书，引申为大声谈论。

# 君子偕老①

## （一）

君子偕老②，  
副笄六珈③。  
委委佗佗④，  
如山如河⑤，  
象服是宜⑥。  
子之不淑⑦，  
云如之何！

原为偕老伴夫君，  
玉簪步摇到国门。  
高雅雍容好风度，  
有如山河大气存，  
一领画袍正合身。  
被人拦劫遭污染，  
消息传来震听闻。

## （二）

玼兮玼兮⑧，  
其之翟也⑨。  
鬒发如云⑩  
不屑髢也⑪。  
玉之瑱也⑫，  
象之揥也⑬，  
扬且之皙也⑭。  
胡然而天也⑮？  
胡然而帝也？

华贵礼服颜色鲜，  
野雉五彩绣上边。  
青丝如云姿色美，  
不用假发最天然。  
美玉耳环两边戴，  
象牙簪子插上端，  
皮肤白嫩眉宇宽。  
为何仙女来天外？  
为何帝子降人间？

## （三）

瑳兮瑳兮⑯，  
其之展也⑰。  
蒙彼绉絺⑱，  
是绁袢也⑲。  
子之清扬，  
扬且之颜也。  
展如之人兮⑳，  
邦之媛也㉑。

装扮整齐光彩生，  
丹纱客衣多轻盈。  
优质绉罗作外罩，  
雪白内衣透朦胧。  
眉清目秀秋波动，  
端正大方脸含情。  
容貌如此婵娟女，  
倾国之色何处逢！

**【注释】**

①诗中以几乎全部篇幅描绘了一位贵夫人的雍容美艳，而仅以二句轻轻点破"子之不淑，云如之何"，遂造成以美为刺的鲜明特色。《郑笺》说，所刺者即卫宣姜。陈子展认为，"此诗为宣姜初至时作"（《国风选译》）。　②君子：指公子伋，卫宣公之子。偕老：夫妻相爱共老。　③副：一种首饰。笄（jī）：簪。珈（jiā）：饰玉，垂于笄下。汉代代之以垂珠，称为步摇。六珈：六颗饰玉。　④委委佗佗（tuó）：行步优美、雍容自得貌。　⑤如山如河：形容安重、弘深。　⑥象服：即袆衣，王后之服。"象鸟羽而画之，故谓象服也。"（《孔疏》）　⑦子：你，宣姜。淑：贤。此句言姜氏为宣公强娶而不得拒。　⑧玼（cǐ）：玉色鲜明貌，这里形容衣服鲜盛。　⑨翟（dí）：野鸡的一种。这里指翟衣，为祭服，上有野鸡的彩图为饰。　⑩鬒（zhěn）发：乌黑浓密的头发。　⑪髢（dì）：假发。　⑫瑱（tiàn）：冠冕两侧的垂玉，系以丝绳，用以塞耳。　⑬象之挮（tì）：象牙制的簪子。后名搔首、搔头。　⑭扬：额部宽广。且（jū）：句中助词，无义。皙（xī）：白净。　⑮胡：何。然：这样。而：如。　⑯瑳（cuō）：玉色鲜洁貌。　⑰展：通襢，丹纱或白纱单衣，会见君主及宾客时的礼服。　⑱绉绤（chī）：绉纱。　⑲绁袢（xiè pàn）：亦称亵衣，贴身内衣。　⑳展：诚然。　㉑媛（yuán）：美女。

# 桑 中①

## （一）

| | |
|---|---|
| 爰采唐矣②？ | 哪里采棠梨？ |
| 沬之乡矣③。 | 沬邑一村庄。 |
| 云谁之思④？ | 把谁来思念？ |
| 美孟姜矣⑤。 | 美人叫孟姜。 |
| 期我乎桑中⑥， | 约我桑中藏， |
| 要我乎上宫⑦ | 邀我上楼房， |
| 送我乎淇之上矣⑧。 | 临行送我淇水旁。 |

## （二）

| | |
|---|---|
| 爰采麦矣？ | 哪里采麦子？ |
| 沬之北矣。 | 沬邑北面地。 |
| 云谁之思？ | 把谁来思念？ |
| 美孟弋矣。 | 美人叫孟弋。 |
| 期我乎桑中， | 约我桑中欢， |
| 要我乎上宫， | 邀我上楼间， |
| 送我乎淇之上矣。 | 临行送我淇水边。 |

## （三）

| | |
|---|---|
| 爰采葑矣⑨？ | 哪里采蔓菁？ |
| 沫之东矣。 | 沫邑向东行。 |
| 云谁之思？ | 把谁来思念？ |
| 美孟庸矣。 | 美人叫孟庸。 |
| 期我乎桑中， | 约我桑中见， |
| 要我乎上宫， | 邀我上楼伴， |
| 送我乎淇之上矣。 | 临行送我淇水岸。 |

【注释】

①这是一首叙写男女幽会的情歌。过去长期被视为"淫诗"、"淫奔之诗"，是《礼记·乐记》所谓"郑卫之音"、"桑间濮上之音"的典型作品。 ②爰：何处。唐：借为棠，梨的一种，其果味甜。 ③沫（mèi）：卫国邑名，在今河南淇县南。 ④云：语首助词。 ⑤孟：排行居长。姜：姓。孟姜：姜家大姑娘。这里是以贵族姓氏泛称美人。下文孟弋（yì）、孟庸同此。 ⑥期：约会。桑中：桑树林中。一说为小地名。 ⑦要：通"邀"。上宫：楼。 ⑧淇：水名。在今河南省北部。 ⑨葑（fēng）：蔓菁。

# 鹑之奔奔①

## （一）

| | |
|---|---|
| 鹑之奔奔②， | 鹌鹑双飞紧相从， |
| 鹊之强强③。 | 喜鹊成对过长空。 |
| 人之无良④， | 此人无德不如鸟， |
| 我以为兄！ | 我却拿他当长兄！ |

## （二）

| | |
|---|---|
| 鹊之强强， | 喜鹊成对上青云， |
| 鹑之奔奔。 | 鹌鹑双飞不离分。 |
| 人之无良， | 此人无德不如鸟， |
| 我以为君⑤！ | 我却拿他当国君！ |

【注释】

①魏源《诗序集义》云："《鹑之奔奔》，刺卫宣公也。左、右公子怨宣公之诗，故曰：我以为兄，我以为君。"左、右公子即宣公庶弟左公子泄、右公子职。 ②鹑（chún）：鹌鹑，鸟

名。雌雄有固定的配偶。奔奔：《郑笺》："言其居有常匹，飞则相随之貌。"奔，借为翙（bēn），飞貌。　③鹊：喜鹊。亦雌雄配偶固定。强：借为翔，回环地飞。强强：义近奔奔。　④人：指卫宣公。　⑤君：君主。

# 定之方中①

## （一）

定之方中②，　　　　　　　　　定星明亮挂天中，
作于楚宫③　　　　　　　　　　迁都楚丘造新宫。
揆之以日④，　　　　　　　　　依凭日影量方位，
作于楚室⑤。　　　　　　　　　住宅建设热气腾。
树之榛栗⑥，　　　　　　　　　屋外种植榛栗树，
椅桐梓漆⑦，　　　　　　　　　还有梓漆与椅桐，
爰伐琴瑟⑧。　　　　　　　　　伐做琴瑟待长成。

## （二）

升彼虚矣⑨，　　　　　　　　　登临漕邑废墟上，
以望楚矣⑩。　　　　　　　　　楚丘地势细端详。
望楚与堂⑪，　　　　　　　　　楚丘堂邑历历在，
景山与京⑫，　　　　　　　　　大山高丘渺茫茫，
降观于桑。　　　　　　　　　　下来平野看蚕桑。
卜云其吉⑬，　　　　　　　　　龟甲占卜得吉利，
终然允臧⑭。　　　　　　　　　此处果然好地方。

## （三）

灵雨既零⑮，　　　　　　　　　好雨普降润平川，
命彼倌人⑯。　　　　　　　　　外出巡视叫马倌。
星言夙驾⑰，　　　　　　　　　天晴争取早赶路，
说于桑田⑱。　　　　　　　　　就地休息在桑田。
匪直也人⑲，　　　　　　　　　此人真正不平凡，
秉心塞渊⑳，　　　　　　　　　虑事踏实又深远，
騋牝三千㉑。　　　　　　　　　如今战马过三千。

**【注释】**

①公元前 660 年，狄人攻破卫国，卫人立戴公于漕邑。不久戴公死，文公借助于齐桓公的支援迁都楚丘。"务材训农，通商惠工，敬教劝学，授方任能"（《左传·闵公二年》），重振卫国。诗咏其事。　②定：星名，二十八宿之一。方中：正在天中。大约每年的十月十五至十一月初，定星于黄昏时出现在正南天空。古人以此确定方位、营造宫室，故定星又名营室。　③于：与下文"作于楚室"的"于"同义。王引之《经义述闻》："两'于'当读曰'为'，谓作为此宫室也。古声于与为通。"楚宫：楚丘的宗庙。楚丘在今河南省滑县东。　④揆（kuí）：测度。日：指日影。古人立竿测影以定方向。　⑤室：房室。　⑥树：种植。榛、栗：树名。其果实可供祭祀。　⑦椅、桐、梓（zǐ）、漆：皆树名。其木皆可作制琴瑟的原料。　⑧爰：乃。伐琴瑟：伐木以做琴瑟。　⑨虚：古墟字。此指漕邑旧墟。　⑩楚：楚丘。　⑪堂：堂邑，地近楚丘。　⑫景山：大山。京：高丘。　⑬卜：在龟甲上钻孔，再用火烤，观其裂纹以测吉凶，叫做卜。　⑭允：真，确实。臧：善、吉利。　⑮灵雨：好雨。零：落。　⑯倌人：掌车马的小官。　⑰星：同暒，天晴。言：语助词。夙驾：清晨驾车出行。　⑱说：通税，停车休息。　⑲匪：彼。直：正直。　⑳秉心：用心。塞：诚实、踏实。渊：深远、深沉。　㉑骒（lái）：牡马。一说为七尺以上大马。三千：约言其多。据《国语·齐语》记载，文公初到楚丘时，只有齐桓公所赠马三百匹，经过多年经营，国防力量发展到十倍以上。

# 蝃 蛛①

## （一）

| | |
|---|---|
| 蝃蛛在东②， | 彩虹出现在东方， |
| 莫之敢指③。 | 没人敢指怕遭殃。 |
| 女子有行④， | 年轻姑娘出嫁去， |
| 远父母兄弟。 | 远离父母兄弟旁。 |

## （二）

| | |
|---|---|
| 朝隮于西⑤， | 清早彩虹挂西天， |
| 崇朝其雨⑥。 | 整个早晨雨涟涟。 |
| 女子有行， | 年轻姑娘出嫁去， |
| 远兄弟父母。 | 远离兄弟父母边。 |

## （三）

| | |
|---|---|
| 乃如之人也⑦， | 就像这样一个人， |
| 怀昏姻也⑧。 | 心中只想要结婚。 |

大无信也⑨，　　　　　　　　贞洁大事全不顾，
不知命也⑩。　　　　　　　　父母之命更不遵。

**【注释】**

①古时婚姻要遵父母之命、媒妁之言，而这位姑娘却要婚姻自主，并义无反顾、大胆实行。诗中对此作了不正当的贬刺。　②蝃蝀（dì dōng）：虹。古时迷信认为，虹为一种蛇类动物，天上出虹是它们雌雄交配的现象。《释名·释天》："虹又曰美人。阴阳不和，淫风流行，男美于女，女美于男，互相奔随之时，则此气盛。"这里以虹的出现喻指男女私通。　③指：用于指点。先秦时代认为用手指虹会烂指头。　④行：嫁。这里指私奔。此二句亦见于《泉水》、《竹竿》。钱澄之说："女子有行二句，似是当时陈语，故多引用之。"（《田间诗学》）⑤朝：早晨。隮（jī）：虹。陈启源《毛诗稽古编》："蝃蝀在东，暮虹也。朝𬯀于西，朝虹也。暮虹截雨，朝虹行雨，屡验皆然，虽儿童妇女皆知也。"　⑥崇：终。崇朝：整个早晨。　⑦如之人：像这个人。　⑧怀：思。一说借为"坏"，败坏。昏：通婚。　⑨信：指贞洁。　⑩命：指父母之命。一说为命运、寿命等。

## 相　鼠①

### （一）

相鼠有皮②，　　　　　　　　老鼠尚且有张皮，
人而无仪③！　　　　　　　　哪像这人没容仪！
人而无仪，　　　　　　　　　为人若是没容仪，
不死何为？　　　　　　　　　死掉还有啥可惜？

### （二）

相鼠有齿，　　　　　　　　　老鼠尚且有牙齿，
人而无止④！　　　　　　　　哪像这人没节止！
人而无止，　　　　　　　　　为人若是没节止，
不死何俟⑤？　　　　　　　　还等什么不去死？

### （三）

相鼠有体，　　　　　　　　　老鼠尚且有身体，
人而无礼！　　　　　　　　　哪像这人不知礼！
人而无礼，　　　　　　　　　为人若是不知礼，
胡不遄死⑥？　　　　　　　　何不快死化为泥？

**【注释】**

①本诗是对贪得无厌、荒淫无耻的贵族的尖锐嘲讽，说他们不如耗子，该当速死。　②相：看、视。　③仪：指端庄严肃的行为。　④止：节止。控制嗜欲、使合礼法的行为。　⑤俟：等待。　⑥遄（chuán）：速、快。

# 干　旄①

## （一）

| 孑孑干旄②， | 牦尾高高佩旌旗， |
| 在浚之郊③。 | 浚邑行车日影移。 |
| 素丝纰之④， | 白丝缰绳光闪闪， |
| 良马四之⑤。 | 四匹良马赛轻蹄。 |
| 彼姝者子⑥， | 那位姑娘好俊俏， |
| 何以畀之⑦？ | 送她什么最合宜？ |

## （二）

| 孑孑干旟⑧， | 展翅鸟隼画旗旌， |
| 在浚之都⑨。 | 浚邑行车日影行。 |
| 素丝组之⑩， | 白丝缰绳光亮亮， |
| 良马五之。 | 五匹良马赛蹄轻。 |
| 彼姝者子， | 那位姑娘好俊俏， |
| 何以予之？ | 送她什么表心情？ |

## （三）

| 孑孑干旌⑪， | 五彩羽毛缀旗竿， |
| 在浚之城。 | 浚邑行车日影偏。 |
| 素丝祝之⑫， | 白丝缰绳光灿灿， |
| 良马六之。 | 六匹良马赛蹄欢。 |
| 彼姝者子， | 那位姑娘好俊俏， |
| 何以告之？ | 如何找话把心谈？ |

**【注释】**

①诗写一个贵族男子在驾车出游时被一位俏丽佳人所打动的情形。　②孑孑（jié）：特出

貌。干：通竿，旗竿。旄（máo）：一种上端饰有牦牛尾的旗子。　③浚：卫国邑名。　④素丝：白丝。纰（pí）：绳带，指马缰绳。　⑤四之：四匹马驾一辆车。　⑥姝：美好。　⑦畀（bì）：给予。　⑧旟（yú）：一种饰有鸟隼图案的旗子。　⑨都：近郊。　⑩组：宽带，指马缰绳。　⑪旌：一种上端饰有五彩鸟羽的旗子。　⑫祝：借为编（zhù），带子，指马缰绳。

# 载　驰①

## （一）

| | |
|---|---|
| 载驰载驱②， | 驾起车马如星流， |
| 归唁卫侯③。 | 回国抚问见卫侯。 |
| 驱马悠悠④， | 快马加鞭路途远， |
| 言至于漕⑤ | 来到漕邑共图谋。 |
| 大夫跋涉⑥， | 许国大夫追赶到， |
| 我心则忧。 | 逼迫回返我心忧。 |

## （二）

| | |
|---|---|
| 既不我嘉⑦， | 大家对我不赞同， |
| 不能旋反⑧。 | 我也不能就返程。 |
| 视尔不臧⑨， | 眼看你们不仗义， |
| 我思不远⑩。 | 我的思想较合情。 |
| 既不我嘉， | 大家对我不赞同， |
| 不能旋济⑪。 | 我也不能渡河行。 |
| 视尔不臧， | 眼看你们不仗义， |
| 我思不閟⑫。 | 我的心地较光明。 |

## （三）

| | |
|---|---|
| 陟彼阿丘⑬， | 登上那座高山冈， |
| 言采其蝱⑭。 | 采摘贝母治愁肠。 |
| 女子善怀⑮， | 女子善感怀故地， |
| 亦各有行⑯。 | 自有道理合情常。 |
| 许人尤之⑰， | 许国大夫把我怨， |
| 众稚且狂⑱。 | 真是幼稚又癫狂。 |

## （四）

| | |
|---|---|
| 我行其野[19]， | 漫步祖国田野上， |
| 芃芃其麦[20]。 | 滚滚麦浪去远方。 |
| 控于大邦[21]， | 快向大国求援助， |
| 谁因谁极[22]？ | 由谁把此重任当？ |
| 大夫君子[23]， | 许国群臣众官长， |
| 无我有尤[24]！ | 不要怨我个性强！ |
| 百尔所思[25]， | 你们想法有百种， |
| 不如我所之[26]！ | 我的行事更贤良！ |

**【注释】**

①此诗作者为世界最早的女诗人许穆夫人。她比曾被柏拉图称为"第十位文艺女神"的古希腊女诗人萨福（约生于公元前612年）的创作约早七八十年。许穆夫人是卫宣姜和公子顽的私生女，出嫁许国穆公。公元前660年冬，狄人破卫，杀卫懿公，遗民逃至漕邑，立戴公。戴公立一月而死，文公继立。许穆夫人是戴公、文公的妹妹，闻知卫亡，驰往漕邑吊唁，并谋划向大国求援。许国大夫对此行动坚决反对，便赶往漕邑拦阻。她愤怒、忧伤而作此诗。据《左传·闵公二年》载："许穆夫人赋《载驰》。齐侯使公子无亏帅车三百乘、甲士三千人以戍曹。归（馈）公乘马，祭服五称，牛、羊、豕、鸡、狗皆三百，与门材；归（馈）夫人鱼轩，重锦三十两（匹）。"可见此诗当时影响之大。 ②载：义同乃、且。驰、驱：快马加鞭的意思。《礼疏》："走马谓之驰；策马谓之驱。" ③唁（yàn）：对失国诸侯或有丧事的人家表示慰问。卫侯：指卫文公。 ④悠悠：道路遥远的样子。 ⑤言：语助词，无义。 ⑥大（dà）夫：古时官阶有卿、大夫、士三级，从而大夫又成为任官职者之称。此处指来卫国劝阻许穆夫人的许国诸臣。 ⑦既：尽、都。嘉：犹言赞同。不我嘉：不赞同我。 ⑧旋：立即。反：同返。以上二句说，尽管许国诸臣不赞成我联合大国助卫抗敌的主张，我也不能马上返回许国。

⑨尔：你们，指许国大夫。臧（zāng）：善。 ⑩远：迂远。不远：指确当可行。 ⑪济：渡。指渡河回许国。 ⑫閟（bì）：闭塞、不通。 ⑬陟（zhì）：攀登。阿丘：一面偏高的山。 ⑭言：语助词。蝱（méng）：通莔，药名，即贝母。相传可治郁闷病。 ⑮善怀：多愁易感。善：多。 ⑯行（háng）：道，道理。 ⑰尤：埋怨。 ⑱众：指许人。稚且狂：幼稚而狂妄。 ⑲野：指卫国田野。 ⑳芃芃（péng）：茂盛貌。 ㉑控：赴告。大邦：大国，指齐国。 ㉒因：凭借。极：至。 ㉓大夫君子：指许国诸臣。 ㉔"无我"句：不要抱怨我。无：同毋。 ㉕百尔所思：你们想出的一百种办法。 ㉖之：往。

# 卫　风

## 淇　奥①

### （一）

瞻彼淇奥②，
绿竹猗猗③。
有匪君子④，
如切如磋，
如琢如磨。
瑟兮僴兮⑤，
赫兮咺兮⑥！
有匪君子，
终不可谖兮⑦！

河湾淇水流来，
绿竹一片良材。
文采风流贤士，
好似切磋精美，
恰如琢磨细白。
那么威武庄重，
如此光明坦率！
文采风流贤士，
令人永难忘怀！

### （二）

瞻彼淇奥，
绿竹青青⑧。
有匪君子，
充耳琇莹⑨，
会弁如星⑩。
瑟兮僴兮
赫兮咺兮！
有匪君子，
终不可谖兮！

河湾淇水丁东，
绿竹一片葱葱。
文采风流贤士，
充耳玉色晶莹，
帽上缀玉如星。
那么庄重威武，
那么正大光明！
文采风流贤士，
令人永难忘情！

### （三）

瞻彼淇奥，
绿毛如箦⑪。
有匪君子，

河湾淇水鸣琴，
绿竹一片如林。
文采风流贤士，

中華藏書

四书五经·最新校勘精注今译本

中国书店

如金如锡，　　　　　　　　金锡一般精纯，

如圭如璧⑫。　　　　　　　圭璧一般温馨。

宽兮绰兮⑬，　　　　　　　那么宽宏舒缓，

猗重较兮⑭！　　　　　　　凭车器宇凌云！

善戏谑兮⑮，　　　　　　　谈话诙谐风趣，

不为虐兮⑯！　　　　　　　但不刻薄伤人！

**【注释】**

①这是一首赞美风流才士的诗。旧解为赞美卫武公，显得牵强。　②瞻：看。淇：水名。奥（yù）：通澳、隩，流水弯曲处。　③猗猗：美盛貌。　④匪：通斐，有文采。　⑤瑟：庄重貌。僩（xiàn）：威武貌。　⑥赫：光明貌。咺（xuān）：借为烜，盛大貌。　⑦谖（xuān）：萱的借字，忘忧之草，引申为忘记。　⑧青青：即菁菁，茂盛貌。　⑨充耳：装饰品，以丝系玉或象牙悬于冠冕两侧，下垂至耳，用以塞耳避听。琇（xiù）：宝石。莹：光润晶莹。　⑩会（kuài）：借为玠，皮帽合缝处。弁（biàn）：皮帽。如星：指玉石装饰像星星一样闪亮。　⑪簀：音义同"积"。　⑫圭、璧：皆为玉器。　⑬宽：宽宏。绰：和缓。　⑭猗：借作倚，依凭。重较：较是古代车厢两旁板上作扶手用的曲木或铜钩。汉人称为车耳。一车有双较，故曰重。　⑮戏谑（xuè）：开玩笑。　⑯虐：刻薄。

# 考　槃①

## （一）

考槃在涧②，　　　　　　　自由盘桓溪涧旁，

硕人之宽③。　　　　　　　贤士隐居好地方。

独寐寤言④，　　　　　　　独睡独醒独说话，

永矢弗谖⑤。　　　　　　　难忘其中乐趣长。

## （二）

考槃在阿⑥，　　　　　　　自由盘桓在山中，

硕人之薖⑦。　　　　　　　贤士简朴住茅棚。

独寐寤歌，　　　　　　　独睡独醒独歌唱，

永矢弗过⑧。　　　　　　　永不与人相过从。

考槃在陆⑨，　　　　　　　　自由盘桓在高原，

硕人之轴⑩。　　　　　　　　贤士驾车逛悠闲。

独寐寤宿，　　　　　　　　　独睡独醒独自卧，

永矢弗告⑪。　　　　　　　　此乐不对外人言。

**【注释】**

①这是一首隐士诗，抒写其山林之乐。　②考槃（pán）：盘桓之意。涧（jiàn）：山谷间的水流。　③硕人：美人、贤人。宽：宽敞之地。　④寐：睡。寤：醒。言：说。严粲《诗辑》解此句云："既寐而寤，既寤而言，皆独自耳。"　⑤矢：通誓。弗谖：不忘。　⑤阿（ē）：山坡。　⑦迲（kè）：窠的借字。　⑧过：过从，来往。　⑨陆：高平之地。　⑩轴：车轴。引申为盘旋之地。　⑪弗告：不告诉别人。

# 硕　人①

## （一）

硕人其颀②，　　　　　　　　高挑美人好艳丽，

衣锦褧衣③。　　　　　　　　锦缎服装罩纱衣。

齐侯之子④，　　　　　　　　齐侯呼爱女，

卫侯之妻⑤，　　　　　　　　卫侯称娇妻，

东宫之妹⑥，　　　　　　　　太子喊胞妹，

邢侯之姨⑦，　　　　　　　　邢侯叫小姨，

谭公维私⑧。　　　　　　　　谭公就是他妹婿。

## （二）

手如柔荑⑨，　　　　　　　　手指纤柔如嫩荑，

肤如凝脂⑩。　　　　　　　　皮肤洁白像凝脂。

领如蝤蛴⑪，　　　　　　　　脖颈光润赛蝤蛴，

齿如瓠犀⑫，　　　　　　　　牙齿整齐像瓠籽，

螓首蛾眉⑬。　　　　　　　　方额似蝉蛾眉细。

巧笑倩兮⑭，　　　　　　　　嫣然一笑酒窝动，

美目盼兮⑮！　　　　　　　　两泓秋波娇欲滴！

## （三）

| | |
|---|---|
| 硕人敖敖⑯， | 出色美人个头高， |
| 说于农郊⑰。 | 停车休息在近郊。 |
| 四牡有骄⑱， | 四匹雄马多肥壮， |
| 朱帻镳镳⑲， | 嚼子边上红绸飘， |
| 翟茀以朝⑳。 | 车插雉尾来上朝。 |
| 大夫夙退㉑， | 众位官员及早退， |
| 无使君劳㉒！ | 别使卫君太辛劳。 |

## （四）

| | |
|---|---|
| 河水洋洋㉓， | 放眼黄河水淼淼， |
| 北流活活㉔。 | 洪流北下浪滔滔。 |
| 施罟涉涉㉕， | 呼呼有声撒鱼网， |
| 鳣鲔发发㉖， | 鳣鲔泼剌无可逃， |
| 葭菼揭揭㉗。 | 芦荻高竖风萧萧。 |
| 庶姜孽孽㉘， | 陪嫁众女亭亭立， |
| 庶士有朅㉙。 | 随从武臣意气豪。 |

**【注释】**

①齐庄公女儿庄姜嫁与卫庄公为妻，初至卫，卫人以此诗对其美丽华贵加以颂扬。其第二章历来被誉为美人图。　②硕人：大人，美人，指庄姜。当时人以长大为美，古人"硕"、"美"二字为赞美男女之统词。颀（qí）：身长貌。　③前一衣字读 yì，作穿讲。褧（jiǒng）：亦作絅，罩衫。用枲麻之类材料织成，出嫁途中穿，以蔽尘土。此句说在锦衣上加有褧衣。④齐侯：指齐庄公。子：指女儿。《礼·丧服传》注："凡言子者，可以兼男女。"　⑤卫侯：指卫庄公。　⑥东宫：指齐国太子，名得臣。太子住东宫，故常以东宫代称太子。　⑦邢：邢国，在今河北省邢台县。姨：妻子的姊妹。　⑧谭：国名，亦称郯、覃，在今山东省历城县东南。维：其。私：女子称姊妹的丈夫为私。　⑨荑（tí）：初生的茅草。此句以柔荑比喻手的洁白柔滑。　⑩凝脂：凝结的脂肪，比喻皮肤的白皙光洁。　⑪领：颈。蝤蛴（qiú qí）：天牛的幼虫，色白身长。　⑫瓠（hù）犀：葫芦的籽，白而整齐。　⑬螓（qín）：虫名，似蝉而小。《孔疏》："此虫额广而且方。"蛾：蚕蛾，其触角细长而弯。　⑭倩（qiàn）：笑时两颊酒窝好看的样子。　⑮盼：黑白分明的样子。又《论语·八佾》引此句，马融注："盼，动目貌。"　⑯敖敖：身材高高。　⑰说（shuì）：停止。农郊：近郊。　⑱四牡：驾车的四匹雄马。骄：健壮的样子。　⑲朱帻（fèn）：马嚼两端用红绸缠绕而成的装饰。朱熹《诗集传》："帻，镳饰也。镳者，马衔外铁，人君以朱缠之也。"镳镳（biāo）：盛美的样子。　⑳翟

（dí）：长尾野鸡。茀（fú 或 bì）：用以障蔽女子车子的东西。朝：朝见。指庄姜会见庄公。
㉑大夫：这里指群臣。夙（sù）退：指早些退朝。　㉒劳：劳累。　㉓河：黄河。洋洋：水盛大的样子。　㉔活活（kuò）：水流声。　㉕施：这里是张或撒的意思。罛（gū）：渔网。涉涉（huò）：撒网入水的声音。　㉖鳣（zhān）：黄鱼。鲔（wěi）：鳝鱼。发发（bō）：鱼尾扇动的声音。　㉗葭（jiā）：芦苇。菼（tǎn）：荻草。揭揭：高立的样子。　㉘庶姜：齐国陪同庄姜出嫁的众女。齐国姜姓，故云庶姜。孽孽（niè）：高长的样子。　㉙庶士：指随从庄姜到卫的诸臣，古时称为"媵臣"。朅（jié）：英武高大的样子。

# 氓①

## （一）

| | |
|---|---|
| 氓之蚩蚩②， | 农家青年笑嘻嘻， |
| 抱布贸丝③。 | 抱着布匹来换丝。 |
| 匪来贸丝， | 其实不是把丝换， |
| 来即我谋④。 | 跟我来把婚事提。 |
| 送子涉淇， | 当时送你过淇水， |
| 至于顿丘⑤。 | 直到顿丘才分离。 |
| 匪我愆期⑥， | 不是我要拖时日， |
| 子无良媒。 | 没有良媒是难题。 |
| 将子无怒⑦， | 请你不要不高兴， |
| 秋以为期。 | 就以秋天作婚期。 |

## （二）

| | |
|---|---|
| 乘彼垝垣⑧， | 登上破墙远处看， |
| 以望复关⑨。 | 心中想你望复关。 |
| 不见复关， | 复关不见爱人影， |
| 泣涕涟涟。 | 不禁焦躁泪涟涟。 |
| 既见复关， | 见你又把复关过， |
| 载笑载言⑩。 | 连说带笑真喜欢。 |
| 尔卜尔筮⑪， | 你曾用心去占卦， |
| 体无咎言⑫。 | 卦无凶兆报平安。 |
| 以尔车来， | 拉着车子迎亲到， |
| 以我贿迁⑬。 | 就此把我嫁妆搬。 |

## （三）

桑之未落，
其叶沃若⑭。
于嗟鸠兮⑮，
无食桑葚⑯。
于嗟女兮，
无与士耽⑰。
士之耽兮，
犹可说也⑱。
女之耽兮，
不可说也。

桑叶未落声喧喧，
葱绿满枝光色鲜。
啊呀斑鸠要留意，
贪吃桑葚醉难堪。
哎哟姑娘要谨慎，
别与男人太缠绵。
男人若把女人赚，
轻易甩开无流连。
女人若把男人爱，
要想撒手实在难。

## （四）

桑之落矣，
其黄而陨⑲。
自我徂尔⑳，
三岁食贫㉑。
淇水汤汤㉒，
渐车帷裳㉓。
女也不爽㉔，
士贰其行㉕。
士也罔极㉖，
二三其德㉗。

桑叶凋零西风紧，
枯黄憔悴飘纷纷。
从我嫁到你家后，
三年吃苦受寒贫。
淇水哗哗流不尽，
溅湿车帘潮阴阴。
我做妻子无过错，
你做丈夫太不仁。
一个男人无常性，
三心二意坏良心。

## （五）

三岁为妇，
靡室劳矣㉘。
夙兴夜寐㉙，
靡有朝矣㉚。
言既遂矣㉛，
至于暴矣㉜。
兄弟不知，
咥其笑矣㉝。

三年媳妇整日忙，
全部家务一人当。
起早睡晚不停手，
哪天不是这模样。
生活好转才安定，
态度渐变好凶狂。
兄弟不知我难处，
嘻嘻哈哈如平常。

静言思之，　　　　　静思默想向谁诉，
躬自悼矣㉞。　　　　只有自己暗心伤。

（六）

及尔偕老㉟，　　　　白头偕老忆誓言，
老使我怨。　　　　　老年只会怨前嫌。
淇则有岸，　　　　　淇水虽宽总有岸，
隰则有泮㊱。　　　　沼泽虽大也有边。
总角之宴㊲，　　　　儿时情景真欢快，
言笑晏晏㊳。　　　　温馨和悦共笑谈。
信誓旦旦㊴，　　　　山盟海誓多诚挚，
不思其反㊵。　　　　不料翻脸结仇冤。
反是不思㊶，　　　　违背誓言你不顾，
亦已焉哉㊷！　　　　既已如此就算完！

**【注释】**

①此为弃妇诗。女主人公诉述了自己恋爱、结婚的情景和后遭虐待、遗弃的不幸，从中又表现了她刚强的性格。　②氓：农民。蚩蚩：嘻嘻，笑貌。　③贸：交换。　④即：靠近。谋：指商议婚事。　⑤顿丘：地名，在今河南省清丰县。　⑥愆（qiān）：错过，耽误。　⑦将（qiāng）：请。　⑧乘：登。垝（guǐ）：毁。垣（yuán）：墙。　⑨复关：地名，男子所经之处。　⑩载：则，就。　⑪尔：你。卜：占卜，火烧龟甲，以裂纹判吉凶。筮（shì）：以蓍（shī）草五十根排比成卦，以卦形断吉凶。　⑫体：卜筮所得的兆体与卦体。咎言：不吉利的话。　⑬贿：财物，指嫁妆。　⑭沃若：犹活然，润泽貌。　⑮于嗟：悲叹声。于：同吁。鸠：斑鸠。　⑯桑葚（shèn）：桑树的果实。相传鸠食桑葚过多则醉。　⑰耽：沉溺于玩乐。这里意为迷恋。　⑱说：借为脱，摆脱。　⑲陨（yǔn）：落下。　⑳徂（cú）：往，到，指出嫁。　㉑食贫：吃苦受穷。　㉒汤汤（shāng）：水流貌。　㉓渐（jiān）：浸湿。帷裳：车旁的布幔。　㉔爽：差错。　㉕贰：二，此指前后不一。行（háng）：行为。　㉖罔：无。极：准则。　㉗二三其德：三心二意，指变心。　㉘靡：无。靡室劳：是说家务劳动承担无余。㉙夙兴夜寐：早起晚睡。　㉚靡有朝：是说不是一天这样，而是天天如此。　㉛言：助词。遂：安，指生活安定。　㉜暴：暴虐。　㉝咥（xì）：大笑貌。　㉞躬自：自己。悼：悲伤。　㉟及：与。偕老：夫妻共同生活到老。　㊱隰（xí）：低湿之地。泮（pàn）：通"畔"，岸。㊲总：扎。总角：古代儿童束发成两角的样子。宴：快乐。　㊳晏晏：和悦貌。　㊴信誓：真挚地发誓。旦旦：诚恳貌。　㊵不思：没想到。　㊶是：这，指誓言。　㊷已：罢了。

# 竹　竿①

## （一）

籊籊竹竿②，　　　　　　　　细细长长青竹竿，
以钓于淇。　　　　　　　　当年垂钓淇水边。
岂不尔思？　　　　　　　　难道心里不想你？
远莫致之③。　　　　　　　　路途遥远难回还。

## （二）

泉源在左④，　　　　　　　　左边汩汩有泉源，
淇水在右。　　　　　　　　右边淇水流潺潺。
女子有行⑤，　　　　　　　　女子出嫁关山远，
远兄弟父母。　　　　　　　兄弟父母隔天边。

## （三）

淇水在右，　　　　　　　　右边淇水流潺潺，
泉源在左。　　　　　　　　左边汩汩有泉源。
巧笑之瑳⑥，　　　　　　　　巧笑皓齿明如玉，
佩玉之傩⑦。　　　　　　　　行走有致鸣佩环。

## （四）

淇水滺滺⑧，　　　　　　　　常忆淇水日夜流，
桧楫松舟⑨。　　　　　　　　难忘桧桨松木舟。
驾言出游，　　　　　　　　驾上车子出游去，
以写我忧⑩。　　　　　　　　以此消我心中愁。

**【注释】**

①一位卫国女子远嫁他国，思归不得，作此诗。　②籊籊（tì）细长貌。　③致：达到。
④泉源：卫国水名，即今百泉。　⑤行：指出嫁。　⑥瑳（cuō）：玉色鲜白貌，以喻巧笑见
齿。　⑦傩（nuó）：佩玉行动而有节奏。以上四句是对过去的思念。　⑧滺滺（yóu）：水流
貌。　⑨桧（guì）：木名，松柏之类。楫：船桨。　⑩写：通泻，宣泄。

# 芄 兰①

## （一）

| 芄兰之支②， | 芄兰尖枝露微微， |
| 童子佩觿③。 | 儿童身上佩角锥。 |
| 虽则佩觿， | 角锥虽在身上佩， |
| 能不我知④。 | 内心互不相依偎。 |
| 容兮遂兮⑤， | 有时虽装大人样， |
| 垂带悸兮⑥。 | 动开大带飘飞飞。 |

## （二）

| 芄兰之叶⑦， | 芄兰曲叶绿莹莹， |
| 童子佩韘⑧。 | 一副扳指佩儿童。 |
| 虽则佩韘， | 扳指虽在身上佩， |
| 能不我甲⑨。 | 他却对我无亲情。 |
| 容兮遂兮， | 有时虽装大人样， |
| 垂带悸兮。 | 动开大带又飘风。 |

【注释】

①这是一首写早婚的诗。一个成年女子嫁了一个小女婿，诗中写出她的不满。一说此诗是讽刺贵族童子。　②芄（wán）兰：蔓生植物，一名萝藦。结荚可食。支：通枝。其枝头尖，故用以兴起下句的角锥。　③觿（xī）：用骨制成的小锥。成人所佩，可用来解衣带的结，故称解结锥。其形头尖尾粗，故又俗称角锥。　④能：而，乃。不我知：即不知我。　⑤容：容仪。遂：从容貌。　⑥悸：因恐惧而颤动貌。这里形容衣带摆动的样子。　⑦芄兰之叶：状似长形心脏，略向后卷，故用以兴起下句的扳指。　⑧韘（shè）：用具名。用玉或骨制成，戴在大拇指上，射箭时用以勾弦，俗称扳指。童子结婚，有了成年人身份，故佩带扳指。　⑨甲：同狎，亲昵。

中华藏书

四书五经·最新校勘精注今译本

中国书店

# 河　广①

## （一）

谁谓河广②？　　　　　　谁说黄河太宽广？
一苇杭之③。　　　　　　一条苇筏可通航。
谁谓宋远？　　　　　　谁说宋国太遥远？
跂予望之④。　　　　　　踮脚就可见故乡。

## （二）

谁谓河广？　　　　　　谁说黄河太宽广？
曾不容刀⑤。　　　　　　一条小船难容装。
谁谓宋远？　　　　　　谁说宋国太遥远？
曾不崇朝⑥。　　　　　　不用一早到对方。

【注释】

①一位侨居卫国的宋国人思归不得，作此诗。　②河：黄河。卫国在迁漕以前，都城在黄河以北，卫、宋隔河相望。　③苇：指用芦苇编的筏子。杭：通航。　④跂：借为企，踮起脚跟。予：我。　⑤曾：乃，而。刀：通舠，小船。此句极言黄河之狭，容易渡过。　⑥崇：终。崇朝：一个早上。

# 伯　兮①

## （一）

伯兮朅兮②，　　　　　　阿哥气派真威风，
邦之桀兮③。　　　　　　保卫国家是英雄。
伯也执殳④，　　　　　　阿哥手中拿殳杖，
为王前驱⑤。　　　　　　为王征战做先锋。

## （二）

自伯之东⑥，　　　　　　自从阿哥去东征，
首如飞蓬⑦。　　　　　　头发散乱如飞蓬。
岂无膏沐⑧？　　　　　　润发油儿能没有？
谁适为容⑨！　　　　　　为谁高兴来美容！

## （三）

| | |
|---|---|
| 其雨其雨<sup>⑩</sup>， | 总盼来个下雨天， |
| 杲杲出日<sup>⑪</sup>。 | 偏是太阳红鲜鲜。 |
| 原言思伯<sup>⑫</sup>， | 总盼阿哥回家转， |
| 甘心首疾<sup>⑬</sup>。 | 想得头痛心里甜。 |

（三）

其雨其雨⑩，            总盼来个下雨天，
杲杲出日⑪。            偏是太阳红鲜鲜。
原言思伯⑫，            总盼阿哥回家转，
甘心首疾⑬。            想得头痛心里甜。

（四）

焉得谖草⑭？            忘忧草儿在何方？
言树之背⑮。            找来种植在北堂。
愿言思伯，              思念阿哥肝肠断，
使我心痗⑯。            使我成病内心伤。

【注释】

①"卫宣公之时，蔡人、卫人、陈人从王伐郑伯也，为王前驱久，故家人思之。"（《郑笺》）丈夫乃"邦之桀"，看来是个军官，女主人公为他而自豪，同时又因他长期远征而百般苦思，肝肠痛断。　②伯：古时兄弟姊妹以伯、仲、叔、季排行，伯最长。周代妇女又以伯称其丈夫。朅（qiè）：借为偈，英武貌。　③桀：通杰，英杰。　④殳（shū）：兵器名。竹制，长一丈二尺。　⑤前驱：先锋。　⑥之：往。之东：当时黄河自今郑州市西流向东北，经今河南滑县西再向北流，由今天津附近入海。卫军助周王伐郑，从国都朝歌出发，须先东行约百里，渡过黄河，然后南下，故称"之东"。　⑦飞蓬：随风飞散的蓬草。　⑧膏沐：润发油。　⑨适：悦。容：打扮。　⑩其：语助词，这里有祈求语气。　⑪杲杲（gǎo）：光明貌。　⑫愿言：犹愿然，思念殷切貌。　⑬首疾：头痛。　⑭焉：何。谖（xuān）草：即萱草，古人以为此草可以忘忧，故又名之为忘忧草。今名黄花菜、金针菜。　⑮言：乃、而。树：种植。背：同北，指北堂。　⑯痗（mèi）：病。

# 有　狐<sup>①</sup>

## （一）

| | |
|---|---|
| 有狐绥绥<sup>②</sup>， | 一只狐狸孤单单， |
| 在彼淇梁<sup>③</sup>。 | 在那淇水桥上边。 |
| 心之忧矣， | 心中忧愁难排解， |
| 之子无裳<sup>④</sup>！ | 这人没有下衣穿！ |

（二）

| 有狐绥绥， | 一只狐狸孤单单， |
|---|---|
| 在彼淇厉⑤。 | 在那淇水望浅滩。 |
| 心之忧矣， | 心中忧愁难排解， |
| 之子无带⑥！ | 这人没有腰带缠！ |

（三）

| 有狐绥绥， | 一只狐狸孤独独， |
|---|---|
| 在彼淇侧。 | 淇水岸边久踟蹰。 |
| 心之忧矣， | 心中忧愁难排解， |
| 之子无服！ | 可怜这人没衣服！ |

**【注释】**

①诗写一个妇女对一个独身男子的爱怜。忧叹之中，似有难言之隐。朱熹则以为是"国乱民散，丧其妃耦，有寡妇见鳏夫而欲嫁之，故托言有狐独行，而忧其无裳也。"（《诗集传》）

②绥绥：独行貌。一说是慢慢走的样子。 ③梁：桥。 ④之子：这个人。裳：下衣。 ⑤厉：借为濑（lài），河边的浅滩。 ⑥带：衣带。

# 木　瓜①

（一）

| 投我以木瓜②， | 美人送我香木瓜， |
|---|---|
| 报之以琼琚③。 | 我拿佩玉来报答。 |
| 匪报也④， | 不是为酬报， |
| 永以为好也。 | 表明我们永相好。 |

（二）

| 投我以木桃⑤， | 美人送我香木桃， |
|---|---|
| 报之以琼瑶⑥。 | 我拿美玉报娇娆。 |
| 匪报也， | 不是为报酬， |
| 永以为好也。 | 表明我们永相投。 |

投我以木李⑦，　　　　　　　美人送我香木李，
报之以琼玖⑧。　　　　　　　我拿宝石报答你。
匪报也，　　　　　　　　　　不是为报恩，
永以为好也。　　　　　　　　表明我们永相亲。

【注释】

　　①此为男女恋歌。写彼此的倾爱赠答。　②投：赠送。木瓜：果名，椭圆形，有香气，可供玩赏。　③琼：赤玉。这里用以形容玉美。古时贵族以佩玉为饰物，男女定情时，常以玉赠女。　④匪：通非。　⑤木桃：果名，圆形或卵形，有芳香。　⑥瑶：美玉。　⑦木李：果名，又名木梨，圆形或洋梨形。　⑧玖：一种佩玉，黑色。

# 王　风

## 黍　离①

### （一）

彼黍离离②，　　　　　　　看那黍子一行行，
彼稷之苗③。　　　　　　　谷子苗儿油光光。
行迈靡靡④，　　　　　　　脚下步子迟缓，
中心摇摇⑤。　　　　　　　心中郁闷难当。
知我者，　　　　　　　　　了解我的，
谓我心忧；　　　　　　　　说我忧思故乡；
不知我者，　　　　　　　　不了解的，
谓我何求。　　　　　　　　说我把啥寻访。
悠悠苍天⑥，　　　　　　　高高苍天，
此何人哉！　　　　　　　　是谁弄得恁凄凉！

### （二）

彼黍离离，　　　　　　　　看那黍子头儿坠，
彼稷之穗。　　　　　　　　谷子已经结新穗。
行迈靡靡，　　　　　　　　脚下行步迟疑，
中心如醉。　　　　　　　　心中昏晕如醉。
知我者，　　　　　　　　　了解我的，
谓我心忧；　　　　　　　　说我忧思故地；
不知我者，　　　　　　　　不了解的，
谓我何求。　　　　　　　　说我把啥寻觅。
悠悠苍天，　　　　　　　　高高苍天，
此何人哉！　　　　　　　　是谁弄得恁凄厉！

## （三）

彼黍离离，　　　　　　　　看那黍子一簇簇，
彼稷之实。　　　　　　　　谷穗飘香尽成熟。
行迈靡靡，　　　　　　　　脚下行步缓慢，
中心如噎⑦。　　　　　　　心中如同被堵。
知我者，　　　　　　　　　了解我的，
谓我心忧；　　　　　　　　说我忧思故土；
不知我者，　　　　　　　　不了解的，
谓我何求。　　　　　　　　说我把啥寻卜。
悠悠苍天，　　　　　　　　高高苍天，
此何人哉！　　　　　　　　是谁弄得恁凄楚！

【注释】

①《毛诗序》说："《黍离》，闵宗周也。周大夫行役至于宗周，过故宗庙宫室，尽为禾黍。闵周室之颠覆，彷徨不忍去，而作是诗也。"这是影响最大的解释。一说为流浪人的忧愤之词。　②黍（shǔ）：粮食作物名，粟类，果实去皮后称黄米，有黏性。离离：行列貌。　③稷（jì）：粮食作物名，即粟，今北方通称谷子，果实去皮后称小米。　④行迈：远行。靡靡：迟迟。　⑤摇摇：同恌恌，忧闷无告。　⑥悠悠：遥远。　⑦噎：食物堵塞咽喉。

# 君子于役①

## （一）

君子于役②，　　　　　　　丈夫服役在远方，
不知其期。　　　　　　　　日期特漫长。
曷至哉③？　　　　　　　　何时才能回家乡？
鸡栖于埘④，　　　　　　　鸡群宿窝去，
日之夕矣，　　　　　　　　夕阳映霞光，
羊牛下来。　　　　　　　　山坡赶下牛和羊。
君子于役，　　　　　　　　丈夫服役地遥远，
如之何勿思！　　　　　　　心里怎不把他想！

## （二）

君子于役，　　　　　　　　丈夫服役在远方，

不日不月⑤。　　　　　　　　日月难计量。

曷其有佸⑥？　　　　　　　　何时重新聚一堂？

鸡栖于桀⑦，　　　　　　　　鸡群进栏去，

日之夕矣，　　　　　　　　　晚霞余微黄，

羊牛下括⑧。　　　　　　　　圈棚赶进牛和羊。

君子于役，　　　　　　　　　丈夫服役地遥远，

苟无饥渴⑨？　　　　　　　　或许不会饿肚肠？

【注释】

　　①一位妻子对她久役在外的丈夫无限怀念，作此诗。为后世闺怨诗之滥觞。　　②君子：对丈夫的敬称。于：往。　　③曷：何，此指何时。至：此指至家。　　④埘（shí）：在墙上挖的鸡窝。　　⑤不日不月：指没有限期。　　⑥佸（huó）：相会。　　⑦桀：指鸡栖的栅栏。　　⑧括：通佸。　　⑨苟：或许。

# 君子阳阳①

## （一）

君子阳阳②，　　　　　　　　舞师意洋洋，

左执簧③，　　　　　　　　　左手拿笙簧，

右招我由房④。　　　　　　　右手招我奏"由房"。

其乐只且⑤！　　　　　　　　大家喜欲狂！

## （二）

君子陶陶⑥，　　　　　　　　舞师乐陶陶，

左执翿⑦，　　　　　　　　　左手摇羽毛，

右招我由敖⑧。　　　　　　　右手招我奏"由敖"。

其乐只且！　　　　　　　　　大家兴如潮！

【注释】

　　①这是一首乐舞诗。舞人与乐工互相配合，情绪欢快。②君子：指舞人。阳阳：即洋洋，欢快貌。　　③簧：指笙类乐器。　　④我：乐工自称。由房：可能是"由庚"、"由仪"一类笙

乐，房中之乐。房中对庙朝而言，是君主休息时所奏之乐。　⑤只且（jū）：犹也哉，语助词。　⑥陶陶：和乐貌。　⑦翿（dào）：一种舞具，以鸟羽编成，形似扇子。　⑧由敖：舞曲名，类同"由房"。

# 扬 之 水①

## （一）

扬之水②，　　　　　　　　　河水激扬流得快，
不流束薪③。　　　　　　　　无法飘动一捆柴。
彼其之子④，　　　　　　　　遥想我那好妻子，
不与我戍申⑤。　　　　　　　守卫申国不同来。
怀哉怀哉⑥，　　　　　　　　日日夜夜常思念，
曷月予还归哉⑦？　　　　　　哪月回乡叙情怀？

## （二）

扬之水，　　　　　　　　　　河水激扬声淙淙，
不流束楚⑧。　　　　　　　　一捆荆条飘不动。
彼其之子，　　　　　　　　　遥想我那好妻子，
不与我戍甫⑨。　　　　　　　守卫甫国难相从。
怀哉怀哉，　　　　　　　　　日日夜夜常思念，
曷月予还归哉？　　　　　　　哪月回乡话亲情？

## （三）

扬之水，　　　　　　　　　　河水激扬过渡口，
不流束蒲⑩。　　　　　　　　一捆蒲草冲不走。
彼其之子，　　　　　　　　　遥想我那好娇妻，
不与我戍许⑪。　　　　　　　守卫许国离配偶。
怀哉怀哉，　　　　　　　　　日日夜夜挂心怀，
曷月予还归哉？　　　　　　　何月回乡重携手？

## 【注释】

①诗写戍卒思归。平王东迁洛阳后，楚国日益强大，不断扩张，申、吕、许等小国危急。它们邻近王畿，与平王关系密切，所以已无力号令诸侯的平王便征发境内兵士帮助守边。兵士征戍日久，不得调换，怨愤而作此诗。　②扬：激扬，激荡。　③束薪：一捆柴。古代以此代

表新婚。　④彼、之：皆为第三人称代词。其：语助词。　⑤戍：防守。申：国名，国都在今河南省唐河县南。　⑥怀：想念。　⑦曷：何。还（xuán）：同旋。　⑧楚：荆条。　⑨甫：国名，亦作吕，国都在今河南省南阳县西。　⑩蒲：蒲草。　⑪许：国名，国都在今河南省许昌市。

# 中谷有蓷①

## （一）

| | |
|---|---|
| 中谷有蓷②， | 益母草生在山谷， |
| 暵其干矣③。 | 天旱暴晒变干枯。 |
| 有女仳离④， | 有位女子被遗弃， |
| 嘅其叹矣⑤。 | 长嘘短叹气难舒。 |
| 嘅其叹矣， | 长嘘短叹气难舒， |
| 遇人之艰难矣⑥！ | 不幸嫁个坏丈夫！ |

## （二）

| | |
|---|---|
| 中谷有蓷， | 益母草在山谷长， |
| 暵其脩矣⑦。 | 天旱暴晒变枯黄。 |
| 有女仳离， | 有位女子被遗弃， |
| 条其啸矣⑧。 | 长吁短叹太心伤。 |
| 条其啸矣， | 长吁短叹太心伤， |
| 遇人之不淑矣⑨！ | 不幸嫁个负心郎！ |

## （三）

| | |
|---|---|
| 中谷有蓷， | 益母草长山谷里， |
| 暵其湿矣⑩。 | 天旱暴晒变干皮。 |
| 有女仳离， | 有位女子被遗弃， |
| 啜其泣矣⑪。 | 呜咽悲泣泪淋漓。 |
| 啜其泣矣， | 呜咽悲泣泪淋漓， |
| 何嗟及矣⑫！ | 如今后悔已不及！ |

【注释】

　　①诗写荒年饥馑，一位妇女被丈夫抛弃，悲伤无告，追悔莫及。　②中谷：谷中。蓷（tuī）：益母草。常生于潮湿之处。　③暵（hàn）：干枯貌。其：语助词。　④仳（pǐ）离：

中華藏書　诗经　中国书店

分离。这里指被遗弃。 ⑤嘅：同慨，感慨。 ⑥艰难：指所嫁丈夫不好。 ⑦脩：干肉。引申为干枯。 ⑧条：长。歗：同啸。长啸出声，这里也指长叹。 ⑨淑：善，良。 ⑩湿：借为曝（qī），晒干。 ⑪啜：哭泣时的抽噎。 ⑫何嗟及矣：应作“嗟何及矣”，后人传写之误。

## 兔　爰①

### （一）

有兔爰爰②，
雉离于罗③。
我生之初，
尚无为④；
我生之后，
逢此百罹⑤。
尚寐⑥，
无吪⑦！

狡兔全逃脱，
野鸡陷网罗。
当初我生下，
军役还不多；
在我出生后，
百难全遇着。
最好长睡去，
啥话别再说！

### （二）

有兔爰爰，
雉离于罦⑧。
我生之初，
尚无造⑨；
我生之后，
逢此百忧。
尚寐，
无觉⑩！

狡兔天地广，
野鸡陷罗网。
当初我生下，
徭役还勉强；
在我出生后，
忧愁如潮涨。
最好长睡去，
啥事别再想！

### （三）

有兔爰爰，
雉离于罿⑪。
我生之初，
尚无庸⑫；
我生之后，
逢此百凶。

狡兔跑如风，
野鸡陷网中。
当初我生下，
劳役还算轻；
在我出生后，
百灾像火坑。

尚寐，　　　　　　　　　最好长睡去，
无聪⑬！　　　　　　　　啥事别再听！

【注释】

①这是一首破落贵族的诗，抒写了他遭逢乱世的悲哀与愤慨。　②爰爰：犹缓缓，宽纵貌，如言自由自在。　③离：遭遇。罗：网。　④为：事，指军役之事。　⑤罹（lí）：忧患。⑥尚：最好。寐：睡。　⑦吪（é）：动。　⑧罦（fú）：一种装设机关的网，能自动掩捕鸟兽，又称覆车网。　⑨造：营造之役。　⑩觉：醒。　⑪罿（tóng）：捕鸟网。　⑫庸：劳苦。⑬聪：听。

## 葛藟①

### （一）

绵绵葛藟②，　　　　　　　野葡萄藤长绵绵，
在河之浒③。　　　　　　　生长在河边。
终远兄弟④，　　　　　　　离别弟兄逃外地，
谓他人父⑤。　　　　　　　喊人父亲求支援。
谓他人父，　　　　　　　　喊人父亲求支援，
亦莫我顾⑥。　　　　　　　也没把我来可怜。

### （二）

绵绵葛藟，　　　　　　　　野葡萄藤长又长，
在河之涘⑦。　　　　　　　生长在河旁。
终远兄弟，　　　　　　　　离别弟兄逃外地，
谓他人母。　　　　　　　　喊人母亲求借光。
谓他人母，　　　　　　　　喊人母亲求借光，
亦莫我有⑧。　　　　　　　也没给我帮啥忙。

### （三）

绵绵葛藟，　　　　　　　　野葡萄藤像长绳，
在河之漘⑨。　　　　　　　落在河边生。
终远兄弟，　　　　　　　　离别弟兄逃外地，
谓他人昆⑩。　　　　　　　见着他人叫长兄。
谓他人昆，　　　　　　　　见着他人叫长兄，
亦莫我闻⑪。　　　　　　　也没对我问一声。

## 【注释】

①诗为流浪者之歌。他流离失所，衣食无着，虽对别人呼称父母兄长，别人仍对他不管不顾。　②绵绵：连绵不断貌。葛藟（lěi）：蔓生植物，野葡萄。　③浒：水边。　④终：既。⑤谓：喊，称。　⑥莫我顾：即莫顾我。顾：看，理睬。　⑦涘（sì）：水边。　⑧有：借为佑，帮助。　⑨漘（chún）：深水边。　⑩昆：兄，哥哥。　⑪闻：同问。慰藉、恤问之意。

# 采　葛①

### （一）

彼采葛兮②，　　　　　　　　　　姑娘采葛去田野，

一日不见，　　　　　　　　　　　一日不相见，

如三月兮！　　　　　　　　　　　如同隔三月！

### （二）

彼采萧兮③，　　　　　　　　　　姑娘采萧去田地，

一日不见，　　　　　　　　　　　一日不相见，

如三秋兮④！　　　　　　　　　　如同隔三季！

### （三）

彼采艾兮⑤，　　　　　　　　　　姑娘采艾去田园，

一日不见，　　　　　　　　　　　一日不相见，

如三岁兮！　　　　　　　　　　　如同隔三年！

## 【注释】

①这是一首恋歌。采集是女子事，则被恋念者为女子，而恋念者为男子。但儒者作解却有自己的套路：《毛诗序》以为"惧谗也"；《诗集传》以为"淫奔者托以行也"。　②彼：她。葛：葛藤，其皮可制纤维织布。　③萧：植物名，蒿类，有香气。古人用以祭祀。　④三秋：余冠英《诗经选》说，"通常以一秋为一年。谷熟为秋，谷类多一年一熟。古人说'今秋'、'来秋'就是今年来年。在这首诗里'三秋'该长于'三月'，短于'三岁'，义同三季，就是九个月。又有以'三秋'专指秋季三月的，那是后代的用法。"　⑤艾：植物名。菊科，其叶可供药用和针灸用。

# 大　车①

## （一）

大车槛槛②，　　　　　　　大车行驶声坎坎，
毳衣如菼③。　　　　　　　毛衣颜色清浅浅。
岂不尔思④？　　　　　　　心中怎不把你盼？
畏子不敢。　　　　　　　怕你做事不大胆。

## （二）

大车啍啍⑤，　　　　　　　大车行驶慢吞吞，
毳衣如璊⑥。　　　　　　　暗红毛衣色深深。
岂不尔思？　　　　　　　心中怎不把你盼？
畏子不奔⑦。　　　　　　　怕你不敢共私奔。

## （三）

穀则异室⑧，　　　　　　　生不能住一房中，
死则同穴⑨。　　　　　　　死后要埋一个坑。
谓予不信，　　　　　　　怕我说话不可靠，
有如皦日⑩！　　　　　　　有那太阳做证明！

**【注释】**

①诗写一位姑娘热恋着一位小伙，很想和他私奔，但鉴于世俗压力，怕他顾虑太多，于是发出坚定的誓言。　②大车：牛车。槛槛（kǎn）：车行声。　③毳（cuì）衣：用兽毛织的衣服。菼（tǎn）：初生的芦荻，青白色。　④尔：指车上穿毛衣的男子，与下句的"子"同指一人。　⑤啍啍（tūn）：车行缓慢沉重貌。　⑥璊（mén）：红色的玉。　⑦奔：私奔。　⑧穀：生、活着。异室：不能同居一室。　⑨同穴：合葬一个墓穴。　⑩如：犹彼。皦（jiǎo）：同皎，光明。

# 丘中有麻①

## （一）

丘中有麻②，　　　　　　　　高丘之上麻成阴，
彼留子嗟③。　　　　　　　　曾在那里会情人。
彼留子嗟，　　　　　　　　　曾在那里会情人，
将其来施④。　　　　　　　　等他再来共销魂。

## （二）

丘中有麦，　　　　　　　　　高丘之上有麦田，
彼留子国。　　　　　　　　　曾在那里会美男。
彼留子国，　　　　　　　　　曾在那里会美男，
将其来食⑤。　　　　　　　　等他再来尝蜜甜。

## （三）

丘中有李，　　　　　　　　　高丘之上有李园，
彼留之子⑥。　　　　　　　　曾在那里会心肝。
彼留之子，　　　　　　　　　曾在那里会心肝，
贻我佩玖⑦。　　　　　　　　赠我宝石共交欢。

**【注释】**

①这是一首企盼情人幽会的诗。从受赠佩玉的细节看，主人公是一女子。本诗历来歧解颇多，兹不列举。　②丘：土丘。　③彼：那里。留：逗留，暗指两人幽会亲爱。子嗟：美男子泛名，代称情人。下文"子国"同此。　④将：愿。施：喜悦。施，常本作"施施"。《颜氏家训·书证》："江南旧本悉单为施。"此据改。　⑤食：闻一多《诗经通义》："古谓性的行为曰食。"　⑥之子：指她的情人。　⑦贻：赠。玖：似玉的浅黑色石。

# 郑 风

## 缁 衣①

### (一)

缁衣之宜兮②，　　　　　　黑色官服多合身，
敝，予又改为兮③。　　　　破了，我再为你来更新。
适子之馆兮④，　　　　　　你去官署办公务，
还，予授子之粲兮⑤。　　　回来，献你饭菜味香醇。

### (二)

缁衣之好兮，　　　　　　　黑色官服多好看，
敝，予又改造兮。　　　　　破了，我再为你做一件。
适子之馆兮，　　　　　　　你到官署办公务，
还，予授子之粲兮。　　　　回来，献你饭菜味道鲜。

### (三)

缁衣之席兮⑥，　　　　　　黑色官服大又宽，
敝，予又改作兮。　　　　　破了，我做新衣给你穿。
适子之馆兮，　　　　　　　你去官署办公务，
还，予授子之粲兮。　　　　回来，献你饭菜香又甜。

**【注释】**

①这是一首贤妻诗。其中写丈夫在官府任职，妻子在家为他缝衣备饭，做好内助。　②缁(zī)衣：黑色衣服，古代卿大夫去官署（古称私朝，即下文之"馆"）时穿用。《孔疏》："卿士旦朝于王，服皮弁，不服缁衣。退适治事之馆，释皮弁而服，以听其所朝之政也。"宜：合身。　③敝：破旧。改为：另制新衣。　④适：往。馆：公馆，官舍。《郑笺》："卿士所之之馆，在天子之宫。"　⑤还(xuán)：同旋，回来。授：给予。粲：上等白米。《诗集传》引"或曰"："粲：粟之精凿者。"　⑥席：宽大。

# 将 仲 子①

中華藏書

四书五经·最新校勘精注今译本

中国书店

八八〇

## （一）

将仲子兮②，
无逾我里③，
无折我树杞④！
岂敢爱之⑤？
畏我父母。
仲可怀也⑥，
父母之言，
亦可畏也。

还请二哥别莽撞，
不要翻我邻家墙，
别把杞树损伤！
哪是我要吝惜树？
都是害怕我爹娘。
思念二哥放不下，
无奈父母要责骂，
心中老害怕。

## （二）

将仲子兮，
无逾我墙，
无折我树桑⑦！
岂敢爱之？
畏我诸兄。
仲可怀也，
诸兄之言，
亦可畏也。

还请二哥别着忙，
不要翻过我家墙，
别把桑树损伤！
哪是我要吝惜树？
怕我兄长性子强。
思念二哥放不下，
无奈兄长没好腔，
心中很恐慌。

## （三）

将仲子兮，
无逾我园，
无折我树檀⑧！
岂敢爱之？
畏人之多言。
仲可怀也，
人之多言，
亦可畏也。

还请二哥别乱闯，
不要翻过我园墙，
别把檀树损伤！
哪是我要吝惜树？
怕人流言纷扬扬
思念二哥放不下，
无奈流言难提防，
心中总惶惶。

**【注释】**

①这是一首委婉的情歌。诗中女子的内心充满矛盾，又想和情人相会，又怕他爬过墙头会引起父母的斥责和别人的议论。　②将（qiāng）：请。一说为发语词。仲：弟兄排行第二为仲。子：男子的美称。　③逾：越过。里：古时五家为邻，五邻为里，里有隔墙，此处即指里墙。　④折：攀折，踩断。杞（qǐ）：柳一类树名。　⑤爱：吝惜之意。之：指杞树。⑥怀：思念。　⑦树桑：古代墙边种桑树，园中种檀树。马瑞辰《毛诗传笺通释》："古者桑种于墙，檀树于园。《孟子》'树墙下以桑'，《鹤鸣》诗'乐彼之园，爱有檀树'是也。"　⑧檀：树名。木质坚硬，可造器具。

## 叔于田①

### （一）

| | |
|---|---|
| 叔于田②， | 三郎打猎到郊区， |
| 巷无居人。 | 街巷空空无人居。 |
| 岂无居人？ | 哪是真的无人住？ |
| 不如叔也。 | 不如三郎人材奇。 |
| 洵美且仁③！ | 真是漂亮又谦虚！ |

### （二）

| | |
|---|---|
| 叔于狩④， | 三郎打猎郊区走， |
| 巷无饮酒。 | 街巷无人会喝酒。 |
| 岂无饮酒？ | 哪是真的不会喝？ |
| 不如叔也。 | 难与三郎做对手。 |
| 洵美且好⑤！ | 真是漂亮好朋友！ |

### （三）

| | |
|---|---|
| 叔适野⑥， | 三郎郊区把猎打， |
| 巷无服马⑦。 | 街巷无人会驾马。 |
| 岂无服马？ | 哪是真的不会驾？ |
| 不如叔也。 | 不如三郎本领大。 |
| 洵美且武⑧！ | 真是英俊一武侠！ |

**【注释】**

①这是一首赞美武士的诗。　②叔：男子表字，犹称"三郎"、"老三"。于：往。田：打

猎。　　③洵：确实。仁：仁爱宽厚。　　④狩（shòu）：打猎。又特指冬猎。　　⑤好：和好团结。
⑥适：往。野：郊外。　　⑦服马：驾马，此指驾马的人。　　⑧武：英武。

# 大叔于田①

## （一）

叔于田，　　　　　　　　　　三郎出猎好仪表，
乘乘马②。　　　　　　　　　　四马驾车跑。
执辔如组③，　　　　　　　　　手握马缰如丝制，
两骖如舞④。　　　　　　　　　两匹骖马如舞蹈。
叔在薮⑤，　　　　　　　　　　三郎在林沼，
火烈具举⑥。　　　　　　　　　众人举火红光燎。
襢裼暴虎⑦，　　　　　　　　　空手打虎赤膊上，
献于公所。　　　　　　　　　　献与郑公声名好。
将叔勿狃⑧，　　　　　　　　　还请三郎别大意，
戒其伤女⑨！　　　　　　　　　警惕野兽把你咬！

## （二）

叔于田，　　　　　　　　　　三郎出猎意气扬，
乘乘黄⑩。　　　　　　　　　　驾车四马黄。
两服上襄⑪，　　　　　　　　　两匹服马当前列，
两骖雁行⑫。　　　　　　　　　两匹骖马像雁行。
叔在薮，　　　　　　　　　　　三郎在猎场，
火烈具扬⑬。　　　　　　　　　众人举火映红光。
叔善射忌⑭，　　　　　　　　　三郎善射箭，
又良御忌。　　　　　　　　　　驾马本领强。
抑磬控忌⑮，　　　　　　　　　忽而刹车急勒马，
抑纵送忌⑯。　　　　　　　　　转眼纵马奔前方。

## （三）

叔于田，　　　　　　　　　　三郎出猎意气雄，
乘乘鸨⑰。　　　　　　　　　　四马黑又明。
两服齐首⑱，　　　　　　　　　两匹服马齐头进，

两骖如手⑲。　　　　　　　两匹骖马如手形。

叔在薮，　　　　　　　　三郎在林中，

火烈具阜⑳。　　　　　　众人举火照长空。

叔马慢忌，　　　　　　　三郎马行逐渐慢，

叔发罕忌㉑。　　　　　　发箭稀少兽无踪。

抑释掤忌㉒，　　　　　　打开箭筒收起箭，

抑鬯弓忌㉓。　　　　　　扎好弓袋命收兵。

## 【注释】

①这也是一首赞美武士的诗，与上首同一母题。"苏辙曰：二诗皆'叔于田'，故加'大'以别之。"（朱熹《诗集传》）　②前一"乘"字：读 chéng，即驾。后一"乘"字：读 shèng，四马一车叫一乘。　③辔：马缰绳。组：丝带。　④骖（cān）：周代的车，当中的独辕叫辀，左右各套两马。里边的两匹称服，外边的两匹称骖。　⑤薮（sǒu）：沼泽地带，多草木，禽兽聚居之所。　⑥火烈俱举：《郑笺》："列人持火俱举，言众同心。"烈：通列，行列。　⑦襢裼（tǎn xī）：赤膊。暴虎：空手打虎。　⑧将：请。狃（niǔ）：习以为常。引申有掉以轻心之意。　⑨戒：警惕。女：通汝，指叔。　⑩乘黄：四匹黄马。　⑪襄：同骧，驾。上襄：在前驾车。　⑫两骖雁行：两骖稍后于服马，如飞雁行列。　⑬扬：起。　⑭忌：语气词。　⑮抑：发语词。磬（qìng）：乐器名。这里以其形状形容御者弯腰前屈，勒马止行。　⑯纵送：纵马奔驰。　⑰鸨（bǎo）：黑白杂色的马。　⑱齐首：整齐并进，像人的头。　⑲如手：言两骖在旁而稍后，像人的双手。　⑳阜：旺盛。　㉑发：射箭。罕：少。　㉒掤（bīng）：箭筒盖子。释掤：打开箭筒盖。言准备把箭收起。　㉓鬯（chàng）：韔的借字，弓袋。鬯弓：言将弓放进袋中。

# 清　人①

## （一）

清人在彭②，　　　　　　清邑军队守在彭，

驷介旁旁③。　　　　　　驷马披甲矫健行。

二矛重英④，　　　　　　两矛璎珞迎风卷，

河上乎翱翔⑤。　　　　　河边驾车喜气盈。

清人在消⑥，　　　　　　　清邑军队守在消，
驷介麃麃⑦。　　　　　　　驷马披甲兴致高。
二矛重乔⑧，　　　　　　　两矛雉羽迎风动，
河上乎逍遥。　　　　　　　河边驾车任逍遥。

（三）

清人在轴⑨，　　　　　　　清邑军队守在轴，
驷介陶陶⑩。　　　　　　　驷马披甲来遨游。
左旋右抽⑪，　　　　　　　左转身体右抽剑，
中军作好⑫。　　　　　　　军士表演好派头。

## 【注释】

①这是一首讽刺性的军旅诗。郑文公讨厌贪财好利的大夫高克，便趁赤狄侵犯卫国的机会，把他派往黄河边上率兵戍守。后狄兵退去，文公仍不调他回来。日子一久，军纪涣散，终至瓦解。高克怕文公治罪，逃往陈国。"公子素恶高克进之不以礼，文公退之不以道，危国亡师之本，故作是诗也。"（《毛诗序》）　②清：郑国邑名，在今河南中牟县西，可能是高克的封地。清人：指高克所率领的清邑士兵。彭：郑国地名，在黄河岸边。　③驷：一车驾四马。介：甲。此指马的护甲。旁旁：强壮有力貌。　④二矛：战车上装两支矛，一支参战，另一支备用。英：毛制的璎珞。重英：两层璎珞。　⑤翱翔：指兵士们驾着战车遨游。　⑥消：郑国地名，在黄河岸边。　⑦麃麃（biāo）：威武貌。　⑧乔：借为鷮，长尾野鸡。这里指鷮羽做的矛缨。　⑨轴：郑国地名，在黄河岸边。　⑩陶陶：自由驱驰貌。　⑪左旋右抽：身体向左旋转，右手抽出刀剑。形容练习击刺之状。　⑫中军：即军中。作好：表演漂亮。

# 羔 裘①

## （一）

羔裘如濡②，　　　　　　　羔羊皮袄软又明，
洵直且侯③。　　　　　　　为人正直有美声。
彼其之子，　　　　　　　这是一位男子汉，
舍命不渝④。　　　　　　　宁死决不改志行。

（二）

| 羔裘豹饰⑤， | 袖口豹皮作装饰， |
|---|---|
| 孔武有力⑥。 | 勇武有力好英姿。 |
| 彼其之子， | 这是一位男子汉， |
| 邦之司直⑦。 | 他在朝中当司直。 |

（三）

| 羔裘晏兮⑧， | 羔羊皮袄鲜又洁， |
|---|---|
| 三英粲兮⑨。 | 妍明缨穗三重叠。 |
| 彼其之子， | 这是一位男子汉， |
| 邦之彦兮⑩。 | 不愧邦国一俊杰。 |

**【注释】**

①诗中赞美了一位贤明正直的大夫。前人或谓为郑国的子产赞美其前任子皮之作，不可确考。　②羔裘：羔羊皮袄。如：同而。濡（rú）：柔而有光泽。　③洵：确实。直：正直。侯：美。　④渝：改变。不渝：指不改志节。　⑤豹饰：以豹皮作羔裘袖子边缘的装饰。　⑥孔：很，甚。　⑦司直：官名。掌管劝谏君主过失。司：主；直：正；司直为纠正过失之意。⑧晏：鲜艳。　⑨英：即缨。三英：古人的皮袄，在对襟的中缝两边各有三条丝绳，穿时系上，其中一边的三条丝绳有穗垂下，三英即此。粲：鲜明。　⑩彦：美士，俊杰。

# 遵 大 路①

（一）

| 遵大路兮②， | 沿着大路行走， |
|---|---|
| 掺执子之祛兮③。 | 拉住你的袖口。 |
| 无我恶兮④， | 不要我把厌弃， |
| 不寁故也⑤！ | 别忘相爱已久！ |

（二）

| 遵大路兮， | 沿着大路行走， |
|---|---|
| 掺执子之手兮。 | 拉住你的两手。 |
| 无我魗兮⑥， | 不要嫌我丑陋， |
| 不寁好也⑦！ | 别忘咱是爱友！ |

中华藏书

诗经

中国书店

八八五

中華藏書

四书五经·最新校勘精注今译本

中国书店

**【注释】**

　　①一位女子被一位与她同居已久的男子抛弃，诗中写出了她的一再恳求。至于两人是不是夫妻，不好说定。　②遵：沿，循。　③掺：拉住。祛（qù）：袖口。　④恶（wù）：厌恶。无我恶："无恶我"的倒文。　⑤遱（jié）：速，指速离。故：故人，女子自称。　⑥魗（chǒu）：同丑。　⑦好：好友，爱人。

# 女曰鸡鸣①

## （一）

女曰："鸡鸣②！"　　　　　　　　女的说："公鸡叫了！"
士曰："昧旦③。"　　　　　　　　男的说："天色还暗。"
"子兴视夜④，　　　　　　　　　　"你快起来看一看　，
明星有烂⑤！"　　　　　　　　　　启明星儿光灿灿！"
"将翱将翔⑥，　　　　　　　　　　"我就出出转一遭，
弋凫与雁⑦。"　　　　　　　　　　去射野鸭和大雁。"

## （二）

"弋言加之⑧，　　　　　　　　　　"射点野鸟做美餐，
与子宜之⑨。　　　　　　　　　　　我来烹调味道鲜。
宜言饮酒⑩，　　　　　　　　　　　就着共饮知心酒，
与子偕老。　　　　　　　　　　　　和你白头到百年。
琴瑟在御⑪，　　　　　　　　　　　你弹琴来我鼓瑟，
莫不静好⑫。"　　　　　　　　　　　夫妻和好乐陶然。"

## （三）

"知子之来之⑬，　　　　　　　　　"知你对我意缠绵，
杂佩以赠之⑭。　　　　　　　　　　我赠佩玉结良缘。
知子之顺之，　　　　　　　　　　　知你对我很眷恋，
杂佩以问之⑮。　　　　　　　　　　佩玉表我心一片
知子之好之⑯，　　　　　　　　　　知你对我爱情专，
杂佩以报之。"　　　　　　　　　　　我献佩玉报天仙。"

**【注释】**

①诗写天将破晓时一对新婚夫妇间的枕边对话，表现出他们的和乐美好与相爱之深。 ②鸡鸣：鸣叫了。 ③士：男子的美称，指那个女子的丈夫。昧：黑。旦：亮。昧旦：天色半明未明。 ④子：你。兴：起。视夜：观察夜色。 ⑤明星：启明星，即金星，早晨众星隐去之时出现在东方。有烂：灿烂。"有"为语助词。 ⑥翱翔：鸟飞的样子。这里借以形容人的出游。 ⑦弋（yì）：用生丝作的绳，系在箭上用来射鸟。凫（fú）：野鸭。 ⑧言：语助词。下同。加之：射中它们。 ⑨宜：烹调菜肴。 ⑩"宜言"句：意思是一面吃肴，一面饮酒。 ⑪御：用。这里是弹奏的意思。琴瑟合奏，借喻夫妇和美。 ⑫静好：安静和乐。 ⑬子：指妻子。来（lài）：同勑，慰勉。 ⑭杂佩：身上佩带的珠玉等多种饰物。 ⑮问：赠送。 ⑯好：喜爱。

# 有女同车①

## （一）

| | |
|---|---|
| 有女同车， | 姑娘与我同车行， |
| 颜如舜华②。 | 脸儿好像木槿红。 |
| 将翱将翔， | 体态轻盈如飞动， |
| 佩玉琼琚③。 | 身上佩玉振有声。 |
| 彼美孟姜④， | 他即美人孟姜女， |
| 洵美且都⑤！ | 果真漂亮有风情！ |

## （二）

| | |
|---|---|
| 有女同行⑥， | 姑娘与我同路行， |
| 颜如舜英⑦。 | 脸如木槿光彩生。 |
| 将翱将翔， | 体态翩翩如展翅， |
| 佩玉将将⑧。 | 身上佩玉响丁东。 |
| 彼美孟姜， | 他即美人孟姜女， |
| 备音不忘⑨！ | 清音永在我心中！ |

**【注释】**

①一个男子与一个姑娘同车走了一次，便在心中激起感情的涟漪，再也忘不掉。诗咏其事。 ②舜：即木槿，落叶灌木，花五瓣，有白红淡紫等色。华：古花字。 ③琼、琚：佩玉之名。 ④孟姜：姜氏长女。为古代美女之泛称。 ⑤都：文雅安娴。 ⑥行（háng）：道路。

诗经

中国书店

# 山有扶苏①

## （一）

| 山有扶苏②。 | 山上乔木大， |
| 隰有荷华③。 | 洼处开荷花。 |
| 不见子都④， | 不见子都美男子， |
| 乃见狂且⑤。 | 却被你这狂徒拉。 |

## （二）

| 山有乔松⑥， | 山上有高松， |
| 隰有游龙⑦。 | 洼处有水荭。 |
| 不见子充⑧， | 不见子充美男子， |
| 乃见狡童。 | 见个狡猾小儿童。 |

【注释】

①这里是一个女子对爱人的戏谑俏骂。　②扶苏：枝叶繁茂的树木。本意是指大树枝杈四布。方玉润《诗经原始》："枝叶扶苏，乃茂木耳。"　③隰（xí）：低洼的湿地。荷华：即荷花。④子都：《孟子》："至于子都，天下莫不知其姣者也。"这里作为古代美男子的泛称⑤狂且（jū）：狂者。且：者　一说"且"为语助词。　⑥桥：通乔，高。　⑦游：枝叶舒展貌。龙：借为茏，即水荭，一年生草本植物，夏秋开白色或淡红色花。　⑧子充：郑国美男子。这里亦为美男子泛称。

# 萚兮①

## （一）

| 萚兮萚兮②， | 黄叶黄叶树下落， |
| 风其吹女③。 | 随风飘舞一个个 |
| 叔兮伯兮， | 弟们哥们聚一起， |
| 倡予和女④！ | 你们来唱我们和！ |

## （二）

籜兮籜兮，        黄叶黄叶树下归，

风其漂女⑤        随风飘舞乱飞飞。

叔兮伯兮，        弟们哥们聚一处，

倡予要女⑥！       你们来唱我们随！

**【注释】**

①这是一首描写集体歌咏活动的诗。姑娘们鼓动男子们先唱，而自己和歌。朱熹夫子看不惯这种活动，斥之曰："此淫女之词。"（《诗集传》）　②籜（tuò）：脱落的树叶或树皮。　③女：同汝，指籜。　④倡：同唱，领唱。始歌为唱，随歌为和。女：同汝，指叔、伯。倡予：意思是请给我们领唱。和女：意思是会跟你们和唱。　⑤漂：通飘。　⑥要（yāo）：会合，义近"和"。

# 狡　童①

## （一）

彼狡童兮②，        那个狡猾小坏蛋，

不与我言兮。       不再与我把话谈。

维子之故③，        为你这事心烦恼，

使我不能餐兮！     使我一日废三餐！

## （二）

彼狡童兮，        那个狡猾小坏蛋，

不与我食兮。       不再与我同吃饭。

维子之故，        为你这事心烦恼，

使我不能息兮④！    使我睡觉总失眠！

**【注释】**

①诗写一位女子与情人发生了矛盾，受到冷淡，寝食不宁。　②狡：狡猾。　③维：因为。　④息：安息，安睡。

# 褰裳①

## （一）

子惠思我②，

褰裳涉溱③；

子不我思④，

岂无他人？

狂童之狂也且⑤！

你若相爱思念我，

提衣蹚水过溱河；

你若不把我思念，

难道别无有心哥？

你当傻瓜最够格！

## （二）

子惠思我，

褰裳涉洧⑥；

子不我思，

岂无他士⑦？

狂童之狂也且！

你若相爱思念我，

提衣蹚水过洧河；

你若不把我思念，

难道别无有情哥？

瞧你傻得最出格！

## 【注释】

①这是一首女子向所爱男子打情骂俏的诗，言词大胆，风格泼辣。朱熹看出了这是"戏谑之词"，称其人为"淫女"。 ②惠：爱。 ③褰（qiān）：提起。裳：下衣。古制衣服上为衣，下为裳。裳即裙，男女皆着。涉：徒步过河。溱（zhēn）：郑国水名，源出今河南密县，东南流与洧水会合。 ④不我思：即不思我。 ⑤狂：痴騃。狂童：犹言痴儿或傻小子。狂童之狂：傻瓜中的傻瓜，最大的傻瓜。一说"童即狂也"。也且（jū）：语气词。 ⑥洧（wěi）：郑国水名，源出今河南登封县，东流至密县与溱水汇合。 ⑦士：男子的通称。

# 丰①

## （一）

子之丰兮②

俟我乎巷兮③。

悔予不送兮④！

你的容貌真漂亮，

迎娶等我在门巷。

我真后悔没同往！

## （二）

子之昌兮⑤，　　　　　　　　你的体魄如青松，
俟我乎堂兮⑥。　　　　　　　迎娶等我在堂中。
悔予不将兮⑦！　　　　　　　我真后悔没相从！

## （三）

衣锦绷衣⑧，　　　　　　　　身穿锦缎有光明，
裳锦绷裳⑨。　　　　　　　　外罩轻纱飘飘红。
叔兮伯兮⑩，　　　　　　　　盼望弟兄重新到，
驾予与行⑪！　　　　　　　　驾车接我同路行！

## （四）

裳锦绷裳，　　　　　　　　　外罩飘飘红轻纱，
衣锦绷衣。　　　　　　　　　身穿锦缎有光华。
叔兮伯兮，　　　　　　　　　盼望弟兄重新到，
驾予与归！　　　　　　　　　驾车接我同回家！

**【注释】**

①一个男子前去女家迎亲，女子没有从行。事情过去，她非常后悔，希望未婚夫重修旧好，再次来迎。清人戴震认为，迎亲未成的原因，"非男女之情，乃其父母之惑也。"　②丰：指容貌丰满标致。　③俟（sì）：等待。从俟乎巷与下文俟乎堂的情景看，这是来迎亲。　④送：从行之意。　⑤昌：健壮。　⑥堂：客堂。此句所言为古代婚姻六程序中的"亲迎"一项。　⑦将：与前"送"字同义，即从行。　⑧前一"衣"字：作动词用，穿。锦：锦缎衣裳，出嫁服装。绷（jiǒng）衣：麻纱罩衣。　⑨前一"裳"字：也作动词用，即穿。　⑩叔、伯：是此女对随婿来迎的同辈之称。　⑪驾：车接。

# 东门之墠①

## （一）

东门之墠②，　　　　　　　　东门之外平地宽，
茹藘在阪③。　　　　　　　　土坡上面茜草鲜。
其室则迩④，　　　　　　　　她家房子非常近，
其人甚远！　　　　　　　　　人却好像在天边！

| | |
|---|---|
| 东门之栗， | 东门栗树枝叶繁， |
| 有践家室⑤。 | 良家房屋在眼前。 |
| 岂不尔思？ | 难道我不把你想？ |
| 子不我即⑥！ | 你却不来把心谈！ |

**【注释】**

　　①这是一首初恋男女的唱和之歌。上章是男子所唱，下章是女子所唱。一说为单恋诗，或云为男唱，或云为女唱，皆可通。而正统儒者则还是照老习惯仍把它视为"淫奔"诗。　②埠（shàn）：平坦之地。　③茹藘（lú）：即茜草，其根可作绛红色染料。阪（bǎn）：斜坡。④迩：近。　⑤践：善。有践：即践践，好好。　⑥即：就，亲近。

# 风　雨①

## （一）

| | |
|---|---|
| 风雨凄凄， | 风雨冷凄凄， |
| 鸡鸣喈喈②。 | 雄鸡喔喔啼。 |
| 既见君子③， | 既然又把郎君见， |
| 云胡不夷④！ | 愁云还不顷刻散！ |

## （二）

| | |
|---|---|
| 风雨潇潇⑤， | 风雨正潇潇， |
| 鸡鸣胶胶⑥。 | 雄鸡声声高。 |
| 既见君子， | 既然又盼郎君到， |
| 云胡不瘳⑦！ | 心病还不顿时消！ |

## （三）

| | |
|---|---|
| 风雨如晦⑧， | 风雨夜茫茫， |
| 鸡鸣不已。 | 雄鸡声声长。 |
| 既见君子， | 既然终于见君郎， |
| 云胡不喜！ | 心中还不喜如狂！ |

**【注释】**

　　①这是一首情人幽会的诗。而《毛诗序》解为"乱世则思君子不改其度焉"，在历史上曾

给不少志节之士以鼓舞。　②喈喈（jiē）：鸡鸣声。　③君子：指情人。一说为丈夫，如此则全篇另是一解。　④云：发语词。胡：何。夷：平，指心境。　⑤潇潇：形容风雨急骤。　⑥胶胶：鸡鸣声。　⑦瘳（chōu）：病愈。病指相思之苦。　⑧晦：黑暗。

# 子　衿①

## （一）

青青子衿②，　　　　　　　你的衣领色青青，
悠悠我心③。　　　　　　　念念总在我心中。
纵我不往，　　　　　　　纵然我不去找你，
子宁不嗣音④？　　　　　　你就不把音讯通？

## （二）

青青子佩⑤，　　　　　　　你的佩带色青青，
悠悠我思。　　　　　　　让我念念难忘情。
纵我不往，　　　　　　　纵然我不去找你，
子宁不来？　　　　　　　你就不来问一声？

## （三）

挑兮达兮⑥，　　　　　　　嬉戏光景又闪过，
在城阙兮⑦。　　　　　　　城门楼上情脉脉。
一日不见，　　　　　　　只有一天没见着，
如三月兮！　　　　　　　好像过了三个月！

## 【注释】

①这是一首思念恋人的诗。看来二人似乎闹了点意见，姑娘矜持，不肯先去就他，但又思之甚切。旧说此诗为刺乱世学校毁废，有过很大影响。　②衿（jīn）：即襟，衣领。古代衣服斜领，下与襟连，故称领为襟。青衿，为古时学子所服。　③悠悠：忧思不断貌。　④宁：难道。嗣音：即诒音，寄音讯。嗣，古与遗、诒通。　⑤佩：指佩玉的绶带。　⑥挑：挑逗戏诱。达：放恣不羁。此二句是缅怀往事之词。　⑦城阙：城门两边的观楼。

中华藏书　诗经　中国书店

# 扬 之 水①

## （一）

扬之水②，　　　　　　　　河水激荡流前方，
不流束楚③。　　　　　　　一捆荆条挡中央。
终鲜兄弟④，　　　　　　　本来我家兄弟少，
维予与女⑤。　　　　　　　只有你我结鸳鸯。
无信人之言⑥，　　　　　　不要轻信别人话，
人实迁女⑦！　　　　　　　他们是在把你诳！

## （二）

扬之水，　　　　　　　　　河水激荡流前方，
不流束薪。　　　　　　　　一捆木柴拦中央。
终鲜兄弟，　　　　　　　　本为我家兄弟少，
维予二人。　　　　　　　　只有咱俩结鸳鸯。
无信人之言，　　　　　　　不要轻信别人话，
人实不信⑧！　　　　　　　他们没安好心肠！

【注释】

　　①这是一对夫妻间的剖白之言。细品诗意，当是男说与女听。一说为发生纠纷的兄弟间的一番劝告。非。　②扬：悠扬，缓慢。　③束楚：一捆荆条。"束楚"与下文"束薪"都是男女结婚的象征。　④终：既。鲜：少。　⑤女：汝。　⑥人之言：意思是别人挑拨的话。　⑦迁（kuāng）：通诳；欺骗。　⑧不信：不诚实，不可靠。

# 出其东门①

## （一）

出其东门②，　　　　　　　走出郑城东门，
有女如云③。　　　　　　　姑娘多如白云。
虽则如云，　　　　　　　　虽然多如白云，
匪我思存④。　　　　　　　并未占据我心。
缟衣綦巾⑤，　　　　　　　白衣绿裙阿妹，
聊乐我员⑥。　　　　　　　才是快乐情人。

中華藏書　四书五经·最新校勘精注今译本　中国书店

## （二）

| | |
|---|---|
| 出其闉阇⑦， | 走出外城观察， |
| 有女如荼⑧。 | 姑娘多如野花。 |
| 虽则如荼， | 虽然多如野花， |
| 匪我思且⑨。 | 我心并不想她。 |
| 缟衣茹藘⑩， | 白衣红裙阿妹， |
| 聊可与娱。 | 才是逗人娇娃。 |

## 【注释】

①本诗写一位男子对一位女子的钟情。在春季踏青的众多游女中，他只爱自己那衣着简朴的情人，以为只有她才可以给自己最大的快乐。　②东门：郑国城门之一。王先谦《诗三家义集疏》："郑城西南门为溱洧二水所经，故以东门为游人所集。"　③如云：形容众多。　④匪：通非。思存：想念。　⑤缟（gǎo）：白色。綦（qí）：浅绿色。巾：佩巾，即蔽膝，似今世之围裙。⑥聊：且。员（yún）：同云，语气词。　⑦闉阇（yīn dū）：城门外半圆形的墙，又名曲城。　⑧荼（tú）：茅草的白花，野地多有，故以比喻众多。　⑨且（cú）：往。　⑩茹藘（lú）：茜草，可作红色颜料，这里代指佩巾。

# 野有蔓草①

## （一）

| | |
|---|---|
| 野有蔓草②， | 田野青草新， |
| 零露漙兮③。 | 露珠湿淋淋。 |
| 有美一人， | 俊美一女子， |
| 清扬婉兮④。 | 清秀好动人。 |
| 邂逅相遇⑤， | 偶然巧相遇， |
| 适我愿兮⑥。 | 真是称我心。 |

## （二）

| | |
|---|---|
| 野有蔓草， | 田野青草长， |
| 零露瀼瀼⑦。 | 露珠明晃晃。 |
| 有美一人， | 俊美一女子， |
| 婉如清扬⑧。 | 秀媚如兰芳。 |

邂逅相遇，　　　　　　　　　　偶然巧相遇，
与子偕臧⑨。　　　　　　　　　　与你共隐藏。

【注释】

①诗写一对男女清晨在田间的邂逅相遇和自由同居。《周祀·媒氏》云："中春之月，令会男女，于是时也，奔者不禁；若无故而不用令者，罚之，司男女之无夫家者而会之。"　②蔓：蔓延。③零：落。洦（tuán）：露多的样子。　④清扬：眉目清秀。婉：妩媚的样子。⑤邂逅（xiè hòu）：不期而遇。　⑥适：符合。　⑦瀼瀼（ráng）：露浓的样子。　⑧如：意同"而"。　⑨臧：同藏。偕臧：一同藏匿。

# 溱　洧①

## （一）

溱与洧②，　　　　　　　　　　溱水洧水水流长，
方涣涣兮③。　　　　　　　　　　春暖冰消满河床。
士与女，　　　　　　　　　　　　男女如云游春到，
方秉蕳兮④。　　　　　　　　　　手持兰草除不祥。
女曰："观乎？"　　　　　　　　姑娘说："你不去看？"
士曰："既且⑤。"　　　　　　　小伙说："已看一场。"
"且往观乎⑥！"　　　　　　　　"再看一次也无妨！"
洧之外，　　　　　　　　　　　　洧水外，好风光，
洵訏且乐⑦。　　　　　　　　　　真是宽阔娱乐场。
维士与女⑧，　　　　　　　　　　青年男女广相会，
伊其相谑⑨，　　　　　　　　　　互相调笑喜洋洋。
赠之以芍药⑩。　　　　　　　　　馈赠芍药表衷肠。

## （二）

溱与洧，　　　　　　　　　　　　溱水洧水水流长，
浏其清矣⑪。　　　　　　　　　　春暖冰消清凉凉。
士与女，　　　　　　　　　　　　男女如云游春到，
殷其盈矣⑫。　　　　　　　　　　人山人海聚一方。
女曰："观乎？"　　　　　　　　姑娘说："你不去看？"
士曰："既且。"　　　　　　　　小伙说："已看一场。"

"且往观乎！"　　　　　　　　"再看一次也无妨！"

洧之外，　　　　　　　　　　洧水外，好风光，

洵讦且乐。　　　　　　　　　真是宽阔娱乐场。

维士与女，　　　　　　　　　青年男女广相会，

伊其将谑[13]，　　　　　　　连说带闹喜洋洋，

赠之以芍药。　　　　　　　　馈赠芍药表衷肠。

## 【注释】

①诗写上巳节郑国青少年男女在溱水、洧水旁共同游春的盛况。《韩诗内传》："郑国之俗，三月上巳之日，于两水上招魂续魄，拂除不祥。故诗人愿与所说（悦）者往观也。"然揣度此诗，乃是旁观者语气，而非诗中人物自述。　②溱（zhēn）、洧（wěi）：郑国的两条水名。③涣涣：水流充盛貌。朱熹《诗集传》："盖冰解而未散之时也。"　④秉：拿。蕑（jiān）：即兰，香草名。古人采兰于水上，以被除不祥。　⑤既且：已经去过了。且（cú）：同徂，往。⑥"且往"句：意思是"再去看看吧！"且：再。　⑦洵（xún）：实在。讦（xū）：大。此指地面宽广。乐：热闹好玩。　⑧维：语助词。　⑨伊：语助词。相谑（xuè）：互相调笑。⑩勺药：即芍药，香草名，三月开花，鲜艳可爱。古时男女相赠芍药是厚结深情的表示。　⑪浏（liú）：水清的样子。　⑫殷：众多。盈：充满。　⑬将：相。

# 齐　风

## 鸡　鸣①

### （一）

"鸡既鸣矣，　　　　　　　　"你听公鸡在打鸣，
　朝既盈矣②！"　　　　　　　　晨光已经上天空！"
"匪鸡则鸣③，　　　　　　　　"不是公鸡在打鸣，
　苍蝇之声。"　　　　　　　　那是苍蝇飞舞声。"

### （二）

"东方明矣，　　　　　　　　"你瞧东方已发亮，
　朝既昌矣④！"　　　　　　　　一会儿就要出太阳！"
"匪东方则明，　　　　　　　"不是东方已发亮，
　月出之光。"　　　　　　　　那是残月放白光。"

### （三）

"虫飞薨薨⑤，　　　　　　　　"飞虫嗡嗡不要管，
　甘与子同梦⑥！"　　　　　　　跟你同睡最香甜！"
"会且归矣⑦，　　　　　　　　"现在已经该回去，
　无庶予子憎⑧！"　　　　　　　请你对我别厌烦！"

【注释】

①这是一首情人幽会的诗。而一般则解为劝促早朝之作，关键乃在对"朝"、"会"二字的误解。陆侃如、冯沅君《中国诗史》为作辨正，指明："此诗所写，乃是幽会将终，男女二人临别时的对话。"　②朝（zhāo）：早晨。盈：满，指晨光。　③则：之，的。下章"匪东方则明"的"则"同此。　④昌：《说文》："昌，日光也。"　⑤薨薨（hōng）：犹轰轰，嗡嗡，虫子群飞声。这是天亮的景象。　⑥甘：乐、愿。同梦：同睡。　⑦会：适值，已该。且：将。　⑧无庶予子憎：希望你不要恨我。"无庶"当做"庶无"，传写之误。庶：希望。

中华藏书

四书五经·最新校勘精注今译本

中国书店

八九八

# 还①

## （一）

子之还兮②，　　　　　你的敏捷不一般，
遭我乎猺之间③兮。　　与我相遇猺山间。
并驱从两肩兮④，　　　并马追逐两大兽，
揖我谓我儇兮⑤。　　　作揖夸我招数鲜。

## （二）

子之茂兮⑥，　　　　　你的壮美呱呱叫，
遭我乎猺之道兮。　　　与我相遇猺山道。
并驱从两牡兮⑦，　　　并马将俩雄兽捉，
揖我谓我好兮。　　　　作揖夸我身手好。

## （三）

子之昌兮⑧，　　　　　你的健壮非等闲，
遭我乎猺之阳兮⑨。　　与我相遇猺山南。
并驱从两狼兮，　　　　并马追打两狼死，
揖我谓我臧兮⑩。　　　作揖夸我技术全。

【注释】

①诗写两个猎人共逐野兽，互相赞美。诗中写了三个场面，未必就是同猎三场。黄焯《诗说》云："风诗间采民俗歌谣之作，反复咏叹者特多，故有一义而离为数章、数句者。"本诗即是。　②还（xuán）：通旋，敏捷。　③遭：遇。猺（náo）：齐国山名，在今山东监淄县南。《太平御览·兽部》引作"猱"。　④驱：急走。从：追逐。肩：同豜（jiān），指大兽。《广雅》："兽一岁为豵，二岁为豝，三岁为肩，四岁为特。"　⑤揖：拱手礼。儇（xuān）：利落。　⑥茂：美。　⑦牡（mǔ）：雄兽。　⑧昌：盛壮。　⑨阳：山的南面称阳。　⑩臧：善，指技艺好。

# 著①

## (一)

俟我于著乎而②，　　　　　　新郎等我屏风边，
充耳以素乎而③，　　　　　　帽下充耳白丝穿，
尚之以琼华乎而④！　　　　　下垂宝石红妍妍！

## (二)

俟我于庭乎而⑤，　　　　　　新郎等我在院中，
充耳以青乎而，　　　　　　　帽下充耳丝线青，
尚之以琼莹乎而！　　　　　　下垂宝石红莹莹！

## (三)

俟我于堂乎而⑥，　　　　　　新郎等我在厅堂，
充耳以黄乎而，　　　　　　　帽下充耳丝线黄，
尚之以琼英乎而！　　　　　　下垂宝石闪红光！

【注释】

①诗写一位新郎在迎亲时，新娘对他的深情观察。　②俟（sì）：等待。著：大门和屏风之间的地方。乎而：语气词。　③充耳：古代男子饰物，以丝线挂于冠的两边，线上挂一绵球，可塞两耳，绵球下挂玉装饰。本句的素与下文的青、黄皆指丝线的颜色。　④尚：加。琼华：宝石名。琼：红玉，借指红色。下文琼莹、琼英同此。　⑤庭：庭院。　⑥堂：正房的中间。

# 东方之日①

## (一)

东方之日兮，　　　　　　　　一轮红日出天东，
彼姝者子②，　　　　　　　　美丽姑娘正妙龄，
在我室兮。　　　　　　　　　悄悄来到我房中。
在我室兮，　　　　　　　　　悄悄来到我房中，
履我即兮③。　　　　　　　　踩我膝盖表亲情。

## （二）

| | |
|---|---|
| 东方之月兮， | 一轮明月出天东， |
| 彼姝者子， | 美丽姑娘正妙龄， |
| 在我闼兮④。 | 悄悄来我密室中。 |
| 在我闼兮， | 悄悄来我密室中， |
| 履我发兮⑤。 | 踩我脚丫动娇容。 |

【注释】

①这是一首描写男女幽会狎昵的诗。　②姝（shū）：貌美。子：指女子。　③履：踩。即：膝的借字。　④闼（tà）：夹室，寝门左右的小屋。此句言女子已入密室。一说闼为门内。⑤发：指脚。

# 东方未明①

## （一）

| | |
|---|---|
| 东方未明， | 东方未明摸黑找， |
| 颠倒衣裳②。 | 全把衣裳穿颠倒。 |
| 颠之倒之， | 为何衣裳穿颠倒， |
| 自公召之③。 | 都因官差催人早。 |

## （二）

| | |
|---|---|
| 东方未晞④， | 东方未明屋里暗， |
| 颠倒裳衣。 | 全把衣裳穿倒颠。 |
| 倒之颠之， | 为何衣裳穿倒颠， |
| 自公令之。 | 都因官差命令严。 |

## （三）

| | |
|---|---|
| 折柳樊圃⑤， | 折柳编篱把活赶， |
| 狂夫瞿瞿⑥。 | 狂暴监工常瞪眼。 |
| 不能辰夜⑦， | 白天黑夜全打乱， |
| 不夙则莫⑧。 | 不是早来就是晚。 |

【注释】

①本诗是对官家强加的沉重徭役表示的怨愤。　②衣：上衣。裳：下衣。　③自：从。

公：王公贵族，官家。　④睎（xī）：破晓，太阳初升。　⑤樊：篱笆，这里用作动词，指编篱笆。圃：菜园。　⑥狂夫：指监工的人。瞿瞿：瞪眼怒视貌。　⑦不能辰夜：不能白天是白天、黑夜是黑夜地正常生活。辰：通晨，代指白天。　⑧夙（sù）：早。莫：古暮字，此句是说，不是早起就是晚睡。

# 南　山①

## （一）

南山崔崔②，　　　　　　　举目巍巍见南山，
雄狐绥绥③。　　　　　　　雄狐慢步有姻缘。
鲁道有荡④，　　　　　　　鲁国大道平荡荡，
齐子由归⑤。　　　　　　　文姜由此嫁鲁桓。
既曰归止⑥，　　　　　　　既然已经嫁鲁桓，
曷又怀止⑦？　　　　　　　为何仍把旧情连？

## （二）

葛屦五两⑧，　　　　　　　葛鞋总是成对跟，
冠绥双止⑨。　　　　　　　帽穗总是成双存。
鲁道有荡，　　　　　　　　鲁国大道平荡荡，
齐子庸止⑩。　　　　　　　文姜由此嫁鲁君。
既曰庸止，　　　　　　　　既然已经嫁鲁君，
曷又从止⑪？　　　　　　　为何又续旧情亲？

## （三）

艺麻如之何⑫？　　　　　　大麻应该怎样种？
衡从其亩⑬。　　　　　　　田垄横直有一定。
取妻如之何⑭？　　　　　　妻子应该怎样娶？
必告父母。　　　　　　　　要告父母听命令。
既曰告止，　　　　　　　　既告父母娶到家，
曷又鞠止⑮？　　　　　　　为何让她又放纵？

## （四）

析薪如之何⑯？　　　　　　应该怎样劈木柴？
匪斧不克⑰。　　　　　　　不用斧头破不开。
取妻如之何？　　　　　　　应该怎样娶妻子？

| 匪媒不得。 | 没有媒人得不来。 |
| 既曰得止， | 既靠媒人娶妻至， |
| 曷又极止⑱？ | 为何又到齐国呆？ |

**【注释】**

①本诗讽刺齐襄公的淫乱无耻。据《左传·桓公十八年》记载，齐襄公与他的同父异母妹文姜通奸，文姜嫁与鲁桓公，而仍与齐襄公关系不断。后鲁桓公与文姜同去齐国，发现了他们兄妹的奸情，斥责文姜。文姜告诉了襄公，襄公恼羞成怒，派力士彭生驾车，趁机把桓公杀死在回去的路上。齐人对襄公兽行极为愤恨，作此诗。　②南山：齐国山名。崔崔：高大貌。③雄狐：李湘《诗经研究新编》："从《毛传》《诗集传》以来，皆训狐为邪媚之兽。"按，狐在古代实际为瑞应之象。《瑞应图》："九尾狐者，六合一同则见。"《吕氏春秋》："禹年三十未娶，行涂山，恐时暮失嗣。辞曰：'吾之娶，必有应也。'乃有白狐九尾而造于禹。禹曰：'白者吾服也；九尾者，其证也。'于是涂山人歌曰：'绥绥白狐，九尾庞庞。成于家室，我都攸昌。'于是娶涂山女。"从这都可看出狐乃娶妻之象征。显然《南山》中"雄狐"，应是这神话观念的延续。　④鲁道：去鲁国的大道。有荡：荡荡，平坦。　⑤齐子：齐国的女子，指文姜。由归：从这条大道出嫁。　⑥止：语气词。　⑦曷：何。怀：想念。　⑧葛屦（jù）：葛草编的鞋。五：同伍，同列。五两：并排成双。　⑨绥（ruí）：帽带的下垂部分。左右各一，以便系结，故曰"双"。诗以葛鞋、帽穗成双比喻夫妻成对，不可以乱。　⑩庸：用，由。⑪从：跟从。⑫艺：种植。⑬衡从：即横纵。东西为横，南北为纵。　⑭取：通娶。　⑮鞠（jū）：通鞫。穷，极，穷欲纵容之意。　⑯析薪：劈柴。古多以薪喻婚姻。　⑰匪：通非。克：能，成功。　⑱极：到。

# 甫　田①

## （一）

| 无田甫田②， | 种田别去租大田， |
| 维莠骄骄③。 | 杂草茂盛铲除难。 |
| 无思远人④， | 远地别把远人念， |
| 劳心忉忉⑤。 | 徒然想得心忧烦。 |

## （二）

| 无田甫田， | 种田别去租大田， |
| 维莠桀桀⑥。 | 杂草高高铲不完。 |
| 无思远人， | 远地别把远人念， |
| 劳心怛怛⑦。 | 徒然心中受熬煎。 |

## （三）

婉兮娈兮⑧，　　　　　　　　俊美娇儿正少年，
总角丱兮⑨。　　　　　　　　一对牛角梳两边。
未几见兮⑩，　　　　　　　　也许不久把他见，
突而弁兮⑪！　　　　　　　　突然头上已加冠！

【注释】

①揣度诗意，当是一个远出服役的人怀念自己家中的儿子。末章是对相见后情景的悬想。关于此诗，其他歧解不少，多难自圆。　②前一"田"字：动词，耕种。后一"田"字：名词，田地。甫：大。　③维：助词，含有"其"意。莠（yǒu）：莠草。骄骄：高貌。　④远人：指其儿子。　⑤忉忉（dāo）：忧念貌。　⑥桀桀：高长貌。　⑦怛怛（dá）：忧伤不安貌。　⑧婉、娈：年少美好貌。　⑨总角：儿童头发左右分扎两髻如牛角，称总角。总：扎。丱（guàn）：总角两髻对竖的象形。　⑩未几：不久。　⑪突而：突然。弁（biàn）：冠，帽子。这里用作动词，戴冠。古时男子二十岁加冠，是已经成年的标志。

## 卢　令①

### （一）

卢令令②，　　　　　　　　猎狗颈环响丁东，
其人美且仁③。　　　　　　　那人帅气又宽宏。

### （二）

卢重环④，　　　　　　　　猎狗双环丁东响，
其人美且鬈⑤。　　　　　　　那人帅气又健壮。

### （三）

卢重锅⑥，　　　　　　　　猎狗三环丁零零，
其人美且偲⑦。　　　　　　　那人帅气有才能。

【注释】

①这是一首赞美猎人的短歌。　②卢：黑色猎狗。令令：象声词，猎狗颈环的响声。　③其人：指猎人。仁：和蔼宽厚。　④重环：两个环。大环之下系小环。　⑤鬈（quán）：勇壮貌。　⑥重锅（méi）：一个大环下，套两小环。　⑦偲（cāi）：才，多才。

# 敝笱①

## （一）

敝笱在梁②，　　　　　　　　破篓放在鱼梁门，
其鱼鲂鳏③。　　　　　　　　鳊鱼鲲鱼任游奔。
齐子归止④，　　　　　　　　文姜回齐真得意，
其从如云⑤。　　　　　　　　她的随从多如云。

## （二）

敝笱在梁，　　　　　　　　破篓放在鱼梁底，
其鱼鲂鱮⑥。　　　　　　　　鳊鱼鲢鱼任游旅。
齐子归止，　　　　　　　　文姜回齐真气派，
其从如雨。　　　　　　　　她的随从多如雨。

## （三）

敝笱在梁，　　　　　　　　破篓放在鱼梁嘴，
其鱼唯唯⑦。　　　　　　　　游鱼来往姿态美。
齐子归止，　　　　　　　　文姜回齐真开心，
其从如水。　　　　　　　　她的随从多如水。

## 【注释】

①这是一首讽刺文姜淫乱难制的诗。《诗集传》："齐人以敝笱不能制大鱼，比鲁桓不能防闲文姜，故归齐而从之者众也。"参见《南山》注①。　②敝：破。笱（gǒu）：捕鱼的竹笼。梁：鱼梁。筑于河中的堤坝，中留空缺，放上笱，可捕鱼。　③鲂（fáng）：鳊鱼。鳏（guān）：鲲鱼，体大，其性独行，故曰鳏。　④齐子：指文姜。归：归宁，回娘家。⑤从：仆从。如云：比喻众多。下文"如雨"、"如水"同此。　⑥鱮（xù）：鲢鱼。　⑦唯唯：鱼相随行、自由来往貌。

# 载　驱①

## （一）

载驱薄薄②，　　　　　　　　马车奔驰响隆隆，
簟茀朱鞹③。　　　　　　　　竹帘精美车盖红。
鲁道有荡，　　　　　　　　鲁国大道平荡荡，
齐子发夕④。　　　　　　　　文姜出发在黎明。

## （二）

四骊济济⑤，　　　　　　　　四匹黑马美不凡，
垂辔沵沵⑥。　　　　　　　　丝缰柔软低低悬。
鲁道有荡，　　　　　　　　鲁国大道平荡荡，
齐子岂弟⑦。　　　　　　　　文姜和乐真厚颜。

## （三）

汶水汤汤⑧，　　　　　　　　汶水奔流去不回，
行人彭彭⑨。　　　　　　　　行人熙攘紧相随。
鲁道有荡，　　　　　　　　鲁国大道平荡荡，
齐子翱翔⑩。　　　　　　　　文姜遨游健如飞。

## （四）

汶水滔滔，　　　　　　　　汶水奔流浪滔滔，
行人儦儦⑪。　　　　　　　　路上行人声嘈嘈。
鲁道有荡，　　　　　　　　鲁国大道平荡荡，
齐子游敖⑫。　　　　　　　　文姜遨游乐陶陶。

## 【注释】

①此诗亦讽刺文姜。鲁桓公死后，文姜继续与其同父异母兄齐襄公私通，多次返齐。据《春秋》载，"鲁庄公二年，夫人姜氏会齐侯于禚（zhuó）。""四年，夫人姜氏享齐侯于祝丘。""五年，夫人姜氏如齐师。""七年，夫人姜氏会齐侯于防，又会齐侯于谷。"　②载：乃。驱：车马急走。薄薄：车行声。　③簟茀（diàn fú）：用方纹竹席做的车帘。朱鞹（kuò）：红漆兽皮做的车盖。当时这种车为诸侯所乘，名"路车"。　④齐子：指文姜。发夕：黎明出发。马端辰《毛诗传笺通释》："以其天已将明，而日尚未出，谓之发夕。"⑤骊（lí）：黑色的马。济济：美好貌。　⑥垂辔：下垂的缰绳。沵沵（nǐ）：柔软貌。　⑦岂（kǎi）弟：同恺悌，欢乐和易。严粲《诗辑》："乐易安舒，恬然无惭耻之色。"　⑧汶（wěn）水：水名。流经齐鲁两

国。汤汤（shāng）：水大貌。　⑨彭彭：盛多貌。　⑩翱翔：指邀游。　⑪儦儦（biāo）：众多貌。　⑫游敖：邀游。敖：古遨字，游。

# 猗嗟①

## （一）

| | |
|---|---|
| 猗嗟昌兮②！ | 好个小伙是英豪！ |
| 颀而长兮③， | 身体魁梧个头高， |
| 抑若扬兮④。 | 额头丰满美线条。 |
| 美目扬兮⑤， | 眼睛灵活善观瞧， |
| 巧趋跄兮⑥。 | 步调有致好风标。 |
| 射则臧兮⑦！ | 射箭技术甚高超！ |

## （二）

| | |
|---|---|
| 猗嗟名兮⑧！ | 好个小伙最精明！ |
| 美目清兮， | 眼睛好像秋水清， |
| 仪既成兮⑨。 | 射击法度已学成。 |
| 终日射侯⑩， | 每日射靶不放松， |
| 不出正兮⑪。 | 箭箭准确射正中。 |
| 展我甥兮⑫！ | 真是我的好外甥！ |

## （三）

| | |
|---|---|
| 猗嗟娈兮⑬！ | 好个出众美青年！ |
| 清扬婉兮⑭， | 眉清目秀不平凡， |
| 舞则选兮⑮。 | 舞步整齐任盘旋。 |
| 射则贯兮⑯， | 射箭能将靶的穿， |
| 四矢反兮⑰。 | 四箭都从一孔钻。 |
| 以御乱兮⑱！ | 防御战乱本领全！ |

**【注释】**

　　①这是一首称赞卓越射手的诗。射手为谁，则依对诗中"甥"字的理解而有种种不同说法。《郑笺》："姊妹之子曰甥。"《尔雅》："姊妹之夫为甥。"又《尔雅》："妻之父为外舅。"郭璞注："谓我舅者，吾谓之甥。"《韵会》："女之婿亦曰甥。"而历来说诗者皆以之为文姜之子鲁庄公，因为他是齐人的外甥。而为美为刺，则又解说歧异。就诗而言，指为庄公，固无

妨；不指庄公，亦无妨，甚或更好。　②猗嗟：犹吁嗟，叹词。昌：盛壮貌。　③颀（qí）
而：即颀然，身长貌。　④抑：借为懿，美也。抑若：即懿然，美好貌。扬：借为阳，额角丰
满。　⑤扬：目动。　⑥趋：快走。跄（qiāng）：行走有节奏。　⑦臧：善。　⑧名：借为
明，昌盛。　⑨仪：射仪，射箭的方法要领。成：完成。　⑩侯：射布、箭靶。　⑪正：箭靶
中心的圆形白布，又称"的"、"鹄"。　⑫展：诚，确实。甥：外甥。　⑬娈：壮美。　⑭清
扬婉兮：眉清目秀。　⑮选：整齐。　⑯贯：穿透。　⑰反：复，多次射中一处。　⑱御乱：
抵御战乱。

中華藏書

四书五经·最新校勘精注今译本

中国书店

# 魏风

## 葛屦①

### （一）

纠纠葛屦②，　　　　　　　　葛鞋缠绕紧，
可以履霜③。　　　　　　　　可以踏寒霜。
掺掺女手④，　　　　　　　　纤弱女子手，
可以缝裳。　　　　　　　　可以缝衣裳。
要之襋之⑤，　　　　　　　　上好腰和领，
好人服之⑥。　　　　　　　　美人试新装。

### （二）

好人提提⑦，　　　　　　　　美人腰肢细，
宛然左辟⑧，　　　　　　　　转身扭一旁，
佩其象揥⑨。　　　　　　　　拿簪自梳妆。
维是褊心⑩，　　　　　　　　对此小心眼，
是以为刺。　　　　　　　　讽刺写诗行。

【注释】

①一个女仆辛辛苦苦把衣服缝好，让一个女贵人试穿，女贵人却对她态度轻慢，不理不睬。她便气愤地写了这首诗。　②纠纠：紧密缠绕貌。葛屦（jù）：用葛草编的鞋。　③履：践，踩。　④掺掺：同纤纤，柔软纤细。　⑤要：即衣裳的腰。襋（jí）：衣领。要、襋在这里都用作动词。　⑥好人：美人，指女贵人。　⑦提提：即媞媞，细腰貌。　⑧宛然：回转貌。左辟：向左闪开。辟：通避。　⑨象揥（tì）：象牙发簪。　⑩维：固。褊（biǎn）心：心地狭隘。

# 汾 沮 洳①

## （一）

彼汾沮洳②，　　　　　　　　汾水岸边洼地中，
言采其莫③。　　　　　　　　采集莫菜把饥充。
彼其之子④，　　　　　　　　那个贤良好男子，
美无度⑤。　　　　　　　　　美得无法来形容。
美无度，　　　　　　　　　　美得无法来形容，
殊异乎公路⑥。　　　　　　　与那朝官大不同。

## （二）

彼汾一方，　　　　　　　　　在那汾水另一方，
言采其桑。　　　　　　　　　采集桑叶放箩筐。
彼其之子，　　　　　　　　　那个贤良好男子，
美如英⑦。　　　　　　　　　美得如同花一样。
美如英，　　　　　　　　　　美得如同花一样，
殊异乎公行⑧。　　　　　　　与那大官不相像。

## （三）

彼汾一曲⑨，　　　　　　　　在那汾水转河湾，
言采其䓲⑩。　　　　　　　　采集水舄嫩又鲜。
彼其之子，　　　　　　　　　那个贤良好男子，
美如玉。　　　　　　　　　　美得如同玉一般。
美如玉，　　　　　　　　　　美得如同玉一般，
殊异乎公族⑪。　　　　　　　胜那高官似天渊。

【注释】

①这是一首赞颂贤者的诗。或以为是采集女子对情人的赞美，则似与每章开头"彼汾……"的义指不甚契合。　②汾（fén）：水名，在今山西中部，西南流入黄河。沮洳（jù rù）：水旁洼湿之地。　③莫：野菜名，即酸模。李时珍《本草纲目》："酸模，根叶花形并同羊蹄，但叶小味酸为异，其根赤黄色。"　④之子：指采菜的贤者。　⑤无度：犹无比。　⑥殊：甚。公路：官名，掌管国君的路车。　⑦英：花。　⑧公行（háng）：官名，掌管国君卫兵的行伍。　⑨曲：水流曲处，河湾。　⑩䓲（xù）：即水舄，生浅水中，可入药，亦可食。　⑪公族：

官名，掌管国君的家族事务。

# 园有桃①

## （一）

| | |
|---|---|
| 园有桃， | 园中有桃， |
| 其实之殽②。 | 摘来可以当佳肴。 |
| 心之忧矣， | 心中忧闷， |
| 我歌且谣③。 | 短歌长咏仰天啸。 |
| 不知我者， | 有人对我不了解， |
| 谓我士也骄④。 | 说我先生太骄傲。 |
| 彼人是哉⑤？ | 难道他们说得对？ |
| 子曰何其⑥？ | 你看如何才是好？ |
| 心之忧矣， | 心中多烦恼， |
| 其谁知之！ | 有谁能知道！ |
| 其谁知之！ | 有谁能知道！ |
| 盖亦勿思⑦！ | 何如不想全忘掉！ |

## （二）

| | |
|---|---|
| 园有棘⑧， | 园中有枣， |
| 其实之食。 | 摘来将就能吃饱。 |
| 心之忧矣， | 心中忧闷， |
| 聊以行国⑨。 | 周游园内暂逍遥。 |
| 不知我者， | 有人对我不了解， |
| 谓我士也罔极⑩。 | 说我先生违常道。 |
| 彼人是哉？ | 难道他们说得对？ |
| 子曰何其？ | 你看如何才是好？ |
| 心之忧矣， | 心中多烦恼， |
| 其谁知之！ | 有谁能知道！ |
| 其谁知之！ | 有谁能知道！ |
| 盖亦勿思！ | 何如不想全忘掉！ |

**【注释】**

①一个落泊寒士忧政伤时，并叹缺乏知己，作的诗。　②之：犹"是"。殽：借为肴，烧好的菜，这里用作动词，吃的意思。　③歌、谣：有乐器伴奏的叫歌，无乐器伴奏的叫谣。《毛传》："曲合乐曰歌，徒歌曰谣。"这里泛指歌唱。　④士：古代普通官员和知识分子的通称。骄：骄傲。　⑤彼人：指当权贵族。是：对，正确。　⑥子：指"不知我者"。其：语气词。子曰何其：你说那些当权者怎么样。　⑦盖：通盍，"何不"的合音。亦：语气词。　⑧棘：枣树。　⑨行国：行游于国中。以此舒泄忧愁。　⑩罔极：无常。

# 陟 岵①

## （一）

| | |
|---|---|
| 陟彼岵兮②， | 登上青山来放目， |
| 瞻望父兮。 | 遥遥望老父。 |
| 父曰： | 仿佛听到父叮嘱： |
| "嗟，予子行役③， | "唉，我儿当兵苦， |
| 夙夜无已④。 | 日夜在忙碌。 |
| 上慎旃哉⑤， | 谨慎行事早回转， |
| 犹来无止⑥！" | 别在他乡久耽误！" |

## （二）

| | |
|---|---|
| 陟彼屺兮⑦， | 登上秃山念乡土， |
| 瞻望母兮。 | 遥遥望老母。 |
| 母曰： | 仿佛听到母嘱咐： |
| "嗟，予季行役⑧， | "唉，小儿差役苦， |
| 夙夜无寐⑨。 | 日夜睡不足。 |
| 上慎旃哉， | 谨慎行事早回转， |
| 犹来无弃⑩！" | 别留他乡抛家属！" |

## （三）

| | |
|---|---|
| 陟彼冈兮， | 登上山冈念家中， |
| 瞻望兄兮。 | 遥遥望长兄。 |
| 兄曰： | 仿佛听到兄叮咛： |
| "嗟，予弟行役， | "唉，我弟在军营， |

夙夜必偕⑪。　　　　　　　日夜忙不停。
上慎旃哉，　　　　　　　谨慎行事早回转，
犹来无死！"　　　　　　　别在他乡把命扔！"

**【注释】**

①此为征人思家，而诗中却着重拟写了家人对征人自己的念挂叮嘱，婉转味长。　②陟（zhì）：登。岵（hù）：有草木的山。　③嗟：犹唉。　④夙：早晨。已：止。　⑤上：借为尚，表示希望。旃（zhān）：之、焉的合音，语助词。　⑥犹来：还是回来吧。止：指留在外地。　⑦屺（qǐ）：无草木的山。　⑧季：兄弟中年龄最小的称季，这里称指小儿子。　⑨寐：睡觉。　⑩弃：指弃家不归。　⑪偕：指与人相同，无行动自由。

# 十亩之间①

## （一）

十亩之间兮②，　　　　　　十亩桑林间，
桑者闲闲兮③。　　　　　　采桑姑娘已松闲。
行与子还兮④！　　　　　　走哇，咱们一块把家还！

## （二）

十亩之外兮，　　　　　　十亩桑林外，
桑者泄泄兮⑤。　　　　　　采桑姑娘好轻快。
行与子逝兮⑥！　　　　　　走哟，咱们一起朝家迈！

**【注释】**

①此为采桑女子之歌。　②十亩：举成数，非确指。　③桑者：采桑人，通常为女子。闲闲：从容不迫貌。　④行：且。一解为走，亦通。　⑤泄泄：弛缓舒散貌。　⑥逝：往，回去。

# 伐　檀①

## （一）

坎坎伐檀兮②，　　　　　　咚咚来把檀树砍，
寘之河之干兮③，　　　　　砍下木材放河边，
河水清且涟猗④。　　　　　河中流水荡清涟。

不稼不穑⑤，　　　　　　　　　　　不见你把田耕，

胡取禾三百廛兮⑥？　　　　　　　为何收粮三百担？

不狩不猎⑦，　　　　　　　　　　　不见你把猎打，

胡瞻尔庭有县貆兮⑧？　　　　　　为何院内挂猪獾？

彼君子兮，　　　　　　　　　　　　那位贵人君子，

不素餐兮⑨！　　　　　　　　　　　难道不是白吃饭！

（二）

坎坎伐辐兮⑩，　　　　　　　　　　砍伐辐条咚咚响，

寘之河之侧兮，　　　　　　　　　　砍下木材放河旁，

河水清且直猗⑪。　　　　　　　　　河中流水直波长。

不稼不穑，　　　　　　　　　　　　不见你把田种，

胡取禾三百亿兮⑫？　　　　　　　为何收粮三百筐？

不狩不猎，　　　　　　　　　　　　不见你把猎打，

胡瞻尔庭有县特兮⑬？　　　　　　为何大兽挂庭堂？

彼君子兮，　　　　　　　　　　　　那位贵人君子，

不素食兮！　　　　　　　　　　　　难道不是吃白粮！

（三）

坎坎伐轮兮⑭，　　　　　　　　　　伐木咚咚做车轮，

寘之河之漘兮⑮，　　　　　　　　　砍下木材放河滨，

河水清且沦猗⑯。　　　　　　　　　河中流水波粼粼。

不稼不穑，　　　　　　　　　　　　不见你把田耕，

胡取禾三百囷兮⑰？　　　　　　　为何收粮三百捆？

不狩不猎，　　　　　　　　　　　　不见你把猎打，

胡瞻尔庭有县鹑兮⑱？　　　　　　为何院内挂鹌鹑？

彼君子兮，　　　　　　　　　　　　那位贵人君子，

不素飧兮⑲！　　　　　　　　　　　难道不是白赚人！

**【注释】**

　　①这是一首伐木者之歌。其中以强烈的反问表达了他们对剥削者的激愤和嘲讽。　②坎坎：伐木声。檀：木名，可用以造车。　③寘：即置字。干：岸。　④涟：波纹。猗（yī）：语气词，犹兮。　⑤稼：耕种。穑（sè）：收获。　⑥胡：何，为什么。禾：百谷的通称。廛（chán）：借为缠。三百廛：即三百捆，三百束。三百言其多，非确数。下二章"三百亿"、

"三百囷"仿此。　⑦狩、猎：冬天打猎称狩，夜间打猎称猎。这里泛指打猎。　⑧庭：院子。县：古悬字。貆（huān）：兽名，即獾（huān），一称猪獾。　⑨素餐：白吃饭。　⑩辐（fú）：辐条，车轮上连通中心与轮环的直木。伐辐：指砍伐制辐条的木材。下章"伐轮"仿此。　⑪直：直波。　⑫亿：借为纮，犹缠。　⑬特：四岁的兽，泛指大兽。　⑭轮：车轮。　⑮漘（chún）：水边。　⑯沦：波纹。《韩诗》："沦，文貌。"　⑰囷（qūn）：通稛，束也。　⑱鹑（chún）：鸟名，今称鹌鹑。　⑲飧（sūn）：熟食。素飧：义同上文"素餐"、"素食"。

# 硕　鼠①

## （一）

| | |
|---|---|
| 硕鼠硕鼠②， | 老田鼠，老田鼠， |
| 无食我黍！ | 别再偷吃我黄黍！ |
| 三岁贯女③， | 辛苦养你已多年， |
| 莫我肯顾④。 | 我的死活你不顾。 |
| 逝将去女⑤， | 发誓现在离你去， |
| 适彼乐土⑥。 | 到那远方寻乐土。 |
| 乐土乐土， | 寻乐土，寻乐土， |
| 爰得我所⑦！ | 那里才是我去处！ |

## （二）

| | |
|---|---|
| 硕鼠硕鼠， | 老田鼠，老田鼠， |
| 无食我麦！ | 别再偷吃我麦棵！ |
| 三岁贯女， | 多年辛苦将你养， |
| 莫我肯德⑧。 | 对我一点不感德。 |
| 逝将去女， | 发誓现在离你去， |
| 适彼乐国。 | 到那远方寻乐国。 |
| 乐国乐国， | 寻乐国，寻乐国， |
| 爰得我直⑨！ | 我的价值才有托！ |

## （三）

| | |
|---|---|
| 硕鼠硕鼠， | 老田鼠，老田鼠， |
| 无食我苗！ | 别再偷吃我青苗！ |
| 三岁贯女， | 多年辛苦将你养， |
| 莫我肯劳⑩。 | 不肯把我来慰劳。 |

逝将去女，　　　　　　　　发誓现在离你去，

适彼乐郊。　　　　　　　　到那远方寻乐郊。

乐郊乐郊，　　　　　　　　寻乐郊，寻乐郊，

谁之永号⑪！　　　　　　　谁在那里还长号！

## 【注释】

①本诗表达了对沉重剥削的怨恨和对美好社会的向往。诗中把剥夺者比为田鼠，新颖而深刻。②硕鼠：即鼫鼠，又名田鼠，吃庄稼。一解为大老鼠。　③三岁：言多年。贯：借为宦，侍奉。女：通汝。　④莫我肯顾："莫肯顾我"的倒文，下面二章的"莫我肯德"、"莫我肯劳"仿此。莫：不。　⑤逝：通誓。去：离开。　⑥适：往。乐土：安居乐业之所，是诗人想像中的理想国。下面二章的"乐国"、"乐郊"同此。　⑦爰：乃，于是。所：处所，地方。　⑧德：感激恩德。　⑨直：通值，代价。　⑩劳：慰劳。　⑪之：语气词，尤其。永号：长声哀叫，一说长叹。

# 唐 风

## 蟋 蟀①

### (一)

蟋蟀在堂②，
岁聿其莫③。
今我不乐，
日月其除④。
无已大康⑤，
职思其居⑥。
好乐无荒⑦，
良士瞿瞿⑧。

蟋蟀进房中，
转眼一年空。
我今不享乐，
光阴去匆匆。
也别太安逸，
职守要忠诚。
好乐别过度，
贤士警钟鸣。

### (二)

蟋蟀在堂，
岁聿其逝⑨。
今我不乐，
日月其迈⑩。
无已大康，
职思其外⑪。
好乐无荒，
良士蹶蹶⑫。

蟋蟀进房墙，
转眼一年光。
我今不享乐，
光阴去茫茫。
也别太安逸，
公事多承当。
好乐别过度，
贤士奋图强。

### (三)

蟋蟀在堂，
役车其休⑬。
今我不乐，
日月其慆⑭。

蟋蟀进房间，
归车便悠闲。
我今不享乐，
光阴去不还。

无已大康，　　　　　　　　　　　也别太安逸，
职思其忧⑮。　　　　　　　　　　为国分艰难。
好乐无荒，　　　　　　　　　　　好乐别过度，
良士休休⑯。　　　　　　　　　　贤士得安然。

**【注释】**

①这是一首岁暮感怀之作，其中表现出及时行乐和谨其职守的双重思想。姚际恒《诗经通论》云："乃士大夫之诗也。"　②蟋蟀在堂：表明天寒岁暮。《豳风·七月》："七月在野，八月在宇，九月在户，十月蟋蟀，入我床下。"其中的"在户"，即同本诗的"在堂"。周代建子，以十月为岁暮。　③聿：同曰，语助词。莫：古暮字。其莫：意即将尽。　④日月：指时光。除：去。　⑤已：过甚。大：通太，泰也。康：安乐。　⑥职：尚，还要。居：指所处的职位。　⑦好：爱好。荒：过度。　⑧瞿瞿：惊顾貌。这里表示警惕之意。　⑨逝：过去。⑩迈：行，逝去。　⑪外：职务以外的事。　⑫蹶蹶：敏捷貌。引申为勤奋。　⑬役车：服役之车。其休：将要休息。　⑭慆（tāo）：逝去。　⑮忧：忧患。《郑笺》："忧者，谓邻国侵伐之忧。"　⑯休休：安闲自得、乐而有节貌。

# 山 有 枢①

## （一）

山有枢②，　　　　　　　　　　　山上刺榆繁，
隰有榆③。　　　　　　　　　　　洼地白榆联。
子有衣裳，　　　　　　　　　　　你有衣和裳，
弗曳弗娄④。　　　　　　　　　　总也不去穿。
子有车马，　　　　　　　　　　　你有车和马，
弗驰弗驱⑤。　　　　　　　　　　总也不去玩。
宛其死矣⑥，　　　　　　　　　　一旦伸腿死，
他人是愉⑦。　　　　　　　　　　别人笑开颜。

## （二）

山有栲⑧，　　　　　　　　　　　山上栲树老，
隰有杻⑨。　　　　　　　　　　　洼地樟树小。
子有廷内⑩，　　　　　　　　　　你有院和屋，
弗洒弗埽⑪。　　　　　　　　　　不洒也不扫。

子有钟鼓，　　　　　　　你有钟和鼓，

弗鼓弗考⑫。　　　　　　 不打也不敲。

宛其死矣，　　　　　　　一旦伸腿死，

他人是保⑬。　　　　　　 全被别人捞。

（三）

山有漆⑭，　　　　　　　 山上漆树鲜，

隰有栗。　　　　　　　　洼地栗树弯。

子有酒食，　　　　　　　你有酒和菜，

何不日鼓瑟？　　　　　　何不奏乐餐？

且以喜乐，　　　　　　　姑且寻欢乐，

且以永日⑮。　　　　　　 益寿又延年。

宛其死矣，　　　　　　　一旦伸腿死，

他人入室。　　　　　　　别人进房间。

**【注释】**

　　①本诗是对守财奴的讽刺。一说是一个富家妇女劝丈夫及时行乐。　②枢：刺榆，榆树的一种。　③隰（xí）：低洼之地。④弗：不。曳（yè）：拖。娄：借为搂，拢起。曳、搂皆为穿衣动作。　⑤驰、驱：皆为车马急走。孔颖达《毛诗正义》："走马谓之驰，策马谓之驱。"⑥宛：枯萎，死。　⑦愉：快乐、享受。　⑧栲（kǎo）：树名，即臭椿。　⑨杻（niǔ）：树名，即檍树。　⑩廷：同庭、院子。内：指堂室。　⑪埽：同扫。　⑫考：敲击。⑬保：占有。　⑭漆：漆树。　⑮且：姑且。永日：延长时光。朱熹《诗集传》："人多忧，则觉日短，饮食作乐，可以永长此日也。"

扬　之　水①

（一）

扬之水②，　　　　　　　 激扬河中水，

白石凿凿③。　　　　　　 白石露鲜明。

素衣朱襮④，　　　　　　 白衣红绣领，

从子于沃⑤。　　　　　　 投您到沃城。

既见君子⑥，　　　　　　 得把桓叔见，

云何不乐！　　　　　　　怎不乐融融！

## （二）

扬之水，  
白石皓皓⑦。  
素衣朱绣⑧，  
从子于鹄⑨。  
既见君子，  
云何其忧？

激扬河中水，  
白石露晶莹。  
白衣红领绣，  
投您到鹄城。  
得把桓叔见，  
愁云一风清！

## （三）

扬之水，  
白石粼粼⑩。  
我闻有命，  
不敢以告人⑪！

激扬河中水，  
白石光粼粼。  
我闻有密令，  
不敢告别人！

【注释】

①这是一首表现晋国政治派系矛盾的诗。据《史记·晋世家》记载，晋昭侯元年（公元前745年），昭侯封其叔父成师于曲沃，号为桓叔，势力渐渐强大，晋人多愿归附。昭侯七年，桓叔在晋的内应、大夫潘父杀昭侯，迎立桓叔。桓叔欲入晋，被晋人发兵击败，退回曲沃。看来作者是个脱离昭侯而投桓叔的人，诗中表现了他对桓叔的拥戴。一说作者为忠于昭侯的知情者，他巧妙地以诗告密，揭发桓叔的政变阴谋。　②扬：激扬。　③凿凿：鲜明貌。　④素衣：白绸衣。朱襮（bó）：红色的绣花衣领。　⑤子：你，指桓叔。沃：曲沃，晋国大邑。⑥君子：指桓叔。　⑦皓皓：洁白貌。　⑧绣：绣花的衣领。　⑨鹄（gǔ）：地名，隶属曲沃。　⑩粼粼：清澈貌。　⑪不敢以告人：意思是为桓叔保密。朱熹《诗集传》："桓叔将以倾晋而民为之隐，盖欲其成矣。"

# 椒　聊①

## （一）

椒聊之实②，  
繁衍盈升③。  
彼其之子，  
硕大无朋④。  
椒聊且⑤，  
远条且⑥！

花椒串串色气红，  
果实一升升。  
那位妇人多产育，  
身材高大第一名。  
花椒累累挂，  
远远香气浓！

## （二）

| | |
|---|---|
| 椒聊之实，<br>繁衍盈匊⑦。<br>彼其之子，<br>硕大且笃⑧。<br>椒聊且，<br>远条且！ | 花椒串串枝头拢，<br>果实一捧捧。<br>那位妇人多产育，<br>身材高大又丰盈。<br>花椒累累挂，<br>远远香气清！ |

**【注释】**

①本诗赞美一位妇女的高大和多子。其中以花椒起兴，一取其结子多，一取其香气浓。②椒：花椒，绿叶白花，果实色红有香气，可调味、入药。聊：聚，指结子成串，俗称嘟噜。③繁衍：繁盛众多。盈：满。升：量器名。④硕：大。无朋：无比。⑤且（jū）：语助词。⑥远条：指香气远扬。条古通修，长也。胡承珙《毛诗后笺》："远条二字，皆以气言之，不以枝言之也。"⑦匊（jū）：古掬字，两手合捧。⑧笃（dǔ）：厚，这里形容妇人胖。

# 绸缪①

## （一）

| | |
|---|---|
| 绸缪束薪②，<br>三星在天③。<br>今夕何夕④？<br>见此良人⑤！<br>子兮子兮⑥，<br>如此良人何⑦？ | 一束木柴紧紧缠，<br>三星闪闪挂长天。<br>今夜究竟是何夜？<br>见这好人到身边！<br>你呀你呀别傻站，<br>拿这好人怎么办？ |

## （二）

| | |
|---|---|
| 绸缪束刍⑧，<br>三星在隅⑨。<br>今夕何夕？<br>见此邂逅⑩！<br>子兮子兮，<br>如此邂逅何？ | 一束秆草紧紧缠，<br>三星明亮在东南。<br>今夜究竟是何夜？<br>遇这宝贝真偶然！<br>你呀你呀别傻看，<br>拿这宝贝怎么办？ |

| | |
|---|---|
| 绸缪束楚<sup>⑪</sup>， | 一束荆条紧紧缠， |
| 三星在户<sup>⑫</sup>。 | 三星炯炯门外悬。 |
| 今夕何夕？ | 今夜究竟是何夜？ |
| 见此粲者<sup>⑬</sup>！ | 见这帅哥壮如山！ |
| 子兮子兮， | 你呀你呀别傻叹， |
| 如此粲者何？ | 拿这帅哥怎么办？ |

**【注释】**

①这是一首恋人夜间欢会的歌。其中通过星星的转移来显示夜色的加深。 ②绸缪（chóu móu）：紧密缠绕。束薪：一束木柴。是婚姻与爱情的象征，下文"束刍"、"束楚"同此。 ③三星：参星。 ④今夕何夕：惊喜庆幸之意，言今晚意义特殊。 ⑤良人：好人，女对男的称呼。 ⑥子：你，女子因激动而以此自呼。 ⑦如……何：把……怎么样。 ⑧刍（chú）：喂牲口的草。 ⑨隅：角，指天空的一角。 ⑩邂逅（xiè hòu）：不期而遇，此处指不期而遇者。 ⑪楚：荆条。 ⑫在户：指当门而见。 ⑬粲：鲜明。粲者：美人。

# 杕　杜<sup>①</sup>

## （一）

| | |
|---|---|
| 有杕之杜<sup>②</sup>， | 一棵杜梨孤零零， |
| 其叶湑湑<sup>③</sup>。 | 上有繁叶绿葱葱。 |
| 独行踽踽<sup>④</sup>。 | 而我却是独自行。 |
| 岂无他人？ | 难道没有别人走？ |
| 不如我同父<sup>⑤</sup>。 | 不如同胞亲弟兄。 |
| 嗟行之人<sup>⑥</sup>， | 可叹众多行路者， |
| 胡不比焉<sup>⑦</sup>？ | 为何彼此无亲情？ |
| 人无兄弟， | 人们若是无兄弟， |
| 胡不佽焉<sup>⑧</sup>？ | 何不相帮度人生？ |

## （二）

| | |
|---|---|
| 有杕之杜， | 一棵杜梨孤零零， |
| 其叶菁菁<sup>⑨</sup>。 | 上有繁叶绿蓬蓬。 |
| 独行睘睘<sup>⑩</sup>。 | 我却独行冷清清。 |

岂无他人？　　　　　　　难道没有别人走？

不如我同姓⑪。　　　　　　不如同胞一母生。

嗟行之人，　　　　　　　可叹众多行路者，

胡不比焉？　　　　　　　为何彼此无亲情？

人无兄弟，　　　　　　　人们若是无兄弟，

胡不佽焉？　　　　　　　何不相帮度人生？

【注释】

①这是一首流浪人之歌。主人公形只影单，穷困潦倒，希望得到别人兄弟般的援助而终于不得。　②杕（dì）：树木孤立貌。杜：杜梨，即棠梨，果实红色，小而酸。　③湑湑（xǔ）：茂盛貌。④踽踽（jǔ）：孤独貌。　⑤同父：指兄弟。　⑥行：道路。　⑦比：亲。　⑧佽（cì）：帮助。　⑨菁菁（jīng）：茂盛貌。　⑩睘睘（qióng）：同茕茕，孤独无依貌。　⑪同姓：同母所生兄弟。马瑞辰《毛诗传笺通释》："女生曰姓，此诗同姓，对前章同父而言，又据下文人无兄弟而言。同姓，盖谓同母生者。"

# 羔　裘①

## （一）

羔裘豹袪②，　　　　　　羔皮袄袖豹毛绒，

自我人居居③。　　　　　对我傲慢气势凶。

岂无他人？　　　　　　难道没有别人找？

维子之故④！　　　　　只念你我有旧情！

## （二）

羔裘豹褎⑤，　　　　　　羔皮袄袖豹毛飘，

自我人究究⑥。　　　　　对我傲慢气焰高。

岂无他人？　　　　　　难道没有别人找？

维子之好！　　　　　只念你我有旧交！

【注释】

①这似是一位婢妾对贵族男人的怨责。　②羔裘：羊羔皮袍。豹袪（qū）：镶着豹皮的袖口。　③自：对于。我人：我这个人，即我。居居：借为倨倨，傲慢。　④维：同惟，只。故：指旧情。　⑤褎：同袖。　⑥究究：借为仇仇，骄傲之意。

# 鸨　羽①

## （一）

肃肃鸨羽②，　　　　　　　　野雁沙沙翅膀扇，
集于苞栩③。　　　　　　　　聚集柞树栖不安。
王事靡盬④，　　　　　　　　王家战事无休止，
不能艺稷黍⑤，　　　　　　　不能耕种在田间，
父母何怙⑥？　　　　　　　　父母靠谁度晚年？
悠悠苍天，　　　　　　　　　高高苍天，
曷其有所⑦？　　　　　　　　何时才能回家园？

## （二）

肃肃鸨翼，　　　　　　　　　野雁翅膀扑楞楞，
集于苞棘⑧。　　　　　　　　聚集枣树栖不宁。
王事靡盬，　　　　　　　　　王家战事无完了，
不能艺黍稷，　　　　　　　　不能在家把田耕，
父母何食？　　　　　　　　　父母靠啥度残生？
悠悠苍天，　　　　　　　　　高高苍天，
曷其有极⑨？　　　　　　　　何时才能回家中？

## （三）

肃肃鸨行⑩，　　　　　　　　野雁沙沙翅膀扬，
集于苞桑。　　　　　　　　　聚集桑树栖惶惶。
王事靡盬，　　　　　　　　　王家战事无穷尽，
不能艺稻粱⑪，　　　　　　　不能在家种米粮，
父母何尝？　　　　　　　　　父母靠啥度时光？
悠悠苍天，　　　　　　　　　高高苍天，
曷其有常⑫？　　　　　　　　何时才能归正常？

## 【注释】

①这是一首怨战诗，当作于晋侯初立之际（公元前 706 年）。当时在晋国内部，曲沃派与正统派长期争权，周平王曾使虢公伐曲沃庄伯；周桓王曾使虢仲伐曲沃武公，立晋侯，故诗中称此战争为"王事"。今人多视此诗为控诉徭役之诗，晋国徭役不得称为"王事"，故其说不

能成立。　②肃肃：鸟翅扇动声。鸨（bǎo）：鸟名，似雁而大，一名野雁。无后趾，不栖于树，诗言"集于苞栩"，乃是比喻服兵役者无处安身。　③集：群鸟聚在树上。苞：丛生。栩（xǔ）：柞树。　④王事：指国君徭役。靡：无。盬（gǔ）：休止。　⑤艺：种植。稷黍（jì shǔ）：皆谷物名，稷性不黏，黍性黏。稷即粟，又称谷子。　⑥怙（hù）：恃，依靠。　⑦曷：何。所：处所。此句言何时才能安居。　⑧棘：枣树。　⑨极：尽头。　⑩行（háng）：即翮，羽茎。一说为行列。　⑪粱：高粱。　⑫常：正常。

# 无　衣①

## （一）

岂曰无衣？　　　　　　　　哪是没有衣穿？
七兮②！　　　　　　　　　合计不下七件！
不如子之衣，　　　　　　　就数你做那一件，
安且吉兮③！　　　　　　　舒适又美观！

## （二）

岂曰无衣？　　　　　　　　哪是没有衣穿？
六兮！　　　　　　　　　　合计不下六件！
不如子之衣，　　　　　　　就数你做那一件，
安且燠兮④！　　　　　　　舒适又温暖！

**【注释】**

①这是一首睹物思人的诗。主人公衣服虽多，却感到只有所思女子给做的那件最舒适温暖。这位女子究竟是谁，因语焉未详，不好断定。　②七：七件。泛指多。下章"六"字同此。　③安：舒适。吉：善，美。　④燠（yù）：暖。

# 有杕之杜①

## （一）

有杕之杜②，　　　　　　　棠梨孤独站，
生于道左③。　　　　　　　长在路东畔。
彼君子兮，　　　　　　　　不知我那阿哥，
噬肯适我④？　　　　　　　可想来把我看？
中心好之，　　　　　　　　心中既然把他念，
曷饮食之⑤？　　　　　　　何不请他吃顿饭？

（二）

| | |
|---|---|
| 有杕之杜， | 棠梨孤单单， |
| 生于道周⑥。 | 长在路西边。 |
| 彼君子兮， | 不知我那阿哥， |
| 噬肯来游？ | 可愿找我聊天？ |
| 中心好之， | 心中既然把他盼， |
| 曷饮食之？ | 何不请他进一餐？ |

【注释】

①这是一个女子思念情人的歌。　②杕（dì）：孤立、独特貌。杜：杜梨，棠梨。　③道左：道路东边。古时以东为左。　④噬（shì）：语首助词。适：往、到。　⑤曷：同盍，何不。饮（yìn）食（sì）之：让他喝酒。闻一多认为饮食象征男女情欲的满足。　⑥周：借为右。道周：路西。

# 葛　生①

（一）

| | |
|---|---|
| 葛生蒙楚②， | 葛藤覆盖荆树丛， |
| 蔹蔓于野③。 | 蔹草蔓延野地中。 |
| 予美亡此④， | 爱夫由此撒手去， |
| 谁与独处⑤！ | 谁人伴我苦伶仃！ |

（二）

| | |
|---|---|
| 葛生蒙棘， | 葛藤覆盖枣树冠， |
| 蔹蔓于域⑥。 | 蔹草蔓延墓地边。 |
| 予美亡此， | 爱夫由此撒手去， |
| 谁与独息！ | 谁人伴我形影单！ |

（三）

| | |
|---|---|
| 角枕粲兮⑦， | 八角方枕光彩生， |
| 锦衾烂兮⑧。 | 鲜妍被褥锦缎缝。 |
| 予美亡此， | 爱夫由此撒手去， |
| 谁与独旦⑨！ | 谁人伴我到天明？ |

## （四）

夏之日⑩，　　　　　　　夏天白日长，
冬之夜。　　　　　　　　冬季夜茫茫。
百岁之后⑪，　　　　　　百年我死后，
归于其居⑫！　　　　　　重归你身旁！

## （五）

冬之夜，　　　　　　　　冬季夜茫茫，
夏之日。　　　　　　　　夏天白日长。
百岁之后，　　　　　　　百年我死后，
归于其室⑬！　　　　　　地下仍同房！

【注释】

①这是一首妻子悼念亡夫的诗。　②蒙：覆盖。楚：荆树。　③蔹（liǎn）：草名，蔓生，叶盛而细，根可入药。蔓：蔓延。　④予美：称其亡夫，犹言我的好人。亡此：死在此地。⑤谁与：谁和我同居。与：共处。　⑥域：墓地。　⑦角枕：方枕，有八角，故称角枕。死者所用。粲：鲜明。　⑧锦衾（qīn）：锦做的被子，敛尸用品。烂：鲜明。　⑨独旦：独宿到天亮。　⑩夏之日：言其长。下句冬之夜亦然。夏天日长夜短，冬天日短夜长。　⑪百岁之后：指死后。　⑫其居：指死者住处，即坟墓。　⑬其室：指死者墓室。

# 采 苓①

## （一）

采苓采苓②，　　　　　　出门采甘草，
首阳之颠③。　　　　　　登上首阳山。
人之为言④，　　　　　　有人说谎话，
苟亦无信⑤。　　　　　　坚决要揭穿。
舍旃舍旃⑥，　　　　　　抛弃全抛弃，
苟亦无然⑦。　　　　　　可别受欺骗。
人之为言，　　　　　　　人成瞎话篓，
胡得焉⑧？　　　　　　　有啥便宜沾？

| | |
|---|---|
| 采苦采苦⑨， | 出门采苦菜， |
| 首阳之下。 | 首阳山下瞧。 |
| 人之为言， | 有人说假话， |
| 苟亦无与⑩。 | 赞同便糟糕。 |
| 舍旃舍旃， | 抛掉全抛掉， |
| 苟亦无然。 | 不要有动摇。 |
| 人之为言， | 人成瞎话篓， |
| 胡得焉？ | 有啥便宜捞？ |

（三）

| | |
|---|---|
| 采葑采葑⑪， | 出门采芜菁， |
| 首阳之东。 | 首阳山东行。 |
| 人之为言， | 有人好撒谎， |
| 苟亦无从。 | 千万别信从。 |
| 舍旃舍旃， | 舍弃全舍弃， |
| 苟亦无然。 | 一点不能听。 |
| 人之为言， | 人成瞎话篓， |
| 胡得焉？ | 有啥便宜争？ |

## 【注释】

①诗中劝人不要听信谗言。《毛诗序》："《采苓》，刺晋献公也。献公好听谗焉。"可备一说。　②苓：甘草。　③首阳：山名，在今山西永济县南。颠：顶。　④为：通伪。为言：谎言，谗言。　⑤苟：诚，确实。亦：语助词。无：同勿，不要。　⑥舍：抛弃。旃（zhān）：之，代指谎言。　⑦无然：不要以为是，不要相信。然：是。　⑧胡：何。胡得焉：朱熹《诗集传》："则造谣者无所得。"　⑨苦：菜名，又名茶。　⑩无与：不要赞同。　⑪葑（fēng）：菜名，芜菁。

# 秦 风

## 车 邻①

### （一）

有车邻邻②，　　　　　　　　车子传来辚辚声，
有马白颠③。　　　　　　　　白额骏马响銮铃。
未见君子④，　　　　　　　　尚未见到夫君面，
寺人之令⑤。　　　　　　　　打发侍者去接迎。

### （二）

阪有漆⑥，　　　　　　　　　山坡漆树生，
隰有栗⑦。　　　　　　　　　洼地栗子红。
既见君子，　　　　　　　　　欣然又见夫君面，
并坐鼓瑟⑧。　　　　　　　　并坐弹瑟喜融融。
今者不乐，　　　　　　　　　今不及时来行乐，
逝者其耋⑨！　　　　　　　　将来很快变老翁！

### （三）

阪有桑，　　　　　　　　　　山坡桑叶浓，
隰有杨。　　　　　　　　　　洼地杨柳青。
既见君子，　　　　　　　　　欣然又见夫君面，
并坐鼓簧⑩。　　　　　　　　并坐一起奏簧笙。
今者不乐，　　　　　　　　　今不及时来行乐，
逝者其亡！　　　　　　　　　将来一死万事空！

【注释】

①这是一位贵族妇女咏唱其夫妻生活的诗。及时行乐是其思想主旨。一说此为赞美在秦国历史上有开创之功的大夫秦仲。　②邻邻：车行声。　③白颠：白额，马额当中有块白毛。颠：顶。　④君子：指她丈夫。　⑤寺人：官名。寺通侍，寺人即侍候王公贵人的人。寺人之

令：命令寺人，意即命寺人去通禀她丈夫。之：是。　⑥阪（bǎn）：山坡。漆：树名。　⑦隰（xí）：低湿之地。以上二句是《诗经》中常见的表示情爱的起兴用语。　⑧鼓：弹奏。　⑨逝者：将来。俞樾《群经平议》："逝者对今者言，今者谓此日，逝者谓他日也。逝，往也，谓过此以往也。"耋（dié）：八十岁曰耋，泛指老。　⑩簧：古乐器名。

# 驷驖①

## （一）

驷驖孔阜②，　　　　　　　　四匹黑马壮又高，
六辔在手③。　　　　　　　　六根缰绳手中抄。
公之媚子④，　　　　　　　　公侯爱子随车上，
从公于狩⑤。　　　　　　　　一同打猎去荒郊。

## （二）

奉时辰牡⑥，　　　　　　　　恰逢公鹿出平沙，
辰牡孔硕⑦。　　　　　　　　公鹿个头真可夸。
公曰左之⑧，　　　　　　　　公侯喝令向左去，
舍拔则获⑨。　　　　　　　　利箭一发便射杀。

## （三）

游于北园，　　　　　　　　猎罢闲游北园中，
四马既闲⑩。　　　　　　　　四马纯熟缓缓行。
輶车鸾镳⑪，　　　　　　　　轻车扬镳銮铃响，
载猃歇骄⑫。　　　　　　　　猎狗登车放轻松。

【注释】

①这是一首描写秦君狩猎盛况的诗。　②驷：《说文》引作"四"。陈奂《毛诗传疏》："驷，当做四，四马曰驷。若下一字为马名，则上一字作四，不作驷。"驖（tiě）：赤黑如铁的马。孔：甚。阜：肥大。　③辔：马缰绳。六辔：周代车，中间的两匹服马各一辔，外面的两匹骖马各二辔，四马共六辔。　④公：指秦君。大概是秦襄公，他曾助周平王迁都洛阳，被封为诸侯，使秦国日渐强大。媚子：爱子，儿子。　⑤狩（shòu）：冬猎，泛指打猎。　⑥奉：借为逢，遇也。时：是，这个。辰：借为麎（chén），大鹿。辰牡：大公鹿。　⑦硕：大。　⑧左之：向左去。命令车夫的话。　⑨舍：放。拔：箭的尾部。舍拔：即放箭。　⑩闲：熟练。　⑪輶（yóu）车：轻车。鸾：通銮，车铃。镳（biāo）：马衔，马嚼子。铃挂镳上，故曰鸾镳。　⑫猃（xiǎn）：长嘴的猎狗。歇骄：亦作猲獢，短嘴的猎狗。此句是说把猎狗载在车上，让它休息。

# 小 戎①

## （一）

小戎伐收②，
五楘梁辀③。
游环胁驱④，
阴靷鋈续⑤。
文茵畅毂⑥，
驾我骐馵⑦。
言念君子⑧，
温其如玉。
在其板屋⑨，
乱我心曲⑩。

轻快战车浅车厢，
五条皮箍车辕装。
游环皮扣齐配备，
皮带铜圈甚堂皇。
虎皮坐垫车轴阔，
黑鬣白蹄骏马强。
天天怀念夫君好，
温和如玉有晶光。
远征西戎板屋住，
使我心中乱又慌。

## （二）

四牡孔阜⑪，
六辔在手。
骐骝是中⑫，
騧骊是骖⑬。
龙盾之合⑭，
鋈以觼𩜁⑮。
言念君子，
温其在邑⑯。
方何为期⑰？
胡然我念之？

四匹公马壮有神，
六条马缰垂纷纭。
青红骏马中间驾，
黄黑骏马两边分。
画龙盾牌双合并，
铜环丝辔光如新。
日日都把郎君想，
从军戎地性温存。
何时才是归来日？
怎不叫我念情亲？

## （三）

伐驷孔群⑱，
厹矛鋈镦⑲。
蒙伐有苑⑳，
虎韔镂膺㉑。
交𬴂二弓㉒，

甲马四匹同向前，
酋矛白铜套柄端。
坚固盾牌纹饰美，
虎皮弓袋雕花连。
两弓颠倒袋中放，

竹闭绲縢㉓。　　　　　　　　正弓竹柲用绳拴。

言念君子，　　　　　　　　时时常把情郎念，

载寝载兴㉔。　　　　　　　　难睡易醒心不安。

厌厌良人㉕，　　　　　　　　安静温和夫君好，

秩秩德音㉖。　　　　　　　　彬彬有礼美名传。

## 【注释】

①这是一首征妇诗。秦襄公十二年（公元前 766 年），征伐西戎，一士兵随军前往，其妻思之而作此诗。《汉书·地理志》云："安定、北地、上郡、西河，皆逼近戎狄，修习战备，高尚气力，以射猎为先。故秦诗曰：'其在板屋'；又曰：'王于兴师，修我甲兵，与子俱行。'"本诗正突出表现了秦风尚武的特点。　②小戎：一种轻小兵车。伐（jiàn）：浅。收：轸，车后横木。车后横木低，则车厢较浅。　③五楘·（mù）：五个箍。梁辀（zhōu）：车辕。周代马车一根辕，曲如房梁，故称梁辀。上面加箍，是为了防止折裂。　④游环：活动的小环，结在中间服马的颈套上，用以控制两旁骏马的外辔。胁驱：挽具名，装在马胁两边的皮扣，联在拉车的皮带上，以防骖马内靠。　⑤阴：车轼前的横板。靷（yǐn）：引车前进的皮带。鋈（wù）续：白铜环。鋈即白铜。靷端作环相接，谓之续。　⑥文茵：有花纹的虎皮褥垫。畅毂（gǔ）：长长的车轴。车轴伸在两轮外的部分叫毂。　⑦骐：有青黑花纹的马。异（zhù）：白脚的马。　⑧君子：指从军的丈夫。　⑨板屋：陇西一带，山多林木，民俗以木板盖房。此处以板屋代指西戎。　⑩心曲：心窝。　⑪孔：甚。阜：肥大。　⑫骝（liú）：同骝，赤色黑鬛（liè）的马。中：中间的两马，也称服。　⑬騧（guā）：黑嘴的黄马。·骊：黑色的马。骖：服马外边的两马。　⑭龙盾：画龙的盾牌。合：扣合一处。　⑮觼（jué）：有舌的环。轫（nà）：骖马内侧的辔。　⑯在邑：在西戎之邑。　⑰方：将。　⑱伐駟：身披薄甲的四马。孔群：很协调。　⑲厹（qiú）矛：即酋矛，矛头三棱形。鋈镦（duì）：矛柄下端的白铜套子。　⑳蒙：杂乱。伐：盾。苑（yūn）：花纹。　㉑虎韔（chàng）：虎皮弓袋。镂膺：正面雕有花纹。膺，即胸，指弓袋的正面。　㉒交韔二弓：两弓互相颠倒装于袋中。韔在这里做动词用，装的意思。　㉓闭：借为柲（bì），校正弓弩的器具。绲（gǔn）：绳。縢（téng）：捆。　㉔载：再，又。兴：起。　㉕厌厌：安和貌。良人：指其丈夫。　㉖秩秩：有序貌，指有礼节。德音：好声誉。

中华藏书

四书五经·最新校勘精注今译本

中国书店

# 蒹 葭①

## （一）

蒹葭苍苍②，　　　　　　　　芦苇青苍苍，
白露为霜。　　　　　　　　白露结成霜。
所谓伊人③，　　　　　　　　佳人所在远，
在水一方④。　　　　　　　　河水那一方。
溯洄从之⑤，　　　　　　　　溯流陆路把她找，
道阻且长⑥。　　　　　　　　艰险崎岖好漫长。
溯游从之⑦，　　　　　　　　溯流泅水把河渡，
宛在水中央⑧。　　　　　　　仿佛她在水中央。

## （二）

蒹葭凄凄⑨，　　　　　　　　芦苇绿油油，
白露未晞⑩。　　　　　　　　白露尚残留。
所谓伊人，　　　　　　　　佳人所在远，
在水之湄⑪。　　　　　　　　河水那一头。
溯洄从之，　　　　　　　　溯流陆路把她找，
道阻且跻⑫。　　　　　　　　艰险坎坷令人愁。
溯游从之，　　　　　　　　溯流泅水把河渡，
宛在水中坻⑬。　　　　　　　仿佛她在水中洲。

## （三）

蒹葭采采⑭，　　　　　　　　芦苇碧连连，
白露未已。　　　　　　　　白露尚未干。
所谓伊人，　　　　　　　　佳人所在远，
在水之涘⑮。　　　　　　　　河水那一边。
溯洄从之，　　　　　　　　溯流陆路把她找，
道阻且右⑯。　　　　　　　　艰险弯曲步行难。
溯游从之，　　　　　　　　溯流泅水把河渡，
宛在水中沚⑰。　　　　　　　仿佛她在水中滩。

**【注释】**

①这是一首怀人诗。诗人殷切思念着他意中的姑娘，但她却虚幻缥缈，难以追及。　②蒹葭（jiān jiā）：芦苇。苍苍：青色。一说茂盛貌。　③伊人：犹彼人，指意中所念之人。　④一方：指另一边。　⑤溯洄：逆水而上。对照下文"道阻且长"、"道阻且跻"等，可知是在陆上傍水逆流而行。　⑥阻：险阻。　⑦溯游：逆水而上。但不是陆行，而是水行。　⑧宛：可见貌，犹言仿佛是。　⑨凄凄：借为萋萋，茂盛貌。　⑩晞（xī）：干。　⑪湄（méi）：水草交接处，即岸边。　⑫跻（jī）：升高。　⑬坻（chí）：水中高地。　⑭采采：众多貌。　⑮涘（sì）：水边。　⑯右：迂回弯曲。　⑰沚（zhǐ）：水中的沙滩，比坻略大。

# 终　南①

## （一）

终南何有②？　　　　　终南山中何所有？
有条有梅③。　　　　　山楸梅树好风光。
君子至止，　　　　　　公侯荣归来此地，
锦衣狐裘④。　　　　　锦衣狐裘多辉煌。
颜如渥丹⑤，　　　　　脸色红润如丹染，
其君也哉！　　　　　　真是堂堂一君王！

## （二）

终南何有？　　　　　　终南山中何所有？
有纪有堂⑥。　　　　　杞树棠梨献吉祥。
君子至止，　　　　　　公侯荣归来此地，
黻衣绣裳⑦。　　　　　青黑上衣彩绣裳。
佩玉将将⑧，　　　　　身上佩玉丁东响，
终考不忘⑨！　　　　　君王万寿永无疆！

**【注释】**

①这是一首秦大夫称赞秦襄公的诗。据载，犬戎之乱时，襄公曾援救周王室。平王东迁洛阳，襄公率兵护送，被封为诸侯。秦大夫随襄公入朝得赐服西归，行至终南山而作此诗。　②终南：秦国山名，主峰在今陕西西安城南。　③条：树名，即山楸。　④锦衣狐裘：当时诸侯的礼服。《玉藻》："君衣狐白裘，锦衣以裼之。"　⑤渥（wò）：涂。丹：赤石制的红色染料。　⑥纪：借为杞，杞树。堂：借为棠，棠梨。　⑦黻（fú）衣：黑、青花纹相间的上衣。绣

裳：五彩绣花的下衣。　⑧将将：同锵锵，象声词。　⑨寿考：长寿。考：老，年纪大。忘：借为亡，终结。

# 黄　鸟①

## （一）

交交黄鸟②，　　　　　　黄鸟啾啾不忍闻，
止于棘③。　　　　　　　聚集枣树林。
谁从穆公④？　　　　　　谁从穆公去殉葬？
子车奄息⑤。　　　　　　子车奄息诸君。
维此奄息，　　　　　　　奄息真出众，
百夫之特⑥。　　　　　　德才可当百人。
临其穴⑦，　　　　　　　面临墓穴阴森森，
惴惴其栗⑧。　　　　　　不禁吓断魂。
彼苍者天，　　　　　　　苍天为何不问？
歼我良人⑨！　　　　　　残害国家良臣！
如可赎兮，　　　　　　　我们若能把他换，
人百其身⑩！　　　　　　愿以百人赎一身！

## （二）

交交黄鸟，　　　　　　　黄鸟啾啾好惊心，
止于桑。　　　　　　　　聚集桑树荫。
谁从穆公？　　　　　　　谁从穆公去殉葬？
子车仲行。　　　　　　　子车仲行诸君。
维此仲行，　　　　　　　仲行真出色，
百夫之防⑪。　　　　　　武艺可抵百人。
临其穴，　　　　　　　　面临墓穴阴森森，
惴惴其栗。　　　　　　　不禁吓断魂。
彼苍者天，　　　　　　　苍天为何不管？
歼我良人！　　　　　　　残害国家贤臣！
如可赎兮，　　　　　　　我们如能把他换，
人百其身！　　　　　　　愿以百人赎一身！

交交黄鸟，　　　　　　　　黄鸟啾啾放哀音，
止于楚。　　　　　　　　　聚集荆树林。
谁从穆公？　　　　　　　　谁从穆公去殉葬？
子车铖虎⑫。　　　　　　　子车铖虎诸君。
维此铖虎，　　　　　　　　铖虎真优秀，
百夫之御⑬。　　　　　　　战场可敌百人。
临其穴，　　　　　　　　　面临墓穴阴森森，
惴惴其栗。　　　　　　　　不禁吓断魂。
彼苍者天，　　　　　　　　苍天为何容忍？
歼我良人！　　　　　　　　残害国家功臣！
如可赎兮，　　　　　　　　我们如能把他换，
人百其身！　　　　　　　　愿以百人赎一身！

【注释】

①这是一首哀悼"三良"惨死、控诉以人殉葬的诗。《史记·秦本纪》："武公卒……初以人从死，从死者六十六人。……缪公（穆公）卒……从死者百七十七人，秦之良臣子舆氏三人名曰奄息、仲行、铖虎，亦在从死之中。秦人哀之，为作歌《黄鸟》之诗。"　②交交：鸟鸣声。黄鸟：黄雀。　③止：落，停。棘：枣树。　④从：指从死，即殉葬。穆公：秦国君主，姓嬴，名任好，春秋五霸之一。　⑤子车奄息：人名，子车是姓氏。　⑥特：匹敌。　⑦穴：指墓穴。　⑧惴惴（zhuì）：恐惧貌。栗：战栗，发抖。朱熹《诗集传》："临穴而惴栗，盖生纳之圹中也。"谓即活埋。　⑨歼：杀害。良人：良士，善人。　⑩人百其身：意思是用一百人赎他一人。百其身：百倍于他。　⑪防：抵挡。　⑫铖（qián）虎：人名。　⑬御：犹防。

# 晨　风①

## （一）

鴥彼晨风②，　　　　　　　鹯鹰奋飞影勃勃，
郁彼北林③。　　　　　　　北林茂密把身托。
未见君子，　　　　　　　　一直未见情郎面，
忧心钦钦④。　　　　　　　忧愁惦念受折磨。
如何如何？　　　　　　　　为什么呀为什么？
忘我实多！　　　　　　　　忘我时间这样多！

## （二）

| 山有苞栎⑤， | 桃树丛丛山坡陡， |
|---|---|
| 隰有六驳⑥。 | 梓榆片片洼地守。 |
| 未见君子， | 一直未见情郎面， |
| 忧心靡乐。 | 心中郁闷懒开口。 |
| 如何如何？ | 为什么呀为什么？ |
| 忘我实多！ | 忘我时间这样久！ |

## （三）

| 山有苞棣⑦， | 唐棣丛丛在山冈， |
|---|---|
| 隰有树檖⑧。 | 山梨棵棵水泽旁。 |
| 未见君子， | 一直未见情郎面， |
| 忧心如醉。 | 忧愁如醉意惶惶。 |
| 如何如何？ | 为什么呀为什么？ |
| 忘我实多！ | 忘我时间这样长！ |

**【注释】**

①这是一首怀人诗。一位女子与爱人长时间不见，便抱怨他忘了自己，甚至怀疑他是否变心。　②鴥（yù）：疾飞貌。晨风：一作鷐风，鸟名，即鹯，鹞鹰一类猛禽。　③郁：茂密貌。④钦钦：忧思难忘貌。　⑤苞：丛生貌。栎（lì）：树名。　⑥六：借为蓼，长貌。驳：古驳字，梓榆树。树皮斑驳，故名。　⑦棣（dì）：树名，亦称唐棣、郁李。　⑧树：直立貌。檖（suì）：树名，即山梨。

# 无 衣①

## （一）

| 岂曰无衣？ | 谁说没有军衣？ |
|---|---|
| 与子同袍②。 | 你我伙穿战袍。 |
| 王于兴师③， | 君王起兵抗战， |
| 修我戈矛④。 | 备好咱的戈矛。 |
| 与子同仇⑤！ | 共同对敌胆气豪！ |

| | |
|---|---|
| 岂曰无衣？ | 谁说没有军衣？ |
| 与子同泽⑥。 | 你我伙穿布衫。 |
| 王于兴师， | 君王起兵抗战， |
| 修我矛戟。 | 备好咱的戟剑。 |
| 与子偕作⑦！ | 同心协力上前线！ |

（三）

| | |
|---|---|
| 岂曰无衣？ | 谁说没有军衣？ |
| 与子同裳⑧。 | 你我伙穿下装。 |
| 王于兴师， | 君王起兵抗战， |
| 修我甲兵⑨。 | 备好咱的刀枪。 |
| 与子偕行！ | 同仇敌忾上前方！ |

**【注释】**

　　①这是一首昂扬的军歌。其中描写了秦军上下一心、同仇敌忾的热忱。当为针对西方部族入侵而发。《毛诗序》说本诗"刺用兵"，前人早已指出"与诗情不协"。　②袍：长衣，大概与秦兵马俑所服略同。同袍：友爱互助之意。　③于：语助词，犹曰、聿。兴师：发兵。　④修：修建，整治。　⑤同仇：对付同一敌人。　⑥泽：通襗，贴身内衣。朱熹《诗集传》："泽，里衣也。以其亲肤近于垢泽，故谓之泽。"　⑦偕作：共同起来参战。　⑧裳：下衣。⑨甲兵：铠甲和兵器。

<h1 style="text-align:center">渭　阳①</h1>

（一）

| | |
|---|---|
| 我送舅氏②， | 我送舅父还故乡， |
| 曰至渭阳③。 | 不觉已到渭水阳。 |
| 何以赠之？ | 赠舅何物做纪念？ |
| 路车乘黄④。 | 一辆路车四马黄。 |

（二）

| | |
|---|---|
| 我送舅氏， | 我送舅父还故乡， |
| 悠悠我思⑤。 | 无限情思忆亲娘。 |
| 何以赠之？ | 赠舅何物做纪念？ |
| 琼瑰玉佩⑥。 | 精美玉佩表衷肠。 |

**【注释】**

①秦穆公夫人为晋献公之女，生太子名䓨（后为秦康公）。䓨的舅舅重耳因遭骊姬之难，逃往齐、宋、楚国，寄居多年，后至秦。秦穆公派兵护送重耳回国，立为晋君，是为晋文公。重耳临行时，太子䓨送至渭水之北，作此诗。但若就诗论诗，则抛开史实，只看作一首甥舅惜别诗，更为明了。　②舅氏：舅父。舅甥姓氏不同，故称。　③曰：发语词。渭：渭水。阳：河的北面。　④路车：当时贵族所乘的一种车。乘黄：四匹黄马。马四匹为一乘。　⑤悠悠我思："念母也。因送舅氏而念母，为念母而作诗。"（《孔疏》）按：此时其母已死。　⑥琼瑰：美玉。

权　舆<sup>①</sup>

（一）

| | |
|---|---|
| 於，我乎<sup>②</sup>！ | 唉呀，我哟！ |
| 夏屋渠渠<sup>③</sup>， | 从前大厦多宽敞， |
| 今也每食无余。 | 如今每顿无余粮。 |
| 于嗟乎<sup>④</sup>， | 哎唉呀， |
| 不承权舆<sup>⑤</sup>！ | 当初气派全丢光！ |

（二）

| | |
|---|---|
| 於，我乎！ | 唉呀，我哟！ |
| 每食四簋<sup>⑥</sup>， | 从前每餐四大菜， |
| 今也每食不饱。 | 如今每餐勒腰带。 |
| 于嗟乎， | 哎唉呀， |
| 不承权舆！ | 昔日好景不再来！ |

**【注释】**

①这是一个破落贵族对今不如昔的哀叹。　②於（wū）：同呜，叹词。　③夏屋：大屋。夏：大。渠渠：宽阔貌。　④于：借为吁。于嗟：哀叹声。　⑤承：继。权舆：草木的萌芽，这里引申为起始，当初。　⑥簋（guǐ）：古代食器，青铜或陶制。

# 陈 风

## 宛 丘①

### （一）

子之汤兮②，　　　　　　　　　你的舞步荡如风，
宛丘之上兮③。　　　　　　　　宛丘高地展姿容。
洵有情兮④，　　　　　　　　　心中对她实爱慕，
而无望兮⑤。　　　　　　　　　想要通好却不能。

### （二）

坎其击鼓⑥，　　　　　　　　　敲起皮鼓冬冬响，
宛丘之下。　　　　　　　　　　表演宛丘高地旁。
无冬无夏，　　　　　　　　　　不论严冬与盛夏，
值其鹭羽⑦。　　　　　　　　　手挥鹭羽舞徜徉。

### （三）

坎其击缶⑧，　　　　　　　　　敲起瓦盆响丁东，
宛丘之道。　　　　　　　　　　表演宛丘道路中。
无冬无夏，　　　　　　　　　　不论严冬与盛夏，
值其鹭翿⑨。　　　　　　　　　手挥鹭羽舞不停。

**【注释】**

①诗写一男子对一巫女的爱慕。《汉书·地理志》："周武王封舜后妫满于陈，是为胡公。妻以元女大姬。妇人尊贵，好祭祀，用史巫，故其俗巫鬼。《陈诗》曰，坎其击鼓，云云。又曰，东门之扮，云云。此其风也。"说明了陈国的好巫遗风和本诗特点。诗中之"子"经常跳舞，"无冬无夏"，则说明她是一位以降神为业的专职舞女。　②子：指巫女。汤（dàng）：同荡，摇摆，形容舞姿。　③宛丘：丘名，在陈国都城（今河南淮阳）东南，陈人游观之地。④洵：真，确实。　⑤望：指结好的希望。　⑥坎其：即坎坎，象声词。　⑦值：持，或戴。鹭羽：用鹭鸶羽毛制成的舞具，扇形或伞状，可持手中或戴头上。　⑧缶（fǒu）：瓦盆，用为乐器。　⑨鹭翿（dào）：即鹭羽。

# 东门之枌①

## （一）

东门之枌②，　　　　　　东门白榆参天，
宛丘之栩③。　　　　　　宛丘柞树相连。
子仲之子④，　　　　　　子仲家的娇女，
婆娑其下⑤。　　　　　　树下舞姿翩翩。

## （二）

穀旦于差⑥，　　　　　　选定吉日好天，
南方之原⑦。　　　　　　同到南面平川。
不绩其麻，　　　　　　　撂下纺麻活计，
市也婆娑。　　　　　　　闹市歌舞一番。

## （三）

穀旦于逝⑧，　　　　　　良辰吉日轻风，
越以鬷迈⑨。　　　　　　屡次结伴同行。
视尔如荍⑩，　　　　　　你如锦葵俊美，
贻我握椒⑪。　　　　　　花椒赠我手中。

## 【注释】

①诗写青年男女欢会歌舞、互表情爱的景况。从中反映出陈国的巫风之盛。　②枌（fēn）：白榆树。　③栩（xǔ）：柞树。④子仲之子：子仲氏的女儿。　⑤婆娑（suō）：舞貌。⑥穀旦：吉日，好日子。穀：善，吉。于：语助词。差（chāi）：选择。⑦原：高平之地。市：市场。　⑧逝：往。　⑨越以：发语词，犹于以。鬷（zōng）：多次，屡次。迈：行。　⑩荍（qiáo）：植物名，又名锦葵，花色淡紫。　⑪贻：送。握：一把。椒：花椒，果实芳香。"椒"谐"交"音，赠送花椒是结好的表示。

# 衡 门①

## （一）

衡门之下②，　　　　　　　横木为门低低，
可以栖迟③。　　　　　　　　小屋也能安息。
泌以洋洋④，　　　　　　　　泌丘泉流荡荡，
可以乐饥⑤。　　　　　　　　清水也能充饥。

## （二）

岂其食鱼，　　　　　　　　难道人们吃鱼，
必河之鲂⑥？　　　　　　　　必是黄河肥鲂？
岂其取妻⑦，　　　　　　　　难道要娶妻子，
必齐之姜⑧？　　　　　　　　必是美女齐姜？

## （三）

岂其食鱼，　　　　　　　　难道人们吃鱼，
必河之鲤？　　　　　　　　必是黄河肥鲤？
岂其取妻，　　　　　　　　难道男人娶妻，
必宋之子⑨？　　　　　　　　必是美女宋子？

【注释】

①一个男子爱上了个"小家碧玉"，他却觉得比"大家闺秀"更可心，遂作此诗自乐。"乐饥"、"食鱼"，是《诗经》中常用的得遂情欲的象征。　②衡：通横。衡门：横木为门，言房屋简陋。　③栖迟：栖息，盘桓。　④泌（bì）：指陈国泌丘的泉水。洋洋：水流盛大貌。　⑤乐：通疗，治疗。乐饥：充饥。　⑥河：黄河。鲂：鱼名，即鳊鱼。黄河鲂鱼十分名贵。　⑦取：通娶。　⑧齐之姜：齐国的贵族女子。齐君姜姓，其族女子称齐姜，以美著名。　⑨宋之子：宋国的贵族女子。宋君子姓，其族女子称宋子，亦著美名。

# 东门之池①

## （一）

东门之池②，　　　　　　　东门池塘荡清波，
可以沤麻③。　　　　　　　可以沤麻纺线多。
彼美淑姬④，　　　　　　　那位姑娘善又美，
可与晤歌⑤。　　　　　　　可以邀她同唱歌。

## （二）

东门之池，　　　　　　　　东门池塘清波连，
可以沤纻⑥。　　　　　　　可以沤纻织衣衫。
彼美淑姬，　　　　　　　　那位姑娘善又美，
可与晤语⑦。　　　　　　　可以邀她同攀谈。

## （三）

东门之池，　　　　　　　　东门池塘清波扬，
可以沤菅⑧。　　　　　　　可以沤菅编箩筐。
彼美淑姬，　　　　　　　　那位姑娘善又美，
可与晤言。　　　　　　　　可以邀她诉衷肠。

【注释】

①这是一位男子对一位女子表示爱慕的情歌。　②池：池塘。　③沤（òu）麻：把麻没于水中浸泡，以便在若干天后剥下麻皮。下文的"沤纻"、"沤菅"作用相同。　④淑：善、好。姬：女子的美称。　⑤晤歌：相会唱歌。　⑥纻（zhù）：麻的一种，亦称纻麻。　⑦晤语：相会谈心。　⑧菅（jiān）：茅类植物，其秆沤后可以编织鞋、筐等物。

# 东门之杨①

## （一）

东门之杨，　　　　　　　　东门附近长白杨，
其叶牂牂②。　　　　　　　枝叶茂密有青光。
昏以为期③，　　　　　　　两人约好黄昏见，
明星煌煌④。　　　　　　　现已明星亮堂堂。

| | |
|---|---|
| 东门之杨， | 东门杨树浴轻风， |
| 其叶肺肺⑤。 | 枝叶茂密影朦胧。 |
| 昏以为期， | 两人约好黄昏见， |
| 明星晢晢⑥。 | 现已明星亮晶晶。 |

【注释】

①诗写一双男女约会东门而对方逾期不至的情形。　②牂牂（zāng）：茂盛貌。　③昏：黄昏。期：指约会的时间。　④明星：明亮的星星。一说为启明星，天将亮时于东方出现。煌煌：明亮貌。　⑤肺肺（pèi）：茂盛貌。　⑥晢晢（zhé）：明亮貌。

# 墓　门①

## （一）

| | |
|---|---|
| 墓门有棘②， | 墓门前面酸枣生， |
| 斧以斯之③。 | 斧头砍掉不留情。 |
| 夫也不良④， | 那人奸诈怀恶意， |
| 国人知之。 | 国人皆知事已明。 |
| 知而不已⑤， | 事明当局却不管， |
| 谁昔然矣⑥？ | 前人对此谁能容？ |

## （二）

| | |
|---|---|
| 墓门有梅⑦， | 墓门前面酸枣生， |
| 有鸮萃止⑧。 | 猫头鹰来树上停。 |
| 夫也不良， | 那人奸诈怀恶意， |
| 歌以讯之⑨。 | 警告当局用歌声。 |
| 讯予不顾⑩， | 我发警告他不理， |
| 颠倒思予⑪。 | 颠倒是非乱奸忠。 |

【注释】

①这是一首谴责陈桓公未能及早诛除逆臣陈佗以致贻害国家的诗。据《左传·桓公五年》载，陈佗为陈文公之子，陈桓公之弟。乘桓公病危杀死其太子，桓公死后又自立为君，引起陈国大乱。后蔡国为陈国平乱，杀死陈佗。"国人追咎桓公，以为智不及其后，故以《墓门》刺

焉。"（姚际恒《诗经通论》）　②墓门：墓地的门。一说为陈国城门。棘：酸枣树，以喻恶人。　③斯：劈、砍。　④夫：彼，指陈佗。　⑤不已：不予制止。　⑥昔：过去。然：这样。　⑦梅：棘之误写。《楚辞》王逸注引作"棘"。马瑞辰《毛诗传笺通释》："棘、梅二木，美恶大小不类，非诗取兴之旨。梅，古文作楳，楳、棘形似，棘盖讹作楳"。　⑧鸮（xiāo）：猫头鹰，古以为不祥之鸟，以喻坏人。萃：聚集，止息。止：语尾助词。　⑨讯：借为谇（suì），警告。之：当依《广韵》、《楚辞补注》所引作"止"。此句与上"有鸮萃止"句应是相应关系。　⑩予不顾：不顾予，不理我的话。朱熹《诗集传》："或曰：讯予之'予'，疑当依前章作'而'字。"　⑪颠倒思予：言其颠倒是非，把自己的好话当成坏话。

# 防有鹊巢①

## （一）

防有鹊巢②，　　　　　　　堤上怎会有鹊巢？

邛有旨苕③。　　　　　　　山丘怎会长凌霄？

谁侜予美④？　　　　　　　谁在诳骗我情侣？

心焉忉忉⑤。　　　　　　　心中忧愁情绪糟。

## （二）

中唐有甓⑥，　　　　　　　屋瓦怎能铺院中？

邛有旨鹝⑦。　　　　　　　山丘怎长雁来红？

谁侜予美？　　　　　　　　谁在欺诳我爱侣？

心焉惕惕⑧。　　　　　　　心中忧惧意难平。

## 【注释】

　①这是一首担心爱人听信谗言、受人挑拨的诗。　②防：堤坝。马瑞辰《通释》："鹊巢宜于林木，今言防有，非其所应有也，不应有而以为有，所以为谗言也。"　③邛（qióng）：土丘。旨：味美。苕（tiáo）：草名，又称凌霄。《通释》："是苕生于下湿，今诗言邛有者，亦以喻谗言之不可信。"　④侜（zhōu）：欺诳。予美：我的美人。　⑤忉忉（dāo）：忧愁貌。⑥唐：古时朝堂前和宗庙门内的大路。甓（pì）：砖瓦。　⑦鹝（yì）：草名，又名绶草、什样锦、雁来红。　⑧惕惕：忧惧貌。

# 月 出①

## （一）

月出皎兮②，　　　　　　　　月儿出来亮皎皎，
佼人僚兮③。　　　　　　　　佳人姿容多美好。
舒窈纠兮④，　　　　　　　　线条柔婉又轻盈，
劳心悄兮⑤。　　　　　　　　思慕使我心烦恼。

## （二）

月出皓兮⑥，　　　　　　　　月儿出来亮晶晶，
佼人懰兮⑦。　　　　　　　　佳人如玉立亭亭。
舒懮受兮⑧，　　　　　　　　体态轻柔流曲线，
劳心慅兮⑨。　　　　　　　　思慕使我心不宁。

## （三）

月出照兮，　　　　　　　　　月儿出来光灿灿，
佼人燎兮⑩。　　　　　　　　佳人姿容真耐看。
舒夭绍兮⑪，　　　　　　　　身段苗条太娇美，
劳心惨兮⑫。　　　　　　　　思慕使我心不安。

**【注释】**

①诗写皎洁的月亮下，一个轻柔缥缈的美人引起了一位男子的强烈倾慕与不安。②皎：洁白光明。　③佼：通姣，娇美。僚：通嫽，美好。　④舒：轻缓。窈纠（yǎo jiǎo）：苗条柔美貌。　⑤劳心：忧心。悄：忧愁貌。　⑥皓：光明洁白。　⑦懰（liú）：妩媚。　⑧懮（yǒu）受：轻盈多姿貌。　⑨慅（cāo）：忧虑不安貌。　⑩燎：明媚。　⑪夭绍：姿容柔婉貌。　⑫惨：同懆，烦躁不安貌。

# 株　林①

## （一）

胡为乎株林②？　　　　　为何他到株郊转？
从夏南兮③？　　　　　　大概要跟夏南玩？
匪适株林④，　　　　　　其实他到株郊去，
从夏南兮！　　　　　　根本不是找夏南！

## （二）

驾我乘马⑤，　　　　　　乘我车马喜扬鞭，
说于株野⑥。　　　　　　去到株野度悠闲。
乘我乘驹⑦，　　　　　　乘我车马株郊宿，
朝食于株⑧。　　　　　　就在那里用早餐。

【注释】

　　①这是一首讽刺陈灵公等人与夏姬淫乱的诗。据《左传》、《史记》载，陈国大夫夏御叔娶郑穆公之女夏姬为妻，生子夏徵舒，字子南。夏姬貌美，陈灵公及大夫孔宁、仪行父皆与之私通，故有此诗为刺。后来夏徵舒杀死陈灵公，孔宁、仪行父逃往楚国。陈国被楚所灭，夏姬又辗转依从他人。　　②株：陈国邑名，在今河南西华县西南。是夏徵舒的封邑。林：郊外。
③从：追随。夏南：夏徵舒，字子南，故简称夏南。从夏南：是委婉的讽刺说法。马瑞辰《毛诗传笺通释》："上二句诗人故设为问辞，若不知其淫于夏姬者，以为从夏南游耳。"　　④匪：非，不是。适：往。马瑞辰《通释》："下二句当连读，谓其非适株林从夏南也，言外见其实淫于夏姬，此诗人立言之妙。"　　⑤我：诗人代拟陈灵公等人的口吻。乘（shèng）马：车马。一车四马为一乘。　　⑥说（shuì）：停车休息。　　⑦乘：前一乘字读 chéng，动词；后一乘字读 shèng，名词。驹：少壮的骏马。　　⑧朝食：早晨吃的饭。

# 泽 陂①

## （一）

彼泽之陂②，　　　　　　　那片池塘堤岸长，
有蒲与荷③。　　　　　　　蒲草茂盛荷花香。
有美一人，　　　　　　　　岸边有位美男子，
伤如之何④！　　　　　　　我心爱他无良方。
寤寐无为⑤，　　　　　　　日思夜想没法办，
涕泗滂沱⑥。　　　　　　　不觉涕泪一行行。

## （二）

彼泽之陂，　　　　　　　　那片池塘堤岸弯，
有蒲与蕑⑦。　　　　　　　蒲草茂盛荷花鲜。
有美一人，　　　　　　　　岸边有位美男子，
硕大且卷⑧。　　　　　　　身材高大似青山。
寤寐无为，　　　　　　　　日思夜想没法办，
中心悁悁⑨。　　　　　　　只觉心中太忧烦。

## （三）

彼泽之陂，　　　　　　　　那片池塘堤岸平，
有蒲菡萏⑩。　　　　　　　蒲草茂盛荷花红。
有美一人，　　　　　　　　岸边有位美男子，
硕大且俨⑪。　　　　　　　身材高大好仪容。
寤寐无为，　　　　　　　　日思夜想没法办，
辗转伏枕。　　　　　　　　翻来覆去难睡成。

## 【注释】

①诗写一位女子的怀人之情。　②泽：池塘。陂（bēi）：堤岸。　③蒲：蒲草。荷：荷花。　④伤：借为阳，《鲁诗》、《韩诗》皆作"阳"。阳：我，女子第一人称代词，与"姎"、"卬"通用。由此可知，诗的主人公是一女子。　⑤寤寐：睡醒与睡着。无为：无法可想。⑥涕：眼泪。泗：鼻涕。滂沱（pāng tuó）：本以形容大雨，这里夸张形容涕泗。　⑦蕑（jiān）：《郑笺》："蕑，当做莲。"　⑧卷（quán）：通婘，美好貌。　⑨悁悁（yuān）：忧闷貌。　⑩菡萏（hàn dàn）：荷花。　⑪俨（yān）：端庄貌。

中华藏书

四书五经·最新校勘精注今译本

中国书房

九四八

# 桧 风

## 羔 裘①

### (一)

羔裘逍遥②，　　　　　　　　身穿羔裘去兜风，
狐裘以朝③。　　　　　　　　更换狐裘上朝廷。
岂不尔思？　　　　　　　　　难道我不把你想？
劳心忉忉④。　　　　　　　　心事重重忧虑生。

### (二)

羔裘翱翔⑤，　　　　　　　　身穿羔裘四出逛，
狐裘在堂⑥。　　　　　　　　更换狐裘上朝堂，
岂不尔思？　　　　　　　　　难道我不把你念？
我心忧伤。　　　　　　　　　令人心中好忧伤。

### (三)

羔裘如膏⑦，　　　　　　　　身穿羔裘似油亮，
日出有曜⑧。　　　　　　　　太阳照射闪光芒。
岂不尔思？　　　　　　　　　难道我不把你盼？
中心是悼⑨。　　　　　　　　令人心中哀怨长。

**【注释】**

①诗写一位贵族女子因失宠独处而深深忧伤。　②逍遥：游逛。　③朝：上朝。　④忉忉（dāo）：忧劳貌。　⑤翱翔：亦指游逛。　⑥堂：朝堂。　⑦膏：油脂。如膏：形容光亮。⑧曜：同耀，闪光。　⑨悼：哀伤。

# 素　冠①

## （一）

庶见素冠兮②，　　　　　　　　幸而见此白帽人，
棘人栾栾兮③。　　　　　　　　瘦骨伶仃我夫君。
劳心传传兮④！　　　　　　　　忧虑不安动我心！

## （二）

庶见素衣兮，　　　　　　　　　幸而见此白衣人，
我心伤悲兮。　　　　　　　　　我心悲伤怜夫君。
聊与子同归兮⑤！　　　　　　　和你一道回家门！

## （三）

庶见素韠兮⑥，　　　　　　　　幸而见你白围裙，
我心蕴结兮⑦。　　　　　　　　我心郁结难解分。
聊与子如一兮⑧！　　　　　　　但愿与你如一人！

【注释】

①这是一首欢庆丈夫远出归来的诗。　②庶：庆幸。素冠：白色的帽子，贫者所用。下文"素衣"、"素韠"亦同此意。　③棘：古瘠字，瘦。栾栾：借为脔脔，瘦弱貌。　④传传（tuán）：忧虑不安貌。　⑤聊：愿。子：你，指丈夫。归：回家。　⑥韠（bì）：即蔽膝，用皮做成，似今之围裙。　⑦蕴结：忧思不解。　⑧如一：指亲如一人。

# 隰有苌楚①

## （一）

隰有苌楚②，　　　　　　　　　低洼地里羊桃生，
猗傩其枝③。　　　　　　　　　枝叶婀娜对春风。
夭之沃沃④，　　　　　　　　　苗壮嫩美光泽好，
乐子之无知⑤！　　　　　　　　看你无知多轻松！

## （二）

隰有苌楚，　　　　　　　　　　低洼地里羊桃荫，
猗傩其华⑥。　　　　　　　　　花朵娇妍占阳春。

天之沃沃，　　　　　　　　苗壮嫩美光泽好，
乐子之无家⑦！　　　　　　看你无家多省心！

（三）

隰有苌楚，　　　　　　　　低洼地里长羊桃，
猗傩其实。　　　　　　　　果实丰盛挂枝条。
天之沃沃，　　　　　　　　苗壮嫩美光泽好，
乐子之无室！　　　　　　　看你无家多逍遥！

## 【注释】

①这是一首乱世哀歌。方玉润《诗经原始》："此必桧破民逃，自公族子姓以及小民之有家室者，莫不扶老携幼，挈妻抱子，相与号泣路歧，故有家不如无家之好，有知不如无知之安也。而公族子姓之为室家累者则尤甚。"　②苌（cháng）楚：植物名，又名羊桃、猕猴桃。蔓生，果实如小桃，可食。　③猗傩（ē nuó）：同婀娜，柔美貌、美盛貌。　④夭：苗壮，嫩美貌。之：犹兮，语气词。沃沃：旺盛润泽貌。　⑤乐：喜欢。这里有羡慕之意。子：你，此指羊桃。此句自叹不如羊桃的没有感情和知觉。钱钟书《管锥编》第一册："窃谓元结《系乐府·寿翁兴》……'唯云顺所然，忘情学草木'，即《诗》意；而姜夔《长亭怨》：'树若有情时，不会得青青如许'尤为的诂。'青青如许'即'夭之沃沃'。"　⑥华：古花字。　⑦无家：指无妻、子等的牵累。下章"无室"义同。

# 匪 风①

（一）

匪风发兮②，　　　　　　　风在呼呼吹，
匪车偈兮③。　　　　　　　车子行如飞。
顾瞻周道④，　　　　　　　放眼望大路，
中心怛兮⑤！　　　　　　　心中好伤悲！

（二）

匪风飘兮⑥，　　　　　　　风势旋又狂，
匪车嘌兮⑦。　　　　　　　车子奔驰忙。
顾瞻周道，　　　　　　　　放眼望大路，
中心吊兮⑧！　　　　　　　心中好悲凉！

# （三）

谁能亨鱼⑨？　　　他能把鱼烹，

溉之釜鬵⑩。　　　我先把锅清。

谁将西归？　　　他将自西返，

怀之好音⑪。　　　喜讯乐心中。

【注释】

①这是一首征妇怀念征夫的诗。篇首以风起兴，含有怀人之意。这位妇女望见了宽阔的国道，便又情不自禁地想起由此西征的丈夫，不由得心中悲伤起来。　②匪：通彼，那个。发：犹发发，风声。　③偈（jié）：犹偈偈，疾驰貌。　④顾：回头看。这里泛指看。周道：大道。马瑞辰《通释》："周之言绸，《广雅》：'绸，大也。'周道又为通道，亦大道也。凡《诗》周道，皆谓大路。"　⑤怛（dá）：忧伤。　⑥飘：飘风，本指旋风，这里形容风的迅疾与旋转。　⑦嘌：（piāo）：轻疾貌。　⑧吊：悲伤。　⑨谁：指主人公所怀念的人。亨："烹"的本字，即煮。　⑩溉：洗。釜（fǔ）：锅。鬵（xún）：大锅。　⑪好音：好音信。指征人将要归来的消息。

# 曹　风

## 蜉　蝣①

### （一）

蜉蝣之羽②，　　　　　　　　蜉蝣羽翅半透明，
衣裳楚楚③。　　　　　　　　好比衣裳美又轻。
心之忧矣，　　　　　　　　朝生暮死兴悲叹，
于我归处④。　　　　　　　　和我归宿本相同。

### （二）

蜉蝣之翼，　　　　　　　　蜉蝣羽翼薄微微，
采采衣服⑤。　　　　　　　　好比衣裳闪光辉。
心之忧矣，　　　　　　　　朝生暮死怀忧虑，
于我归息。　　　　　　　　和我同在一处归。

### （三）

蜉蝣掘阅⑥，　　　　　　　　蜉蝣穿穴到人间，
麻衣如雪⑦。　　　　　　　　麻衣如雪白色鲜。
心之忧矣，　　　　　　　　朝生暮死心忧郁，
于我归说⑧。　　　　　　　　和我共同下黄泉。

【注释】

①这是一首叹息人生短暂的诗。有人说这是没落贵族的思想，有人说这是劳苦大众的思想。其实人生的相对短促是普遍的，如无确凿根据而径指为某一类人，只能是妄加猜测。　②蜉蝣（fú yóu）：虫名，体小而软，翅薄透明，常在夏天日落后成群飞舞。成虫生命短促，朝生暮死。　③楚楚：鲜明整洁貌。此句是以衣裳比喻蜉蝣美丽的翅膀。　④于：即与。归处：指死亡。下文"归息"，"归说"义同。　⑤采采：华美。　⑥掘：穿。阅：通"穴"。指蜉蝣初生时穿穴而出。　⑦麻衣：指蜉蝣羽翼。　⑧说（shuì）：止息。

# 候　人①

## （一）

彼候人兮②，　　　　　　　那位候人真英俊，
何戈与祋③。　　　　　　　肩扛戈祋正值勤。
彼其之子，　　　　　　　　瞧他部属多整壮，
三百赤芾④。　　　　　　　红色蔽膝三百人。

## （二）

维鹈在梁⑤，　　　　　　　鹈鹕呆立在鱼梁，
不濡其翼⑥。　　　　　　　不湿翅膀鱼儿藏。
彼其之子，　　　　　　　　那人不解风月事，
不称其服⑦。　　　　　　　不配穿那好服装。

## （三）

维鹈在梁，　　　　　　　　鹈鹕呆立鱼坝前，
不濡其咮⑧。　　　　　　　不湿长嘴把鱼拦。
彼其之子，　　　　　　　　那人不解风月事，
不遂其媾⑨。　　　　　　　不能成就好姻缘。

## （四）

荟兮蔚兮⑩，　　　　　　　云霞浓郁高天上，
南山朝隮⑪。　　　　　　　南山彩虹映晨光。
婉兮娈兮⑫，　　　　　　　娇媚玲珑真可爱，
季女斯饥⑬。　　　　　　　少女怀春"饿"肚肠。

【注释】

　　①诗中写一少女对一青年军官的爱慕，口吻幽默。　②候人：在国境及道路负责守望、迎送宾客的人，属低级官吏。　③何：一作荷。背，扛。祋（duì）：即殳（shū），古代兵器，以竹木制成，杖端装金属器物，八棱平头。　④赤芾（fú）：红色的蔽膝，是官服的一部分。三百赤芾：指那官长属下的候人。三百言其多，非实指。　⑤鹈（tí）：即鹈鹕，水鸟名，食鱼。梁：鱼坝。　⑥濡：沾湿。不濡其翼：指不下水捕鱼。捕鱼是爱情的隐语。　⑦不称：不配，不适合。不称其服：是女主人公挑逗的话，暗讥他不晓风情。　⑧咮（zhòu）：鸟嘴。　⑨遂：成全，成功。媾（gòu）：婚姻。

　　⑩荟、蔚：皆聚集之意。这里指云霞浓郁。　⑪南山：曹国山名。隮（jī）：虹。朝隮：早晨的虹。　⑫婉、娈（luán）：皆美好貌。　⑬季女：少女。饥：隐语，指怀春之情有如饥渴。

# 鳲鸠①

## （一）

鳲鸠在桑②，　　　　　　　　布谷筑巢桑树中，
其子七兮。　　　　　　　　七只幼鸟待遇同。
淑人君子③，　　　　　　　那位美士真君子，
其仪一兮④。　　　　　　　待人态度最公平。
其仪一兮，　　　　　　　　待人态度最公平，
心如结兮⑤。　　　　　　　用心如一不变更。

## （二）

鳲鸠在桑，　　　　　　　　布谷筑巢桑树间，
其子在梅。　　　　　　　　幼鸟飞上梅树玩。
淑人君子，　　　　　　　　那位美士真君子，
其带伊丝⑥。　　　　　　　素丝大带飘飘然。
其带伊丝，　　　　　　　　素丝大带飘飘然，
其弁伊骐⑦。　　　　　　　青黑皮帽甚美观。

## （三）

鳲鸠在桑，　　　　　　　　布谷筑巢桑树棵，
其子在棘。　　　　　　　　幼鸟枣树唱欢歌。
淑人君子，　　　　　　　　那位美士真君子，
其仪不忒⑧。　　　　　　　待人态度最均和。
其仪不忒，　　　　　　　　待人态度最均和，
正是四国⑨。　　　　　　　四方之国奉楷模。

## （四）

鳲鸠在桑，　　　　　　　　布谷筑巢桑树上，
其子在榛⑩。　　　　　　　幼鸟榛树乐洋洋。
淑人君子，　　　　　　　　那位美士真君子，
正是国人⑪。　　　　　　　国民学他做贤良。
正是国人，　　　　　　　　国民学他做贤良，
胡不万年⑫！　　　　　　　愿他万寿永无疆！

**【注释】**

①这是一首赞君子用心平均如一的诗。明人何楷认为，这君子是指帮助恢复曹国的晋文公。其《诗经古义》云："此诗之作，盖在曹国复国之后。其取兴于'鸤鸠'者，以鸤鸠养子均平，颂文王（晋文公）之待曹国与他国无异也……其曰'正是四国'，则亦唯晋为盟主，始足当之。周王策命中所谓'以绥四国'是也。"可供参考。 ②鸤（shī）鸠：鸟名，今称布谷鸟。古代传说布谷鸟喂养小鸟平均如一，诗中以此兴君子的平均待人。 ③淑人：美人。 ④仪：指态度、言行。 ⑤心如结：指用心如一，坚持不变。结：固结。朱熹《诗集传》："如物之固结而不散也。" ⑥带：大带，一种服饰。伊：是。丝：指素丝。 ⑦弁（biàn）：一种皮帽。骐：青黑色的马，这里用以形容帽子的颜色。 ⑧忒（tè）：差错。 ⑨正：法则，榜样。这里用为动词。四方：四方之国，各国。 ⑩榛：树名。 ⑪国人：国民。 ⑫胡：何。万年：极言长寿。

# 下　泉①

**（一）**

| | |
|---|---|
| 冽彼下泉②， | 寒冷山泉流不停， |
| 浸彼苞稂③。 | 浸冻稂草难为生。 |
| 忾我寤叹④， | 梦中醒来长慨叹， |
| 念彼周京⑤。 | 追怀盛世思镐京。 |

**（二）**

| | |
|---|---|
| 冽彼下泉， | 寒冷山泉日夜流， |
| 浸彼苞萧⑥。 | 浸冻艾萧凉嗖嗖。 |
| 忾我寤叹， | 梦中醒来长慨叹， |
| 念彼京周。 | 追怀盛世念西周。 |

**（三）**

| | |
|---|---|
| 冽彼下泉， | 寒冷山泉地下行， |
| 浸彼苞蓍⑦。 | 浸冻蓍草长不成。 |
| 忾我寤叹， | 梦中醒来长慨叹， |
| 念彼京师。 | 追怀盛世念西京。 |

# （四）

芃芃黍苗⑧，　　　　　黍苗茂美景色新，
阴雨膏之⑨。　　　　　上天滋润细雨淋。
四国有王⑩，　　　　　四方之国勤王事，
郇伯劳之⑪。　　　　　郇伯理政建功勋。

【注释】

①这是一首乱世思治之作。据《左传·僖公二十三年》载，晋国公子重耳因遭骊姬陷害而出逃曹国，因曹共公趁他沐浴偷看他的"骈肋"（肋骨并联为一体）而怀恨，当得势做了晋文公后，便报私仇而发兵攻入曹国。方玉润《诗经原始》云："此与《匪风》同被大国之伐，而伤周王之不能救己也。夫天下有道，则礼乐征伐自天子出；天下无道，则礼乐征伐自诸侯出。今晋文入曹，执其君，分其田，以释私憾，宁能使曹人帖然心服乎？此诗之作，所以念周衰伤晋霸也。使周而不衰，则'四国有王'，彼晋虽强，敢擅征伐？"　　②冽（liè）：寒冷。下泉：下流的泉水。　　③苞：丛生。稂（láng）：草名，又名狼尾草。　　④忾（xì）：叹息声。寤：睡醒。　　⑤周京：指西周国都镐（hào）京。下文"京周"，"京师"所指同此。　　⑥萧：蒿草。　　⑦蓍（shī）草名。　　⑧芃芃（péng）：茂盛貌。⑨膏：滋润。　　⑩四国：四方诸侯之国。王：指周王。　　⑪郇（xún）伯：文王之子，为州伯，有治诸侯之功。劳：安抚、慰劳。

# 豳　风

## 七　月①

### （一）

七月流火②，
九月授衣③。
一之日觱发④，
二之日栗烈⑤。
无衣无褐⑥，
何以卒岁⑦？
三之日于耜⑧，
四之日举趾⑨。
同我妇子⑩，
馌彼南亩⑪。
田畯至喜⑫。

七月火星向西沉，
九月寒衣交与人。
十一月北风呼呼响，
十二月寒气冷森森。
农夫若无粗布袄，
如何支撑到年根？
一月动手修农具，
二月下地去耕耘。
老婆孩子随我后，
田间送饭给农人。
田官一见喜在心。

### （二）

七月流火，
九月授衣。
春日载阳⑬，
有鸣仓庚⑭。
女执懿筐⑮，
遵彼微行⑯，
爰求柔桑⑰。
春日迟迟⑱，
采蘩祁祁⑲。
女心伤悲，
殆及公子同归⑳。

七月火星向西斜，
九月寒衣交农家。
春日红艳艳，
黄莺歌声发。
女儿臂上细筐挎，
沿着小路弯又斜，
一路采摘嫩桑芽。
春季天长手勤快，
采集白蒿多如花。
女儿心中怀忧虑，
陪嫁公子难回家。

中華藏書

四书五经·最新校勘精注今译本

中国书店

七月流火，
八月萑苇㉑。
蚕月条桑㉒，
取彼斧斨㉓，
以伐远扬㉔，
猗彼女桑㉕。
七月鸣䴗㉖，
八月载绩㉗。
载玄载黄㉘，
我朱孔阳㉙，
为公子裳。

七月火星偏西方，
八月芦苇该收藏。
三月要把桑树剪，
拿来斧头明光光。
砍掉长枝杈，
采摘青嫩桑。
七月伯劳叫，
八月纺织忙。
染色黄黑不一样，
我染朱红亮堂堂，
来为公子做衣裳。

（四）

四月秀葽㉚，
五月鸣蜩㉛。
八月其获㉜，
十月陨箨㉝。
一之日于貉㉞，
取彼狐狸，
为公子裘。
二之日其同㉟，
载缵武功㊱。
言私其豵㊲，
献豜于公㊳。

四月远志结子稠，
五月鸣蝉声悠悠。
八月忙收获，
十月落叶秋。
十一月把貉子打，
捕捉狐狸毛皮收，
来为公子做狐裘。
十二月里众人聚，
继续打猎四郊游。
留下小兽自己用，
选出大兽送公侯。

（五）

五月斯螽动股㊴，
六月莎鸡振羽㊵。
七月在野㊶，
八月在宇㊷，
九月在户，
十月蟋蟀入我床下。

五月蚱蜢蹦，
六月蝈蝈鸣。
七月蟋蟀在田野，
八月檐下避秋风，
九月进门内，
十月床下停。

穿窒薰鼠㊸，
塞向墐户㊹。
嗟我妇子，
曰为改岁㊺，
入此室处㊻。

清除垃圾熏老鼠，
北窗房门用泥封。
呼我妻子和儿女，
将来新年到门庭，
正好住进此房中。

（六）

六月食郁及薁㊼，
七月亨葵及菽㊽。
八月剥枣㊾，
十月获稻。
为此春酒㊿，
以介眉寿[51]。
七月食瓜，
八月断壶[52]，
九月叔苴[53]。
采荼薪樗[54]，
食我农夫。

六月吃郁李野葡萄，
七月把葵菜豆子烧。
八月打枣，
十月割稻。
酿造春酒芳香，
换取人生不老。
七月摘下瓜来尝，
八月摘下葫芦炒，
九月麻子往回包。
苦菜挖来柴砍下，
农夫生活供开销。

（七）

九月筑场圃[55]，
十月纳禾稼[56]。
黍稷重穋[57]，
禾麻菽麦[58]。
嗟我农夫，
我稼既同[59]，
上入执宫功[60]。
昼尔于茅[61]，
宵尔索绹[62]。
亟其乘屋[63]，
其始播百谷[64]。

九月开圃改旧场，
十月缴纳各种粮。
黍子谷子饱，
米麻豆麦香。
呼我农夫听端详，
庄稼话计已完事，
室内工作要加强。
白天割茅草，
夜里搓绳忙。
快把房屋来修缮，
然后春播好开张。

# （八）

二之日凿冰冲冲⑥，
三之日纳于凌阴⑥。
四之日其蚤⑥，
献羔祭韭⑥。
九月肃霜⑥，
十月涤场⑦。
朋酒斯飨⑦，
曰杀羔羊⑦。
跻彼公堂⑦，
称彼兕觥⑦，
万寿无疆！

腊月凿冰冬冬响，
正月送进冰窖藏。
二月取冰行祭礼，
羔羊韭菜献上方。
九月秋气爽，
十月扫净场。
两坛新酒捧上，
宰好肥嫩羔羊。
参加集体宴会，
高举兕杯响丁当，
祝福万寿无疆！

**【注释】**

①本诗歌颂了一部分上层人士的生活。作者为自己的女儿将陪国君的女儿出嫁而感到荣幸，为自己能向国君奉献野兽、缴纳谷物、参加国君的年终宴会而感到自豪，同时又表白了自己对农夫的关心。　②七月：夏历七月。流：下行。火：星名，又名大火，即心宿。每年夏历五月的黄昏时候，此星出在正南方，且位置最高。六月以后便向西斜，七月更加下行，即所谓"流火"。　③授衣：把冬衣做好交给农人。　④一之日：周历一月的日子。周历一月即夏历十一月。下文"二之日"、"三之日"、"四之日"则分别为夏历十二月、一月、二月。夏历三月改称为春，而不称"五之日"。皮锡瑞《经学通论》："此诗言月者皆夏正，言一、二、三、四之日者皆周正，改其名不改其实。"戴震《毛郑诗考证》："周时虽改为周正，但民间农事仍沿用夏历。"觱（bì）发：大风之声。　⑤栗烈：形容气寒。　⑥褐（hè）：粗毛布，这里指粗布衣。　⑦卒岁：过完一年。卒：终。　⑧于：为，指修理。耜（sì）：翻土农具。　⑨举趾：下田耕作。趾：脚。　⑩同：会合一道。　⑪馌（yè）：送饭。南亩：泛指田地。　⑫田畯（jùn）：负责监督农事的田官。　⑬春日：指夏历三月。载：开始。阳：暖和。　⑭有：语助词。仓庚：鸟名，即黄莺。　⑮懿（yì）筐：精致的小筐。　⑯遵：沿。微行（háng）：小路。　⑰爰（yuán）：乃，于是。柔桑：嫩桑叶。　⑱迟迟：犹缓缓，形容日长。　⑲蘩：草名，又名白蒿，祭祀用品。祁祁：众多貌。　⑳殆（dài）：始。公子：公侯之子，这里指鲁国国君的女儿。同归：指陪同国君的女公子出嫁。　㉑萑（huán）苇：获草和芦苇。这里省略了收割之类的动词。㉒蚕月：养蚕的月份，指三月。条桑：修剪桑枝。　㉓斧斨（qiāng）：斧类工具。古人称柄孔圆的叫斧，柄孔方的叫斨。　㉔远扬：指过长过高的桑枝。　㉕猗（yī）：借为掎，摘取。女桑：嫩桑叶。㉖鹏（jú）：鸟名，又名伯劳、子规、杜鹃。　㉗载：开始。绩：纺。此句是说蚕丝之事完毕，而绩麻织布开始。　㉘载：又是。玄：黑色。此句指为丝麻

染色。㉙朱：红色。孔：甚。阳：鲜明。㉚秀：长穗结子。葽（yāo）：草名，今名远志，可以药用。㉛蜩（tiáo）：蝉。㉜其获：庄稼将要收获。㉝陨（yǔn）：坠落。萚（tuò）：落叶。㉞于：取。貉（hè）：兽名，似狐而较胖，尾较短，亦称狗獾。㉟同：会合，指聚众打猎。㊱载：乃。缵（zuǎn）：继续。武功：指狩猎。㊲言：语助词。私：私人占有。豵（zōng）：一岁的小猪，这里泛指小兽。㊳豜（jiān）：三岁的大猪，这里泛指大兽。公：公府，贵族。㊴斯螽（zhōng）：虫名，即蚱蜢。动股：指跳。股：腿。㊵莎（suō）鸡：虫名，即纺织娘。振羽：展翅而飞。㊶野：田野。此下四句皆写蟋蟀。㊷宇：屋檐。㊸穹窒（qióng zhì）：清除壅塞。熏鼠：以柴草烧烟熏鼠洞。㊹塞：堵塞。向：朝北的窗子。墐（jìn）户：用泥涂抹门缝。古代民家编柴木为门，涂上泥可以防风御寒。此上二句写收拾破屋准备过冬。㊺曰：发语词。改岁：更改年岁，指过年。㊻处：住。㊼郁：灌木名，果实名郁李。薁（yù）：野葡萄。㊽亨："烹"的本字，煮。葵：菜名。菽：豆子。㊾剥：通扑，打。㊿春酒：冬季酿酒，春季始成，所以叫春酒。(51)介：求。眉寿：人老时，眉上有长毛，称秀眉，故称长寿为眉寿。(52)断：摘下。壶：葫芦。(53)叔：拾取。苴（jū）：麻子。(54)荼：苦菜。薪樗（chū）：伐樗当柴烧。樗：臭椿。(55)圃：菜园。场圃：在菜园上修成打谷场。古代菜园平时种菜，收获季节轧实作场地，所以称场圃。(56)纳：缴纳。(57)黍（shǔ）、稷（jì）：都是谷物名。黍性黏，稷性不黏。稷即粟，又称谷子。重：同穜（tóng），早种晚熟的谷。穋：同稑（lù），晚种早熟的谷。(58)禾：谷的一种。(59)同：收齐，集中。(60)上入：指结束田间劳动而回到城邑。《毛传》："入为上，出为下。"宫功：指室内劳动。《说文》："宫，室也。"(61)尔：你，你们，指农夫。于：取。茅：茅草。(62)宵：夜里。索绹（táo）：搓绳子。(63)亟：同急，赶快。乘屋：修理房屋。《说文》："乘，覆也。"(64)其始：将要开始。(65)冲冲：凿冰的声音。(66)凌阴：冰窖。(67)蚤：古"早"字。早是一种祭祖仪式，每年二月初一举行。(68)羔：羊羔。韭：韭菜。二者都是祭品。古代藏冰、取冰都要祭祀。《礼记·月令》："仲春之月……天子乃鲜（献）羔开冰。"(69)肃霜：天高气爽。霜同爽。(70)涤场：清扫场地。是说农业结束。(71)朋酒：两壶酒。斯：语助词。飨（xiǎng）：以酒食待客。(72)曰：发语词。(73)跻：登上。公堂：公众集会场所。(74)称：举起。兕觥（sì gōng）：一种状似卧伏兕牛的酒器。

## 鸱　鸮①

### （一）

| | |
|---|---|
| 鸱鸮鸱鸮②， | 猫头鹰啊猫头鹰， |
| 既取我子， | 你已把我孩子抓， |
| 无毁我室③！ | 不能再毁我的家！ |
| 恩斯勤斯④， | 终日辛苦心操碎， |
| 鬻子之闵斯⑤！ | 养育幼子真累煞！ |

## （二）

| | |
|---|---|
| 迨天之未阴雨⑥， | 趁着天晴没阴雨， |
| 彻彼桑土⑦， | 飞到桑根剥下皮， |
| 绸缪牖户⑧。 | 快把漏洞全补齐。 |
| 今女下民⑨， | 你们下民德行低， |
| 或敢侮予⑩？ | 或许还敢把我欺？ |

## （三）

| | |
|---|---|
| 予手拮据⑪， | 我的手指已酸软， |
| 予所捋荼⑫， | 我采芦花把窝填， |
| 予所蓄租⑬， | 我衔茅草来铺垫， |
| 予口卒瘏⑭， | 我的嘴巴累不堪， |
| 曰予未有室家⑮。 | 窝儿还是没整完。 |

## （四）

| | |
|---|---|
| 予羽谯谯⑯， | 我的羽毛稀又少， |
| 予尾翛翛⑰。 | 我的尾巴干又焦。 |
| 予室翘翘⑱， | 我的窝儿高又险， |
| 风雨所漂摇， | 风吹雨打飘又摇， |
| 予维音哓哓⑲。 | 使我惊怕叫嗷嗷。 |

**【注释】**

①这是一首寓言诗。其中模拟禽鸟语言，故又称禽言诗。全诗以一母鸟口气诉说失子之痛、营巢之苦和处境之危，深有寄托。旧说祖述《尚书·金縢》，以为此诗是周公平管蔡之乱时向成王述志之作。今《金縢》已被证明为伪作，诗意亦与周公情事不合，故今人多对旧说不再相信。　②鸱鸮（chī xiāo）：猫头鹰。　③室：指鸟巢。　④恩勤：即殷勤、辛劳之意。恩、殷义通。斯：语助词。　⑤鬻（yù）：借为育，养育。子：指雏鸟。闵：病。　⑥迨（dài）：趁着。　⑦彻：通撤、取。土：借为杜，桑根。　⑧绸缪：缠绕。牖（yǒu）：窗。牖户：指鸟巢的洞开处。　⑨女：通汝。下民：指人类。　⑩或：有人。侮：欺侮。　⑪拮据：因劳累而不灵活。　⑫所：尚。捋（luō）：用手抹取。荼：芦苇的花。　⑬蓄：积聚。租：借为苴，茅草。　⑭卒：同瘁。卒瘏（tú）：劳累致病。　⑮曰：发语词。未有室家：指巢尚未修好。　⑯谯谯（qiáo）：羽毛凋残貌。　⑰翛翛（xiāo）：干枯无光貌。　⑱翘翘：高而危险貌。　⑲哓哓（xiāo）：恐惧的叫声。

# 东 山①

## (一)

我徂东山②，  
慆慆不归③。  
我来自东，  
零雨其濛④。  
我东曰归，  
我心西悲⑤。  
制彼裳衣，  
勿士行枚⑥。  
蜎蜎者蠋⑦，  
烝在桑野⑧。  
敦彼独宿⑨，  
亦在车下。

我到东山去远征，  
岁月长久难回程。  
今天我自东方返，  
正逢小雨细蒙蒙。  
身在东方说归去，  
心念西方悲痛生。  
将改便服穿身上，  
不再衔枚战场行。  
山蚕树上蠕蠕动，  
常在野外桑林中。  
我缩一团独身宿，  
就在车下到天明。

## (二)

我徂东山，  
慆慆不归。  
我来自东，  
零雨其濛。  
果臝之实⑩，  
亦施于宇⑪。  
伊威在室⑫，  
蟏蛸在户⑬。  
町畽鹿场⑭，  
熠燿宵行⑮。  
不可畏也，  
伊可怀也⑯！

我到东山去远征，  
岁月长久难回程。  
今天我自东方返，  
正逢小雨细蒙蒙。  
瓜蒌结果一个个，  
屋檐下面拖长藤。  
地鳖虫儿爬屋内，  
蜘蛛结网在门庭。  
田地变成野鹿场，  
夜空闪动萤火虫。  
家园荒凉不可怕，  
心中怀念动人情！

## （三）

| | |
|---|---|
| 我徂东山， | 我到东山去远征， |
| 慆慆不归。 | 岁月长久难回程。 |
| 我来自东， | 今天我自东方返， |
| 零雨其濛。 | 正逢小雨细蒙蒙。 |
| 鹳鸣于垤⑰， | 鹳鸟长鸣土堆上， |
| 妇叹于室⑱。 | 妻子长叹空房中。 |
| 洒埽穹窒⑲， | 赶快洒扫清杂物， |
| 我征聿至⑳。 | 我行将归要重逢。 |
| 有敦瓜苦㉑， | 苦瓜团圆结一串， |
| 烝在栗薪㉒。 | 挂在柴捆对清风。 |
| 自我不见， | 自从我们不见面， |
| 于今三年！ | 至今三年已有零！ |

## （四）

| | |
|---|---|
| 我徂东山， | 我到东山去远征， |
| 慆慆不归。 | 岁月长久难回程。 |
| 我来自东， | 今天我自东方返， |
| 零雨其濛。 | 正逢小雨细蒙蒙。 |
| 仓庚于飞㉓， | 黄莺飞舞展双翅， |
| 熠燿其羽。 | 明丽羽毛亮晶晶。 |
| 之子于归， | 想她当年刚出嫁， |
| 皇驳其马㉔。 | 红黄大马把她迎。 |
| 亲结其缡㉕， | 娘结佩巾给她戴， |
| 九十其仪㉖。 | 繁复礼节全履行。 |
| 其新孔嘉㉗， | 当时新婚甜如蜜， |
| 其旧如之何㉘？ | 久别重见是何情？ |

【注释】

①征人还乡，途中悲喜交集、忐忑不安，作此诗。结合史实考察，本诗应是作于鲁僖公以周公之名东征，讨伐徐夷、淮夷归来之时。从主人公具有相当的家庭院落、当年曾有隆重的结婚仪式、战后即将换上贵族的家居服装等情况看，作者应是鲁国的一位卿大夫。全诗除首章外，均是作者途中的想像，深切沉挚，极为动人。　②徂（cú）：往。东山：古奄国山名，位

于今山东省曲阜县。 ③慆慆（tāo）：长久。 ④零雨：细雨。其濛：同蒙蒙。 ⑤西悲：因想念西方的家乡而伤悲。 ⑥士：同"事"。勿士：不用。行：同横。枚：筷子似的短棍。行枚：即衔枚。古代行军，为禁止出声而让口中含枚，叫衔枚。 ⑦蜎蜎（yuān）：蠕动貌。蠋（zhú）：山蚕，一种野蚕。 ⑧烝（zhēng）：久。 ⑨敦（duī）：团。指身体蜷成一团。 ⑩果臝（luǒ）：葫芦科植物，又名瓜蒌、栝楼。 ⑪施（yì）：蔓延。宇：屋檐。 ⑫伊威：虫名，扁圆多足，生潮湿处，今名地鳖虫，俗称地虱。 ⑬蟏蛸（xiāo shāo）：虫名，长脚小蜘蛛，一名喜蛛。 ⑭町疃（tǐng tuǎn）：田舍旁的空地，野兽践踏的地方。鹿场：放鹿的场所。 ⑮熠燿（yì yào）：闪闪发光貌。宵行：萤火虫。 ⑯伊：是。 ⑰鹳（guàn）：水鸟名，形似鹭、鹤，食鱼。垤（dié）：小土堆。 ⑱妇：指征人之妻。 ⑲穹窒：清除脏物。 ⑳聿：语助词。 ㉑有敦：敦敦，团团。瓜苦：即苦瓜。 ㉒栗薪：义同束薪，爱情的象征。 ㉓仓庚：黄莺。 ㉔皇：黄白色。驳：赤白色。 ㉕亲：指妻子的母亲。缡（lí）：妇女的佩巾。女子出嫁时，由她母亲把佩巾结在带上，叫结缡。 ㉖九十：言其繁多。仪：仪式，礼节。 ㉗新：指新婚。孔嘉：非常美满。 ㉘旧：久，指久别。

# 破　斧①

## （一）

既破我斧，
又缺我斨②。
周公东征③，
四国是皇④。
哀我人斯⑤，
亦孔之将⑥！

我的斧子已砍坏，
我的铜斨也破残。
周公东征三年整，
四方各国又平安。
我们兵卒真可叹，
却逢大幸再生还！

## （二）

既破我斧，
又缺我锜⑦。
周公东征，
四国是吪⑧。
哀我人斯，
亦孔之嘉⑨！

我的斧子已砍坏，
我的铜凿也卷锋。
周公东征三年久，
四方各国又安宁。
我们兵卒真可叹，
却逢大幸绝处生！

## （三）

| | |
|---|---|
| 既破我斧， | 我的斧子已砍坏， |
| 又缺我锈⑩。 | 我的铜锹也损伤。 |
| 周公东征， | 周公东征三年后， |
| 四国是遒⑪。 | 四方各国又安康。 |
| 哀我人斯， | 我们兵卒真可叹， |
| 亦孔之休⑫！ | 却逢大幸归故乡！ |

【注释】

①这是一首东征兵士庆幸生还的诗。武王灭殷，封纣子武庚为诸侯，而分殷地为三部，命自己的兄弟管叔、蔡叔、霍叔各领一部，监视武庚。武王死，成王年幼，武庚便联合管、蔡及徐、奄诸国背叛周朝。摄政的周公率兵东征，历时三年，平息叛乱。班师途中，士兵作此诗。②斯：方孔的斧。缺：残缺。严粲《诗辑》："惟行师有除道樵苏之事，斧斯之用为多，历时久则必弊。"蒋立甫《诗经选注》："据有关文献记载，西周时使用的武器主要是弓、矢、戈、矛、戟之类，这首诗中所说的却是斧、斯、锜、锈一类东西，这是农工使用的工具，诗人可能是担任军中开路营建一类工作的，相当于后世的工兵。"③周公：名姬旦，武王姬发同母弟，西周著名政治家。④四国：四方之国，天下。皇：匡正。⑤斯：语助词。⑥孔：很。将：臧、美。⑦锜（qí）：凿类钻木工具。⑧吪（é）：化，有顺化之意，与上文"皇"字相近。⑨嘉：美。⑩锈（qiú）：锹类工具。⑪遒：稳定。⑫休：美。

# 伐　柯①

## （一）

| | |
|---|---|
| 伐柯如何②？ | 怎样去砍斧柄？ |
| 匪斧不克③。 | 没有斧头不行。 |
| 取妻如何④？ | 怎样来娶妻子？ |
| 匪媒不得。 | 没有媒人不成。 |

## （二）

| | |
|---|---|
| 伐柯伐柯， | 砍斧柄呀砍斧柄， |
| 其则不远⑤。 | 样品就在你手中。 |
| 我觏之子⑥， | 我把那位姑娘见， |
| 笾豆有践⑦。 | 礼仪完备喜融融。 |

①这是一首咏叹婚姻礼俗的诗。诗中以砍斧柄用斧头来比娶妻要靠媒人，后世称作媒为"伐柯"、"作伐"，即由此而来。　②伐：砍。柯：斧柄。　③克：能。　④取：通娶。　⑤则：准则，榜样。不远：手中的斧柄就是要砍的斧柄的样子，所以说不远。　⑥觏（gòu）：见。之子：指被追求的女子。　⑦笾（biān）：竹器，高足，用来盛果品食物。豆：食器，独足，有盖，用来盛肉践：陈列整齐貌。

# 九 罭①

## （一）

九罭之鱼鳟鲂②，　　　　　　　　细网捞到大鳟鲂，

我觏之子③，　　　　　　　　　　我这情人真漂亮，

衮衣绣裳④。　　　　　　　　　　龙纹彩绣衣和裳。

## （二）

鸿飞遵渚⑤，　　　　　　　　　　大雁沿着沙洲飞，

公归无所⑥，　　　　　　　　　　您若要走无处归，

于女信处⑦。　　　　　　　　　　再住两夜我来陪。

## （三）

鸿飞遵陆，　　　　　　　　　　　大雁顺着陆地飞，

公归不复⑧，　　　　　　　　　　您若一去难再回，

于女信宿。　　　　　　　　　　　再住两夜共依偎。

## （四）

是以有衮衣兮⑨，　　　　　　　　藏起您的绣龙衣，

无以我公归兮⑩，　　　　　　　　归去这事别再提，

无使我心悲兮！　　　　　　　　　别使我心悲凄凄！

【注释】

①这是一位多情女子执意挽留恋人同宿的诗。从其"衮衣绣裳"可以看出，她的恋人乃是贵族，而女子身份不太清楚。　②九罭（yù）：一种捕捞小鱼的细网。鳟鲂（zūn fáng）：都是鱼名，鲤鱼一类的大鱼。以细网而得大鱼，有喜出望外之意。捕鱼又常作爱情的象征。　③觏：见。之子：指其恋人。　④衮（gǔn）衣绣裳：绣有龙纹的衣裳。古代贵族的衣服。　⑤鸿：大雁。遵：沿着。渚：水中沙洲。　⑥公：对贵族男子的尊称。无所：没有一定的处所。　⑦于：借为与。女：通汝。信：两宿为信。信处：犹信宿，住两夜。　⑧不复：不返。　⑨

有：藏。闻一多《风诗类抄》："有，藏之也。" ⑩无以：不让。以：使。

# 狼 跋①

### （一）

| 狼跋其胡②，　　　　　　　 | 老狼前行踩下巴， |
| 载疐其尾③。　　　　　　　 | 后退又踏长尾巴。 |
| 公孙硕肤④，　　　　　　　 | 那位公孙肥又胖， |
| 赤舄几几⑤。　　　　　　　 | 红鞋上翘派头拿。 |

### （二）

| 狼疐其尾，　　　　　　　 | 老狼后退踏尾巴， |
| 载跋其胡。　　　　　　　 | 前进又踩肥下巴。 |
| 公孙硕肤，　　　　　　　 | 那位公孙肥又胖， |
| 德音不瑕⑥。　　　　　　　 | 品德声誉却不佳。 |

## 【注释】

①这是一首讽刺贵族王孙的诗。 ②跋（bá）：踩，踏。胡：老狼额下的悬肉。 ③载：通再，又也。疐（zhì）：同踬。踩：绊。以上两句形容老狼的臃肿邋遢。 ④公孙：对贵族的称呼。此人可能是幽公的后代。硕肤：肥胖之意。 ⑤舄（xì）：古代的一种高底鞋。赤舄：红色而饰金的鞋，贵族所穿。几几：鞋头弯曲貌。 ⑥德音：指品德名誉。瑕：借为嘉，美，善之意。

# 二　雅（小雅）

## 鹿鸣之什

### 鹿　鸣①

（一）

呦呦鹿鸣②，
食野之苹③。
我有嘉宾，
鼓瑟吹笙。
吹笙鼓簧④，
承筐是将⑤。
人之好我⑥，
示我周行⑦。

呦呦鹿儿鸣，
野地吃青苹。
我请好宾客，
鼓瑟又吹笙。
鼓簧奏清乐，
捧筐把礼赠。
宾客喜爱我，
指我大道行。

（二）

呦呦鹿鸣，
食野之蒿⑧。
我有嘉宾，
德音孔昭⑨。
视民不恌⑩，
君子是则是效⑪。
我有旨酒⑫，
嘉宾式燕以敖⑬。

呦呦鹿儿叫，
野地吃青蒿。
我有好宾客，
德重声名高。
待人真宽厚，
君子来仿效。
我处有美酒，
嘉宾共逍遥。

## （三）

呦呦鹿鸣，　　　　　　　　呦呦鹿儿叫，
食野之芩⑭。　　　　　　　　野地吃青芩。
我有嘉宾，　　　　　　　　我请好宾客，
鼓瑟鼓琴。　　　　　　　　鼓瑟又弹琴。
鼓瑟鼓琴，　　　　　　　　鼓瑟又弹琴，
和乐且湛⑮。　　　　　　　　开怀乐沉沉。
我有旨酒，　　　　　　　　我处有美酒，
以燕乐嘉宾之心。　　　　　　嘉宾共欢欣。

**【注释】**

①这是一首周王宴会宾客的诗。全诗三章，皆以鹿鸣起兴，引发呼唤同伴的意象，从而使全诗洋溢着一种庄敬和乐的气氛。此诗在先秦时代即已被扩大用为贵族宴饮乐歌。　②呦呦（yōu）：鹿鸣声。　③苹：蟠蒿。李时珍《本草纲目》："苹即陆生蟠蒿，俗呼艾蒿。"一说为扫帚草。　④簧：笙中的薄片，这里指笙。鼓簧亦即吹笙。　⑤承：捧。筐：盛币帛的竹器。将：送。　⑥人：指客人。好我：犹爱我。　⑦示：指示、告诉。周行（háng）：大道。比喻大道理。　⑧蒿：植物名，又名青蒿、香蒿。　⑨德音：好品德，美名。孔：甚。昭：明。⑩视：《郑笺》："视，古示字也。"桃（tiáo）：同佻，轻薄、刻薄。　⑪君子：指上层人物。则：准则。效：仿效。　⑫旨酒：美酒。　⑬式：语助词，无义。燕：通宴，宴会。以：而。敖：古遨字，即游。这里指行动自由舒畅。　⑭芩（qín）：蒿类植物。　⑮湛：借为媅，尽兴之意。朱熹《诗集传》："湛，乐之久也。"

## 四　牡①

### （一）

四牡骓骓②，　　　　　　　　四匹公马跑如飞，
周道倭迟③。　　　　　　　　大路遥远又迂回。
岂不怀归？　　　　　　　　难道不想把家归？
王事靡盬④，　　　　　　　　王家差事无休止，
我心伤悲！　　　　　　　　我的心里太伤悲！

（二）

四牡骓骓，　　　　　　　　四匹公马紧驰驱，
啴啴骆马⑤，　　　　　　　骆马跑得气吁吁，
岂不怀归？　　　　　　　　难道不想回家去？
王事靡盬，　　　　　　　　王家差事无休止，
不遑启处⑥！　　　　　　　没有空闲暂安居！

（三）

翩翩者雏⑦，　　　　　　　空中鹁鸪正翩翩，
载飞载下，　　　　　　　　飞上飞下无阻拦，
集于苞栩⑧。　　　　　　　落在丛丛柞树间。
王事靡盬，　　　　　　　　王家差事无休止，
不遑将父⑨！　　　　　　　想养老父没空闲！

（四）

翩翩者骓，　　　　　　　　空中鹁鸪正悠悠，
载飞载止，　　　　　　　　飞飞停停多自由，
集于苞杞⑩。　　　　　　　聚集杞树鸣啾啾。
王事靡盬，　　　　　　　　王家差事无休止，
不遑将母！　　　　　　　　想养老母空发愁！

（五）

驾彼四骆，　　　　　　　　四马驾车向前奔，
载骤骎骎⑪。　　　　　　　车子急速卷烟尘。
岂不怀归？　　　　　　　　难道不想故乡人？
是用作歌，　　　　　　　　因此把这歌儿唱，
将母来谂⑫！　　　　　　　日夜思归养娘亲！

【注释】

①这是一首出使官吏旅途怀归的诗。　②牡：此指公马。亦可泛指壮大之马。骓骓（fēi）：马行不停貌。　③周道：大路。倭迟（wēiyí）：同逶迤，迂回遥远貌。　④靡：无。盬（gǔ）：止息。　⑤啴啴（tān）：喘息貌。骆：黑尾黑鬃的白马。　⑥遑：暇，空闲。启：跪。处：坐。方玉润《诗经原始》引项安世云："古者席地，故有跪有坐。跪即起身，居即坐也。"启处：指安居休息。　⑦雏（zhuī）：鸟名，即鹁鸪。　⑧苞：茂盛。栩（xǔ）：木名，即柞树。　⑨将：养。　⑩杞（qǐ）：灌木名，即枸杞。　⑪骤：马急速奔驰。骎骎（qīn）：马疾

驰貌。　⑫将母：奉养母亲。来：语助词，有"是"意。王引之《经义述闻》："来，词之
'是'也。将母来谂，言我惟养母是念。《笺》训为往来之来，非。"谂（shěn）：思念。

# 皇皇者华①

## （一）

皇皇者华②，　　　　　　　　　　花朵盛开多鲜妍，
于彼原隰③。　　　　　　　　　　遍布低地与高原。
駪駪征夫④，　　　　　　　　　　行人匆匆四方去，
每怀靡及⑤。　　　　　　　　　　完成使命最当先。

## （二）

我马维驹⑥，　　　　　　　　　　我的骏马多肥壮，
六辔如濡⑦。　　　　　　　　　　六条缰绳亮光光。
载驰载驱，　　　　　　　　　　　赶起车来跑得快，
周爰咨诹⑧。　　　　　　　　　　广泛访问到城乡。

## （三）

我马维骐⑨，　　　　　　　　　　我的青马黑花稠，
六辔如丝⑩。　　　　　　　　　　六条缰绳光如油。
载驰载驱，　　　　　　　　　　　赶起车来跑得快，
周爰咨谋⑪。　　　　　　　　　　各地访问细征求。

## （四）

我马维骆⑫，　　　　　　　　　　我的白马黑鬃长，
六辔沃若⑬。　　　　　　　　　　六条缰绳亮堂堂。
载驰载驱，　　　　　　　　　　　赶起车来跑得快，
周爰咨度⑭。　　　　　　　　　　到处访问细商量。

## （五）

我马维骃⑮，　　　　　　　　　　我的马色黑白混，
六辔既均⑯。　　　　　　　　　　六条缰绳甚均匀。
载驰载驱，　　　　　　　　　　　赶起车来跑得快，
周爰咨询⑰。　　　　　　　　　　普遍访问要细心。

## 【注释】

①这是一个使者外出调查民情时的自咏之作。旧说为"君遣使臣"之诗，不合诗意。②皇皇：犹煌煌，光彩鲜明貌。华：同花。 ③原：广平之地。隰（xí）：低湿之地。 ④駪駪（shēn）：急急忙忙。征夫：行人，使者自称。 ⑤每：常。靡及：没有做到，即未完成使命。 ⑥驹：《释文》："驹本作骄。"马高六尺名骄。骄古读如驹，当是由音近致误。 ⑦六辔：古代一车四马，六条缰绳。如：而。濡：润泽。 ⑧周：普遍，广泛。爰：于。咨：问。诹（zōu）：聚集讨论。咨诹：访问。 ⑨骐：青色而有黑色花纹的马。 ⑩如丝：马缰用麻编成，如丝言其洁白柔细。 ⑪谋：计谋。 ⑫骆：黑尾黑鬣的白马。 ⑬沃：润泽。若：同然。 ⑭度（duó）：衡量。 ⑮骃（yīn）：浅黑色与白色相杂的马。 ⑯均：均匀，整齐。⑰询：询问。

# 常　棣①

### （一）

| | |
|---|---|
| 常棣之华②， | 棠梨花开色彩新， |
| 鄂不韡韡③。 | 花萼花蒂并为邻。 |
| 凡今之人， | 人际关系许多种， |
| 莫如兄弟。 | 没谁能像兄弟亲。 |

### （二）

| | |
|---|---|
| 死丧之威④， | 死亡恐怖威胁人， |
| 兄弟孔怀⑤。 | 只有兄弟最关心。 |
| 原隰裒矣⑥， | 山川大地出变故， |
| 兄弟求矣。 | 还是兄弟来相寻。 |

### （三）

| | |
|---|---|
| 脊令在原⑦， | 鹡鸰群聚相和鸣， |
| 兄弟急难⑧。 | 兄弟救难最真诚。 |
| 每有良朋⑨， | 平时虽见朋友好， |
| 况也永叹⑩。 | 遭难只闻叹息声。 |

## （四）

兄弟阋于墙⑪，　　　　　　兄弟在家吵又争，
外御其务⑫。　　　　　　　遇到外侮便心同。
每有良朋，　　　　　　　　平时虽见朋友好，
烝也无戎⑬。　　　　　　　到底还是难倚凭。

## （五）

丧乱既平，　　　　　　　　丧乱过去渐舒心，
既安且宁。　　　　　　　　生活安定度光阴。
虽有兄弟，　　　　　　　　这里虽有兄弟在，
不如友生⑭。　　　　　　　反觉不如朋友亲。

## （六）

傧尔笾豆⑮，　　　　　　　碗盏肉菜摆上边，
饮酒之饫⑯。　　　　　　　开怀畅饮把心谈。
兄弟既具⑰，　　　　　　　现在弟兄都来到，
和乐且孺⑱。　　　　　　　亲热和美乐一番。

## （七）

妻子好合，　　　　　　　　夫妻恩爱共人生，
好鼓瑟琴。　　　　　　　　如奏瑟琴悦耳鸣。
兄弟既翕⑲，　　　　　　　兄弟团结在一起，
和乐且湛⑳。　　　　　　　和睦相处乐无穷。

## （八）

宜尔室家㉑，　　　　　　　好好处理你家庭，
乐尔妻帑㉒。　　　　　　　妻子儿女乐融融。
是究是图㉓，　　　　　　　认真思考努力做，
亶其然乎㉔！　　　　　　　这样确实最合情！

【注释】

　　①这是一首宴请兄弟、赞美手足之情的诗。　　②常：借为棠。常棣：即棠梨，树名。③鄂：借为萼，花萼。不：花蒂。韡韡（wěi）：犹炜炜，光明貌。　　④威：古通畏。　　⑤孔怀：很关心。　　⑥裒（póu）：聚集，一说减少。这里引申为自然界的变化。方玉润《诗经原始》："原隰者，陵隰也。'裒'为损少，即变迁之意。上言死丧，乃人事之变；下言原隰，乃山川之变。总以见势当变乱，始觉兄弟情深，起下急难、外侮。"　　⑦脊令：即鹡鸰，鸟名。

鹡鸰成群而飞，比喻兄弟共处。　⑧急难：有难则急于救助。　⑨每：虽。　⑩况：借为贶，赠予。永叹：长叹。　⑪阋（xì）：争斗。阋于墙：指在家里争吵。　⑫务：通侮。　⑬烝：久。戎：助。　⑭友生：朋友。生，语助词。　⑮侯：陈列。尔：你。笾（biān）：盛干肉、水果的竹制器具。豆：盛肉菜的食器。　⑯之：犹是。饫（yù）：吃喝满足。　⑰具：同俱。既具：都已到齐。⑱孺：相亲。　⑲翕（xì）：聚合。　⑳湛（dān）：甚乐，尽兴。㉑宜：安。㉒帑（nú）：通孥，儿子。　㉓究：深思。图：言努力做到。　㉔亶（dǎn）：确实。然：这样。

# 伐 木①

## （一）

| | |
|---|---|
| 伐木丁丁②， | 伐木响丁丁， |
| 鸟鸣嘤嘤③。 | 小鸟叫嘤嘤。 |
| 出自幽谷④， | 出自深谷内， |
| 迁于乔木。 | 飞上大树停。 |
| 嘤其鸣矣， | 嘤嘤叫不止， |
| 求其友声。 | 呼唤朋友声。 |
| 相彼鸟矣⑤， | 看它是禽鸟， |
| 犹求友声； | 尚且求友朋； |
| 矧伊人矣⑥， | 何况我人类， |
| 不求友生⑦？ | 能不要友情？ |
| 神之听之⑧， | 谨慎互谦让， |
| 终和且平⑨。 | 彼此自和融。 |

## （二）

| | |
|---|---|
| 伐木许许⑩， | 伐木锯声响， |
| 酾酒有藇⑪。 | 滤酒散芳香。 |
| 既有肥羜⑫， | 羊羔鲜又嫩， |
| 以速诸父⑬。 | 请我叔伯尝。 |
| 宁适不来⑭， | 宁是他不到， |
| 微我弗顾⑮。 | 非我礼不详。 |
| 於粲酒埽⑯， | 洒扫房中美， |
| 陈馈八簋⑰。 | 八盘好菜强。 |

中
華
藏
書

四
书
五
经
·
最新校勘精注今译本

中
国
书
店

既有肥牡⑱，　　　　　既有公羊好，
以速诸舅⑲。　　　　　也请舅辈享。
宁适不来，　　　　　　宁是他不到，
微我有咎⑳。　　　　　非我意不长。

（三）

伐木于阪㉑，　　　　　伐木在坡阪，
酾酒有衍㉒。　　　　　滤酒壶中满。
笾豆有践㉓，　　　　　盘盏全端上，
兄弟无远㉔！　　　　　兄弟别过谦！
民之失德㉕，　　　　　人若无情义，
干糇以愆㉖。　　　　　菜少脸会翻。
有酒湑我㉗，　　　　　有酒快斟满，
无酒酤我㉘。　　　　　无酒现掏钱。
坎坎鼓我㉙，　　　　　打鼓冬冬响，
蹲蹲舞我㉚。　　　　　起步舞翩翩。
迨我暇矣㉛，　　　　　趁我闲暇日，
饮此湑矣㉜！　　　　　痛饮共欣欢！

【注释】

①这是一首宴请亲友的乐歌。　②丁丁（zhēng）：伐木声。　③嘤嘤（yīng）：鸟鸣声。④幽谷：深谷。　⑤相：视，看。　⑥矧（shěn）：何况。伊人：这人。　⑦友生：朋友。⑧神：借为慎，谨慎。听：听从。　⑨终：既。　⑩许许（hǔ）：锯木声。　⑪酾（shī）酒：滤酒。有旨（xù）：同旨旨，甘美。　⑫羜（zhù）：五个月的小羊。　⑬速：召，邀请。诸父：同姓的长辈。　⑭宁：宁可。适：往。　⑮微：非。弗顾：意思是不去请他。　⑯於（wū）：发语词。粲：鲜明貌，这里指洁净。　⑰陈：陈列。馈（kuì）：食物。簋（guǐ）：一种食器。⑱牡：指雄性小羊。　⑲诸舅：异姓的长辈。　⑳咎：过错。　㉑阪（bǎn）：斜坡。　㉒有衍：同衍衍，满溢貌。　㉓笾豆：指盛好的菜肴果品。践：陈列貌。　㉔兄弟：指同辈亲友。无远：不要疏远、见外。　㉕民：人。失德：指缺乏情谊。　㉖干糇（hóu）：干粮，这里指粗薄食品。愆（qiān）：过失。以上两句是说，如果人与人缺乏情谊，饮食小事也会视为过错。㉗湑（xǔ）：同酾，过滤。我：语助词。以下三句"我"字同此。　㉘酤（gū）：同沽，买酒。　㉙坎坎：击鼓声。　㉚蹲蹲（cún）：舞貌。　㉛迨：趁、及。暇：闲暇。　㉜湑：指清酒。

# 天 保①

## (一)

天保定尔②，  
亦孔之固③。  
俾尔单厚④，  
何福不除⑤？  
俾尔多益⑥，  
以莫不庶⑦。

上天将你佑护，  
使你根基稳固。  
使你势力强大，  
赐你一切幸福。  
使你物产丰盈，  
使你国家富庶。

## (二)

天保定尔，  
俾尔戬穀⑧。  
罄无不宜⑨，  
受天百禄。  
降尔遐福⑩，  
维日不足⑪。

上天将你佑护，  
给你众多福禄。  
万事无不合意，  
享受各种幸福。  
赐你福祉无尽，  
只觉时间不足。

## (三)

天保宁尔，  
以莫不兴⑫。  
如山如阜⑬，  
如冈如陵⑭。  
如川之方至，  
以莫不增。

上天将你保定，  
事业无不兴隆。  
恰如高高山脉，  
又如巍巍丘陵。  
复如滚滚河水，  
一直与日俱增。

## (四)

吉蠲为饎⑮，  
是用孝享⑯。  
禴祠烝尝⑰，  
于公先王⑱。  
君曰卜尔⑲，  
万寿无疆。

清洁酒食献上，  
孝敬先祖用享。  
春夏秋冬四季，  
祭祀先公先王。  
祖宗对你开口，  
赐你万寿无疆。

中華藏書

四书五经·最新校勘精注今译本

中国书房

## （五）

| | |
|---|---|
| 神之吊矣⑳， | 神祖已经降临， |
| 诒尔多福㉑。 | 赐你福禄永存。 |
| 民之质矣㉒， | 四方民风质朴， |
| 日用饮食。 | 日用饮食清纯。 |
| 群黎百姓㉓， | 全国黎民百姓， |
| 遍为尔德㉔。 | 普遍对您感恩。 |

## （六）

| | |
|---|---|
| 如月之恒㉕， | 您如新月澄明， |
| 如日之升。 | 又如旭日东升。 |
| 如南山之寿， | 如同南山长寿， |
| 不骞不崩㉖。 | 永不亏损塌崩。 |
| 如松柏之茂， | 复如松柏苍翠， |
| 无不尔或承㉗。 | 人民无不效忠。 |

**【注释】**

①这是一首尸祝对主人的祝福之辞。尸祝是古代主持祭祀的人。天子致祭，以卿为尸祝；诸侯致祭，以大夫为尸祝。尸祝一方面代主人向神祇祈求赐福，另一方面又代神祇向主人传达旨意。旧说此为众臣对周文王的颂美之辞，与诗中直呼"尔"的口气不合。　②保定：保佑，使安定。尔：指尸祝代祭的主人。　③亦：语助词。孔：甚。固：巩固。　④俾（bǐ）：使。单厚：强大。马瑞辰《通释》："单、厚同义，皆为大也。"　⑤除（zhù）：给予。　⑥多益：指物产丰富。　⑦以：发语词，无实义。庶：富足。　⑧戬（jiǎn）：福。穀（gǔ）：禄。　⑨罄（qìng）：尽，所有一切。　⑩遐福：长远之福。　⑪维日不足：只觉得每天时间太短，享乐不够。维：同惟。　⑫兴：指物产兴盛。　⑬阜：土山。　⑭陵：大阜为陵。　⑮吉蠲（juān）：二字都是清洗之意。饎（chì）：酒食。　⑯是用：用是，指用酒食。享：祭祀。祭祀先人义含孝敬，所以称孝享。　⑰禴（yuè）：夏祭。祠：春祭。烝：冬祭。尝：秋祭。　⑱于公先王：对先公先王。为句法整齐，"公"前"先"字省略。　⑲君：先君，指被祭的祖先。卜：赐给。　⑳吊：至，降临。　㉑诒：通贻，给予。　㉒质：朴实。　㉓群黎：众民。　㉔为：借为化。为尔德：被你的德行所感化。　㉕恒："月上弦貌"（陈奂《诗毛氏传疏》）。　㉖骞（qiān）：亏损。崩：毁坏。　㉗承：奉，拥护之意。

中国书店

# 采薇①

## (一)

采薇采薇②，
薇亦作止③。
曰归曰归，
岁亦莫止④。
靡室靡家⑤，
猃狁之故⑥。
不遑启居⑦，
猃狁之故。

采薇采薇装菜篮，
薇苗新生嫩又鲜。
回家回家成天叫，
眼看一年又过完。
长期奔波抛妻小，
猃狁凶暴是根源。
没有空闲稍静坐，
猃狁猖獗国不安。

## (二)

采薇采薇，
薇亦柔止。
曰归曰归，
心亦忧止。
忧心烈烈⑧，
载饥载渴⑨。
我戍未定⑩，
靡使归聘⑪。

采薇采薇野地行，
薇苗新长叶儿青。
回家回家成天念，
经常心内忧重重。
忧心如焚难度日，
忍渴挨饿把军行。
经常调防改驻地，
无人把信带家中。

## (三)

采薇采薇，
薇亦刚止⑫。
曰归曰归，
王事靡盬⑭，
不遑启处⑮。
忧心孔疚⑯，
岁亦阳止⑬。
我行不来⑰。

采薇采薇在野田，
薇菜已老梗儿坚。
回家回家成天盼，
眼看又是十月天。
王家战事无穷尽，
没有机会暂消闲。
满怀忧愁成病痛，
怕我此行难回还。

中華藏書

四书五经·最新校勘精注今译本

中國書店

## （四）

| | |
|---|---|
| 彼尔维何⑱？ | 什么花儿光彩生？ |
| 维常之华⑲。 | 棠棣新花照眼明。 |
| 彼路斯何⑳？ | 什么车子高又大？ |
| 君子之车㉑。 | 将军战车好威风。 |
| 戎车既驾㉒， | 把车驾好重上阵， |
| 四牡业业㉓。 | 四匹雄马萧萧鸣。 |
| 岂敢定居？ | 边地哪能安然住？ |
| 一月三捷！ | 一月几仗要打赢！ |

## （五）

| | |
|---|---|
| 驾彼四牡， | 驾上雄壮马四匹， |
| 四牡骙骙㉔。 | 四马高高共奋蹄。 |
| 君子所依㉕， | 将军就倚车厢站， |
| 小人所腓㉖。 | 兵卒随车攻强敌。 |
| 四牡翼翼㉗， | 四马排开好严整， |
| 象弭鱼服㉘。 | 鱼皮箭袋象牙弭。 |
| 岂不日戒㉙？ | 那有一天不戒备？ |
| 猃狁孔棘㉚。 | 猃狁屡犯军情急。 |

## （六）

| | |
|---|---|
| 昔我往矣， | 昔日我要上前方， |
| 杨柳依依㉛； | 杨柳依依表情长； |
| 今我来思㉜， | 今天我又回家转， |
| 雨雪霏霏㉝。 | 雪花飘飘抚衣裳。 |
| 行道迟迟㉞， | 迈步艰难走不动， |
| 载渴载饥。 | 又饥又渴实难当。 |
| 我心伤悲， | 心中忧怨多悲痛， |
| 莫知我哀！ | 无人知我这哀伤！ |

## 【注释】

①西周时，猃狁等族威胁中原。周王出兵讨伐，胜利而归。从征兵士于归途感怀作此诗。旧说为文王遣送守边士兵出征乐歌，如此，则许多战场、归途描写皆为悬拟，不免穿凿。　②

薇（wēi）：即野豌豆，冬天发芽，春天长大，苗可食。　③作：生出。止：语气词。　④莫：古暮字。　⑤靡：无。此句是说长期离家，等于无家。　⑥猃狁（xiǎnyǔn）：我国古代西北游牧民族名。春秋时代称戎、狄，秦汉时代称匈奴，隋唐时代称突厥。　⑦不遑：没有闲暇。启居：启是跪，居是坐，这里启居指停下休息。　⑧忧心烈烈：忧心如焚。烈烈：火势盛貌。　⑨载：又。　⑩戍：守卫。未定：指地点不固定。　⑪使：使者。聘：探问。　⑫刚：坚硬，指薇菜渐老，茎叶变硬。　⑬阳：农历四到十月，周代称为阳月。　⑭盬（gǔ）：休止。　⑮启处：同前"启居"。　⑯孔：很。疚：病痛。　⑰来：指归来。　⑱尔：借为薾，花盛开貌。　⑲常：借为棠，即棠梨树。华：古花字。　⑳路：借为辂（lù），一种高大的车。斯：犹"是"。　㉑君子：指周军的将帅。　㉒戎车：兵车、战车。　㉓业业：强壮高大貌。　㉔骙骙（kuí）：马强壮貌。　㉕依：倚靠在车厢上，指乘坐。㉖小人：指士兵。腓（féi）：覆庇，隐蔽。指士兵借兵车以遮蔽矢石。　㉗翼翼：整齐貌。　㉘象弭（mǐ）：以象牙装饰的弓。弭是弓两端的缚弦处，代称弓。鱼服：即鱼鳎箙，用鱼皮做的箭袋。　㉙戒：戒备。　㉚孔棘：很紧急，指军情。棘：借作急。　㉛依依：形容柳条随风飘拂之状。　㉜思：语气词。　㉝雨（yù）雪：下雪。霏霏：雪盛貌。　㉞迟迟：缓缓。

# 出　车①

## （一）

我出我车，  
于彼牧矣②。  
自天子所③，  
谓我来矣④。  
召彼仆夫⑤，  
谓之载矣。  
王事多难⑥，  
维其棘矣⑦。

开出我车头不回，  
直奔郊外快如飞。  
我刚离开天子处，  
奉命出征到边陲。  
叫来车夫把车驾，  
命他为我把马催。  
如今国家多外患，  
军情紧急如燃眉。

## （二）

我出我车，  
于彼郊矣。  
设此旐矣⑧，  
建彼旄矣⑨。  
彼旟旐斯⑩，  
胡不旆旆⑪？

开出我车离家园，  
直奔郊外意志坚。  
龟蛇画旗插车上，  
旄尾画旗挂高竿。  
旗画鹰隼多威猛，  
风来怎不舞翩翩？

中华藏书

四书五经·最新校勘精注今译本

中国书局

九八二

忧心悄悄⑫，
仆夫况瘁⑬。

心中忧愁难排解，
马夫憔悴困不堪。

（三）

王命南仲⑭，
往城于方⑮。
出车彭彭⑯，
旆旐央央⑰。
天子命我，
城彼朔方。
赫赫南仲⑱，
猃狁于襄⑲。

王命南仲去出征，
前往北方筑边城。
兵车骏马多强健，
龙蛇画旗舞迎风。
天子对我发命令，
筑城朔方做军营。
赫赫南仲威名远，
横扫猃狁建奇功。

（四）

昔我往矣，
黍稷方华⑳；
今我来思㉑，
雨雪载涂㉒。
王事多难，
不遑启居㉓。
岂不怀归？
畏此简书㉔。

昔日我去上前线，
谷黍花开香气传；
今天我又回家转，
白雪满路正天寒。
国家眼下多边患，
稍事休息无空闲。
难道没想回家去？
违背王命不敢担。

（五）

喓喓草虫㉕，
趯趯阜螽㉖。
未见君子㉗，
忧心忡忡㉘；
既见君子，
我心则降㉙。
赫赫南仲，
薄伐西戎㉚。

蝈蝈吱吱草间鸣，
蚱猛得得跳不停。
当初未见南仲面，
忧愁思虑意重重；
如今又把南仲见，
如释重负喜心中。
赫赫南仲威名远，
浩荡大军扫西戎。

## （六）

春日迟迟㉛，　　　　　　　春天到来日渐长，
卉木萋萋㉜。　　　　　　　草木茂盛有华光。
仓庚喈喈㉝，　　　　　　　黄莺喈喈啼不住，
采蘩祁祁㉞。　　　　　　　采蘩姑娘满路旁。
执讯获丑㉟，　　　　　　　擒谍献俘多无数，
薄言还归。　　　　　　　　大军凯旋到家乡。
赫赫南仲，　　　　　　　　赫赫南仲威名远，
猃狁于夷㊱。　　　　　　　平定猃狁国威扬。

【注释】

①周宣王时，北方猃狁为患，宣王派大将南仲率兵征讨，大胜而归，本诗记其事。诗的作者似是南仲的部将或僚属。"此诗以伐猃狁为主脑，西戎为余波，凯还为正意，出征为追述，征夫往来所见为实景，室家思念为虚怀。"（方玉润《诗经原始》）　②于：往。牧：远郊放牧之地。《尔雅》："邑外谓之郊，郊外谓之牧。"　③所：处所。　④谓：使，叫。来：指出征。　⑤仆夫：指车夫，御者。　⑥难：指外患。　⑦维：发语词。棘：同急，紧急。　⑧设：陈列。旐（zhào）：上面画有龟蛇的旗。　⑨建：立。旄：柄上饰有牦牛尾的旗。　⑩旟（yú）：上面画有鹰隼的旗。斯：语助词。　⑪旆旆（pèi）：迎风飞扬貌。　⑫悄悄：忧愁貌。　⑬况瘁：憔悴。况：借为怳。　⑭南仲：周宣王大臣，中兴名将。《后汉书·马融传》："猃狁侵周，周宣王立中兴之功，是以赫赫南仲载在周师焉。"　⑮城：筑城。方：地名，北方，即下文"朔方"。　⑯彭彭：马强壮貌。　⑰旂：上面画有蛟龙的旗。央央：鲜明貌。　⑱赫赫：显耀盛大貌。　⑲于：犹以。襄：借为攘，排除。　⑳黍稷：皆为粟类。黍黏，稷不黏。方华：正开花。　㉑来：指得胜回朝。思：语气词。　㉒雨雪：下雪。载：满。涂：同途。　㉓不遑：不暇。启居：指安居。　㉔简书：写在竹简上的文书，指周王的命令。　㉕喓喓（yāo）：虫鸣声。草虫：蝈蝈。　㉖趯趯（tì）：跳跃貌。阜螽（zhōng）：蚱蜢。　㉗君子：指南仲。　㉘忡忡：忧虑不安貌。　㉙降：放下。　㉚薄：语助词。西戎：西北民族名。一说为猃狁的一个部落。　㉛迟迟：日长貌。　㉜卉（huì）：草。　㉝仓庚：黄莺。喈喈：鸟鸣声。　㉞蘩：植物名，又名白蒿。采蘩：这里指采蘩的女子。祁祁：众多貌。　㉟执：捉住。讯：间谍。获：俘获。丑：对敌人的蔑称，犹如今之谓鬼子。　㊱夷：平定。

# 杕 杜①

## （一）

有杕之杜②，　　　　　　棠梨孤单单，
有睍其实③。　　　　　　果实圆又圆。
王事靡盬④，　　　　　　王差无穷尽，
继嗣我日⑤。　　　　　　郎归又拖延。
日月阳止⑥，　　　　　　眼看十月到，
女心伤止，　　　　　　女心好悲惨，
征夫遑止⑦！　　　　　　征夫何日闲！

## （二）

有杕之杜，　　　　　　棠梨孤独站，
其叶萋萋。　　　　　　绿叶密密垂。
王事靡盬，　　　　　　王差无休止，
我心伤悲。　　　　　　我心太伤悲。
卉木萋止⑧，　　　　　　草木多茂盛，
女心悲止，　　　　　　女心痛如摧，
征夫归止！　　　　　　征夫何日归！

## （三）

陟彼北山⑨，　　　　　　登上北山冈，
言采其杞⑩。　　　　　　枸杞采入筐。
王事靡盬，　　　　　　王事无边际，
忧我父母。　　　　　　忧念我爹娘。
檀车幝幝⑪，　　　　　　檀车渐破旧，
四牡痯痯⑫，　　　　　　四马快累伤，
征夫不远！　　　　　　征路已不长！

## （四）

| | |
|---|---|
| 匪载匪来⑬, | 郎不坐车还, |
| 忧心孔疚⑭。 | 心忧眼望穿。 |
| 期逝不至⑮, | 归期今又过, |
| 而多为恤⑯。 | 愁苦重如山。 |
| 卜筮偕止⑰, | 占卜得吉利, |
| 会言近止⑱, | 相会已不远, |
| 征夫迩止⑲！ | 征夫近乡关！ |

**【注释】**

①这是一首征妇闺怨诗。其中写丈夫久役不归，妻子殷切思念，忧伤不止。　②杕（dì）：孤独貌。杜：棠梨树。　③睆（huǎn）：果实浑圆貌。一说颜色鲜明貌。　④靡盬（gǔ）：无休止。　⑤继嗣：二字同义，意思是一再延长。　⑥阳：农历十月为阳日。止：语气词。　⑦遑：闲暇。　⑧卉：草。　⑨陟：登。　⑩杞：灌木名，又名枸杞，果实小而红，可食。　⑪檀车：檀木所制的车。幝幝（chǎn）：破旧貌。　⑫痯痯（guǎn）：疲劳貌。　⑬匪载匪来：言丈夫没有乘车归来。匪：通非。　⑭孔疚：很痛苦。　⑮期逝：归期已过。　⑯恤：忧愁。　⑰卜：用龟甲占卜。筮：用蓍草算卦。偕：通嘉，吉利。　⑱会：指夫妻聚会。　⑲迩：近。

## 鱼　丽①

### （一）

| | |
|---|---|
| 鱼丽于罶②, | 鱼儿钻进鱼篓中, |
| 鲿鲨③。 | 黄颊小鲨下锅烹。 |
| 君子有酒, | 先生家中有美酒, |
| 旨且多④。 | 味道香醇数量丰。 |

### （二）

| | |
|---|---|
| 鱼丽于罶, | 鱼儿已向鱼篓钻, |
| 鲂鳢⑤。 | 鳊鱼黑鱼来佐餐。 |
| 君子有酒, | 先生家中有美酒, |
| 多且旨。 | 数量丰足味道鲜。 |

（三）

| 鱼丽于罶， | 鱼儿已入鱼篓停， |
| 鰋鲤⑥。 | 鲇鱼鲤鱼香味浓。 |
| 君子有酒， | 先生家中有美酒， |
| 旨且有⑦。 | 气味芬芳又充盈。 |

（四）

| 物其多矣， | 酒食物品吃不了， |
| 维其嘉矣⑧。 | 货色丰富质量好。 |

（五）

| 物其旨矣， | 酒食物品美如饴， |
| 维其偕矣⑨。 | 一应俱全种类齐。 |

（六）

| 物其有矣， | 酒食物品如小山， |
| 维其时矣⑩。 | 一年四季供时鲜。 |

**【注释】**

①这是一首称赞富家生活丰足、多佳肴美酒的诗。　②丽（lí）：通罹，遭遇，落入。罶（liǔ）：捕鱼的竹笼。　③鲿（cháng）：黄颊鱼，黄色，体厚长。鲨：一种小鱼，体圆而有黑点纹，常张口吹沙。　④旨：味美。　⑤鲂：鳊鱼。鳢（lǐ）：黑鱼。　⑥鰋（yǎn）：鲇鱼。⑦有：多。　⑧嘉：美好。　⑨偕：齐全。　⑩时：时鲜。

# 南有嘉鱼之什

## 南有嘉鱼①

### （一）

南有嘉鱼②，　　　　　　　　　南方美鱼在江汉，

烝然罩罩③。　　　　　　　　　成群游水真好看。

君子有酒，　　　　　　　　　　主人有酒家中藏，

嘉宾式燕以乐④。　　　　　　　嘉宾相聚共欢宴。

### （二）

南有嘉鱼，　　　　　　　　　　南方美鱼江汉生，

烝然汕汕⑤。　　　　　　　　　成群游水好姿容。

君子有酒，　　　　　　　　　　主人家中藏美酒，

嘉宾式燕以衎⑥。　　　　　　　欢宴嘉宾乐无穷。

### （三）

南有樛木⑦，　　　　　　　　　南方有树大又高，

七瓠累之⑧。　　　　　　　　　葫芦藤儿挂枝条。

君子有酒，　　　　　　　　　　主人热情献美酒，

嘉宾式燕绥之⑨。　　　　　　　欢宴嘉宾乐陶陶。

### （四）

翩翩者鵻⑩，　　　　　　　　　黄莺鸣啼舞翩翩，

烝然来思⑪。　　　　　　　　　成群飞聚绿树间。

君子有酒，　　　　　　　　　　君子有酒飘香气，

嘉宾式燕又思⑫。　　　　　　　嘉宾痛饮乐无边。

## 【注释】

①这是一首宴会嘉宾的诗。　②南：指南方江汉一带。嘉鱼：好鱼。　③烝：众多。罩罩：鱼游之态。　④式：语助词。燕：通宴，酒宴。以：同而。　⑤汕汕（shàn）：鱼游之态。⑥衎（kàn）：欢乐。　⑦樛（jiū）木：高树。　⑧瓠（hù）：葫芦。累：缠挂。　⑨绥

（suí）：安乐。　⑩雏（zhuī）：鹁鸪。　⑪思：语气词。　⑫又：古通"侑"，指劝酒。

# 南山有台①

## （一）

南山有台②，　　　　　　　南山之上莎草绿，
北山有莱③。　　　　　　　北山坡中长青藜。
乐只君子④，　　　　　　　高尚君子多欢乐，
邦家之基⑤。　　　　　　　国家靠你做根基。
乐只君子，　　　　　　　坦荡君子真高兴，
万寿无期！　　　　　　　祝你万寿无穷期！

## （二）

南山有桑，　　　　　　　南山之上生绿桑，
北山有杨。　　　　　　　北山之上长白杨。
乐只君子，　　　　　　　高尚君子多欢乐，
邦家之光⑥。　　　　　　　国家有你增荣光。
乐只君子，　　　　　　　坦荡君子真高兴，
万寿无疆！　　　　　　　祝你万寿永无疆！

## （三）

南山有杞⑦，　　　　　　　南山枸杞生上边，
北山有李。　　　　　　　北山李树枝叶连。
乐只君子，　　　　　　　高尚君子多欢乐，
民之父母。　　　　　　　你是百姓父母官。
乐只君子，　　　　　　　坦荡君子真高兴，
德音不已⑧。　　　　　　　美好声名四方传。

## （四）

南山有栲⑨，　　　　　　　南山栲树长势旺，
北山有杻⑩。　　　　　　　北山檍树闪青光。
乐只君子，　　　　　　　高尚君子多欢乐，
遐不眉寿⑪？　　　　　　　怎不大寿长又长？
乐只君子，　　　　　　　坦荡君子真愉快，
德音是茂⑫。　　　　　　　美好声名传四方。

南山有枸<sup>⑬</sup>，　　　　南山枸树好繁盛，
北山有楰<sup>⑭</sup>。　　　　北山苦楸对清风。
乐只君子，　　　　　高尚君子多欢乐，
遐不黄耇<sup>⑮</sup>？　　　　怎不悠悠寿无穷？
乐只君子，　　　　　坦荡君子真快意，
保艾尔后<sup>⑯</sup>！　　　　保你子孙永兴隆！

【注释】

①这是一首赞美、祝福贤人的诗。《郑笺》："山之有草木自覆盖成其高大，喻人君有贤臣以自尊显。"　②台：通苔，草名。又名莎草，可制蓑衣。　③莱：草名，又名藜，嫩叶可食。　④只：犹哉，语气词。君子：指贤者。　⑤邦家：国家。　⑥光：光荣。　⑦杞：枸杞。⑧德音：好声名。不已：不止。　⑨栲（kǎo）：常绿乔木，木质坚密。　⑩杻（niǔ）：檍树。⑪遐：通何。眉寿：长寿。　⑫茂：美盛。　⑬枸（jǔ）：木名，即枳椇，果实状如鸡爪，味甜可食。　⑭楰（yú）：木名，亦名苦楸。　⑮黄耇（gǒu）：老寿。黄：指发色。人老而发白，白久而变黄。　⑯艾：养育。后：后代子孙。

# 蓼　萧<sup>①</sup>

## （一）

蓼彼萧斯<sup>②</sup>，　　　　艾蒿长又长，
零露湑兮<sup>③</sup>。　　　　露水闪晶光。
既见君子<sup>④</sup>，　　　　现已见君子，
我心写兮<sup>⑤</sup>。　　　　心中亮堂堂。
燕笑语兮<sup>⑥</sup>，　　　　宴饮共谈笑，
是以有誉处兮<sup>⑦</sup>。　　　满座喜气扬。

## （二）

蓼彼萧斯，　　　　　艾蒿长又盛，
零露瀼瀼<sup>⑧</sup>。　　　　叶上露珠浓。
既见君子，　　　　　现已见君子，
为龙见光<sup>⑨</sup>。　　　　感到甚光荣。
其德不爽<sup>⑩</sup>，　　　　德高无挑剔，
寿考不忘<sup>⑪</sup>。　　　　长寿永年轻。

蓼彼萧斯，　　　　　　　　　艾蒿长又鲜，
零露泥泥⑫。　　　　　　　　　露水湿涟涟。
既见君子，　　　　　　　　　　既已见君子，
孔燕岂弟⑬。　　　　　　　　　盛宴同欣欢。
宜兄宜弟，　　　　　　　　　　情义如兄弟，
令德寿岂⑭。　　　　　　　　　德高寿无边。

蓼彼萧斯，　　　　　　　　　艾蒿长又新，
零露浓浓。　　　　　　　　　　露水湿淋淋。
既见君子，　　　　　　　　　　既已见君子，
儵革冲冲⑮。　　　　　　　　　马辔略低沉。
和鸾雝雝⑯，　　　　　　　　　鸾铃丁冬响，
万福攸同⑰。　　　　　　　　　万福共临门。

**【注释】**

①这是一首在宴会上赞美贵人并为之祝福的诗。旧说或谓为诸侯祝颂天子，或谓为天子祝颂诸侯，似乎都与"宜兄宜弟"的用语不合。　②蓼（lù）：长大貌。萧：即艾蒿，菊科植物，有香气。斯：语气词。　③零：落。湑（xǔ）：形容露珠晶莹之状。　④君子：贵族的通称。究竟指谁，不好确定。　⑤写：舒泻，欢畅。　⑥燕：宴饮。　⑦誉处：安乐。誉：通豫。处：安。　⑧瀼瀼（ráng）：露盛貌。　⑨龙：古宠字，荣幸。　⑩不爽：不差。　⑪考：老。忘：借为亡。　⑫泥泥：濡湿貌。　⑬孔燕：盛宴。岂弟：同恺悌，和易近人。　⑭令德：美德。岂（kǎi）：乐。　⑮儵（tiǎo）：《说文》引作"鋚"，即铜，这里指铜制的装饰。革：借为勒，马络头。冲冲：饰物下垂貌。　⑯和鸾：车铃。挂在车前横木上的叫和，挂在车架上的称鸾。雝雝：铃声谐和。　⑰攸：所。同：聚。

# 湛 露①

## （一）

湛湛露斯②，　　　　　　　　清晨露水涟涟，
匪阳不晞③。　　　　　　　　不晒太阳不干。
厌厌夜饮④，　　　　　　　　夜宴安闲饮酒，
不醉无归。　　　　　　　　　不醉不要回还。

## （二）

湛湛露斯，　　　　　　　　　清晨露珠闪光，
在彼丰草。　　　　　　　　　留在野草上方。
厌厌夜饮，　　　　　　　　　夜宴安闲饮酒，
在宗载考⑤。　　　　　　　　宗族欢聚一堂。

## （三）

湛湛露斯，　　　　　　　　　清晨露珠晶莹，
在彼杞棘⑥。　　　　　　　　枸杞枣树留停。
显允君子⑦，　　　　　　　　尊贵诚实诸位，
莫不令德⑧。　　　　　　　　皆以美德扬名。

## （四）

其桐其椅⑨，　　　　　　　　油桐山桐萋萋，
其实离离⑩。　　　　　　　　果实累累压低。
岂弟君子⑪，　　　　　　　　平易谦和诸位，
莫不令仪⑫。　　　　　　　　皆有美好礼仪。

**【注释】**

①这是一首同姓诸侯夜宴的诗。　②湛湛（zhàn）：露重貌。斯：语气词。　③晞（xī）：干。　④厌厌：安闲貌。　⑤宗：同族。胡承珙《毛诗后笺》："《经》言宗者，古人谓同姓为宗……'在宗'犹言于同姓也。"考：《郑笺》："成也。"孔颖达《正义》："留之而成饮。"指举行宴会。　⑥杞棘：枸杞和枣树。　⑦显：高贵，显赫。允：诚信。　⑧令德：美德。　⑨桐：油桐树。椅：山桐子树。　⑩离离：繁盛众多貌。　⑪岂弟：同恺悌，和易近人。　⑫令仪：美好的举止礼节。

# 彤　弓①

## （一）

彤弓弨兮②，　　　　　　　彤弓华美弦不张，
受言藏之③。　　　　　　　诸侯接过妥收藏。
我有嘉宾④，　　　　　　　我有嘉宾来聚会，
中心贶之⑤。　　　　　　　诚心奖赏作表彰。
钟鼓既设，　　　　　　　　钟鼓乐器全齐备，
一朝飨之⑥。　　　　　　　今日开怀饮一场！

## （二）

彤弓弨兮，　　　　　　　　彤弓华美放松弦，
受言载之⑦。　　　　　　　诸侯收藏弓袋间。
我有嘉宾，　　　　　　　　我有嘉宾来聚会，
中心喜之。　　　　　　　　热心招待笑开颜。
钟鼓既设，　　　　　　　　钟鼓乐器全齐备，
一朝右之⑧。　　　　　　　今日痛饮须尽欢！

## （三）

彤弓弨兮，　　　　　　　　彤弓华美弦放松，
受言櫜之⑨。　　　　　　　诸侯接过藏袋中。
我有嘉宾，　　　　　　　　我有嘉宾来聚会，
中心好之。　　　　　　　　诚心欢迎喜气盈。
钟鼓既设，　　　　　　　　钟鼓乐器全齐备，
一朝酬之⑩。　　　　　　　今日痛饮杯莫停！

**【注释】**

①这是国王在庆功宴会上以彤弓赏赐诸侯的乐歌。　②彤（tóng）弓：朱红色的弓。《荀子·大略》："天子雕弓，诸侯彤弓，大夫黑弓，礼也。"弨（chāo）：放松弓弦。　③言：语助词。　④我：周王自称。嘉宾：指诸侯。　⑤贶（kuàng）：赏赐。　⑥飨（xiǎng）：大宴宾客。　⑦载：义同藏。　⑧右：通侑，劝酒。　⑨櫜（gāo）：囊，弓袋。这里用作动词，意思是用弓袋装起。　⑩酬（chóu）：同酬，指劝酒。

# 菁菁者莪①

## （一）

菁菁者莪②，　　　　　　　萝蒿长得绿蓬蓬，
在彼中阿③。　　　　　　　在那高高丘陵生。
既见君子④，　　　　　　　此时见到我男友，
乐且有仪⑤。　　　　　　　愉快而且好仪容。

## （二）

菁菁者莪，　　　　　　　　萝蒿长得绿蓬蓬，
在彼中沚⑥。　　　　　　　在那河内沙洲中。
既见君子，　　　　　　　　此时见到我男友，
我心则喜。　　　　　　　　心中不禁喜盈盈。

## （三）

菁菁者莪，　　　　　　　　萝蒿长得绿又鲜，
在彼中陵⑦。　　　　　　　在那高高大土山。
既见君子，　　　　　　　　此时见到我男友，
锡我百朋⑧。　　　　　　　赠我贝壳一百钱。

## （四）

泛泛杨舟⑨，　　　　　　　杨木船儿飘飘发，
载沉载浮⑩。　　　　　　　时沉时浮向前划。
既见君子，　　　　　　　　此时见到我男友。
我心则休⑪。　　　　　　　心中不禁乐开花。

【注释】

①这是一首恋歌。写一位姑娘见到了她的恋人，喜不自胜。而旧时则多认为是关于教育人才的诗，写学士乐见君子。　②菁菁（jīng）：茂盛貌。莪（é）：蒿的一种，又名萝蒿。　③中阿：即阿中。阿：大的丘陵。　④君子：指姑娘的恋人。　⑤仪：仪表。有仪：指仪表漂亮。　⑥沚（zhǐ）：水中小沙洲。　⑦陵：大土山。　⑧锡：赐。朋：古时以贝壳为货币，五贝为一串，两串为一朋。　⑨泛泛：飘荡貌。杨舟：杨木做的船。　⑩载：乃，则。　⑪休：喜。

中華藏書

四书五经·最新校勘精注今译本

中国书房

# 六　月①

## （一）

六月栖栖②，　　　　　　　　炎夏六月人繁忙，
戎车既饬③。　　　　　　　　整理兵车上前方。
四牡骙骙④，　　　　　　　　四匹公马多健壮，
载是常服⑤。　　　　　　　　车上旌旗在飘扬。
猃狁孔炽⑥，　　　　　　　　猃狁猖狂来侵犯，
我是用急⑦。　　　　　　　　我军抵抗急惶惶。
王于出征⑧，　　　　　　　　宣王命令出征去，
以匡王国⑨。　　　　　　　　保卫大周救万邦。

## （二）

比物四骊⑩，　　　　　　　　四匹黑马配整齐，
闲之维则⑪。　　　　　　　　依照法规训练急。
维此六月⑫，　　　　　　　　炎夏六月来抗战，
既成我服⑬。　　　　　　　　加紧工作制军衣。
我服既成，　　　　　　　　　军衣制好全换上，
于三十里⑭。　　　　　　　　日行三十再休息。
王于出征，　　　　　　　　　宣王命令出征去，
以佐天子。　　　　　　　　　辅佐天子制强敌。

## （三）

四牡修广⑮，　　　　　　　　四匹公马壮又强，
其大有颙⑯。　　　　　　　　昂起大头有力量。
薄伐猃狁⑰，　　　　　　　　讨伐猃狁赴前线，
以奏肤公⑱。　　　　　　　　大功告成返家乡。
有严有翼⑲，　　　　　　　　军容威武又严谨，
共武之服⑳。　　　　　　　　共同战斗保国防。
共武之服，　　　　　　　　　共保国防同战斗，
以定王国。　　　　　　　　　捍卫大周定家邦。

| | |
|---|---|
| 狎狁匪茹㉑， | 狎狁强盛甚猖狂， |
| 整居焦获㉒。 | 占领焦获整刀枪。 |
| 侵镐及方㉓， | 又侵朔方和镐地， |
| 至于泾阳㉔。 | 一直深入到泾阳。 |
| 织文鸟章㉕， | 我军大旗绣鹰鸟， |
| 白旆央央㉖。 | 白色飘带随风扬。 |
| 元戎十乘㉗， | 大型兵车有十辆， |
| 以先启行㉘。 | 前方开道势难当。 |

| | |
|---|---|
| 戎车既安㉙， | 战车平安已凯旋， |
| 如轻如轩㉚。 | 俯仰自如驰向前。 |
| 四牡既佶㉛， | 四匹公马好壮健， |
| 既佶且闲。 | 壮健而且技术全。 |
| 薄伐狎狁， | 讨伐狎狁显威猛， |
| 至于大原㉜。 | 迅速推进到大原。 |
| 文武吉甫㉝， | 能文能武尹吉甫， |
| 万邦为宪㉞。 | 四方邦国好典范。 |

| | |
|---|---|
| 吉甫燕喜㉟， | 宴请吉甫在庙朝， |
| 既多受祉㊱。 | 天子大奖庆功劳。 |
| 来归自镐， | 镐地归来路途远， |
| 我行永久。 | 我们行军非一朝。 |
| 饮御诸友㊲， | 宴中战友来陪伴， |
| 炰鳖脍鲤㊳。 | 烧鳖炖鲤作佳肴。 |
| 侯谁在矣㊴？ | 席上还有谁在座？ |
| 张仲孝友㊵。 | 张仲孝悌名望高。 |

【注释】

①本诗叙写西周大将尹吉甫奉宣王之命北伐狎狁、大获全胜的情景。反映了"宣王中兴"的一个侧面。　②六月：因狎狁入侵急，所以打破夏天不出兵的军事惯例，于六月出征。栖

中华藏书 四书五经·最新校勘精注今译本 中国书店

栖：紧张忙碌貌。　③戎车：兵车。饬（chì）：整治。　④骙骙（kuí）：马强壮貌。　⑤载：装载。常服：旗之属。常，一种绘有日月的旗。服，属。一说常服为军服。　⑥孔：很。炽：盛。　⑦是用：是以，因此。急：紧迫。　⑧王：指周宣王，名靖，厉王之子。厉王时，政治腐败，国势衰弱。宣王立，内修政事，外定诸夷，号为"中兴"。于：同曰，语助词。　⑨匡：救助。　⑩比：并置。物：指马。比物：指同色的马配在一起。骊：黑马。　⑪闲：熟练，这里做动词，指练习。维：犹以。则：法则。　⑫维：发语词。　⑬服：戎服，军衣。　⑭于三十里：朱熹《诗集传》："古者吉行日五十里，师行日三十里。"于：往。　⑮修：长，高。广：大。　⑯有颙（yóng）：即颙颙，头大貌。　⑰薄：助词，用于动词前，无实义。　⑱奏：成。肤：大。公：通功。　⑲有严：即严严，威武庄严貌。有翼：即翼翼，恭敬谨慎貌。　⑳共：共同。武：武事，指战争。服：事。　㉑匪：通非。茹：柔弱。　㉒整居：列队占据。焦获：周地名，在今陕西泾阳西北。　㉓镐（hào）：周地名，在今宁夏灵武一带，不是周都镐京。方：朔方。　㉔泾阳：周地名，在今甘肃平凉西部。　㉕织：同帜，鸟章：鸟隼图案。　㉖旆（pèi）：旌旗的飘带。央央（yīng）：鲜明貌。　㉗元戎：大型战车。　㉘启行：开道。　㉙既安：指胜利平安归来。　㉚如：犹乃。轾（zhì）：车向下俯。轩：车向上仰。此句是说兵车灵活俯仰。　㉛佶：壮健貌。　㉜大原：地名，在今甘肃固原县。　㉝文武：能文能武。吉甫：尹吉甫，周宣王大臣，此次出征的主帅。　㉞万邦：指众多诸侯国。宪：榜样、法则。　㉟燕：设宴会庆贺。喜：喜事。　㊱祉：福。受祉：指受周王赏赐。　㊲御（yà）：作陪。《郑笺》："御，侍也。"　㊳炰（páo）：同炮，烧。脍（kài）：细切鱼、肉。　㊴侯：同维，发语词。　㊵张仲：吉甫的朋友。孝友：朱熹《诗集传》："善父母曰孝，善兄弟曰友。"

# 采 芑①

## （一）

薄言采芑②，　　　　　采集苦菜郊外行，
于彼新田③，　　　　　那块田地新开成，
于此菑亩④。　　　　　这块田地是初耕。
方叔涖止⑤，　　　　　方叔亲临到前线，
其车三千，　　　　　　战车浩荡三千乘，
师干之试⑥。　　　　　军士盾矛待交兵。
方叔率止⑦，　　　　　方叔战场作统帅，
乘其四骐⑧，　　　　　驾车四马毛色青，
四骐翼翼⑨。　　　　　四马整齐好威风。
路车有奭⑩，　　　　　战车高大红光闪，

簟茀鱼服⑪，
钩膺鞗革⑫。

鱼皮箭袋竹帘栊，
马鞅马勒有光明。

（二）

薄言采芑，
于彼新田，
于此中乡⑬。
方叔涖止，
其车三千，
旂旐央央⑭。
方叔率止，
约轵错衡⑮，
八鸾玱玱⑯。
服其命服⑰，
朱芾斯皇⑱，
有玱葱珩⑲。

采集苦菜郊外行，
先到那块新田停，
又来这块地当中。
方叔亲临到前线，
战车浩荡三千乘，
龙蛇军旗摆迎风。
方叔战场作统帅，
车辕雕花车毂红，
八只鸾铃响丁冬。
王赐官服穿身上，
红色蔽膝光彩生，
绿色佩玉悦耳鸣。

（三）

鴥彼飞隼⑳，
其飞戾天㉑，
亦集爰止㉒。
方叔涖止，
其车三千，
师干之试。
方叔率止，
钲人伐鼓㉓，
陈师鞠旅㉔。
显允方叔㉕，
伐鼓渊渊㉖，
振旅阗阗㉗。

鹘鹰疾飞在长空，
凌云直上蓝天行，
聚集又在树阴中。
方叔亲临到前线，
战车浩荡三千乘，
军士盾矛待交锋。
方叔战场作统帅，
兵卒击鼓又鸣钲，
列队传令甚严明。
方叔治兵言有信，
频频击鼓响冬冬，
训练大军气势宏。

## （四）

| | |
|---|---|
| 蠢尔蛮荆㉘， | 看你荆蛮蠢蠢动， |
| 大邦为仇㉙。 | 敢与大周来抗衡。 |
| 方叔元老， | 方叔朝中是元老， |
| 克壮其犹㉚。 | 奇谋大略在胸中。 |
| 方叔率止， | 方叔战场作统帅， |
| 执讯获丑㉛。 | 抓获俘虏结队行。 |
| 戎车啴啴㉜， | 战车隆隆向前进， |
| 啴啴焞焞㉝， | 车轮滚滚烟尘生， |
| 如霆如雷㉞。 | 震天动地如雷霆。 |
| 显允方叔， | 方叔治兵言有信， |
| 征伐猃狁， | 征伐猃狁树威名， |
| 蛮荆来威㉟。 | 荆蛮闻之心胆惊。 |

**【注释】**

①本诗叙写西周另一大将方叔南征荆蛮，战而胜之的情景，是"中兴"时期的又一大事。 ②芑（qǐ）：野菜名，其味苦。 ③新田：新开垦的田。 ④菑（zī）：初耕的田地。《尔雅·释地》："田一岁曰菑，二岁曰新田，三岁曰畬。" ⑤方叔：周宣王大臣，出征荆蛮的主帅。涖：同莅，来临。止：语气词。 ⑥师：军众。干：盾牌，代指武器。之：犹是。试：用。此句是说要依靠军众和武器大战一场。 ⑦率：带领、统率。 ⑧乘：犹驾。骐：青色黑花的马。 ⑨翼翼：整齐貌。 ⑩路车：大车。路，大。奭（shì）：红色。古代贵族之车常用此色。 ⑪簟（diàn）茀：遮蔽车子的竹席。鱼服：外蒙鱼皮的箭袋。 ⑫钩膺：饰有铜钩的马鞅，套在马颈上用以垫轭。鞗革（tiáolè）：饰铜的皮制马勒。 ⑬中乡：中田，即田中。 ⑭旐：画有蛟龙的旗。旟：画有龟蛇的旗。央央：鲜明貌。 ⑮约：缠束。軝（qí）：车毂。错：花纹。衡：车辕前端套马用的横木。 ⑯鸾：车铃。玱玱（qiāng）：铃声。 ⑰命服：由天子赐爵后才许穿的某种规格的礼服，称命服。 ⑱芾（fú）：通韨，蔽膝。斯：是。皇：辉煌。 ⑲有玱：玱玱。葱珩（héng）：绿色的佩玉，爵位高者所佩。 ⑳䨄（yù）：鸟疾飞貌。隼：鹞鹰一类猛禽。 ㉑戾：至。 ㉒爰：犹而。 ㉓钲（zhēng）：军中乐器，类似铃，有柄。伐：击。《毛传》："钲以静之，鼓以动之。"此句当为"钲人鸣钲，鼓人伐鼓"的省略。 ㉔陈师：陈列军队。鞠旅：向军队传令。鞠：告。 ㉕显：明。允：信。显允：指号令明、赏罚信。 ㉖渊渊：鼓声。 ㉗振旅：训练军队。阗阗：兵势众盛貌。 ㉘荆：楚国的别称。蛮：周人对南方民族的通称。 ㉙大邦：指周朝。 ㉚克：能。犹：同猷，计谋。 ㉛执讯获丑：擒获战俘。讯：间谍。丑：丑类，敌人。 ㉜啴啴（tān）：车行声。 ㉝焞焞（tūn）：盛大貌。 ㉞霆：霹雷。 ㉟来：犹乃。威：通畏。

# 车 攻①

### （一）

我车既攻②，
我马既同③。
四牡庞庞④，
驾言徂东⑤。

我的车子最精工，
我的骏马好齐同。
四匹公马多健壮，
驾起猎车共朝东。

### （二）

田车既好⑥，
四牡孔阜⑦。
东有甫草⑧，
驾言行狩⑨。

猎车装备最精良，
四匹公马壮又强。
东有草原极广阔，
驾车打猎奔前方。

### （三）

之子于苗⑩，
选徒嚣嚣⑪。
建旐设旄⑫，
薄狩于敖⑬。

天子狩猎在草原，
随从众多人声喧。
高竖画旗迎风展，
大型狩猎在敖山。

### （四）

驾彼四牡，
四牡奕奕⑭。
赤芾金舄⑮，
会同有绎⑯。

驾上四马同相招，
四匹公马壮又高。
红色蔽膝金鞋美，
诸侯会猎意气豪。

### （五）

决拾既饮⑰，
弓矢既调⑱。
射夫既同⑲，
助我举柴⑳。

扳指护袖都齐备，
弓箭协调箭如飞。
猎完射手齐会聚，
帮我来把猎物堆。

## （六）

| 四黄既驾㉑， | 四匹黄马把车驾， |
|---|---|
| 两骖不猗㉒。 | 两旁骖马无偏差。 |
| 不失其驰㉓， | 灵活驰驱章法好， |
| 舍矢如破㉔。 | 箭出野兽便射杀。 |

## （七）

| 萧萧马鸣㉕， | 耳畔萧萧马长鸣， |
|---|---|
| 悠悠旆旌㉖。 | 旌旗悠悠舞迎风。 |
| 徒御不惊㉗， | 士卒车夫同警戒， |
| 大庖不盈㉘。 | 王家厨房尽充盈。 |

## （八）

| 之子于征㉙， | 周王猎罢上归程， |
|---|---|
| 有闻无声㉚。 | 车马有声人无声。 |
| 允矣君子㉛， | 真是圣明好天子， |
| 展也大成㉜。 | 此次会猎大成功。 |

**【注释】**

①宣王安内攘外，周室中兴，遂绍继前王，恢复古制，于东都洛邑大会诸侯，共事畋猎，兼以显扬军力国威，加强中央政权。②攻：通工，有坚固华美之意。　③同：齐。　④庞庞（lóng）：充实，强健。　⑤言：助词，犹而。徂：往。东：东方，实指东都洛邑，亦称王城，地在今河南洛阳西郊。　⑥田：通畋，打猎。田车：狩猎之车。　⑦阜：肥壮。　⑧甫草：广大丰茂的草地。一说甫为地名，即甫田，在今河南中牟西南。其实二说可以相通。　⑨狩：冬猎为狩，这里泛指田猎。　⑩之子：那些人。余冠英《诗经选》："指随从周王出猎者，实即指周王。古人对尊贵的人往往不直接指称，而称其臣属以代本人，如陛下、殿下、阁下、左右等都是。"苗：夏猎为苗，这里亦泛指田猎，义同上句"狩"字，因押韵而换字。　⑪选：具备。王引之《经义述闻》："选，具也。字本作'僎'。《说文》云：'僎，具也。'"嚣嚣：众多貌。　⑫旟：画有龟蛇的旗。旄：饰有旄牛尾的旗。　⑬薄：语助词。"薄狩"一本作"捕兽"。敖：山名。地在今河南荥阳县境。　⑭奕奕：高大美盛貌。　⑮赤芾（fú）：红色蔽膝。金舄（xì）：黄红色的厚底鞋。赤芾、金舄均为诸侯穿用。　⑯会同：古代诸侯朝觐天子的专称。此指会聚天子身边打猎。有绎：绎绎，盛多貌。　⑰决：射箭时钩弦用的扳指，用象牙或兽骨制成，用时套在大拇指上。拾：射箭时套在左臂上的皮制护臂。伙（cì）：齐备。　⑱调：指搭配协调。　⑲射夫：射手。同：会聚。　⑳柴：掌之误写。《说文》、《玉篇》、《广韵》引《诗》皆作"掌"。掌：积，指猎获的众多禽兽。　㉑四黄：四匹黄马。　㉒两骖：驾车四马

中外面的两匹。猗：倚，偏。　㉓不失其驰：指马驰驱协调，不失章法。　㉔舍矢：放箭。如：犹而。破：指射中鸟兽。　㉕萧萧：马鸣声。　㉖悠悠：旗帜飘动貌。　㉗徒：士卒。御：车夫。不：通丕，大、甚之意。下句"不"字同此。惊：当做警，警戒。　㉘大庖：指宣王的厨房。盈：充满。　㉙征：行，指猎罢归来。　㉚有闻无声：意思是只有行进之声，而无喧哗之响。　㉛允：信，真是。　㉜展：诚，的确。大成：很大的成功。

# 吉　日①

## （一）

| | |
|---|---|
| 吉日维戊②， | 选择吉日在戊辰， |
| 既伯既祷③。 | 祈祷之前祭马神。 |
| 田车既好， | 猎车全部已整好， |
| 四牡孔阜。 | 四匹公马肥臕匀。 |
| 升彼大阜， | 驾车来把高坡上， |
| 从其群丑④。 | 随后追赶野兽群。 |

## （二）

| | |
|---|---|
| 吉日庚午⑤， | 时至庚午又吉祥， |
| 既差我马⑥。 | 选好我马本领强。 |
| 兽之所同⑦， | 寻找野兽聚集处， |
| 麀鹿麌麌⑧。 | 母鹿成群在前方。 |
| 漆沮之从⑨， | 逐兽漆河沮水岸， |
| 天子之所。 | 正是天子好猎场。 |

## （三）

| | |
|---|---|
| 瞻彼中原⑩， | 放眼遥观原野中， |
| 其祁孔有⑪。 | 地方广阔物产丰。 |
| 儦儦俟俟⑫， | 野兽快跑或慢走， |
| 或群或友⑬。 | 三三两两结队行。 |
| 悉率左右⑭， | 全部驱逐到左右， |
| 以燕天子⑮。 | 好让天子显神通。 |

## （四）

| | |
|---|---|
| 既张我弓， | 首先张好我的弓， |
| 既挟我矢⑯。 | 再拿利箭在手中。 |
| 发彼小豝⑰， | 箭发射倒小猪仔， |
| 殪此大兕⑱。 | 再射野牛一命终。 |
| 以御宾客⑲， | 烹调野味宴宾客， |
| 且以酌醴⑳。 | 共饮美酒尽欢情。 |

## 【注释】

①这也是一首描写周王畋猎的诗。方玉润《诗经原始》说："此宣王猎于西都之诗，不过畿内岁时举行之典，与《车攻》之复古制大不相侔。"　②吉日维戊（wù）：戊日是吉日。古人以甲、乙、丙、丁、戊、己、庚、辛、壬、癸十天干和子、丑、寅、卯、辰、巳、午、未、申、酉、戌、亥十二地支顺序配合以计日。从下章的"吉日庚午"上推，此戊日应是戊辰日，而且是一月中逢单的日子，适于外事。《礼·曲礼》："外事以刚日，内事以柔日。"疏："十日有五奇五偶，甲、丙、戊、庚、壬五奇为刚，乙、丁、巳、辛、癸五偶为柔也。"　③伯：马神。朱熹《诗集传》："伯，马祖也。"既伯：祭过马神。祷：祈祷。　④从：追逐。群丑：指群兽。　⑤庚午：在戊辰日祈祷后的第三天。也是"吉日"。　⑥差（chāi）：选择。　⑦同：聚。　⑧麀（yōu）：雌鹿。麌麌（yǔ）：鹿群聚貌。　⑨漆、沮：都是水名，在今陕西彬县、岐山一带。从：指逐兽。　⑩中原：原中，原野中。　⑪祁：大，指大兽。孔有：很多。　⑫儦儦（biāo）：跑貌。俟俟（sì）：行貌。　⑬群：兽三只以上在一起为群。友：兽二只在一起为友。　⑭率：驱逐。　⑮燕：安乐。这里指等待天子射猎。　⑯挟：拿。　⑰发：射。小豝（bā）：小猪。　⑱殪（yì）：死。兕（sì）：野牛。　⑲御：宴飨，招待。　⑳酌醴：饮酒。醴：甜酒。

# 鸿雁之什

## 鸿雁①

### (一)

鸿雁于飞②，　　　　　　　　鸿雁飞长空，
肃肃其羽③。　　　　　　　　沙沙翅有声。
之子于征④，　　　　　　　　使臣出行远，
劬劳于野⑤。　　　　　　　　辛苦四野中。
爰及矜人⑥，　　　　　　　　救济到贫困，
哀此鳏寡⑦。　　　　　　　　鳏寡受同情。

### (二)

鸿雁于飞，　　　　　　　　鸿雁飞长空，
集于中泽⑧。　　　　　　　　落在沼泽中。
之子于垣⑨，　　　　　　　　使臣出行远，
百堵皆作⑩。　　　　　　　　筑墙百堵成。
虽则劬劳，　　　　　　　　虽然很劳累，
其究安宅⑪。　　　　　　　　难民得安生。

### (三)

鸿雁于飞，　　　　　　　　鸿雁飞长空，
哀鸣嗷嗷⑫。　　　　　　　　嘎嘎在哀鸣。
维此哲人⑬，　　　　　　　　只有贤明士，
谓我劬劳；　　　　　　　　知我有苦功；
维彼愚人，　　　　　　　　那些愚昧者，
谓我宣骄⑭。　　　　　　　　说我爱逞能。

【注释】

①厉王时期，内部暴虐黑暗，外部俨狁入侵，百姓流离，不得安居。宣王中兴，派使臣四出招抚难民，加以安顿，诗记其事。前二章写使臣的辛苦，末章是使臣的自白。　②鸿：大雁。于：语助词。　③肃肃：翅膀振动声。　④之子：指周王派出的赈济使臣。于：往。征：远行。　⑤劬劳：辛苦劳累。　⑥爰：犹乃。矜人：受苦人。　⑦鳏（guān）：老而无妻的人。寡：寡妇。鳏寡：泛指难民。　⑧中泽：沼泽之中。　⑨垣：墙，此指筑墙。　⑩百：言其多。堵：指墙。作：指筑起。　⑪究：穷，指穷苦的人。安宅：安居。　⑫嗷嗷：哀鸣声。　⑬哲人：智者。　⑭宣骄：逞强。骄：即矫。《中庸》："强哉骄。"

# 庭　燎①

## （一）

夜如何其②？　　　　　　　　现在夜色啥时光？
夜未央③，　　　　　　　　　夜色尚茫茫，
庭燎之光④。　　　　　　　　庭中火炬亮堂堂。
君子至止⑤，　　　　　　　　众臣朝见要来到，
鸾声将将⑥。　　　　　　　　已有车铃响丁当。

## （二）

夜如何其？　　　　　　　　　现在夜色啥光景？
夜未艾⑦，　　　　　　　　　夜色尚朦胧，
庭燎晰晰⑧。　　　　　　　　庭中火炬放光明。
君子至止，　　　　　　　　　众臣朝见要来到，
鸾声哕哕⑨。　　　　　　　　已有车铃响丁冬。

## （三）

夜如何其？　　　　　　　　　现在夜色啥时分？
夜乡晨⑩，　　　　　　　　　隐隐近清晨，
庭燎有辉⑪。　　　　　　　　庭中火炬有光轮。
君子至止，　　　　　　　　　众臣朝见要来到，
言观其旂⑫。　　　　　　　　已有旌旗映前门。

**【注释】**

①这是写周王早起将要视朝的诗。据刘向《列女传》载，宣王曾早睡晚起，误了早朝。姜后自责使君王"乐色而忘德"，便脱去簪珥饰物，向君请罪。宣王主动检讨是"寡人不德"，从此改过勤政，以致中兴。陈子展《诗经直解》遂谓此诗为"姜后脱簪待罪，宣王纳谏改过而作"。一说本诗为赞美官僚早晨乘车上朝，亦通。　②其（jī）：语气词，表疑问。　③未央：未尽。　④庭燎：庭中用以照明的火炬，用麻秸或苇做成。　⑤君子：指上朝的众臣。止：语气词。　⑥鸾：车铃。将将（qiāng）：同锵锵，铃声。　⑦艾：止，尽。未艾：同未央。　⑧晣晣（zhì）：明亮貌。　⑨哕哕（huì）：有节奏的铃声。　⑩乡（xiàng）：通向。乡晨：近晓。王引之《经义述闻》："夫歌之为言也，长言之也。长言之，则一唱三叹而不病其复。此三章皆言早朝之事，文虽异而义则同。若必以未央、未艾、乡晨分先后，则庭燎之光、庭燎晣晣、庭燎有辉，岂亦有先后乎？凡三章同义者，《诗》中往往有之。"　⑪辉：同辉。　⑫言：语首助词。

# 沔 水①

### （一）

| | |
|---|---|
| 沔彼流水②， | 茫茫流水向东方， |
| 朝宗于海③。 | 百川朝拜归海洋。 |
| 鴥彼飞隼④， | 鹰隼疾飞空中过， |
| 载飞载止⑤。 | 飞罢停止暂安详。 |
| 嗟我兄弟， | 可叹同姓诸兄弟， |
| 邦人诸友⑥。 | 还有朋友与同乡。 |
| 莫肯念乱⑦， | 无人为国忧祸乱， |
| 谁无父母⑧！ | 谁没父母挂心肠！ |

### （二）

| | |
|---|---|
| 沔彼流水， | 茫茫流水向东方， |
| 其流汤汤⑨。 | 洪流滚滚势难当。 |
| 鴥彼飞隼， | 鹰隼疾飞空中过， |
| 载飞载扬⑩。 | 忽而低回忽高扬。 |
| 念彼不迹⑪， | 国事混乱没正道， |
| 载起载行⑫。 | 坐立不安意惶惶。 |
| 心之忧矣， | 心情沉重怀忧虑， |
| 不可弭忘⑬。 | 无法忘记在一旁。 |

<br>

（三）

鴥彼飞隼，　　　　　　鹰隼疾飞蓝天上，
率彼中陵⑭。　　　　　顺着山陵展翅翔。
民之讹言⑮，　　　　　民间谣传多无数，
宁莫之惩⑯？　　　　　无人制止危机藏。
我友敬矣⑰，　　　　　我的朋友须警惕，
谗言其兴⑱！　　　　　谗言纷起要提防！

**【注释】**

①诗人悯祸乱忧谗言而作此诗，并以此诗告诫朋友小心警惕。　②沔（miǎn）：水流满溢貌。　③朝宗：诸侯朝见天子。《周礼·春官·大宗伯》："春见曰朝，夏见曰宗。"借指百川入海。　④鴥（yù）：鸟疾飞貌。隼：鹰类猛禽。　⑤载：又。　⑥邦人：国人。此句应与上句贯合。陈奂《毛诗传疏》："邦人诸友为异姓臣，而兄弟皆为同姓诸侯也。"　⑦莫肯念乱：无人肯考虑王朝的祸乱。　⑧谁无父母：严粲《诗辑》："无肯思乱者，皆愿平治也。谁无父母乎？皆有所顾惜也。"　⑨汤汤（shāng）：犹荡荡，大水急流貌。　⑩扬：指高飞。　⑪不迹：不循正轨，不要法则。　⑫载起载行：形容忧虑沉重，坐立不安。　⑬弭（mǐ）忘：消除，忘记。　⑭率：循，沿。中陵：即陵中。　⑮讹（é）言：谣言，谗言。　⑯宁：何，为什么。惩：止。　⑰敬：同儆、警，警惕之意。　⑱其兴：将要兴起。按，本章似有脱误。朱熹《诗集传》："疑当做三章，章八句。卒章脱前两句耳。"

# 鹤　鸣①

## （一）

鹤鸣于九皋②，　　　　泽边高地鸣白鹤，
声闻于野。　　　　　　声闻田野美如歌。
鱼潜在渊，　　　　　　鱼儿潜在深渊底，
或在于渚③。　　　　　又近沙洲戏清波。
乐彼之园④，　　　　　贤者林园真欢快，
爰有树檀⑤，　　　　　园中檀树一棵棵，
其下维萚⑥。　　　　　下面干枝黄叶多。
他山之石⑦，　　　　　他山之石能当错，
可以为错⑧！　　　　　可把美玉细细磨！

中华藏书　诗经

中国书店

一〇〇七

| 鹤鸣于九皋，       | 泽边高地白鹤鸣，   |
| 声闻于天。         | 声音嘹亮在长空。   |
| 鱼在于渚，         | 鱼儿游近沙洲畔，   |
| 或潜在渊。         | 又入水底自在行。   |
| 乐彼之园，         | 贤者林园真愉快，   |
| 爰有树檀，         | 园中檀树叶青青，   |
| 其下维榖⑨。       | 下面则有楮树丛。   |
| 他山之石，         | 他山之石能当错，   |
| 可以攻玉⑩！       | 可把美玉细加工！   |

## 【注释】

①这是一首讽劝当国者任用在野贤人的诗。其中对隐逸环境的描写高洁清远，后世称隐士为鹤鸣之士，即源于此诗。诗中"他山之石，可以攻玉"的譬喻，成为至今流传的成语。②九皋（gāo）：高高的水边之地。九是虚数，言其高。皋是水边高地。此句的"于"疑为衍字。《史记·滑稽列传》、《论衡·增艺篇》、《汉书·张衡传》注等引此句，皆无"于"字，而作"鹤鸣九皋"。 ③渚：水中小洲。这里指小洲旁的浅水。 ④彼：指贤人。 ⑤爰：发语词。树檀：檀树，贵重树木。 ⑥萚（tuò）：枯落的枝叶。 ⑦他山之石：喻指别国的贤人。 ⑧错：磨物的工具，以硬石或金属制成。可以为错：喻指可以辅治国政。 ⑨榖（gǔ）：楮（chǔ）树。 ⑩攻：加工，打磨。

# 祈 父①

## （一）

| 祈父②，           | 告诉你，司马，       |
| 予王之爪牙③。     | 我是王家爪牙。       |
| 胡转予于恤④？     | 为何调我忧患地？     |
| 靡所止居⑤！       | 只落得，背井离家！   |

## （二）

| 祈父，             | 司马，告诉你，       |
| 予王之爪士⑥，     | 我是王家虎貔。       |
| 胡转予于恤？       | 为何调我忧患地？     |
| 靡可厎止⑦！       | 只落得，无处安居！   |

（三）

祈父，　　　　　　　　　　　司马，你听清，
亶不聪⑧。　　　　　　　　　　我是王家卫兵。
胡转予于恤？　　　　　　　　为何调我忧患地？
有母之尸饔⑨！　　　　　　　撇老母，孤苦伶仃！

【注释】

①这是一个京城卫士斥责国防长官司马的诗。作者似是受到司马的随意调遣，以致背井离乡，气愤填膺。　②祈父：官名，即司马，职掌兵马。祈：借为圻，意为边境，司马有责保卫疆土，所以名祈（圻）父。《尚书·酒诰》作圻父。　③予：我。爪牙：武士。　④胡：为何。恤：忧患。　⑤靡：无。所：处所。止居：居住，安居。　⑥爪士：犹爪牙，爪牙之士。　⑦厎（zhǐ）止：义同"止居"。《尔雅·释诂》："厎，止也。"　⑧亶（dǎn）：诚，真。不聪：不明，糊涂。　⑨尸饔（yōng）：不能奉养。马瑞辰《毛诗传笺通释》："尸饔，即谓失饔，谓奉养不能具也，古屍字通借作尸，屍字从尸从死，死、亡同义，亡即失也，故尸亦得训失。"

# 白　驹①

（一）

皎皎白驹②，　　　　　　　　皎皎白马个头高，
食我场苗③。　　　　　　　　悠闲吃我园中苗。
絷之维之④，　　　　　　　　拴住马缰绊马腿，
以永今朝⑤。　　　　　　　　留客长乐似今朝。
所谓伊人⑤，　　　　　　　　要让我那好朋友，
于焉逍遥⑦。　　　　　　　　在此如意度逍遥。

（二）

皎皎白驹，　　　　　　　　　皎皎白马个头匀，
食我场藿⑧。　　　　　　　　悠闲吃我豆叶新。
絷之维之，　　　　　　　　　拴住马缰绊马腿，
以永今夕。　　　　　　　　　留客长乐似如今。
所谓伊人，　　　　　　　　　要让我那好朋友，
于焉嘉客。　　　　　　　　　在此愉快做嘉宾。

皎皎白驹，　　　　　　皎皎白马膘儿圆，
贲然来思⑨。　　　　　迅速奔驰来门前。
尔公尔侯⑩，　　　　　您是公侯身高贵，
逸豫无期⑪。　　　　　没有限期尽情玩。
慎尔优游⑫，　　　　　珍视悠闲时光好，
勉尔遁思⑬！　　　　　不要总想把家还！

皎皎白驹，　　　　　　皎皎白马往回行，
在彼空谷。　　　　　　已到空旷山谷中。
生刍一束⑭，　　　　　青草一捆作饲料，
其人如玉⑮。　　　　　此人如玉有德名。
毋金玉尔音⑯，　　　　莫惜音讯如金玉，
而有遐心⑰！　　　　　不要疏远朋友情！

## 【注释】

①这是一首贵族挽留客人的诗。　②皎皎：洁白。驹：马高六尺为驹。　③场：圃。苗：据下章"食我场藿"，可知此为豆苗。　④絷：绊住马腿。维：拴上马缰。绊马拴马意在留人。　⑤永：延长。永今朝：意思是延长今天的欢快。　⑥伊人：此人，指客人。　⑦于焉：于此，在这里。　⑧藿（huò）：豆叶。　⑨贲（bēn）：通奔。贲然：马速驰貌。思：犹兮，语气词。　⑩尔：你。公、侯：爵位名。　⑪逸：安闲。豫：借为娱，娱乐。无期：没有期限。⑫慎：重。优游：悠闲自得。　⑬勉：借为免，劝止之意。遁思：离去的想法。　⑭生刍：青草，马的饲料。　⑮如玉：比喻品德高洁。　⑯毋金玉尔音：不要把你的音信看得金玉一般贵重，意思是要多通音信。　⑰遐心：疏远之心。

# 黄 鸟①

## （一）

| | |
|---|---|
| 黄鸟黄鸟②， | 黄雀黄雀听我说， |
| 无集于穀③， | 别在楮树枝头落， |
| 无啄我粟④！ | 不要把我谷子啄！ |
| 此邦之人， | 这个国家人不善， |
| 不我肯穀⑤。 | 他们待我太刻薄。 |
| 言旋言归⑥， | 赶紧回去快回去， |
| 复我邦族⑦。 | 重新返回我祖国。 |

## （二）

| | |
|---|---|
| 黄鸟黄鸟， | 黄雀黄雀听我讲， |
| 无集于桑， | 不要停在桑树上， |
| 无啄我粱⑧！ | 不要吃我红高粱！ |
| 此邦之人， | 这个国家人不厚， |
| 莫可与明⑨。 | 不讲信义世态凉。 |
| 言旋言归， | 赶紧回去快回去， |
| 复我诸兄⑩。 | 与我兄弟聚一堂。 |

## （三）

| | |
|---|---|
| 黄鸟黄鸟， | 黄雀黄雀听我言， |
| 无集于栩⑪， | 不要落在柞树间， |
| 无啄我黍！ | 别啄黍子没个完！ |
| 此邦之人， | 这个国家人不好， |
| 不可与处⑫。 | 一块相处太艰难。 |
| 言旋言归， | 赶紧回去快回去， |
| 复我诸父⑬。 | 与我叔伯早团圆。 |

**【注释】**

①这是一首弃妇诗。主人公离开故国，远嫁异邦，却备尝痛苦，不得不重回故乡。　②黄鸟：黄雀。　③穀（gǔ）：楮树。　④粟：谷子。　⑤穀：良善，此指善意待人。一解为养。　⑥言：语助词。旋：还。　⑦复：返。　⑧粱：高粱。　⑨明：同"盟"，信任。　⑩诸兄：

同族兄弟。 ⑪栩（xǔ）：柞树。 ⑫处：相处。 ⑬诸父：同族叔伯。

# 我行其野①

## （一）

| 我行其野， | 我走在野外田埂。 |
|---|---|
| 蔽芾其樗②。 | 臭椿树枝叶青青。 |
| 昏姻之故③， | 只因为婚姻缘故， |
| 言就尔居④。 | 才走进你家门庭。 |
| 尔不我畜⑤， | 你既然不再容我， |
| 复我邦家⑥。 | 我决定重回家中。 |

## （二）

| 我行其野， | 我走在野外田地， |
|---|---|
| 言采其蓫⑦。 | 采了些恶菜羊蹄。 |
| 昏姻之故， | 只因为婚姻缘故， |
| 言就尔宿。 | 才来此与你同居。 |
| 尔不我畜， | 你既然不再容我， |
| 言归斯复⑧。 | 重回返与你分离。 |

## （三）

| 我行其野， | 我走在田野之上， |
|---|---|
| 言采其葍⑨。 | 采葍菜心中忧伤。 |
| 不思旧姻， | 全不念旧时恩爱， |
| 求尔新特⑩。 | 寻别人配做新郎。 |
| 成不以富⑪， | 并不是你家多富， |
| 亦只以异⑫。 | 只因你异心不良。 |

【注释】

①这也是一首写婚变的诗，而主人公则是男的。一个入赘岳父家的汉子，因为贫穷，受到妻子嫌弃，终于被逐出，他激愤而作此诗。 ②蔽芾（fèi）：树叶初生葱茏貌。樗（chū）：臭椿，恶木。 ③昏姻，即婚姻。 ④言：犹乃。就：从。尔：你，丈夫称其妻子。 ⑤畜：容留。 ⑥复：返回。 ⑦蓫（zhú）：羊蹄菜，一种恶菜，多吃会下痢。 ⑧期：语助词。 ⑨葍（fú）：一种多年生蔓草，根茎白色，可煮食。 ⑩特：匹，配偶。 ⑪成：借为诚，确实。

⑫只：仅只。异：异心。末二句是说，女方抛弃自己，并非因为她家富有，只是因为她有了异心。

# 斯　干①

## （一）

秩秩斯干②，　　　　　　　　溪涧清澈水潺潺，
幽幽南山③。　　　　　　　　林木幽静见南山。
如竹苞矣④，　　　　　　　　绿竹丛丛迎风动，
如松茂矣。　　　　　　　　　青松茂密上参天。
兄及弟矣，　　　　　　　　　兄弟融和同居住，
式相好矣⑤，　　　　　　　　相亲相爱乐团圆，
无相犹矣⑥！　　　　　　　　彼此不要相欺瞒！

## （二）

似续妣祖⑦，　　　　　　　　继承祖业再扩充，
筑室百堵⑧，　　　　　　　　盖房百间气势宏，
西南其户⑨。　　　　　　　　正门朝南厢西东。
爰居爰处⑩，　　　　　　　　一家和睦同居住，
爰笑爰语。　　　　　　　　　欢声笑语喜气盈。

## （三）

约之阁阁⑪，　　　　　　　　墙板捆得格格响，
椓之橐橐⑫。　　　　　　　　填土冬冬用力夯。
风雨攸除⑬，　　　　　　　　从此风雨隔在外，
鸟鼠攸去，　　　　　　　　　麻雀老鼠无处藏，
君子攸芋。　　　　　　　　　君子安居喜气扬。

## （四）

如跂斯翼⑮，　　　　　　　　像人整齐开立站，
如矢斯棘⑯，　　　　　　　　像箭疾飞成一线，
如鸟斯革⑰，　　　　　　　　又像鸟翅两边分，
如翚斯飞⑱，　　　　　　　　又像雉羽色灿烂，
君子攸跻⑲。　　　　　　　　君子登堂心花绽。

殖殖其庭㉑，　　　　　　　　　前庭宽阔正又平，
有觉其楹㉑。　　　　　　　　　楹柱高大稳支撑。
哙哙其正㉒，　　　　　　　　　正面房间好敞亮，
哕哕其冥㉓，　　　　　　　　　幽深之处仍光明，
君子攸宁。　　　　　　　　　　君子居住心安宁。

下莞上簟㉔，　　　　　　　　　草垫竹席铺上头，
乃安斯寝。　　　　　　　　　　主人安睡心无忧。
乃寝乃兴㉕，　　　　　　　　　好好睡眠早早起，
乃占我梦㉖。　　　　　　　　　为我占梦好运求。
吉梦维何㉗？　　　　　　　　　梦中吉象是何物？
维熊维罴㉘，　　　　　　　　　有熊有罴刚气留，
维虺维蛇㉙。　　　　　　　　　有虺有蛇占阴柔。

大人占之㉚：　　　　　　　　　太卜为我细讲论：
维熊维罴，　　　　　　　　　　是熊是罴大喜临，
男子之祥；　　　　　　　　　　象征生男福满门；
维虺维蛇，　　　　　　　　　　是虺是蛇也如意，
女子之祥㉛。　　　　　　　　　象征生女是千金。

乃生男子，　　　　　　　　　　如果生个男子郎，
载寝之床㉜。　　　　　　　　　让他睡在豪华床。
载衣之裳㉝，　　　　　　　　　衣裳穿戴要高贵，
载弄之璋㉞。　　　　　　　　　给他玩耍白玉璋。
其泣喤喤㉟，　　　　　　　　　他的哭声真宏亮，
朱芾斯皇㊱，　　　　　　　　　红色蔽膝甚辉煌，
室家君王㊲。　　　　　　　　　将是诸侯或国王。

乃生女子，　　　　　　　　　　如果生个好姑娘，
载寝之地。　　　　　　　　　　让她睡在地上方。

载衣之裼③⑧，　　　　　　给她包个婴儿被，

载弄之瓦③⑨。　　　　　　陶瓦纺锤玩具当。

无非无仪④⑩，　　　　　　不要违命别越礼，

唯酒食是议④①，　　　　　酒食家务要内行，

无父母诒罹④②！　　　　　别给父母添忧伤！

## 【注释】

①这是一首对周王宫室落成的颂歌。　②秩秩：水清澈流动貌。斯：这。干：通涧。　③幽幽：深远貌。南山：即终南山，主峰在今陕西西安市南。　④如：有。苞：丛生。　⑤式：发语词。　⑥犹：通猷，欺诈。　⑦似：通嗣。似续：继承。妣（bǐ）：死去的母亲称妣。妣祖：祖先。　⑧堵：一面墙为一堵。百堵：言房屋甚多。　⑨西南其户：朝西和朝南开门。言西则兼指东，因句式限制而省略。　⑩爰：于是。　⑪约：捆束。之：指筑墙用的木板。古代板筑需要用绳把夹墙的木板捆牢，然后填土夯实。阁阁：象声词。　⑫椓（zhuó）：击打，槌筑。橐橐（tuó）：夯土声。　⑬攸：语助词。除：去。　⑭芋：借为宇，居住。　⑮跂：人两腿叉开站立称跂。斯：语助词。翼：齐整貌。　⑯棘：通急。箭射出行急则成一直线，形容房屋的笔直。　⑰革：即翮（gé），翅膀。　⑱翚（huī）：雉，野鸡。　⑲跻：升，登。此指住。　⑳殖殖：平正貌。　㉑有觉：觉觉，借为桷桷（jué），高大貌。楹（yíng）：柱子。　㉒哙哙（kuài）：宽敞明亮貌。正：指正屋。　㉓哕哕（huì）：犹煟煟（wèi）：明亮。冥：幽暗处。此句是说，本当幽暗之处也颇明亮。　㉔莞（guān）：蒲草，此指草席。簟（diān）：竹席。　㉕兴：起来。　㉖占：占卜。㉗维何：是什么。维：是。　㉘罴（pí）：兽名，似熊而大。　㉙虺（huǐ）：毒蛇。　㉚大人：对占卜官吏的敬称。一说"大"即"太"，"人"为"卜"之讹。大人即太卜，掌占卜的官。　㉛"维祥"四句：朱熹《诗集传》："熊、罴，阳物在山，强力壮毅，男子之祥也；虺、蛇，阴物穴处，柔弱隐伏，女子之祥也。"　㉜载：则，就。　㉝衣：作动词，穿。　㉞弄：玩弄。璋（zhāng）：玉器名，形状如半个圭。　㉟喤喤（huáng）：形容小孩哭声洪亮。　㊱朱芾：红色蔽膝，天子诸侯服饰，代称礼服。斯皇：皇皇，辉煌。　㊲室家：指国家。君王：君指诸侯，王指天子。　㊳裼（tì）：婴儿的被，又名褓衣。㊴瓦：古时的陶制纺锤。　㊵无非：无违。无仪（é）：无邪。邪，指不合礼法的行为。㊶议：商讨，考虑。　㊷诒：通贻，给。罹（lí）：忧虑。

# 无 羊①

## （一）

谁谓尔无羊？　　　　谁说你家没有羊？
三百维群②。　　　　三百一群在山冈。
谁谓尔无牛？　　　　谁说你家没有牛？
九十其犉③。　　　　高大黄牛九十头。
尔羊来思④，　　　　你的羊群正回返，
其角濈濈⑤。　　　　放眼一片犄角稠。
尔牛来思，　　　　　你的牛群已来到，
其耳湿湿⑥。　　　　耳朵摇摆叫哞哞。

## （二）

或降于阿⑦，　　　　有的下坡在途中，
或饮于池，　　　　　有的喝水池边停，
或寝或讹⑧。　　　　有的静卧有的行。
尔牧来思⑨，　　　　你的牧人往回走，
何蓑何笠⑩，　　　　斗笠蓑衣散蓬蓬，
或负其餱⑪。　　　　或背干粮把饥充。
三十维物⑫，　　　　牲畜毛色几十样，
尔牲则具⑬。　　　　用于祭祀甚充盈。

## （三）

尔牧来思，　　　　　你的牧人往回行，
以薪以蒸⑭，　　　　打来柴草量不轻，
以雌以雄⑮。　　　　猎得禽鸟有雌雄。
尔羊来思，　　　　　你的羊群正回返，
矜矜兢兢⑯，　　　　迅速前进兴冲冲，
不骞不崩⑰。　　　　不丢不散有阵容。
麾之以肱⑱，　　　　牧人挥手作指引，
毕来既升⑲。　　　　全部牛羊进圈棚。

## （四）

| | |
|---|---|
| 牧人乃梦， | 牧人夜里做个梦， |
| 众维鱼矣， | 鱼儿众多无处盛， |
| 旐维旟矣⑳。 | 旌旗纷乱舞长空。 |
| 大人占之㉑： | 太卜占梦说详情： |
| 众维鱼矣， | 鱼儿众多无处放， |
| 实维丰年； | 代表丰收好年成； |
| 旐维旟矣， | 旌旗纷乱长空舞， |
| 室家溱溱㉒。 | 象征家族正兴隆。 |

**【注释】**

①这是一首歌唱牛羊蕃盛的诗。　②三百：是虚数，言其多。维：犹为。　③犉（rún）：大牛。　④思：语助词。下同。　⑤濈濈（jí）：同戢戢，众多聚集貌。《说文》、《太平御览》都引作"戢戢"。陈奂认为"濈"字为"后人涉下'湿湿'，因误加水旁"。　⑥湿湿（qì）：借为聑聑（qì），牛耳摆动貌。　⑦或：有的。阿：山冈。　⑧讹（é）：通吪，动。　⑨牧：牧人。　⑩何：通荷，披戴。　⑪餱（hóu）：干粮。　⑫物：毛色。三十维物：是说牛羊毛色众多。三十为虚数。　⑬牲：用于祭祀的家畜，这里泛指家畜。具：具备。　⑭以：取，拿着。薪：粗柴。蒸：细柴。　⑮雌、雄：指禽类。许谦《诗集传名物钞》："飞曰雌雄，走曰牝牡。"此上二句是说，牧人还要兼管打柴与猎鸟。　⑯矜（jīn）：伶俐迅速貌。兢兢：争相前进貌。　⑰骞（qiān）：亏损，指羊走失。崩：溃散，指羊乱群。　⑱麾（huī）：通挥。肱（gōng）：指手臂。　⑲既：尽，都。升：进，指羊入圈。　⑳众维鱼矣，旐维旟矣：是说梦见了众多的鱼，还梦见众多的龟蛇旗和鸟隼旗。王引之《经义述闻》："上维字训乃，下维字则训与，'旐维旟'者，'旐与旟'也。……后人不知'旐维旟矣'之维与与同义，乃猥以为旐化为旟，因之'众维鱼矣'，亦欲以变化解之，于是异说横生而本义湮没矣"。　㉑大人：对占卜官的尊称。占之：占卜梦的吉凶。　㉒溱溱（zhēn）：借为蓁蓁，茂盛貌。借指子孙兴旺。

# 节南山之什

## 节 南 山①

### （一）

节彼南山②，
维石岩岩③。
赫赫师尹④，
民具尔瞻⑤。
忧心如惔⑥，
不敢戏谈。
国既卒斩⑦，
何用不监⑧？

巍巍高峻终南山，
山石堆积在重峦。
太师尹氏声威大，
人民对你侧目看。
心中忧愤如火燎，
时政不敢随便谈。
国运断绝危机重，
全不察看为哪般？

### （二）

节彼南山，
有实其猗⑨。
赫赫师尹，
不平谓何⑩？
天方荐瘥⑪，
丧乱弘多⑫。
民言无嘉⑬，
憯莫惩嗟⑭！

巍巍高峻终南山，
一片山坡广又宽。
太师尹氏声威大，
为何办事歪又偏？
上天屡把灾疫降，
丧亡祸乱多无边。
民众议论没好话，
却不警戒去改观！

### （三）

尹氏大师⑮，
维周之氐⑯。
秉国之均⑰，
四方是维⑱。

尹氏太师真不堪，
周朝栋梁重任担。
国家大权握在手，
四方靠你保平安。

天子是毗⑲，
俾民不迷⑳。
不吊昊天㉑，
不宜空我师㉒！

天子靠你来辅佐，
莫使百姓意茫然。
可叹老天不开眼，
别让民众受熬煎！

（四）

弗躬弗亲㉓，
庶民弗信。
弗问弗仕，
勿罔君子㉔。
式夷式已㉕，
无小人殆㉖。
琐琐姻亚㉗，
则无膴仕㉘！

既然你不把政亲，
人民对你无信心。
贤人不问也不用，
欺骗君子大不仁。
应该将他铲除掉，
别让小人害黎民。
裙带关系无能辈，
不能掌权栽祸根！

（五）

昊天不傭㉙，
降止鞫讻㉚。
昊天不惠㉛，
降此大戾㉜。
君子如届㉝，
俾民心阕㉞。
君子如夷，
恶怒是违㉟。

苍天处事不公平，
降给人间这灾凶。
苍天处事不仁惠，
降给人间这恶星。
君子如果能执政，
可使民心转清宁。
君子办事行公道，
众民怒气会消停。

（六）

不吊昊天，
乱靡有定。
式月斯生，
俾民不宁。
忧心如酲㊱，
谁秉国成㊲？
不自为政，
卒劳百姓㊳。

可叹苍天不公正，
天下纷乱不安定。
每月祸端连续有，
致使黎民不太平。
忧心忡忡已成病，
谁为国家掌规程？
你不亲自来执政，
害得百姓太苦情。

驾彼四牡，　　　　　　　　驾上四马把车登，
四牡项领㊴。　　　　　　　四匹肥马粗脖颈。
我瞻四方，　　　　　　　　待我举目望四方，
蹙蹙靡所骋㊵！　　　　　　天地狭窄难驰骋！

（八）

方茂尔恶㊶，　　　　　　　你的罪恶已滔滔，
相尔矛矣㊷。　　　　　　　如见一支杀人矛。
既夷既怿㊸，　　　　　　　铲除奸臣人欢喜，
如相酬矣㊹。　　　　　　　举杯庆贺兴如潮。

（九）

昊天不平，　　　　　　　　苍天实在不公平，
我王不宁。　　　　　　　　我王不能得安宁。
不惩其心㊺，　　　　　　　不在心中自反省，
覆怨其正㊻。　　　　　　　反恨别人来谏诤。

（十）

家父作诵㊼，　　　　　　　家父作诗来讽诵，
以究王讻㊽。　　　　　　　要为君主追元凶。
式讹尔心㊾，　　　　　　　快改你心归正道，
以畜万邦㊿！　　　　　　　安养万邦再复兴！

## 【注释】

①这是一首指斥幽王时代的权臣太师尹氏的诗，根据内容分析，作者家父当为西周末年幽王时代的人。《郑笺》说他是大夫。诗人于诗中自道姓名，光明磊落。　②节：借为嶻（jié），高峻貌。南山：终南山。　③岩岩：山石堆积貌。　④赫赫：显耀盛大貌。师尹：太师尹砥的简称。太师：官名，三公的兼职，位最高。古称司马、司徒、司空为三公，分司军队、教育、土地。尹氏为司空兼太师。尹氏，为周朝显赫贵族。　⑤具：通俱。瞻：看。　⑥惔（tán）：借为炎，火烧。　⑦卒：终。斩：绝。　⑧何用：何以。监：察看。　⑨有实：实实，庞大貌。猗：通阿，山坡。　⑩谓何：为何。　⑪荐：进，加。瘥（cuó）：灾疫。　⑫弘多：很多。　⑬嘉：善。　⑭憯（cǎn）：犹曾，乃。惩：惩戒。嗟：语助词。　⑮大：通太。　⑯维：为，是。氏：根本。　⑰秉：掌握。均：同钧，本为制陶器的模子下面的圆盘。执掌国政，即如陶工掌圆盘制器，故云秉国之均。　⑱维：维持。　⑲毗（pí）：辅助。　⑳俾（bǐ）：使。迷：迷惑，迷失正道。　㉑不吊：不淑，不善。昊（hào）天：广大的天。　㉒不

宜：不该。空：穷困。师：指民众。　㉓弗：不。躬、亲：指亲自管理政事。　㉔罔：欺骗。　㉕式：语助词。夷：平，平除。已：止，废止。　㉖小人：指尹氏。殆：危险。指危害国家。　㉗琐琐：卑微渺小貌。姻亚：泛指亲戚。姻，儿女亲家。亚，两婿互称。　㉘无：同毋。肌（wǔ）仕：厚加任用。　㉙傭：均，公平。　㉚鞠讻（xiōng）：极大的灾祸。讻：同凶。　㉛惠：仁惠。　㉜大戾（lì）：大恶，大灾难。　㉝届：到。指任职掌权。　㉞阕（què）：闭门，引申为止息。　㉟违：去，消除。　㊱醒（chéng）：酒醉致病。　㊲国成：国政的成规。《周礼·天官·小宰》有"八成"，即指据以治国的官府八事。　㊳卒：最终，结果。　㊴项：肥大。领：脖颈。　㊵蹙蹙（cù）：局促不安貌。靡所骋：意指四方动乱，无处可去。　㊶茂：盛。尔：指尹氏。　㊷相：视。相尔矛：意即要动武。　㊸夷：指铲平小人。怿（yì）：喜悦。　㊹酬（chóu）：同"酬"，相互敬酒。　㊺惩：惩戒，戒止。　㊻覆：反。正：劝谏，纠正。　㊼家父：周朝大夫，幽王时人。这里是诗人自称其名。诵：诗歌。　㊽究：追究。讻：借为凶，恶人。　㊾讹：改变。尔：指尹氏。　㊿畜：养，引申为抚定。

# 正 月①

## （一）

正月繁雪②，　　　　　　　　六月忽然下寒霜，
我心忧伤。　　　　　　　　我的心里很忧伤。
民之讹言③　　　　　　　　民间谣言不断起，
亦孔之将④。　　　　　　　沸沸扬扬传四方。
念我独兮⑤，　　　　　　　想我孤独一人在，
忧心京京⑥。　　　　　　　忧愁不止苦难当。
哀我小心，　　　　　　　　如此小心真可叹，
癙忧以痒⑦。　　　　　　　忧闷简直病在床。

## （二）

父母生我，　　　　　　　　生下我身是父母，
胡俾我瘉⑧？　　　　　　　为何使我受痛苦？
不自我先，　　　　　　　　我生之前灾不降，
不自我后。　　　　　　　　我死之后祸又除。
好言自口，　　　　　　　　好话是从口中讲，
莠言自口⑨。　　　　　　　坏话也从口中出。
忧心愈愈⑩，　　　　　　　世风不好怀忧虑，
是以有侮⑪。　　　　　　　因此更加受欺侮。

忧心惇惇⑫，　　　　　　　忧虑无边愁满腹，
念我无禄⑬。　　　　　　　想我不幸无前途。
民之无辜，　　　　　　　　平民百姓无罪过，
并其臣仆⑭。　　　　　　　都要沦落做仆奴。
哀我人斯⑮，　　　　　　　可怜我们清高士，
于何从禄⑯？　　　　　　　将从何处得幸福？
瞻乌爰止⑰，　　　　　　　看那乌鸦空中过，
于谁之屋？　　　　　　　　不知落在谁家屋？

瞻彼中林⑱，　　　　　　　举目望那树林中，
侯薪侯蒸⑲。　　　　　　　粗柴细柴错杂生。
民今方殆⑳，　　　　　　　人民处境多危险，
视天梦梦㉑。　　　　　　　苍天实在太昏庸。
既克有定㉒，　　　　　　　天意如果有一定，
靡人弗胜㉓。　　　　　　　无人可以和它争。
有皇上帝㉔，　　　　　　　皇皇上帝请答话，
伊谁云憎㉕？　　　　　　　究竟你是把谁憎？

谓山盖卑㉖？　　　　　　　为何说山低又平？
为冈为陵㉗。　　　　　　　那是高冈与大陵。
民之讹言，　　　　　　　　民间谣言广传布，
宁莫之惩㉘。　　　　　　　却不见人来澄清。
召彼故老㉙，　　　　　　　召来老臣仔细问，
讯之占梦㉚。　　　　　　　再让占梦卜吉凶。
具曰"予圣"㉛，　　　　　　都说自己最明圣，
谁知乌之雌雄？　　　　　　乌鸦公母分不清！

谓天盖高？　　　　　　　　为啥要说天很高？
不敢不局㉜。　　　　　　　站着不敢不弯腰。
谓地盖厚？　　　　　　　　为啥要说地很厚？
不敢不蹐㉝。　　　　　　　走路不敢不悄悄。
维号斯言㉞，　　　　　　　大声喊出这些话，
有伦有脊㉟。　　　　　　　确有道理明昭昭。
哀今之人，　　　　　　　　可哀今人已变坏，
胡为虺蜴㊱？　　　　　　　要做毒蛇为哪条？

瞻彼阪田㊲，　　　　　　　举目看那山坡中，
有菀其特㊳。　　　　　　　一棵壮苗特秀荣。
天之扤我㊴，　　　　　　　苍天有意摧残我，
如不我克㊵。　　　　　　　若不胜我不放松。
彼求我则㊶，　　　　　　　当时求我挺下劲，
如不我得。　　　　　　　　一直怕我不应承。
执我仇仇㊷，　　　　　　　请来以后却冷淡，
亦不我力㊸。　　　　　　　不肯让我显才能。

心之忧矣，　　　　　　　　我的心中长忧伤，
如或结之㊹。　　　　　　　好像疙瘩结肚肠。
今兹之正㊺，　　　　　　　如今朝政难挽救，
胡然厉矣㊻？　　　　　　　为何暴虐又猖狂？
燎之方扬㊼，　　　　　　　野火熊熊势正旺，
宁或灭之㊽？　　　　　　　谁能熄灭本领强？
赫赫宗周㊾，　　　　　　　赫赫宗周多昌盛，
褒姒威之㊿。　　　　　　　褒姒把它来灭亡！

（九）

终其永怀(51)，
又窘阴雨(52)。
其车既载，
乃弃尔辅(53)。
载输尔载(54)，
将伯助予(55)！

平时忧虑已深长，
又逢阴雨更心伤。
车上货物已装满，
却把栏板抽一旁。
车上货物撒一地，
才叫“大哥帮个忙”！

（十）

无弃尔辅，
员于尔辐(56)。
屡顾尔仆，
不输尔载。
终逾绝险(57)，
曾是不意(58)！

不应把你栏板丢，
加大车辐精心修。
将你御手照看好，
别让货物掉下头。
终能安全度险境，
对此却不把意留！

（十一）

鱼在于沼(59)，
亦匪克乐(60)。
潜虽伏矣，
亦孔之炤(61)。
忧心惨惨(62)，
念国之为虐。

鱼儿游在池里边，
其实也无快乐言。
即使潜伏在水底，
水清捉你仍不难。
心中不安忧虑重，
可恨国政太凶残！

（十二）

彼有旨酒(63)，
又有嘉殽。
洽比其邻(64)，
昏姻孔云(65)。
念我独兮，
忧心慇慇(66)。

权贵家中美酒饶，
而且桌上满佳肴。
狐群狗党勾结紧，
亲戚周旋兴头高。
想我却是孤独者，
忧愁悲痛如火烧。

# （十三）

| | |
|---|---|
| 佌佌彼有屋⑥⑦。 | 猥琐之人有房间， |
| 蔌蔌方有谷⑥⑧。 | 鄙陋之人有米餐。 |
| 民今之无禄， | 人民如今真不幸， |
| 天夭是椓⑥⑨。 | 天灾打击更艰难。 |
| 哿矣富人⑦⑩， | 富人走运多欢乐， |
| 哀此惸独⑦⑪！ | 穷人孤独太可怜！ |

**【注释】**

①这是一首忧国哀民、愤世嫉邪的诗。约作于西周末年幽王时期，作者当为朝中大夫。②正月："正阳纯乾之月"的简称，指周历六月，夏历四月。四月降霜，天气反常，古人往往认为是灾祸将至的征兆，所以诗人为之忧伤。　③讹言：谣言。　④亦、之：都是助词。孔：很。将：大。　⑤独：孤独。指独自忧伤国事。　⑥京京：忧不能止。　⑦瘒（shǔ）：幽闷。以：而。痒（yáng）：病。　⑧胡：为什么。俾：使。瘏：病，痛苦。　⑨莠言：坏话。　⑩愈愈：忧惧貌。　⑪是以：因此。有侮：受人欺侮。　⑫惸惸（qióng）：忧虑貌。　⑬无禄：不幸。　⑭并：皆。臣仆：奴隶。　⑮我人：指上层人。斯：语气词。　⑯于：在。从禄：获得幸福。　⑰瞻：看。爰：语助词。止：停落。　⑱中林：林中。　⑲侯：维。薪：粗柴。蒸：细柴。这句以林中只有粗细柴而无大树，比喻朝中只有小人，无有贤臣。　⑳殆：危险。　㉑梦梦：昏暗不明。　㉒克：能。定：决定。　㉓靡：无。弗：不。　㉔有皇：皇皇，伟大。　㉕伊：发语词。云：语助词。谁憎：憎恨谁。　㉖谓：说。盖：通盍，何。下同。　㉗冈：山冈。陵：山岭。　㉘宁：犹乃。惩：制止。　㉙故老：老臣。　㉚讯：问。占梦：官名，掌占卜梦的吉凶及灾异之事。　㉛具：同俱。具曰予圣：故老和占梦都说自己是圣人。　㉜局：弯曲。指弯腰。　㉝蹐（jí）：小步走，即轻轻走路。　㉞维：发语词。号：喊叫。斯言：这话，指上面四句。　㉟伦：理。脊：《春秋繁露》引作"迹"。迹：道。伦、脊同义，皆为道理。　㊱虺（huǐ）：毒蛇。蜴：四脚蛇。　㊲孤田：山坡上的田。　㊳有菀：菀菀，茂盛貌。特：特出。这里诗人以特出壮苗自比。　㊴扤（wù）：借为扤（yuè），摧残折磨。　㊵克：战胜。　㊶彼：指周王。则：语尾助词。　㊷仇仇：同执执，松执无力。　㊸不我力：不让我用力，意思是不重用我。　㊹或：有人。结：打结。　㊺今兹：现在。正：同政。　㊻厉：恶，暴虐。　㊼燎：野火。扬：旺盛。　㊽宁：乃。灭：熄。　㊾赫赫：兴盛貌。宗周：周人称镐京为宗周，也称西周为宗周。宗：主。周为天下所宗，所以称宗周。　㊿褒姒（sì）：西周末代君主幽王的宠妃，褒国人所献，姒姓。威（xuè）：灭亡。周王因宠褒姒而朝政荒乱，终致亡国。显然责任主要在幽王，诗人不敢直言，而归罪褒姒。或者诗人真的以为女人是祸水，当为罪魁。　51终：既。永怀：深忧。　52窘（jiǒng）：困。　53辅：大车两旁的栏板，这里以喻贤臣。　54载：前一载字为语助词，后一载字指所载货物。输：坠落。　55将（qiāng）：请。伯：对男子的敬称，犹今之"大哥"。　56员（yún）：益，加大。辐：亦

作𫐄，车厢下面钩住车轴的木头，亦称"伏兔"。　⑤逾：越过。　⑤曾：乃。是：指上述数事。不意：不在意。　⑤沼：池。　⑥匪：通非。　⑥炤（zhāo）：同"昭"，明。　⑥惨惨：忧虑不安貌。　⑥旨酒：美酒。　⑥洽：融洽。比：亲近。　⑥昏姻：泛指亲戚。云：周旋。　⑥慇慇（yīn）：痛心貌。　⑥㿔㿔（cǐ）：渺小貌。　⑥蓛蓛（sù）：鄙陋貌。　⑥天夭：自然灾害。椓（zhuó）：打击。　⑦哿（gě）：嘉，乐。　⑦惸独：孤独无依的人。

# 十月之交①

## （一）

| | |
|---|---|
| 十月之交②， | 节令正逢十月来， |
| 朔日辛卯③。 | 初一辛卯浮云开。 |
| 日有食之④， | 发生日食天地暗， |
| 亦孔之丑⑤。 | 这种现象是大灾。 |
| 彼月而微⑥， | 以前月食已出现， |
| 此日而微。 | 眼下日食又登台， |
| 今此下民， | 当今天下老百姓， |
| 亦孔之哀。 | 大难临头真可哀。 |

## （二）

| | |
|---|---|
| 日月告凶⑦， | 日月告人显凶象， |
| 不用其行⑧。 | 不循正轨大反常。 |
| 四国无政⑨， | 天下四方无善政， |
| 不用其良。 | 朝廷不肯用忠良。 |
| 彼月而食， | 上次月食已告警， |
| 则维其常。 | 尚能将就如平常。 |
| 此日而食， | 这次日食又出现， |
| 于何不臧⑩！ | 奈何将有大祸殃！ |

## （三）

| | |
|---|---|
| 烨烨震电⑪， | 雷声震响闪电明， |
| 不宁不令⑫。 | 天地动荡人不宁。 |
| 百川沸腾， | 百川沸腾翻巨浪， |
| 山冢崒崩⑬。 | 山峰破碎乱石崩。 |
| 高岸为谷⑭， | 高山塌陷成谷底， |

深谷为陵。　　　　　　　深谷凸起变丘陵。
哀今之人，　　　　　　　哀叹如今执政者，
胡憯莫惩⑮！　　　　　　为何顽固一意行！

（四）

皇父卿士⑯，　　　　　　卿士皇父是宰臣，
番维司徒⑰。　　　　　　番氏高居司徒尊。
家伯维宰⑱，　　　　　　家伯总管王家事，
仲允膳夫⑲。　　　　　　仲允负责御膳门。
棸子内史⑳，　　　　　　棸子掌权当内史，
蹶维趣马㉑。　　　　　　蹶氏替王管马群。
楀维师氏㉒，　　　　　　楀氏包揽监察事，
艳妻煽方处㉓。　　　　　勾结褒姒气凌人。

（五）

抑此皇父㉔，　　　　　　瞧这皇父多荒唐，
岂曰不时㉕？　　　　　　怎能兴工在农忙？
胡为我作㉖，　　　　　　为何调我服劳役，
不即我谋㉗？　　　　　　事先不同我商量？
彻我墙屋㉘，　　　　　　把我房屋全拆毁，
田卒污莱㉙。　　　　　　田中积水杂草荒。
曰予不戕㉚，　　　　　　还说我没把你害，
礼则然矣！　　　　　　　照章办事理应当！

（六）

皇父孔圣㉛，　　　　　　选定三卿做亲信，
作都于向㉜。　　　　　　他们都是大富翁。
择三有事㉝，　　　　　　不肯留下一元老，
亶侯多藏㉞。　　　　　　使保我王来效忠。
不慭遗一老㉟，　　　　　又选富家带车马，
俾守我王㊱。　　　　　　迁居向邑共东行。
择有车马㊲，　　　　　　这位皇父太高明，
以居徂向㊳。　　　　　　去到向邑建都城。

黾勉从事㊱，　　　　　　　努力服役尽心身，

不敢告劳㊵。　　　　　　　不敢诉苦把功陈。

无罪无辜，　　　　　　　　没有犯罪没过错，

谗口嚣嚣㊶。　　　　　　　众口谤毁语纷纭。

下民之孽㊷，　　　　　　　黎民接连逢灾难，

匪降自天。　　　　　　　　并非降罪自天尊。

噂沓背憎㊸，　　　　　　　当面欢合背后骂，

职竞由人㊹。　　　　　　　祸乱都因有坏人。

（八）

悠悠我里㊺，　　　　　　　愁思绵绵没有边，

亦孔之痗㊻。　　　　　　　好像大病把身缠。

四方有羡㊼，　　　　　　　四方人们挺富裕，

我独居忧。　　　　　　　　我却独自愁不堪。

民莫不逸㊽，　　　　　　　人家无不享安逸，

我独不敢休。　　　　　　　我却不敢去消闲。

天命不彻㊾，　　　　　　　天命无常难预料，

我不敢效我友自逸㊿。　　　不敢学朋友自悠然。

**【注释】**

①本诗作于周幽王六年（公元前 776 年），作者是周大夫。诗中讽刺幽王无道，奸佞祸国，以致招来日食、地震、山崩、河沸等巨大自然灾异，人民苦难深重，诗人自己也无辜遭殃。其中所写"十月之交，朔日辛卯"的日食，被现代科学家们推定为公元前 776 年 9 月 6 日 7 至 9 时，这是世界上最早、最可靠的日食记录。　②十月之交：刚交十月。　③朔日：初一日，在干支纪时法中这一天是辛卯日。　④食：通蚀。　⑤亦、之：助词。孔：很。丑：恶，凶。古人认为日食、月食是不祥之兆。　⑥彼：指从前。微：幽暗不明，指月食。据天文学家推算，本年 1 月 15 日曾发生过月食。　⑦告凶：显示凶兆。　⑧用：以，按照。行（háng）：道，轨道。　⑨四国：四方国家，即天下。无政：指没有善政。　⑩于何：如何，奈何。不臧：不善，不吉利。　⑪烨烨（yè）：闪电发光貌。震：雷。电：闪电。　⑫宁：安。令：善。　⑬山冢（zhǒng）：山顶。崒（zú）：借为碎。《国语·周语》："幽王二年，西周三川皆震……是岁也，三川竭，歧山崩"。韦注："三，泾、渭、洛也。"此二句所写正是此事。　⑭岸：山崖。　⑮憯（cǎn）：曾，乃。莫惩：不止。　⑯皇父（fǔ）：人名。卿士：官名，六卿之长，总管王朝政事，类似后世的丞相。

⑰番：姓氏。维：是。司徒：官名，主管教化、土地。　⑱家伯：人名。宰：官名，主管王家内外事务，包括传达周王命令。　⑲仲允：人名。膳夫：官名，掌管周王饮食。　⑳聚（zōu）：姓氏。内史：官名，主管人事、司法。　㉑蹶（guì）：姓氏。趣（cù）马：官名，为国王掌管马匹。　㉒楀（jǔ）：姓氏。师氏：官名，负责监察。　㉓艳妻：指褒姒。煽：炽热，形容权势重大。方处：并处，同处于朝廷中。　㉔抑：同噫，感叹词。　㉕曰：犹为。不时：不合农时。此句说，皇父怎么做出这样不依时使民的荒谬事情。　㉖胡为：何为，为什么。作：行动，指服役。　㉗即：就。谋：商量。　㉘彻：通撤，拆毁。　㉙卒：尽，完全。污：低处积水。莱：长满杂草。　㉚戕（qiāng）：残害。　㉛孔圣：很圣明。这是讽刺的话。　㉜都：都城。向：地名，在今河南济源县南。　㉝有事：即有司。三有事：指司徒、司马、司空。　㉞亶（dǎn）：诚，确实。侯：是。多藏：指财富甚多。　㉟慭（yìn）：愿。遗：留。老：旧臣，似指作者自己。　㊱俾：使。守：保卫。　㊲有车马：指有禄位的富者。　㊳居：语助词。徂（cú）：往。　㊴黾（mǐn）勉：勉力。　㊵告劳：诉说劳苦。　㊶嚣嚣：众口谗毁貌。　㊷孽（niè）：灾难。　㊸噂（zǔn）：聚，会面。沓（tà）：合。噂沓：指当面彼此投合。背憎：背后彼此憎恨。　㊹职：犹但，只。竞：并，皆。　㊺里：通悝（lǐ），忧愁。　㊻瘒（méi）：病。　㊼羡：富裕。　㊽逸：安乐。　㊾不彻：不循轨道，意即无常。　㊿效：模仿。

# 雨无正①

## （一）

浩浩昊天②　　　　　　苍天高广渺茫茫，
不骏其德③。　　　　　你的恩德不久长。
降丧饥馑④，　　　　　降下死亡和饥饿，
斩伐四国⑤。　　　　　残害天下乱四方。
旻天疾威⑥，　　　　　苍天狂肆施凶暴，
弗虑弗图⑦。　　　　　严重后果不思量。
舍彼有罪，　　　　　　有罪之人你不管，
既伏其辜⑧。　　　　　让他罪状得隐藏。
若此无罪，　　　　　　无罪之人你迫害，
沦胥以铺⑨。　　　　　大家相继遭祸殃。

周宗既灭⑩，  　　镐京现在已破亡，
靡所止戾⑪。  　　想要落脚没地方。
正大夫离居⑫，  首席大臣已逃走，
莫知我勚⑬。  　　无人知我工作忙。
三事大夫⑭，  　　三公高位公心少，
莫肯夙夜⑮。  　　不肯早晚把班当。
邦君诸侯，  　　各国诸侯也差劲，
莫肯朝夕⑯。  　　不愿朝夕受紧张。
庶曰式臧⑰，  　　总盼君王能向善。
覆出为恶⑱。  　　谁知反而更荒唐。

（三）

如何昊天，  　　无可奈何把天唤，
辟言不信⑲。  　　君王不肯信忠言。
如彼行迈⑳，  　　好比一人来走路，
则靡所臻㉑。  　　不知目标在哪边。
凡百君子，  　　朝内百官吃闲饭，
各敬尔身㉒。  　　各保自身求谨严。
胡不相畏，  　　为何互相不敬畏，
不畏于天？  　　甚至大胆不怕天？

（四）

戎成不退㉓，  　　敌人猖狂来进犯，
饥成不遂㉔。  　　饥荒严重人不安。
曾我暬御㉕，  　　只有我这近臣在，
憯憯日瘁㉖。  　　每天忧虑如病缠。
凡百君子，  　　朝内百官不管事，
莫肯用讯㉗。  　　无人谏诤进忠言。
听言则答㉘，  　　见谁奉承就进用，
谮言则退㉙。  　　见谁谏诤把脸翻。

### （五）

哀哉不能言，　　　　　　可悲有话不能说，
匪舌是出㉚，　　　　　　不是舌头太笨拙，
维躬是瘁㉛。　　　　　　只好自身受折磨。
哿矣能言㉜　　　　　　　能说会道真愉快，
巧言如流，　　　　　　　花言巧语赛江河，
俾躬处休㉝。　　　　　　高官厚禄好处多。

### （六）

维曰于仕㉞，　　　　　　若是出去把官当，
孔棘且殆㉟。　　　　　　又有危险又紧张。
云不可使㊱，　　　　　　要说坏事不能干，
得罪于天子；　　　　　　得罪天子惹祸殃；
亦云可使，　　　　　　　要说坏事可以做，
怨及朋友。　　　　　　　朋友会骂丧天良。

### （七）

谓尔迁于王都㊲，　　　　想劝你现在回王都，
曰予未有室家㊳。　　　　你却说那里没房住。
鼠思泣血㊴，　　　　　　忧思泪尽鲜血出，
无言不疾㊵。　　　　　　忠言无不遭人妒。
昔尔出居㊶，　　　　　　当初离京逃外地，
谁从作尔室㊷？　　　　　曾有谁随你建房屋？

## 【注释】

①这是一首宫廷近臣讽刺幽王昏庸、群臣误国的诗。诗题《雨无正》异于《诗经》多取每篇首句之字为题的常例，各家解释不一，多嫌附会，故此存疑。　②浩浩：广大貌。昊（hào）天：皇天。　③骏：长久。　④丧：灾难。饥馑（jǐn）：饥荒。粮食歉收叫"饥"，蔬菜不熟叫"馑"。　⑤斩伐：残害。四国：四方。　⑥旻（mín）天：应作昊天。《孔疏》："上有昊天，明此亦昊天，定本作昊天，俗本作旻天，误也。"疾威：暴虐。　⑦虑：考虑。图：思量。　⑧既：尽。伏：隐藏。辜：罪。　⑨沦：率。胥：相。沦胥：相继。铺：通痡，病痛。　⑩周宗：当做宗周，指镐京。《左传·昭公十六年》引作宗周。既灭：指犬戎攻破镐京。　⑪止：居。戾（lì）：安定。　⑫正大夫：马瑞辰《通释》："六卿之长为大正。……诗言正大夫，盖天子之大正也。"离居：离开镐京，居于外地。　⑬勩（yì）：劳苦。　⑭三事：即三司：司徒，司马，司空。　⑮夙夜：早晚。　⑯朝夕：义同夙夜。　⑰庶：幸，希望。式：助

词。臧：善。　⑱覆：反。　⑲辟：法。辟言：合于法度的话。　⑳行迈：行走。　㉑臻：至。　㉒敬：谨慎。　㉓戎：兵，此指战祸。成：形成。　㉔遂：安宁。　㉕曾：则，含"只有"之意。嬖（xiè）御：侍御周王的近臣。　㉖惨惨（cǎn）：忧愁貌。瘁（cuì）：憔悴。　㉗讯：当从《鲁诗》作谇（suì），谏净。　㉘听言：顺从的话。　㉙谮（zèn）言：进谏的话。《广韵》："谮，毁也。毁犹谤也。古以谏言为诽谤，故尧有诽谤之木。谮言，即谏言也。"退：斥退。　㉚出："拙"的省借。　㉛躬：自身。㉜哿（gě）：嘉，乐。　㉝休：吉庆，福禄。　㉞于仕：前去做官。　㉟孔棘：非常紧张。棘：通急。殆：危险。　㊱使：从。　㊲尔：你们，指那些"离居"的权贵。王都：指搞京。　㊳予：权贵们自称。　㊴鼠思：同癙思，即忧思。泣血：泪尽继之以血。　㊵疾：通嫉，妒恨。　㊶出居：此指离王都而居外地。　㊷从：跟随。作室：建造房屋。

# 小 旻①

## （一）

旻天疾威②，　　　　　　　苍天暴虐又凶残，
敷于下土③。　　　　　　　无边灾难降人间。
谋犹回遹④，　　　　　　　方针策略全错误，
何日斯沮⑤？　　　　　　　何日结束作改观？
谋臧不从⑥，　　　　　　　善计良谋他不取，
不臧覆用⑦。　　　　　　　邪谋歪计他心欢。
我视谋犹，　　　　　　　　我看现在政策乱，
亦孔之邛⑧。　　　　　　　糟糕透顶尽弊端。

## （二）

潝潝訿訿⑨，　　　　　　　当面唱和背后翻，
亦孔之哀。　　　　　　　　令人悲哀把心担。
谋之其臧，　　　　　　　　善计良谋呈献上，
则具是违⑩；　　　　　　　想方设法来阻拦；
谋之不臧，　　　　　　　　邪谋歪计一呈递，
则具是依。　　　　　　　　全部采纳笑开颜。
我视谋犹，　　　　　　　　我看现在政策坏，
伊于胡底⑪！　　　　　　　弄成啥样才算完！

## （三）

我龟既厌⑫，　　　　　　我的灵龟已厌烦，
我不告犹⑬。　　　　　　谋划吉凶它不言。
谋夫孔多⑭，　　　　　　谋士成群发高论，
是用不集⑮。　　　　　　却无结果乱一团。
发言盈庭，　　　　　　　你争我议满院响，
谁敢执其咎⑯？　　　　　谁个敢把责任担？
如匪行迈谋⑰，　　　　　似与路人胡商议，
是用不得于道⑱。　　　　问道不成尽空谈。

## （四）

哀哉为犹⑲，　　　　　　可叹执政糊涂虫，
匪先民是程⑳，　　　　　不把古人来师承，
匪大犹是经㉑；　　　　　不依大道作准绳；
维迩言是听㉒，　　　　　短浅小计偏爱听，
维迩言是争！　　　　　　于是众人聚相争！
如彼筑室于道谋，　　　　像问路人房咋盖，
是用不溃于成㉓。　　　　所以保准不成功。

## （五）

国虽靡止㉔，　　　　　　国家即使不太大，
或圣或否㉕。　　　　　　也有圣人有常人。
民虽靡膴㉖，　　　　　　群体即使不太广，
或哲或谋㉗，　　　　　　也有智者与谋臣，
或肃或艾㉘。　　　　　　庄重干练不平均。
如彼泉流，　　　　　　　莫如流水滔滔下，
无沦胥以败㉙！　　　　　众多贤才共沉沦！

## （六）

不敢暴虎㉚，　　　　　　不敢徒手把虎打，
不敢冯河㉛。　　　　　　不敢徒步渡河行。
人知其一，　　　　　　　这种危险人知道，
莫知其他㉜。　　　　　　其他危险未必通。
战战兢兢，　　　　　　　心中戒备战兢兢，

如临深渊，　　　　　　　　如临深渊万丈，
如履薄冰。　　　　　　　　如踩薄冰一层。

## 【注释】

①这是一首抨击幽王任用佞人、决策谬误的诗。同时表达了诗人失望悲观、唯恐遭祸的心情。　②旻（mín）：天。旻天：隐喻周幽王。疾威：暴虐。　③敷：布，施。下土：人间。④谋犹：谋划。犹：同猷，谋也。回遹（yù）：邪僻。　⑤斯：助词。沮（jǔ）：止。　⑥臧：善。　⑦覆：反面。　⑧孔：很。邛（qióng）：病。　⑨潝潝（xì）：彼此唱和貌。訿訿（zǐ）：诋毁，诽谤。　⑩具：同俱，全。　⑪伊：语助词。于：向。胡：何。底：至，地步。　⑫龟：龟甲，占卜所用。厌：厌恶。　⑬犹：道，办法。　⑭谋夫：谋臣。　⑮是用：因此。不集：不成功。⑯执：持，引申为任，负责。咎：罪责，职责。　⑰匪：彼。行迈：行路，这里指路人。谋：商量。　⑱不得于道：达不到目的地。　⑲为犹：制订的策谋。　⑳匪：非。先民：古人。程：效法。　㉑大犹：大计，远谋。经：行，遵循。　㉒维：惟，只。迩言：近言，肤浅短视的话。　㉓溃：遂，达到。　㉔靡止：不大。止：至，大。　㉕或：有的。圣：英明。否：指平常。　㉖膴（wǔ）：大。这里引申为多。　㉗哲：贤明。谋：有智谋。　㉘肃：庄重。艾（yì）：有条理，干练。　㉙无：发语词，无义。沦胥：相率。败：败亡。　㉚暴：通搏。暴虎：空手打虎。　㉛冯（píng）河：徒步渡河。　㉜"人知"二句：意思是说，人们只知道暴虎、冯河是一种危险，而不知道还有其他更大的危险。暗指信用佞臣而亡国的危险。

# 小　宛①

## （一）

宛彼鸣鸠②，　　　　　　　小小斑鸠叫连连，
翰飞戾天③。　　　　　　　展翅飞腾上云天。
我心忧伤，　　　　　　　　我的心里忧伤重，
念昔先人。　　　　　　　　想念从前我祖先。
明发不寐④，　　　　　　　直到天明难入睡，
有怀二人⑤。　　　　　　　怀念父母好心酸。

## （二）

人之齐圣⑥，　　　　　　　那些正派聪明人，
饮酒温克⑦。　　　　　　　饮酒克制风度存。
彼昏不知，　　　　　　　　那些昏昧无知者，

壹醉日富⑧。　　　　　　　大发酒疯醉醺醺。
各敬尔仪⑨，　　　　　　　各位举止要谨慎，
天命不又⑩。　　　　　　　别让天性失纯真。

（三）

中原有菽⑪，　　　　　　　田野里面豆苗青，
庶民采之。　　　　　　　　人们采回做菜羹。
螟蛉有子⑫，　　　　　　　小小螟蛉年尚幼，
蜾蠃负之⑬。　　　　　　　蜾蠃背到土窝中。
教诲尔子，　　　　　　　　把你儿子教育好，
式穀似之⑭。　　　　　　　祖上美德要继承。

（四）

题彼脊令⑮，　　　　　　　你看那只小鹡鸰，
载飞载鸣。　　　　　　　　一边高飞一边鸣。
我日斯迈⑯，　　　　　　　我是天天出行远，
而月斯征⑰。　　　　　　　你是月月远出行。
夙兴夜寐，　　　　　　　　早起晚睡勤奋干，
无忝尔所生⑱！　　　　　　不能辱没父母名！

（五）

交交桑扈⑲，　　　　　　　喳喳青雀在飞扬，
率场啄粟⑳。　　　　　　　啄谷落在打谷场。
哀我填寡㉑，　　　　　　　哀我穷困家财少，
宜岸宜狱㉒。　　　　　　　又吃官司上公堂。
握粟出卜㉓，　　　　　　　抓把谷米去占卜，
自何能穀㉔？　　　　　　　何处才能遇吉祥？

（六）

温温恭人㉕，　　　　　　　为人和顺又谦恭，
如集于木。　　　　　　　　似鸟栖聚高枝风。
惴惴小心，　　　　　　　　惴惴不安慎从事，
如临于谷。　　　　　　　　如临深谷好心惊。
战战兢兢，　　　　　　　　战战兢兢怀恐惧，
如履薄冰。　　　　　　　　好像脚下踩薄冰。

**【注释】**

①诗的作者是周王朝的一个官吏，因生逢乱世，便以此诗与兄弟相诫免祸，兼以自儆。②宛：小貌。鸣鸠：斑鸠。 ③翰飞：高飞。戾：到达。 ④明发：天亮。含有直到天亮之意。 ⑤二人：指父母。 ⑥齐：正，正派。圣：智慧特出。 ⑦温：借为蕴。克：指自胜。温克：蕴藉自持。 ⑧壹：语助词。壹醉日富：高亨《诗经今注》："义不可通。亨按：富当读为愊（bì），愤怒也。此句言喝酒一醉之后，则整天对人发怒。"一解"日富"为日益自满。⑨仪：容貌举止。 ⑩天命：方玉润《诗经原始》："天命，诸家皆作天运解，与上文意不贯，当做天性，言天命之性也。"不又：不再。 ⑪中原：即原中。菽：大豆。这里指豆苗。⑫螟蛉（míng líng）：螟蛾的幼虫。 ⑬蜾蠃（guǒluǒ）：一种青黑色的细腰土蜂，亦名细腰蜂，常捕螟蛉喂其幼虫。古人误以为蜾蠃代为养育螟蛉之子，故称人之养子为"螟蛉"或"螟蛉子"。 ⑭式：语助词。谷：善。似：通嗣，继续。 ⑮题：通睼，视也。脊令：鸟名，即鹡鸰。 ⑯日：天天。斯：语助词。迈：远行。 ⑰而：通尔，指其弟。月：每月。征：远行。 ⑱忝（tiǎn）：辱没。尔所生：尔所由生，指父母。 ⑲交交：鸟鸣声。一说小貌。桑扈：鸟名，又名青雀。 ⑳率：循，沿。场：打谷场。 ㉑填：借为疹，穷困。寡：指寡财。㉒宜：仍。《郑笺》："仍得曰宜"。一说为"且"字之误。岸：借为犴。《毛传》："岸，讼也。"岸、狱义同，皆为诉讼。 ㉓握粟出卜：抓一把粟米出去求人占卜。粟米为酬劳。 ㉔自：从。谷：善，指吉利的卦词。 ㉕温温：和柔貌。恭人：恭谨的人。

# 小 弁①

## （一）

| | |
|---|---|
| 弁彼鸒斯②， | 那些寒鸦多快乐， |
| 归飞提提③。 | 成群慢慢飞回窝。 |
| 民莫不穀④， | 人们生活都很好， |
| 我独于罹⑤。 | 只有我的忧愁多。 |
| 何辜于天⑥？ | 我对苍天犯何罪？ |
| 我罪伊何⑦？ | 我的罪过从哪说？ |
| 心之忧矣， | 无限忧愁心好苦， |
| 云如之何⑧！ | 我又对此可奈何！ |

踧踧周道⑨，　　　　　　　坦荡宽平一大道，
鞫为茂草⑩。　　　　　　　上面茂密生野草。
我心忧伤，　　　　　　　　我心忧伤苦不堪，
怒焉如捣⑪。　　　　　　　好像棒捶心头捣。
假寐永叹⑫，　　　　　　　和衣而卧长叹息，
维忧用老⑬。　　　　　　　忧伤使我人变老。
心之忧矣，　　　　　　　　心中忧愁积重叠，
疢如疾首⑭。　　　　　　　头痛发烧要病倒。

（三）

维桑与梓⑮，　　　　　　　二老手植桑梓树，
必恭敬止。　　　　　　　　令人敬重思故土。
靡瞻匪父⑯，　　　　　　　无人对父不仰尊，
靡依匪母⑰。　　　　　　　无人对母不依附。
不属于毛⑱，　　　　　　　我像皮袄外无毛，
不离于里⑲。　　　　　　　也无里子来保护。
天之生我，　　　　　　　　苍天既然把我生，
我辰安在⑳？　　　　　　　我的时运在何处？

（四）

菀彼柳斯㉑，　　　　　　　茂密杨柳颜色青，
鸣蜩嘒嘒㉒。　　　　　　　蝉儿吱吱树上鸣。
有漼者渊㉓，　　　　　　　一片深潭盛碧水，
萑苇淠淠㉔。　　　　　　　旁边芦苇密丛丛。
譬彼舟流，　　　　　　　　我像流舟漂荡荡，
不知所届㉕。　　　　　　　不知会在何处停。
心之忧矣，　　　　　　　　心中忧愁肠欲断，
不遑假寐㉖。　　　　　　　和衣暂睡也不能。

（五）

鹿斯之奔㉗，　　　　　　　野鹿觅偶在奔腾，
维足伎伎㉘。　　　　　　　四蹄轻巧快如风。
雉之朝雊㉙，　　　　　　　野鸡清晨勾勾叫，

尚求其雌。
譬彼坏木㉚，
疾用无枝㉛。
心之忧矣，
宁莫之知㉜！

在向雌鸡话亲情。
我像一棵生病树，
弄得枝叶都凋零。
无限忧愁向谁诉，
没人知我苦伶仃！

（六）

相彼投兔㉝，
尚或先之㉞。
行有死人㉟，
尚或墐之㊱。
君子秉心㊲，
维其忍之㊳！
心之忧矣，
涕既陨之㊴！

兔子投网命可哀，
尚会有人给放开。
死人尸体躺在路，
尚会有人给掩埋。
夫君居心猜不透，
这样狠心从何来？
无限忧愁向谁道，
黯然泪下自伤怀！

（七）

君子信谗，
如或酬之㊵。
君子不惠㊶，
不舒究之㊷。
伐木掎矣㊸。
析薪扡矣㊹。
舍彼有罪，
予之佗矣㊺！

夫君轻易信谗言，
像吃敬酒味香甜。
夫君对我少情义，
不对谗言细查盘。
伐树要用绳牵制，
劈柴要顺木纹砍。
放过造谣有罪者，
让我把罪来承担！

（八）

莫高匪山㊻，
莫浚匪泉㊼。
君子无易由言㊽，
耳属于垣㊾。
无逝我梁㊿，
无发我笱(51)！

不高不可名为山，
不深不能称作泉。
夫君不要轻开口，
隔壁有耳贴墙边。
别到我的鱼坝去，
别把我的鱼篓翻！

我躬不阅㉜，　　　　　　　自身人都容不下，

遑恤我后㉝！　　　　　　　哪顾身后百事艰！

## 【注释】

①自汉代以来，人们一直说这是一首长子被父放逐，抒写忧愤之作，不同的只是对于作者的看法，或以为是被周幽王废逐的大子宜臼，或以为是被周宣王大臣尹吉甫放逐的长子伯奇。袁梅《诗经译注》则认为："此篇为弃妇之词。女歌者的丈夫听信了谗言，遗弃了妻子。这女子在被弃被逐之后，苦诉她的哀伤幽怨之情，涕零如雨，悲怀欲绝。"遂使旧说的各种矛盾迎刃而解，诗意豁然贯通。　②弁（pán）：借作昪，快乐。鹎（yù）：鸟名，即寒鸦，形似乌鸦，腹下白色。斯：语助词。　③提提（shí）：群飞安闲貌。　④穀：善，指生活好。　⑤罹（lí）：忧愁。　⑥辜：罪。　⑦伊：是。　⑧云，语助词。如之何：怎么办。　⑨踧踧（dí）：平坦貌。周道：大道。　⑩鞫（jū）：尽。　⑪惄（nì）：忧思貌。搊：春。　⑫假寐：和衣而睡。永叹：长叹。　⑬维：语助词。用：因。　⑭疢（chèn）：热病，泛指病。疾首：头痛。

⑮桑与梓：桑树和梓树，都是古时宅旁常栽的树，桑可养蚕，梓可制器。诗中因它们是父母所栽而表示恭敬。　⑯靡……匪：无不。瞻：敬仰。　⑰依：依恋。　⑱属（zhǔ）：连。　⑲离：通丽，依附。此二句以衣裳为喻，毛在外以喻父，里在内以喻母。　⑳辰：时，指时运，运气。　㉑菀（wǎn）：茂盛貌。　㉒蜩（tiáo）：蝉。嘒嘒（huì）：蝉鸣声。　㉓有漼（cuǐ）：同漼漼，水深貌。　㉔萑（huán）苇：芦苇。淠淠（pèi）：茂盛貌。　㉕届：至。　㉖不遑：不暇，没空。　㉗奔：指觅群求偶。　㉘伎伎（qí）：四足急动貌。　㉙雉：野鸡。雊（gòu）：野鸡叫。　㉚坏：借为瘣（huì）即病。　㉛用：因而。　㉜宁：乃。　㉝相：看。投兔：投网的兔子。　㉞先：开放。　㉟行：道路。　㊱殣（jìn）：同殭，掩埋。　㊲君子：此指弃逐女主人公的男子。秉心：居心。　㊳维其：何其。忍：狠心，残忍。　㊴涕：眼泪。陨（yǔn）：落。　㊵酬：敬酒。　㊶惠：爱。　㊷舒究：慢慢地追究。之：指谗言。　㊸掎（jǐ）：牵引。伐木时用绳牵树，以控制倒下的方向。　㊹析薪：劈柴。扡（chǐ）：顺着木纹劈破。《诗经》中常以伐木、析薪、束薪比喻婚媾，此处亦然。　㊺佗（tuó）：加。　㊻匪：通彼。　㊼浚：深。　㊽易：轻易，随便。由：于。　㊾属：连。垣：墙。　㊿逝：往。梁：拦鱼的水坝。　㉑笱（gǒu）：捕鱼的竹笼。　㉜躬：自身。阅：收容。　㉝遑：何。恤：忧虑。

# 巧  言①

## (一)

悠悠昊天②，
曰父母且③。
无罪无辜，
乱如此怃④。
昊天已威⑤，
予慎无罪⑥。
昊天泰怃⑦，
予慎无辜。

悠悠皇天人间主，
我把你来当父母。
人们丝毫无罪过，
遭此大乱受痛苦。
皇天施威太凶暴，
任何罪过我全无。
皇天糊涂太过分，
而我的确是无辜。

## (二)

乱之初生，
僭始既涵⑧。
乱之又生，
君子信谗⑨。
君子如怒⑩，
乱庶遄沮⑪。
君子如祉⑫，
乱庶遄已⑬。

祸乱开始初发生，
一切谗言被纳容。
乱事接着再出现，
君王又把谗言听。
王对谗人如动怒，
祸乱便会迅速停。
君王如把贤良用，
祸乱立即能扫平。

## (三)

君子屡盟⑭，
乱是用长⑮。
君子信盗⑯，
乱是用暴。
盗言孔甘⑰，
乱是用馋⑱。
匪其止共⑲，
维王之邛⑳。

王与谗人常联盟，
乱子因此日日增。
君王错把贼盗信，
祸患因此加倍凶。
盗贼言语很甜蜜，
祸乱因此更上升。
谗人外表很恭敬，
君王身边祸根生。

中華藏書

四书五经·最新校勘精注今译本

中国书店

一〇四〇

## （四）

| | |
|---|---|
| 奕奕寝庙㉑， | 王家宗庙气势雄， |
| 君子作之㉒。 | 都是先王建造成。 |
| 秩秩大猷㉓， | 方针大计立根本， |
| 圣人莫之㉔。 | 圣人谋划眼界宏。 |
| 他人有心， | 他人如果生邪念， |
| 予忖度之㉕。 | 我心揣度是非明。 |
| 跃跃毚兔㉖， | 好比狡兔跑得快， |
| 遇犬获之。 | 遇上猎狗一命终。 |

## （五）

| | |
|---|---|
| 荏染柔木㉗， | 树木柔软质地匀， |
| 君子树之。 | 君子所栽已成荫。 |
| 往来行言㉘， | 流言往来传不定， |
| 心焉数之㉙。 | 心中有数可区分。 |
| 蛇蛇硕言㉚， | 骗人大话来何处， |
| 出自口矣。 | 谗人之口是总根。 |
| 巧言如簧㉛， | 花言巧语如奏乐， |
| 颜之厚矣。 | 脸皮太厚可恨人。 |

## （六）

| | |
|---|---|
| 彼何人斯㉜， | 这是何人总捣乱， |
| 居河之麋㉝。 | 他的住处在河边。 |
| 无拳无勇㉞， | 既无力量又无勇， |
| 职为乱阶㉟。 | 专门做恶是祸源。 |
| 既微且尰㊱， | 小腿生疮脚浮肿， |
| 尔勇伊何㊲？ | 你的勇气从何谈？ |
| 为犹将多㊳， | 诡计多端干坏事， |
| 尔居徒几何㊴？ | 问你同党有几员？ |

**【注释】**

①这是一首揭露佞人以巧言乱政的诗。旧说为讽刺幽王之作，难以确考。　②悠悠：遥远貌。　③曰、且（jū）：都是语助词。　④忧（hū）：大。　⑤已：甚。威：暴虐。　⑥慎

诚，确实。　⑦泰：太。忨：怠慢，疏忽。　⑧僭（jiàn）：通潛，谮言。既：尽。涵：容纳。
　⑨君子：指周王。　⑩如怒：如果怒斥谗人。　⑪庶：庶几，差不多。　遄（chuán）：速。
沮（jū）：止。　⑫祉：指信用贤人。　⑬已：停止。　⑭盟：盟誓。此指对谗人的信任。
⑮是用：是以，因此。长：增多。　⑯盗：指谗人。　⑰孔甘：很甜蜜。　⑱餤（tán）：本义
为进食，引申为增多或加剧。　⑲匪：彼。指谗人。止共：止恭，外表恭敬。　⑳维：是。邛
（qióng）：病，指灾祸。　㉑奕奕：高大美盛貌。寝庙：帝王宗庙，由寝和庙两部分组成。
㉒君子：指周武王、周公等人。　㉓秩秩：宏伟貌。大猷（yóu）：指治国大计。猷：谋略。
㉔莫：通谟，谋划。　㉕忖度（cǔn duó）：揣度，猜测。　㉖巉（chán）：狡猾。　㉗荏
（rěn）染：柔韧貌。柔木：善木。《毛诗》："柔木：椅、桐、梓、漆也。"此四种树木质地轻
柔，可制琴瑟等。　㉘行言：流言。　㉙数：盘算，引申为辨别。　㉚蛇蛇（yí），借为訑訑，
欺诈貌。硕言：大话。　㉛巧言如簧：花言巧语如笙簧一样动听。　㉜彼：指谗人。　㉝麋
（méi）：通湄，水边。　㉞拳：力。　㉟职：专，只。乱阶：祸乱的阶梯，引申为祸源。　㊱
微：小腿生湿疮。尰（zhǒng）：脚浮肿。　㊲伊：语助词。　㊳犹：指诈谋，诡计。将：很。
　㊴居：语助词。徒：徒众，同伙。

# 何　人　斯①

## （一）

| | |
|---|---|
| 彼何人斯？ | 那是一个什么人？ |
| 其心孔艰②。 | 心底幽深难猜寻。 |
| 胡逝我梁③， | 为何从我鱼梁过， |
| 不入我门？ | 就是不进我家门？ |
| 伊谁云从④？ | 他正和谁在鬼混？ |
| 维暴之云⑤。 | 对我凶暴像恶神。 |

## （二）

| | |
|---|---|
| 二人从行⑥， | 二人同行曾相亲， |
| 谁为此祸？ | 是谁挑祸两离分？ |
| 胡逝我梁， | 为何从我鱼梁走， |
| 不入唁我⑦？ | 不肯抚慰进我门？ |
| 始者不如今， | 当初哪里是这样， |
| 云不我可⑧！ | 如今对我全无心！ |

（三）

彼何人斯？　　　　　　　那是一个什么人？
胡逝我陈⑨？　　　　　　　为何踏我堂路尘？
我闻其声，　　　　　　　只听他的言语响，
不见其身。　　　　　　　不见他的身影存。
不愧于人？　　　　　　　难道对人不惭愧？
不畏于天？　　　　　　　难道不知畏天神？

（四）

彼何人斯？　　　　　　　那是一个什么人？
其为飘风⑩。　　　　　　　好像疾风在飞奔。
胡不自北？　　　　　　　为何不从北边走？
胡不自南？　　　　　　　为何不把南路循？
胡逝我梁，　　　　　　　为何从我鱼梁过，
只搅我心？　　　　　　　专门搅乱我的心？

（五）

尔之安行⑪，　　　　　　你的车子慢慢走，
亦不遑舍⑫；　　　　　　也没工夫暂歇休；
尔之亟行⑬，　　　　　　你的车子走得快，
遑脂尔车⑭。　　　　　　更加不肯稍停留。
壹者之来⑮，　　　　　　这人到此来一趟，
云何其盱⑯！　　　　　　弄得我心甚忧愁！

（六）

尔还而入⑰，　　　　　　你回此地进我门，
我心易也⑱；　　　　　　我心和悦有精神；
还而不入，　　　　　　　你回此地门不进，
否难知也⑲。　　　　　　隔膜难知你的心。
壹者之来，　　　　　　　这人到此来一趟，
俾我祇也⑳。　　　　　　使我心病又加深。

## （七）

| | |
|---|---|
| 伯氏吹埙㉑， | 阿哥高兴吹起埙， |
| 仲氏吹篪㉒。 | 阿弟吹笛传好音。 |
| 及尔如贯㉓， | 你我原是一绳贯， |
| 谅不我知㉔。 | 全不理解我的心。 |
| 出此三物㉕， | 摆出三牲鸡猪狗， |
| 以诅尔斯㉖。 | 求神降祸到你身。 |

## （八）

| | |
|---|---|
| 为鬼为蜮㉗， | 若为鬼蜮是游魂， |
| 则不可得； | 形影不见隐藏深； |
| 有靦面目㉘， | 做人俨然有模样， |
| 视人罔极㉙。 | 却无准则来遵循。 |
| 作此好歌， | 这首好歌为你作， |
| 以极反侧㉚。 | 教正反覆无常人。 |

## 【注释】

①这是一位女子咏叹她与一男子的爱情纠纷的诗。她指责男子不念旧情，并希望他回心转意。旧说为写周朝苏公、暴公两个大臣之间的矛盾，牵强生硬。　②艰：艰深难测。　③逝：往，走过。梁：鱼梁。　④伊：他。云：语助词。　⑤维：只。暴：粗暴，凶暴。　⑥二人：女诗人称自己与其爱人。　⑦喭（yàn）：慰问不幸者。　⑧可：嘉，好。　⑨陈：堂下至院门的通道。　⑩飘风：疾风，暴风。　⑪安行：慢走。　⑫舍：停息。　⑬亟：急。　⑭脂：犹"楮"，支车使止。　⑮壹者：其人。《助字辨略》："壹者，犹云是人也。"　⑯云：发语词。盱（xū）：通吁，忧伤。　⑰还：返回。入：指进女家。　⑱易：和悦。　⑲否：不通，隔阂。　⑳俾：使。祇：借为疧（qí），疾病。　㉑伯氏：大哥。伯氏和下句的仲氏，都是对其爱人的睧称。埙（xūn）：古代吹奏乐器名，陶制，大如鹅卵，上有六孔。　㉒仲氏：二弟。篪（chí）：古代管乐器，竹制，横吹。　㉓及：与。贯：用绳穿物。　㉔谅：诚。　㉕三物：盟诅所用的三种牺牲，即猪、犬、鸡。　㉖诅：诅咒，求鬼神降灾祸于别人。斯：语气词。　㉗蜮（yù）：古代传说中的一种能含沙射影使人得病的动物。　㉘有靦（tiǎn）：即靦靦，俨然。　㉙视：通示。罔极：没有准则。　㉚极：深究，匡正。反侧：反复无常。

# 巷　伯①

## （一）

萋兮斐兮②，　　　　　　颜色错杂光彩新，
成是贝锦③。　　　　　　织成美锦贝壳纹。
彼谮人者④，　　　　　　那个造谣害人鬼，
亦已大甚⑤！　　　　　　天良丧尽太狠心！

## （二）

哆兮侈兮⑥，　　　　　　大嘴一张舌头灵，
成是南箕⑦。　　　　　　活像南天簸箕星。
彼谮人者，　　　　　　　那个造谣害人鬼，
谁适与谋⑧！　　　　　　谁愿找他谈事情！

## （三）

缉缉翩翩⑨，　　　　　　喊喊喳喳话纷纷，
谋欲谮人。　　　　　　　想方设法陷害人。
慎尔言也⑩，　　　　　　你再发言要谨慎，
谓尔不信。　　　　　　　不然说你不可信。

## （四）

捷捷幡幡⑪，　　　　　　花言巧语胡编排，
谋欲谮言。　　　　　　　挖空心思把赃栽。
岂不尔受⑫？　　　　　　哪是没人受你骗？
既其女迁⑬。　　　　　　终究把你远躲开。

## （五）

骄人好好⑭，　　　　　　小人得志气凌云，
劳人草草⑮。　　　　　　好人受害忧愁深。
苍天苍天，　　　　　　　苍天苍天要关心，
视彼骄人，　　　　　　　看清那些骄横者，
矜此劳人⑯！　　　　　　可怜我们忧患人！

# （六）

彼谮人者，　　　　　那个家伙造谣言，
谁适与谋！　　　　　谁愿跟他把话谈！
取彼谮人，　　　　　抓住那个造谣者，
投畀豺虎⑰！　　　　投给豺虎做美餐！
豺虎不食，　　　　　豺虎不吃嫌他坏，
投畀有北⑱！　　　　投到北地受荒寒！
有北不受，　　　　　北地嫌脏不接受，
投畀有昊⑲！　　　　送给天帝严究盘！

# （七）

杨园之道⑳。　　　　一条大道通杨园，
猗于亩丘㉑。　　　　路经亩丘在上边。
寺人孟子㉒，　　　　我是阉官名孟子，
作为此诗。　　　　　写成此诗诉衷言。
凡百君子，　　　　　列位君子请注意，
敬而听之！　　　　　留心听我道一番！

【注释】

①这是一首遭谗言陷害者的抒愤诗。作者是周朝的寺人孟子。巷伯是孟子的官名，取以为题。　②萋、斐（fěi）：纹彩交错貌。萋，借为緀。　③贝锦：织成贝壳形花纹的锦。此句以织成贝锦比喻谮人巧于罗织谗言。　④谮（zèn）人：说坏话陷害别人的人。　⑤大：通太。　⑥哆（chǐ）：张口貌。侈：大。　⑦箕：星名。共四颗，联成梯形，状似簸箕，故名箕星。出于南方，故称南箕。古时认为箕星主口舌是非，故以比喻谗者。　⑧适：喜欢。　⑨缉缉（qī）：通咠咠（qì），附耳私语。翩翩：借为谝谝，巧佞之言。　⑩尔：指谗者。　⑪捷捷：能言善辩。幡幡（fān）：同翩翩。　⑫受：接受。　⑬既：既而，不久。女：通汝。汝迁：避你而去。　⑭骄人：指谗人，因计谋成功而得意骄横。好好：喜悦貌。　⑮劳人：忧伤的人，指被谗者。草草：同慅慅，忧愁貌。　⑯矜（jīn）：怜悯。　⑰畀（bì）：给予。　⑱有北：指北方寒冷不毛之地。"有"为名词词头。　⑲有昊（hào）：昊天。　⑳杨园：园名。　㉑猗：加，靠。亩丘：丘名。　㉒寺人：阉官，天子侍御之臣。诗题"巷伯"也即寺人之意。孟子：诗人名字，本诗作者。

# 谷风之什

## 谷　风①

### （一）

习习谷风②，　　　　　　山谷大风在咆哮，
维风及雨③。　　　　　　紧随风后暴雨浇。
将恐将惧④，　　　　　　当初岁月多艰苦，
维予与女⑤；　　　　　　惟我伴你历辛劳；
将安将乐，　　　　　　如今日子已安乐，
女转弃予⑥！　　　　　　你却变心把我抛！

### （二）

习习谷风，　　　　　　呼呼大风卷长空，
维风及颓⑦。　　　　　　旋风随后势更凶。
将恐将惧，　　　　　　当初岁月多艰苦，
寘予于怀⑧；　　　　　　将我抱在你怀中；
将安将乐，　　　　　　如今日子已安乐，
弃予如遗⑨。　　　　　　把我抛弃忘旧情。

### （三）

习习谷风，　　　　　　呼呼大风在横行，
维山崔嵬⑩。　　　　　　吹上巍巍高山峰。
无草不死，　　　　　　全部野草都死掉，
无木不萎。　　　　　　各种树木尽凋零。
忘我大德，　　　　　　我的大德全忘记，
思我小怨。　　　　　　专记小错在心中。

【注释】

①这是一首弃妇诗。她指责丈夫只能共患难，不能同安乐。　　旧说多认为是朋友相弃相怨

的诗，验之"维予与女"、"实予于怀"等句，殊觉不合。　②习习：大风之声。谷风：来自山谷的风，大风。　③维：是。此二句以风雨突变比喻生活中的风波。　④将：方，正。　⑤维：唯，只。与：亲附，赞助。女：汝。　⑥转：反而。　⑦颓：旋风。　⑧寘：同置。　⑨遗：忘记。　⑩崔嵬：山高峻貌。

# 蓼莪①

## （一）

蓼蓼者莪②，　　　　　　　　长长大大像莪蒿，
菲莪伊蒿③。　　　　　　　　不是莪蒿是青蒿。
哀哀父母，　　　　　　　　可怜双亲老父母，
生我劬劳④。　　　　　　　　生我养我受辛劳。

## （二）

蓼蓼者莪，　　　　　　　　长长大大像莪蒿，
匪莪伊蔚⑤。　　　　　　　　不是莪蒿是牡蒿。
哀哀父母，　　　　　　　　可怜双亲老父母，
生我劳瘁⑥。　　　　　　　　生我养我病难熬。

## （三）

瓶之罄矣⑦，　　　　　　　　酒瓶已空酒不存，
维罍之耻⑧。　　　　　　　　是因酒坛寒碜人。
鲜民之生⑨，　　　　　　　　孤儿独自生尘世，
不如死之久矣！　　　　　　不如早死更省心！
无父何怙⑩？　　　　　　　　没有父亲何所靠？
无母何恃？　　　　　　　　没有母亲傍谁人？
出则衔恤⑪，　　　　　　　　离家服役怀忧愤，
入则靡至⑫！　　　　　　　　回来已不见双亲！

## （四）

父兮生我，　　　　　　　　我的父亲把我生，
母兮鞠我⑬。　　　　　　　　母亲把我来养成。
拊我畜我⑭，　　　　　　　　对我抚护又亲爱，
长我育我，　　　　　　　　养我长大把理明。
顾我复我⑮，　　　　　　　　细心照顾常挂念，

| | |
|---|---|
| 出入腹我⑯。 | 出入对我注深情。 |
| 欲报之德， | 如今想把恩德报， |
| 昊天罔极⑰！ | 老天降祸理不公！ |

（五）

| | |
|---|---|
| 南山烈烈⑱， | 南山险峻高高耸， |
| 飘风发发⑲。 | 暴风呼啸过长空。 |
| 民莫不穀⑳， | 人人都把父母孝， |
| 我独何害㉑！ | 独我服役太苦情！ |

（六）

| | |
|---|---|
| 南山律律㉒， | 南山高峻入云层， |
| 飘风弗弗㉓。 | 暴风呼啸令人惊。 |
| 民莫不穀， | 人人都把父母养， |
| 我独不卒㉔！ | 独我不能给送终！ |

**【注释】**

①这是一首孝子的悲歌。诗中写他苦于服役、不得终养父母的哀痛。　②蓼蓼（lù）：长大貌。莪（é）：莪蒿，蒿的一种，俗称抱娘蒿。　③匪：非。伊：是。蒿：俗称蒿子，有青蒿、白蒿等品种。　④劬（qú）劳：劳苦。　⑤蔚：蒿的一种，又名牡蒿，入药，干茎燃烟可以驱蚊。　⑥瘁：憔悴，困病。　⑦罄（qìng）：空，尽。　⑧罍（léi）：大肚小口的容器。此二句是说，酒瓶空了，是酒坛之耻，比喻人民穷困不能奉养父母是统治者之耻。　⑨鲜：寡。鲜民：寡民，孤子。　⑩怙（hù）：依靠。　⑪衔：含。恤：忧。　⑫至：亲。《说文》："亲，至也"。靡至：没有亲人。　⑬鞠：养育。　⑭拊：通抚，抚爱，护养。畜（xù）：爱。　⑮顾：照顾。复：借为覆，庇护。　⑯腹：厚爱。　⑰罔极：无常，没有准则。指自己遭不幸，无法养父母。　⑱烈烈：山高峻险阻貌。　⑲飘风：暴起之疾风。发发（bō）：疾风之声。　⑳穀：善。一说赡养。　㉑何：通荷，蒙受。　㉒律律：山势突兀高耸貌。　㉓弗弗：犹发发，疾风之声。　㉔不卒：不得终养父母。

# 大 东①

## （一）

有饛簋飧②，　　　　　　　　　盒中熟饭装得满，
有捄棘匕③。　　　　　　　　　枣木饭勺柄弯转。
周道如砥④，　　　　　　　　　官道平如磨刀石，
其直如矢⑤。　　　　　　　　　路面笔直像箭杆。
君子所履⑥，　　　　　　　　　贵人往来道路中，
小人所视⑦。　　　　　　　　　小民只能干瞪眼。
眷言顾之⑧，　　　　　　　　　一再回头望频繁，
潸焉出涕⑨。　　　　　　　　　伤心不禁泪潸然。

## （二）

小东大东⑩，　　　　　　　　　近东远东邦连邦，
杼柚其空⑪。　　　　　　　　　织机布帛被搜光。
纠纠葛屦⑫，　　　　　　　　　脚上夏鞋缠葛草，
可以履霜？　　　　　　　　　怎能穿它踏寒霜？
佻佻公子⑬，　　　　　　　　　轻狂得意贵公子，
行彼周行⑭。　　　　　　　　　自在穿行路中央。
既往既来，　　　　　　　　　来来往往征赋税，
使我心疚⑮。　　　　　　　　　使我忧郁又心伤。

## （三）

有冽氿泉⑯，　　　　　　　　　旁出泉水清又寒，
无浸获薪⑰！　　　　　　　　　别把劈柴浸里边！
契契寤叹⑱，　　　　　　　　　忧伤不眠长自叹，
哀我惮人⑲。　　　　　　　　　劳苦之人真可怜。
薪是获薪⑳，　　　　　　　　　这些劈柴谁想用，
尚可载也㉑。　　　　　　　　　可以装车往回搬。
哀我惮人，　　　　　　　　　劳苦之人真不幸，
亦可息也。　　　　　　　　　应该休息暂得安。

（四）

东人之子，  　　　东方子弟好辛酸，
职劳不来㉒。  　　　没人关照忙不闲。
西人之子㉓，  　　　西方子弟不一样，
粲粲衣服㉔。  　　　衣服华美光彩鲜。
舟人之子㉕，  　　　高官子弟更优越，
熊罴是裘㉖。  　　　熊罴袍子身上穿。
私人之子㉗，  　　　奴仆子弟命运苦，
百僚是试㉘。  　　　各种累活全承担。

（五）

或以其酒㉙，  　　　有人常喝美酒香，
不以其浆㉚。  　　　有人无酒也无浆。
鞙鞙佩璲㉛，  　　　有人身上佩美玉，
不以其长。  　　　有人却无衣带镶。
维天有汉㉜，  　　　天上银河虽广大，
监亦有光㉝。  　　　镜无人影空有光。
跂彼织女㉞，  　　　织女三星鼎足站，
终日七襄㉟。  　　　一天七次换地方。

（六）

虽则七襄，  　　　虽然七次换地方，
不成报章㊱。  　　　不能织布成纹章。
睆彼牵牛㊲，  　　　牵牛星座光灿灿，
不以服箱㊳。  　　　不能拉车把货装。
东有启明㊴，  　　　拂晓启明出东面，
西有长庚㊵。  　　　黄昏长庚挂西方。
有捄天毕㊶，  　　　毕星柄弯如小网，
载施之行㊷。  　　　张在路上是空忙。

# （七）

維南有箕㊸，　　　　　　　南有箕星亮光光，

不可以簸扬㊹。　　　　　　不能用来簸米糠。

維北有斗㊺，　　　　　　　北有斗星明光照，

不可以挹酒浆㊻。　　　　　不能用来舀酒浆。

維南有箕，　　　　　　　　南方箕星亮闪闪，

載翕其舌㊼。　　　　　　　舌头内吸大口张。

維北有斗，　　　　　　　　北方斗星明光照，

西柄之揭㊽。　　　　　　　斗柄高翘向西方。

## 【注释】

①这是一首东方诸侯国的臣民对西周王室的繁多赋税和沉重劳役表示怨愤的诗。相传作者是谭国大夫。　②有饛（méng）：即饛饛，食物装满貌。簋（guǐ）：古代食器，圆形，旁有两耳。飧（sūn）：熟食。　③有捄（qiú）：即捄捄，长而弯曲貌。棘：枣木。匕：饭勺或汤匙。　④周道：大路，官路，此指通往周朝京城的大道。砥（dǐ）：磨刀石。　⑤矢：箭。　⑥君子：指贵族。履：行走。　⑦小人：指平民。　⑧睠（juàn）言：睠然，回顾貌。之：指周道。　⑨潸（shān）然：泪下貌。　⑩小东大东：指东方各诸侯国，以周京为准，小为近，大为远。　⑪杼柚：织布机上的两个重要部件。抒是梭子，中装纬线。柚是卷经线的大轴。这里以杼柚代织布机。杼柚其空：是说织物和材料都被搜刮一空。　⑫纠纠：绳索缠绕状。葛屦（jù）：用葛草织成的鞋，夏天穿用。　⑬佻佻（tiāo）：轻狂貌。　⑭周行：即周道。　⑮疚（jiù）：忧虑。　⑯有冽（liè）：即冽冽，寒冷。氿（guǐ）泉：因上面受阻而从侧面涌出的泉水。　⑰获薪：已砍下的柴。　⑱契契：愁苦貌。寤叹：睡不着而叹息。　⑲惮（dàn）：通瘅，劳苦。　⑳前一"薪"字：用作动词，烧的意思。是：这。　㉑载：装在车上。　㉒职：只是。来：借为徕（lài），慰劳。　㉓西人：指西周王朝贵族。　㉔粲粲：华丽貌。　㉕舟：借为周。舟人：大人，指上层人。马瑞辰《毛诗传笺通释》："周人为大人，犹周行或谓大道，周狗即大狗也。"　㉖罴：兽名，似熊而大。此句是说以熊罴之皮为衣。　㉗私人：私家奴隶，家奴。　㉘百僚：各种家奴。古代家奴种类很多，如隶、僚、仆、台、圉、牧等。试：任用。　㉙或：有人。或字贯下四句。　㉚浆：薄酒。　㉛鞙鞙（juān）：形容系璲的线美而长。璲（suì）：瑞玉，可以为佩。　㉜汉：银河。　㉝监：同鉴，镜子。古人以水为镜。此句是说，银河像镜子可供人照，但只见水光却不见人影。　㉞跂（qí）：通歧，指织女三星鼎足而立之状。　㉟终日：整日。七襄：七次移动位置。襄：更动。一昼夜共十二个时辰，从旦至暮占七个，即从卯时到酉时，织女星七个时辰更动七次，称七襄。　㊱报：复，即往来之意。章：纹理，指布帛。此上二句说织女星虽然不断移动，但却不能像梭子那样往返，所以不能织成布帛。以下几句则说牵牛、启明、毕星等也都有名无实，比喻西周徒有宗主国之名，而无保护属

国之实。　㊲皖（huàn）：星光明亮貌。牵牛：星名。　㊳服：驾。箱：车厢。此上二句说牵牛星名为牵牛却不能驾牛拉车。　㊴启明：星名，即金星，日出前出现在东方。　㊵长庚：星名，也是金星，日落后出现在西方。上古人不知金星的运行轨道，便因其出现的时间、方位不同而分别称之为启明、长庚。　㊶天毕：星名，共八星，排列形状像畋猎所用的毕网（有柄的网），故称毕星。　㊷载：则，乃。施：犹张。行：路。此二句意思是说，毕是拿在手中捕兔的小网，张在路上，徒劳无功。　㊸箕：星名，共四星，排列形状像张口的簸箕，故名。　㊹簸（bǒ）扬：指簸米粮以去糠秕。　㊺斗：星名，指南斗星。共六星，因排列如酒斗而名。箕星与斗星并出于南方，箕靠南，斗靠北，所以二者并称南箕北斗。　㊻挹（yì）：舀。　㊼翕（xī）：同吸。箕舌内吸：比喻西人对东人的搜刮。　㊽西柄：柄指向西。揭：高举。南斗的柄常指西而上翘，与北斗七星的方位形状不同。欧阳修云："虽有箕，不能为我簸扬糠秕；虽有斗，不能为我挹酌酒浆……箕斗非徒不可用而已；箕张其舌，反若有所噬；斗西其柄，反若有所挹取于东。是皆怨诉之词也。"（见吕祖谦《诗纪》）可供参酌。

# 四　月①

## （一）

四月维夏②，　　　　　　　四月炎炎是夏天，
六月徂暑③。　　　　　　　六月盛暑快过完。
先祖匪人④，　　　　　　　祖先不是别家客，
胡宁忍予⑤？　　　　　　　何忍看我受熬煎？

## （二）

秋日凄凄，　　　　　　　　秋风飒飒天转寒，
百卉俱腓⑥。　　　　　　　百草干枯尽凋残。
乱离瘼矣⑦，　　　　　　　天下乱离遭病苦，
爰其适归⑧？　　　　　　　不知我归向哪边？

## （三）

冬日烈烈⑨，　　　　　　　寒气凛冽进冬天，
飘风发发⑩。　　　　　　　狂风呼呼行路难。
民莫不穀⑪，　　　　　　　别人生活都不错，
我独何害⑫！　　　　　　　我独受害离乡关！

山有嘉卉，　　　　　　　　佳木好草在高山，
侯栗侯梅⑬。　　　　　　　　栗树梅树当风前。
废为残贼⑭，　　　　　　　　奸贼手狠把人害，
莫如其尤⑮！　　　　　　　　不知自己罪滔天！

（五）

相彼泉水⑯，　　　　　　　　看那泉水流不停，
载清载浊⑰。　　　　　　　　有时混浊有时清。
我日构祸⑱，　　　　　　　　我却天天遭祸患，
曷云能穀⑲？　　　　　　　　何时才会得安宁？

（六）

滔滔江汉⑳，　　　　　　　　容汇南国气势宏。
南国之纪㉑。　　　　　　　　鞠躬尽瘁勤王事，
尽瘁以仕㉒，　　　　　　　　长江汉水共朝东，
宁莫我有㉓！　　　　　　　　无人与我心相通！

（七）

匪鹑匪鸢㉔，　　　　　　　　人不是雕不是鹰，
翰飞戾天㉕。　　　　　　　　展翅高飞入云层。
匪鳣匪鲔㉖，　　　　　　　　人不是鲟不是鲤，
潜逃于渊。　　　　　　　　　逃进深潭自在行。

（八）

山有蕨薇㉗，　　　　　　　　蕨菜薇菜长山中，
隰有杞桋㉘。　　　　　　　　枸杞赤楝洼地生。
君子作歌㉙，　　　　　　　　君子作诗自咏叹，
维以告哀㉚。　　　　　　　　权且以此诉衷情。

【注释】

　　①这是一个遭祸南迁的周大夫的抒愤之作。方玉润认为作者是"功臣后裔，遭害被逐，远谪江滨者"，人多信从。但从诗中"匪鹑匪鸢，翰飞戾天。匪鳣匪鲔，潜逃于渊"等句看来，说他是避害南逃，也许更合情理。　　②四月：说的是夏历时间，下句"六月"同此。维：为，是。　　③徂（cú）：往。徂暑：暑徂的倒文，言盛暑即将过去。　　④匪人：不是别人。王夫之《诗经稗疏》："不与己亲者，或谓之他，或谓之人。"　　⑤胡：何。宁：乃。　　⑥卉：草。腓：

借作痱，病也，这里指草木枯萎。　⑦瘼（mò）：疾苦。　⑧爰：何。适：往。　⑨烈烈：同冽冽，寒冷貌。　⑩飘风：暴风。发发（bō）：疾风之声。　⑪穀：善，指生活好。　⑫何：通荷，蒙受。　⑬侯：犹维，是也。　⑭废：《毛传》："废，大也。"贼：害。　⑮尤：罪过。　⑯相：看。　⑰载：又。　⑱日：天天。构祸：遇祸。构：借为遘。　⑲曷：何。云：语助词。　⑳江汉：长江，汉水。　㉑南国：指南方各条河流。纪：纲纪，约束。　㉒尽瘁：精力耗尽，身体憔悴。仕：任职。　㉓宁：而。莫：不。有：通友，亲近。　㉔匪：非。鹑（tuán）：借作鶉，即鵰。鸢（yuān）：鹞鹰。　㉕翰飞：高飞。戾：至。　㉖鳣（zhān）：大鲤鱼。鲔（wěi）：鲟鱼，口小体大。　㉗蕨、薇：都是野菜名。　㉘隰：低湿之地。杞：木名，枸杞。桋（yí）：木名，又名赤栜（shè）。　㉙君子：作者自称。　㉚告哀：诉说悲哀。

# 北　山①

## （一）

| | |
|---|---|
| 陟彼北山②， | 登上那面北山头， |
| 言采其杞③。 | 采摘枸杞往回收。 |
| 偕偕士子④， | 年轻士子身强壮， |
| 朝夕从事。 | 一天到晚忙不休。 |
| 王事靡盬⑤， | 王家战事无止境， |
| 忧我父母。 | 念我父母心中忧。 |

## （二）

| | |
|---|---|
| 溥天之下⑥， | 普天之下地无垠， |
| 莫非王土； | 无处不为周王存； |
| 率土之滨⑦， | 四海之内民无数， |
| 莫非王臣。 | 无人不是周王臣。 |
| 大夫不均⑧， | 大夫劳务不均等， |
| 我从事独贤⑨。 | 数我差役最艰辛。 |

## （三）

| | |
|---|---|
| 四牡彭彭⑩， | 四马拉车赶路忙， |
| 王事傍傍⑪。 | 王家战事一桩桩。 |
| 嘉我未老⑫， | 赞我壮年有干劲， |
| 鲜我方将⑬。 | 夸我健康身体强。 |
| 旅力方刚⑭， | 说我力气特别大， |
| 经营四方⑮。 | 理应勤劳走四方。 |

## （四）

或燕燕居息⑯，　　　　　　有人居家最轻松，
或尽瘁事国。　　　　　　　有人为国把病生。
或息偃在床⑰，　　　　　　有人没事床上卧，
或不已于行⑱。　　　　　　有人奔忙路途中。
或不知叫号⑲，　　　　　　有人不懂哭和叫，
或惨惨劬劳⑳。　　　　　　有人劳苦心不宁。

## （五）

或栖迟偃仰㉑，　　　　　　有人栖息最安生，
或王事鞅掌㉒。　　　　　　有人王事一宗宗。
或湛乐饮酒㉓，　　　　　　有人乐极狂饮酒，
或惨惨畏咎㉔。　　　　　　有人担心降罪名。
或出入风议㉕，　　　　　　有人滔滔空议论，
或靡事不为㉖。　　　　　　有人百事忙不停。

## 【注释】

①《毛诗序》说："《北山》，大夫刺幽王也。役使不均，己劳于从事，而不得养其父母焉。"大体可信。据诗意，这位大夫系受国王派遣而长期从事战争，心中不满，故借此诗以抒愤。　②陟（zhì）：登。　③言：语助词。　④偕偕：强壮貌。士子：低级官吏的通称。当时的官吏分三级：卿、大夫、士，士阶层最低。这里诗人以士子自称。　⑤靡盬（gǔ）：无休。　⑥溥（pǔ）：通普，普遍。　⑦率：循，沿着。滨：水边。古人认为中国大陆四周环海，此滨字即指大陆四周的滨海地带。率土之滨：犹言四海之内。　⑧不均：指给士人分派公务不均衡，不公允。　⑨贤：多。这里指劳累，艰苦。　⑩四牡：同驾一车的四匹公马。彭彭：不得休息貌。　⑪傍傍：无穷无尽貌。　⑫嘉：夸赞。　⑬鲜：善，此指称善。将：强壮。　⑭旅：通膂，脊骨。旅力：犹言体力。刚：强。　⑮经营：指劳作。　⑯燕燕：安闲貌。居息：居家休息。　⑰偃：卧。　⑱不已：不停。行（háng）：道路。　⑲号：放声大哭。　⑳惨惨：忧愁不安貌。劬（qú）劳：劳累。　㉑栖迟：栖息游乐。偃仰：即安居。　㉒鞅掌：繁多。马瑞辰《通释》："按鞅掌二字叠韵，即秧穰之类。《说文》：'秧，禾若秧穰也。'《集韵》曰：禾下叶多也。禾之叶多曰秧穰，人之事多曰鞅掌，其义一也。"　㉓湛：同耽，沉湎，耽溺。㉔咎（jiù）：罪过。　㉕风议：放议，放言空论。风：放。　㉖靡：无。

# 无将大车[1]

## (一)

无将大车[2]，　　　　　　　　　　那辆大车别去推，
只自尘兮[3]。　　　　　　　　　　只能自招一身灰。
无思百忧，　　　　　　　　　　　百种忧愁别去想，
只自疧兮[4]。　　　　　　　　　　只会惹病自倒霉。

## (二)

无将大车，　　　　　　　　　　　那辆大车别去推，
维尘冥冥[5]。　　　　　　　　　　扬士昏暗空中飞。
无思百忧，　　　　　　　　　　　百种忧愁别去想，
不出于颎[6]。　　　　　　　　　　死钻牛角一片黑。

## (三)

无将大车，　　　　　　　　　　　那辆大车别去推，
维尘雝兮[7]。　　　　　　　　　　扬土遮地随风吹。
无思百忧，　　　　　　　　　　　百种忧愁别去想，
只自重兮[8]。　　　　　　　　　　只会惹病自伤悲。

## 【注释】

①这是一首深于忧患、旷达自遣的诗。或谓当时推挽大车者所作，恐非。诗云："无将大车，只自尘兮"，似乎这车可推可不推，一般的挽车者是没有这种选择自由的。揣度情理，作者当是一个与劳动者接近的下层士人。　②将：扶，引申为推进。大车：牛拉的货车，牛车。　③自尘：自惹灰尘。　④疧（qí）：忧病。　⑤冥冥：昏暗貌。　⑤颎（jiǒng）：同炯，光明。《郑笺》："思众小事以为忧，使人蔽暗，不得出于光明之道。"　⑦雝（yōng）：通壅，遮蔽。　⑧重：同肿，病累之意。

# 小　明[1]

## (一)

明明上天，　　　　　　　　　　　苍天在上有光明，
照临下土。　　　　　　　　　　　普照大地万物生。
我征徂西[2]，　　　　　　　　　　我服差役西方去，

至于艽野③。 远到边地荒野行。
二月初吉④, 二月上旬初吉走,
载离寒暑⑤。 寒来暑往一年终。
心之忧矣, 心中忧郁真无奈,
其毒大苦⑥。 好似毒药苦味凶。
念彼共人⑦, 想起谦恭老同事,
涕零如雨。 泪下如雨好伤情。
岂不怀归? 难道不想回家转?
畏此罪罟⑧! 怕遭法网祸无穷!

（二）

昔我往矣, 想我当初去远方,
日月方除⑨。 正是年终那时光。
曷云其还⑩? 何时才能把家返?
岁聿云莫⑪。 又到年终仍茫茫。
念我独兮, 想我一人独在外,
我事孔庶⑫。 差役繁多太紧张。
心之忧矣, 心中忧郁真无奈,
惮我不暇⑬。 整天劳累苦难当。
念彼共人, 想起谦恭老同事,
眷眷怀顾⑭。 很想回去叙情长。
岂不怀归? 岂不盼望回家转?
畏此谴怒! 怕受怒责遭祸殃!

（三）

昔我往矣, 想我当初去远方,
日月方奥⑮。 天气已经暖洋洋。
曷云其还? 何时才能把家返?
政事愈蹙⑯。 政事增多更繁忙。
岁聿云莫, 眼看一年又过尽,
采萧获菽⑰。 收艾割豆堆上场。
心之忧矣, 心中忧郁真无奈,
自诒伊戚⑱。 自寻悲痛自承当。

念彼共人，　　　　　　　　　想起那位老同事，
兴言出宿⑲。　　　　　　　深夜难眠起彷徨。
岂不怀归？　　　　　　　　岂不盼望回家转？
畏此反覆⑳！　　　　　　　只怕横祸难提防！

（四）

嗟尔君子，　　　　　　　　啊呀我的老朋友，
无恒安处㉑！　　　　　　　不要经常图清悠！
靖共尔位㉒，　　　　　　　忠于职守勤工作，
正直是与㉓。　　　　　　　亲近正直立中流。
神之听之，　　　　　　　　神明听了心中乐，
式榖以女㉔。　　　　　　　赐你吉祥大丰收。

（五）

嗟尔君子，　　　　　　　　啊呀我的老伙伴，
无恒安息！　　　　　　　　不要经常闲聊天！
靖共尔位，　　　　　　　　忠于职守勤工作，
好是正直㉕。　　　　　　　亲近良正直如弦。
神之听之，　　　　　　　　神明听到心中喜，
介尔景福㉖。　　　　　　　赐你幸福大无边。

## 【注释】

①一个久役在外的官吏自伤困苦，念友怀归，作此诗。　②征：行。徂：往。　③芁（qiú）野：荒远之地。　④二月：指周历二月，即夏历十二月。初吉：上旬的吉日。　⑤载：则，乃。离：经历。寒暑：指一年。　⑥毒：毒药。大：同太。　⑦共：通恭。共人；谦和恭谨的人。指诗人在朝中的同事。　⑧罪罟（gǔ）：网罟，指统治者的法网。马瑞辰《通释》："按《说文》：'罪，捕鱼竹网。罟，网也。'秦始以罪易皋。惟此诗罪罟二字平列，犹云网罟。"　⑨方除：正当除陈布新之际，亦即岁末。　⑩曷：何时。云：语助词。其还：将要回去。　⑪聿、云：皆为语助词。莫：同暮。　⑫孔庶：很多。　⑬惮（dàn）：通瘅，劳苦。⑭眷眷：反顾貌。　⑮奥：借为燠（yù），暖也。　⑯蹙（cù）：急促。　⑰萧：艾蒿。菽：豆。　⑱诒（yí）：通贻，留下。伊：此，这。戚：忧伤。　⑲兴：起来。出宿：到外面过夜。

⑳反覆：意为反复无常，随便加罪。《郑笺》："反覆，谓不以正罪见罪。"　㉑恒：常。㉒靖：敬谨。共：奉。尔位：你的本职事务。　㉓与：亲近。　㉔式：乃，则。榖：福禄。以：通与，给也。女：汝。　㉕好：爱好。　㉖介：助。景：大。

# 鼓　钟①

## （一）

鼓钟将将②，　　　　　　　　　敲起编钟声锵锵，
淮水汤汤③，　　　　　　　　　淮水奔流向前方，
忧心且伤。　　　　　　　　　　我心忧愁且悲伤。
淑人君子④，　　　　　　　　　古代贤人与君子，
怀允不忘⑤。　　　　　　　　　心中缅怀不能忘。

## （二）

鼓钟喈喈⑥，　　　　　　　　　敲起编钟声喈喈，
淮水湝湝⑦，　　　　　　　　　淮水奔流不停歇，
忧心且悲。　　　　　　　　　　我心忧愁自长嗟。
淑人君子，　　　　　　　　　　古代贤人与君子，
其德不回⑧。　　　　　　　　　道德人品无偏邪。

## （三）

鼓钟伐鼛⑨，　　　　　　　　　敲起编钟鼓点稠，
淮有三洲，　　　　　　　　　　淮水之中三小洲，
忧心且妯⑩。　　　　　　　　　我心伤悼且烦忧。
淑人君子，　　　　　　　　　　古代贤人与君子，
其德不犹⑪。　　　　　　　　　品德高尚无错求。

## （四）

鼓钟钦钦⑫，　　　　　　　　　敲起编钟声钦钦，
鼓瑟鼓琴，　　　　　　　　　　乐师鼓瑟又弹琴，
笙磬同音⑬。　　　　　　　　　笙磬协同奏好音。
以雅以南⑭，　　　　　　　　　拍雅击铃来相配，
以籥不僭⑮。　　　　　　　　　吹籥共鸣节奏匀。

**【注释】**

　　①《毛传》解此诗说："幽王用乐不与德比，会诸侯于淮上，鼓其淫乐以示诸侯，贤者为之忧伤。"情事可信，只是所刺是否幽王，无可证明。　②鼓钟：敲钟。将将：同锵锵，象声词。

③淮水：淮河。源出今河南省桐柏山，流经安徽、江苏两省，东入于海。汤汤（shāng）：大水奔流貌。　④淑人：善人。　⑤怀：思念。允：语助词。　⑥喈喈（jiē）：和谐的钟声。　⑦湝湝（jiē）：水流貌。　⑧回：邪。　⑨鼛（gāo）：大鼓。　⑩妯（chōu）：悲痛，伤悼。⑪犹：借为訧，缺点，毛病。　⑫钦钦：钟声。　⑬磬（qìng）：乐器名，用石或玉制成，悬于架上，敲击发声。同音：音调一致。　⑭以：为。雅：乐器名，状如漆筒，两端蒙以羊皮。以手拍之作声。南：乐器名。郭沫若《甲骨文字研究》："本钟铸之象形，更变而为铃。"一说，雅为雅乐，即天子音乐；南为南乐，即南方乐调。　⑮籥（yuè）：乐器名，似排箫。僭（jiàn）：乱。

# 楚 茨①

## （一）

楚楚者茨②，
言抽其棘③。
自昔何为？
我艺黍稷④。
我黍与与⑤，
我稷翼翼⑥。
我仓既盈，
我庾维亿⑦。
以为酒食，
以享以祀⑧。
以妥以侑⑨，
以介景福⑩。

蒺藜丛生满地盘，
铲除刺秧开良田。
从前垦荒为何事？
我把谷黍种田间。
我的黍子多茂盛，
我的谷子行行连。
我的粮仓已装满，
露天粮囤也撑圆。
用粮做饭和酿酒，
制成祭品献神前。
请来尸主把酒献，
求神赐福大无边。

## （二）

济济跄跄⑪，
絜尔牛羊⑫，
以往烝尝⑬。
或剥或亨⑭，
或肆或将⑮，
祝祭于祊⑯。
祀事孔明⑰，

庄严恭敬迈步方，
洗净你的牛和羊，
拿它祭祀表衷肠。
有的剥来有的煮，
或者摆放或捧上，
太祝祭祀在庙堂。
祭礼准备已完好，

先祖是皇[18]，
神保是飨[19]。
孝孙有庆[20]，
报以介福[21]，
万寿无疆！

祖宗还归喜洋洋，
神灵来把酒肉尝。
孝孙真是有好运，
神灵酬报大福赏，
赐你万寿永无疆！

（三）

执爨踏踏[22]，
为俎孔硕[23]，
或燔或炙[24]。
君妇莫莫[25]，
为豆孔庶[26]，
为宾为客。
献酬交错[27]，
礼仪卒度[28]，
笑语卒获[29]。
神保是格[30]，
报以介福，
万寿攸酢[31]！

厨师恭敏行动忙，
俎中鱼肉满当当，
有烧有烤味道香。
主妇恭敬又谨慎，
豆盛佳肴摆成行，
招待宾客甚周详。
主客敬酒相交错，
礼节全部按规章，
笑容话语都适当。
祖宗神灵已来到，
今用大福来报偿，
赐你长寿永安康！

（四）

我孔熯矣[32]，
式礼莫愆[33]。
工祝致告[34]，
徂赉孝孙[35]。
苾芬孝祀[36]，
神嗜饮食，
卜尔百福[37]。
如几如式[38]，
既齐既稷[39]，
既匡既敕[40]。
永锡尔极[41]，
时万时亿[42]。

我来祭祖很恭敬，
礼仪完备无毛病。
太祝传告祖宗语，
来给孝孙把福送。
所献酒食味道香，
神灵爱吃真高兴，
赐你百福奖赏重。
祭祀及时法度好，
办事整齐又精明，
态度端正又谦恭。
永远赐你福无限，
千千万万量无穷。

## （五）

| | |
|---|---|
| 礼仪既备， | 礼仪完备近尾声， |
| 钟鼓既戒㊸， | 钟鼓敲击告成功， |
| 孝孙徂位㊹。 | 孝孙归位堂下停。 |
| 工祝致告： | 这时太祝来宣告： |
| 神具醉止㊺。 | 神灵都已醉朦胧。 |
| 皇尸载起㊻。 | 皇尸起身离座中， |
| 鼓钟送尸， | 敲钟击鼓把尸送， |
| 神保聿归。 | 神祖飘飘归天庭。 |
| 诸宰君妇㊼， | 众杂厨师和主妇， |
| 废彻不迟㊽。 | 撤去祭器忙匆匆。 |
| 诸父兄弟㊾， | 伯叔兄弟聚一起， |
| 备言燕私㊿。 | 合家欢宴叙亲情。 |

## （六）

| | |
|---|---|
| 乐具入奏51， | 乐队入奏后殿中， |
| 以绥后禄52。 | 祭后酒肉享一通。 |
| 尔殽既将53， | 你的菜肴味道美， |
| 莫怨具庆。 | 毫无怨言乐融融。 |
| 既醉既饱， | 酒已喝醉饭已饱， |
| 小大稽首54。 | 老少叩头要辞行。 |
| 神嗜饮食， | 神灵喜爱这酒菜， |
| 使君寿考55。 | 使你长寿无尽程。 |
| 孔惠孔时56， | 祭典顺利很妥善， |
| 维其尽之57。 | 礼仪详尽场面宏。 |
| 子子孙孙， | 子子孙孙要牢记， |
| 勿替引之58！ | 祭礼不废永继承！ |

## 【注释】

①这是在获得丰收之后，周王祭祀宗庙的诗。　②楚楚：丛生貌。茨：蒺藜。　③抽：除。棘：刺，代称蒺藜。　④艺：种植。　⑤与与：茂盛貌。　⑥翼翼：整齐貌。　⑦瘐：在露天处以席围成的粮囤。亿：满，盈。　⑧享：献祭。　⑨妥：安坐。侑（yòu）：劝酒。古人祭祖之礼，有人扮神，名叫尸，居上位。主祭者跪拜，请尸安坐，即谓妥。继而献上酒食请尸

吃用，即谓侑。　⑩介：求。景福：大福。　⑪济济：庄严恭敬貌。跄跄（qiāng）：行走有节奏貌。　⑫絜：同洁，洗净。一说通"挈"，拿着。　⑬烝尝：冬祭称烝，秋祭称尝。这里泛指祭祀。　⑭剥：宰杀，剥皮。亨：同烹，烧煮。　⑮肆：陈设，摆出。将：捧着。　⑯祝：即太祝，掌祭祀祈祷的官。祊（bēng）：宗庙门内设祭的地方。　⑰孔：很。明：指祭礼完备。　⑱皇：借为廷，归来。指先祖归来享用。　⑲神保：对神的美称。古以神为人的保佑者，故有此称。飨：享受祭礼。　⑳孝孙：主祭者，即周王。有庆：有福。　㉑报：酬报。介福：大福。　㉒爨（cuàn）：炊。踖踖（jí）：敏捷恭敬貌。　㉓俎（zǔ）：祭祀时盛牲的礼器，铜制，四脚。此指俎中的肉。孔硕：很丰盛。　㉔燔（fán）：烧肉。炙（zhì）：烤肉。　㉕君妇：主妇。莫莫：恭敬谨慎貌。　㉖豆：食器名，高足，如盘。庶：多。　㉗献：敬酒。酬：劝酒。　㉘卒度：尽合法度。　㉙获：得宜，恰到好处。　㉚格：至。　㉛攸：犹乃。酢：酬报。　㉜熯：通戁（nǎn），敬惧。　㉝愆（qiān）：差错。　㉞工祝：官祝，即太祝。马瑞辰《通释》："工，官也。"致告：代神致辞。　㉟徂：往。赉（lài）：赏赐。　㊱苾（bì）芬：犹芬芳。　㊲卜：赐予。　㊳如：合。几：借为期，定期。式：法度。　㊴齐：整齐。稷：通畟，敏捷。　㊵匡：端正。敕：谨慎，严整。　㊶锡：赐。极：至，最大的福气。　㊷时：是。亿：在周代为十万。　㊸戒：告。祭祀将毕，奏乐以告礼成。　㊹徂位：指走回来祭时原位。　㊺具：通俱。止：语气词。　㊻皇：大，赞美之辞。载：则，就。　㊼宰：宰夫，亦称膳夫，即厨师。　㊽废彻：指撤去祭器。彻：通撤。　㊾诸父兄弟：指周王的同姓父老兄弟。　㊿备：全部。言：语助词。燕：通宴。燕私：指在寝殿（宗庙后殿）举行的亲属宴会。　51乐：指乐队。具：全部。入奏：祭在前庙，宴在后寝，宴会开始，乐队即由庙入寝演奏。　52绥：安，安享。后禄：指祭祀后所余酒肉。禄：福。　53将：美好。　54小大：指老少。稽首：叩头。向神致谢。　55考：老。寿考：长寿。　56惠：顺利。时：善。　57尽之：尽其礼仪。　58替：废。引之：长久行之，指长期坚持祭祖礼节。

# 信南山①

## （一）

信彼南山②，　　　　　　　　南山高峻绵长，
　维禹甸之③。　　　　　　　大禹曾治此方。
畇畇原隰④，　　　　　　　　原野整齐平坦，
　曾孙田之⑤。　　　　　　　曾孙栽种稻粮。
我疆我理⑥，　　　　　　　　大界小畦划定，
　南东其亩⑦。　　　　　　　田垄纵横成行。

## （二）

上天同云⑧，　　　　　　　　天上乌云沉沉，
雨雪雱雱⑨，　　　　　　　　降下瑞雪纷纷，
益之以霢霂⑩。　　　　　　　又加蒙蒙细雨淋。
既优既渥⑪，　　　　　　　　雨水充足天时顺，
既沾既足⑫，　　　　　　　　土地湿润好耕耘，
生我百谷。　　　　　　　　　五谷长势喜人。

## （三）

疆场翼翼⑬；　　　　　　　　田埂整齐美观，
黍稷彧彧⑭。　　　　　　　　庄稼丰茂无边。
曾孙之穑⑮，　　　　　　　　曾孙粮食收成好，
以为酒食。　　　　　　　　　做成酒食香又甜。
畀我尸宾⑯，　　　　　　　　献与神主宾客，
寿考万年。　　　　　　　　　神赐长寿万年。

## （四）

中田有庐⑰，　　　　　　　　田里种着萝卜，
疆场有瓜。　　　　　　　　　田边菜瓜成熟。
是剥是菹⑱，　　　　　　　　将它剥皮腌制，
献之皇祖。　　　　　　　　　献给我家先祖。
曾孙寿考，　　　　　　　　　曾孙长命百年，
受天之祜⑲。　　　　　　　　永受苍天保护。

## （五）

祭以清酒，　　　　　　　　　祭神清酒美好，
从以骍牡⑳，　　　　　　　　再献黄牛一条，
享于祖考。　　　　　　　　　祖神食品丰饶。
执其鸾刀㉑，　　　　　　　　手握带铃尖刀，
以启其毛㉒，　　　　　　　　刺开公牛皮毛，
取其血膋㉓。　　　　　　　　取出鲜血脂膏。

## （六）

是烝是享<sup>㉔</sup>，　　　　　　冬季牺牲献上，
苾苾芬芬<sup>㉕</sup>，　　　　　　祭品气味芬芳，
祀事孔明<sup>㉖</sup>。　　　　　　祭礼完备周详。
先祖是皇<sup>㉗</sup>，　　　　　　祖宗归来享用，
报以介福<sup>㉘</sup>，　　　　　　酬报洪福久长，
万寿无疆。　　　　　　保佑万寿无疆。

**【注释】**

①这也是一首周王祭祀的乐歌。　②信：通伸，长远貌。南山：终南山。　③维：是。禹：大禹。甸：治理。　④畇畇（yún）：平坦整齐貌。　⑤曾孙：周王作为主祭人对祖宗之神的自称。田：耕种。　⑥疆：划定田界。理：治理田陇田沟。《毛诗传笺通释》："理对疆言，疆谓定其大界，理则细分其地脉也。"　⑦南东其亩：周人称南北陇为南其亩，东西陇为东其亩。亩：陇。　⑧同云：全被云遮。②雨（yù）雪：下雪。雰雰：纷纷。　⑩益：加。霢霂（mài mù）：小雨。　⑪优：充足。渥（wò）：湿润。　⑫沾：沾湿。　⑬场（yì）：田界。何楷《诗经世本古义》："疆、场皆田界之名。疆乃八家同井之界畔，场乃一夫百亩之界畔。"翼翼：整齐貌。　⑭彧彧（yù）：义同郁郁，茂盛貌。　⑮穑（sè）：收割庄稼。　⑯畀（bì）：给予。尸：祭祀时扮作神的人。　⑰庐：借为芦，即萝卜。　⑱是：乃，于是。菹（zū）：腌菜。　⑲祜（hù）：福。　⑳骍（xīng）牡：赤黄色公牛。周人尚赤，故选赤黄色牛为牺牲。　㉑鸾刀：有铃的刀。　㉒启：分开。宰牛时先分开牛毛，以便下刀。　㉓膋（liáo）：脂膏，牛油。　㉔烝：冬祭。一说为进。享：献。　㉕苾苾芬芬：形容香气浓郁。　㉖明：整洁完备。　㉗皇：借为廷，归来。　㉘介福：大福。

# 甫田之什

## 甫　田①

### （一）

倬彼甫田②，
岁取十千③。
我取其陈④，
食我农人⑤，
自古有年⑥。
今适南亩⑦，
或耘或籽⑧，
黍稷薿薿⑨。
攸介攸止⑩，
烝我髦士⑪。

广阔田野大无边，
每年收粮上万千。
我把仓库陈粮取，
供养农民把活干，
自古常是丰收年。
现到田间来巡视，
锄地培土人不闲，
黍谷茂盛广绵绵。
庄稼成熟收回去，
田官献到我面前。

### （二）

以我齐明⑫，
与我牺羊⑬，
以社以方⑭。
我田既臧⑮，
农夫之庆。
琴瑟击鼓，
以御田祖⑯，
以祈甘雨⑰，
以介我稷黍⑱，
以穀我士女⑲。

器皿装满五谷新，
配上羊羔毛色纯，
祭祀土神四方神。
我的田中庄稼好，
农夫庆贺共欢欣。
弹起琴瑟敲起鼓，
隆重迎接祭农神。
祈求神灵降喜雨，
助我禾稼多如云，
赐福男女众臣民。

中国书店

## （三）

| 曾孙来止⑳， | 曾孙前来到田郊， |
|---|---|
| 以其妇子， | 夫人儿子同相邀， |
| 馌彼南亩㉑。 | 送饭田中作慰劳。 |
| 田畯至喜， | 田官一见心中喜， |
| 攘其左右㉒， | 先把左右让一遭， |
| 尝其旨否㉓。 | 尝它味道好不好。 |
| 禾易长亩㉔， | 庄稼繁盛遮满地， |
| 终善且有㉕。 | 果实又好又丰饶。 |
| 曾孙不怒， | 曾孙高兴心无怨， |
| 农夫克敏㉖。 | 农夫干活效率高。 |

## （四）

| 曾孙之稼， | 曾孙庄稼堆场上， |
|---|---|
| 如茨如梁㉗。 | 高如屋顶与桥梁。 |
| 曾孙之庾㉘， | 曾孙粮囷多又大， |
| 如坻如京㉙。 | 好像丘陵与山冈。 |
| 乃求千斯仓， | 要修千座新仓房， |
| 乃求万斯箱㉚。 | 要造万辆新车厢。 |
| 黍稷稻粱， | 五谷丰登心中喜， |
| 农夫之庆。 | 农夫共庆乐一场。 |
| 报以介福， | 神降洪福作酬报， |
| 万寿无疆！ | 万年大寿永无疆！ |

**【注释】**

①这是周王"亲耕"于田野、祭神祈年的乐歌。　②倬（zhuō）：大，此指广阔。甫田：大田。　③十千：言其多。　④陈：陈旧，此指往年的陈粮。　⑤食（sì）：养。本义是拿东西给人吃。农人在耕种公田时，由公家供给吃粮。　⑥有年：丰年。　⑦适：往，到。　⑧耘：除草。耔：用土培苗根。　⑨薿薿（nǐ）：茂盛貌。　⑩攸：乃，就。介：长大。止：至。　⑪燕：进。髦士：英俊之士，指田畯（田官）。　⑫齐明：借为粢盛，盛在祭器里的谷物。《毛传》："器实曰齐，在器曰盛。"　⑬牺：祭祀所用的毛色纯一的牲口叫牺。　⑭社：土地神，这里用为动词，指祭土地神。方：四方之神，这里用为动词，指祭四方之神，　⑮臧：善。　⑯御（yà）：迎接。田祖：农神。《周礼》郑注："田祖，始耕田者，谓神农也。"　⑰

一〇六八

祈：祈求。甘雨：指适时好雨。　⑱介：助。　⑲穀：善。士女：指贵族男女。　⑳曾孙：周王对其祖先之神的自称。止：语气词。　㉑馌（yè）：送饭。范文澜《中国通史简编》："天子每年举行两次慰劳农夫的礼，给农夫们吃陈米饭。"　㉒攘：古让字。左右：指田畯的随员。㉓旨：味美。　㉔易：犹移。《说文》："移，禾相倚移也。"倚移读若阿那，为禾盛之貌。长：满。长亩：指禾稼茎叶覆满田陇。　㉕终：既。有：多。　㉖克：能。敏：敏捷，指工作干得又好又快。　㉗茨：屋盖，房顶。梁：桥梁。一说为水堤。　㉘庾：堆在露天的粮囤。㉙坻（chí）：小丘。京：大丘。　㉚箱：车厢。

# 大　田①

## （一）

大田多稼②，　　　　　　　广阔农田禾稼盛，
既种既戒③，　　　　　　　修好农具选好种，
既备乃事④。　　　　　　　准备齐全就春耕。
以我覃耜⑤，　　　　　　　我的犁头真锐利，
俶载南亩⑥。　　　　　　　开始劳动在田中。
播厥百谷⑦，　　　　　　　五谷陆续播下土，
既庭且硕⑧，　　　　　　　禾苗挺拔绿葱葱，
曾孙是若⑨。　　　　　　　曾孙脸上露笑容。

## （二）

既方既皂⑩，　　　　　　　庄稼抽穗颗粒生，
既坚既好，　　　　　　　　逐渐充实饱盈盈，
不稂不莠⑪。　　　　　　　空穗杂草无影踪。
去其螟螣⑫，　　　　　　　螟虫螣虫都杀死，
及其蟊贼⑬，　　　　　　　除尽蟊虫与贼虫，
无害我田稚⑭。　　　　　　别让幼苗有灾情。
田祖有神⑮，　　　　　　　祈求神农多保佑，
秉畀炎火⑯。　　　　　　　全把害虫投火中。

有渰萋萋⑰，　　　　　　　阴云密布天气凉，
兴雨祁祁⑱。　　　　　　　下起小雨细又长。
雨我公田，　　　　　　　　雨点洒落公田内，
遂及我私⑲。　　　　　　　同时淋我私田秧。
彼有不获稚⑳，　　　　　　那面晚禾晚收获，
此有不敛穧㉑；　　　　　　这边割倒待收装；
彼有遗秉㉒，　　　　　　　那面遗漏有禾把，
此有滞穗㉓，　　　　　　　这边散落单棵粮，
伊寡妇之利㉔。　　　　　　可让寡妇沾点光。

（四）

曾孙来止，　　　　　　　　曾孙亲耕到现场，
以其妇子。　　　　　　　　夫人儿子随后方。
馌彼南亩㉕，　　　　　　　送饭田间赐臣下，
田畯至喜㉖。　　　　　　　田官看到喜洋洋。
来方禋祀㉗，　　　　　　　现在我来祭四方，
以其骍黑㉘，　　　　　　　黄牛黑猪供神尝，
与其黍稷。　　　　　　　　另配新收五谷粮。
以享以祀，　　　　　　　　奉献祭品行大礼，
以介景福！　　　　　　　　请降洪福到家邦！

【注释】

　　①这是周王祭祀农神以祈年的诗，但其中关于农民播种、除虫、收割的叙写却占了主要篇幅，因此可以作为一首农事诗读诵。　②大田：广阔的农田。　③种：本义是种子，这里用作动词，意为选种子。戒：借为械，本指农具，这里用作动词，意为准备农具。　④乃事：这些事。　⑤覃（yǎn）：通剡，锐利。耜（sì）：古代翻土农具，作用似犁。　⑥俶（chù）：开始。载：劳作。　⑦厥：其。　⑧庭：同挺，挺直。硕：大。　⑨曾孙：周王对祖神自称。若：顺。曾孙是若：顺了曾孙的意愿。　⑩方：通房。既房：指谷粒刚生嫩壳、尚未长满。既皂（zào）：指谷壳已成而尚未坚实。　⑪稂（láng）：结穗而不充实的禾。莠（yǒu）：一种似禾的草，一名狗尾草。　⑫螟（míng）：吃禾心的青虫。螣（tè）：吃禾叶的青虫。　⑬蟊（máo）：吃禾根的虫。贼：吃禾节的虫。　⑭稚：幼禾。　⑮田祖：农神。　⑯秉：拿。畀：投给。炎火：大火。　⑰有渰（yǎn）：同渰渰，阴云笼罩貌。萋萋：借作凄凄，天气清冷貌。　⑱兴雨：下雨。祁祁：徐徐，慢慢。　⑲私：私田。　⑳不获稚：因不成熟而不割的禾。　㉑敛

（liàn）：聚拢。稝（jǐ）：已割而散铺于田中的禾。　㉒遗秉：遗漏的成把的禾。　㉓滞穗：散落的禾穗。　㉔伊：是。　㉕馌：送饭。　㉖田：田官。　㉗方：祭四方之神。禋（yīn）祀：一种祭祀。祭时烧柴升烟，再加牲体、五谷、玉帛于火上焚烧。　㉘骍（xīng）：指赤黄色的牛。黑：指黑色的猪。

# 瞻彼洛矣①

## （一）

| | |
|---|---|
| 瞻彼洛矣②， | 宗周洛河水流东， |
| 维水泱泱③。 | 浩浩茫茫深又宏。 |
| 君子至止④ | 周王车驾已来到， |
| 福禄如茨⑤。 | 福如屋顶茅重重。 |
| 韎韐有奭⑥， | 皮制蔽膝红光闪， |
| 以作六师⑦。 | 率领六军去出征。 |

## （二）

| | |
|---|---|
| 瞻彼洛矣， | 宗周洛河水流东， |
| 维水泱泱。 | 浩浩茫茫深又宏。 |
| 君子至上， | 周王车驾已来到， |
| 鞞琫有珌⑧。 | 刀鞘玉饰亮晶晶。 |
| 君子万年， | 祝愿我王万万岁， |
| 保其家室。 | 保他家室永兴隆。 |

## （三）

| | |
|---|---|
| 瞻彼洛矣， | 宗周洛河水流东， |
| 维水泱泱。 | 浩浩茫茫深又宏。 |
| 君子至止， | 周王车驾已来到， |
| 福禄既同。 | 福禄俱全运亨通。 |
| 君子万年， | 祝愿我王万万岁， |
| 保其家邦。 | 保他邦国永安宁。 |

**【注释】**

　　①周王率兵出征，到达洛水，本诗对之进行赞美与祝颂。　②洛：洛水，又名北洛水，在今陕西省北部，东南流入渭水，不是河南省西部的洛水。《毛传》："洛，宗周溉浸水也。"段玉载《小笺》："自魏黄初以前，雍州渭洛字作洛，豫州伊雒字作雒。绝无混淆，黄初以后乃

乱矣。" ③泱泱（yāng）：水深广貌。 ④君子：指周王。止：语气词。 ⑤如茨：言其多，如草屋盖之层层高积。 ⑥袜铪（mèigé）：用茜草染成赤黄色的皮制蔽膝。奭（shì）：通赩（xì），赤色。 ⑦作：起，兴。六师：即六军。陈奂《毛诗传疏》："《周礼·夏官》：'凡制军，万有二千五百人为军，王六军。'襄十四年《左传》：'周为六军。'又襄十一年《榖梁传》：'古者天子六师。'是六师即六军也。" ⑧鞞（bǐ）：刀鞘。琫（běng）：刀鞘口边的装饰。珌（bì）：刀鞘末端的装饰。

# 裳裳者华①

## （一）

| 裳裳者华②， | 鲜花美又盛， |
| --- | --- |
| 其叶湑兮③。 | 绿叶郁葱葱。 |
| 我觏之子④， | 我把这人见， |
| 我心写兮⑤。 | 心里喜盈盈。 |
| 我心写兮， | 心里喜盈盈， |
| 是以有誉处兮⑥。 | 身居欢乐中。 |

## （二）

| 裳裳者华， | 鲜花美又盛， |
| --- | --- |
| 芸其黄矣⑦。 | 颜色黄澄澄。 |
| 我觏之子， | 我把这人见， |
| 维其有章矣⑧。 | 俊逸有才情。 |
| 维其有章矣， | 俊逸有才情， |
| 是以有庆矣⑨。 | 庆贺受欢迎。 |

## （三）

| 裳裳者华， | 鲜花美又盛， |
| --- | --- |
| 或黄或白。 | 黄白错杂生。 |
| 我觏之子， | 我把此人见， |
| 乘其四骆⑩。 | 四马驾车行。 |
| 乘其四骆， | 四马驾车行， |
| 六辔沃若⑪。 | 马缰闪光明。 |

## （四）

左之左之⑫，　　　　　　　文职很精通，
君子宜之⑬。　　　　　　　此君有才能。
右之右之⑭，　　　　　　　若把武职派，
君子有之⑮。　　　　　　　同样能担承。
维其有之，　　　　　　　　正因能担承，
是以似之⑯。　　　　　　　祖业永兴隆。

【注释】

①这是对一位贵族青年的赞歌，其中对他的仪表、风度、车马和才干作了全面的称赞。②裳裳：借作堂堂，丰盛明艳貌。华：花。　③湑（xǔ）：茂盛貌。　④觏（gòu）：见。之子：这人，指那位贵族青年。　⑤写：宣泄。朱熹《诗集传》："则其心倾写而悦乐之矣。"⑥誉：通豫，快乐。　⑦芸其：即芸芸，花叶盛多貌。　⑧章：文章，才华。　⑨庆：喜庆，福庆。　⑩骆：黑尾黑鬣的白马。　⑪沃若：沃然，光润貌。　⑫左：指文事、吉事，如政治、祭祀等。这里用作动词，指安排担任左职。　⑬宜：安。　⑭右：指武事、凶事，如兵戎、死丧等。这里用作动词，指安排担任右职。　⑮有：犹"能"。　⑯似：借为嗣，指继承祖业。

# 桑　扈①

## （一）

交交桑扈②，　　　　　　　枝头青雀喳喳鸣，
有莺其羽③。　　　　　　　羽毛五彩俏玲珑。
君子乐胥④，　　　　　　　在座诸君多欢乐，
受天之祜⑤。　　　　　　　上天赐福好运成。

## （二）

交交桑扈，　　　　　　　青雀啼鸣在树颠，
有莺其领⑥。　　　　　　　脖颈羽毛色彩鲜。
君子乐胥，　　　　　　　在座诸君多欢乐，
万邦之屏⑦。　　　　　　　万国靠您做屏藩。

## （三）

| | |
|---|---|
| 之屏之翰⑧， | 您是屏藩和柱楹， |
| 百辟为宪⑨。 | 诸侯以您做典型。 |
| 不戢不难⑩， | 自我克制守法度， |
| 受福不那⑪。 | 受福极多数不清。 |

## （四）

| | |
|---|---|
| 兕觥其觩⑫， | 兕形酒怀弯又弯， |
| 旨酒思柔⑬。 | 美酒性柔味香甜。 |
| 彼交匪敖⑭， | 不骄不傲不轻慢， |
| 万福来求⑮。 | 万福同来聚身边。 |

### 【注释】

①这是一首周王举行宴会、称赞朝臣的诗。 ②交交：鸟鸣声。一说小貌。桑扈：鸟名，又名窃脂、青雀。 ③有莺：莺莺，有文采貌。 ④胥：语助词。 ⑤祜：福。 ⑥领：颈。 ⑦屏：屏障。喻保卫国家的重臣。 ⑧之：这。翰：借为干（幹），筑墙时支撑在两边的木柱。 ⑨辟（bì）：国君。百辟：即诸侯。宪：法，典范。 ⑩不：通丕，犹甚。戢（jì）：收敛，克制。难：通傩（nuó），守礼节。 ⑪那（nuó）：多。不那：甚多。 ⑫兕觥（sì gōng）：形如卧兕的酒杯。一说为犀牛角制的酒杯。觩（qiú）：弯曲貌。 ⑬旨酒：美酒。思：语气词。柔：指酒味不烈。 ⑭彼：通匪，非也。交：借为姣，侮慢。敖：通傲。 ⑮求：王引之《经义述闻》："求，读与逑同。逑，聚也，谓福禄来聚。"

## 鸳　鸯①

### （一）

| | |
|---|---|
| 鸳鸯于飞②， | 鸳鸯双飞过蓝天， |
| 毕之罗之③。 | 张罗举网捕回还。 |
| 君子万年， | 祝贺先生万年寿， |
| 福禄宜之④。 | 无边福禄香又甜。 |

### （二）

| | |
|---|---|
| 鸳鸯在梁⑤， | 鸳鸯成对在鱼梁， |
| 戢其左翼⑥。 | 嘴插左翅共安详。 |
| 君子万年， | 祝贺先生万年寿， |

宜其遐福⑦。　　　　　　　　　　无边福禄爱情长。

（三）

乘马在厩⑧，　　　　　　　　　　迎亲肥马在马棚，
摧之秣之⑨。　　　　　　　　　　喂饱草料精力盈。
君子万年，　　　　　　　　　　　祝贺先生万年寿，
福禄艾之⑩。　　　　　　　　　　无边福禄度人生。

（四）

乘马在厩，　　　　　　　　　　　迎亲肥马在马圈，
秣之摧之。　　　　　　　　　　　喂饱草料好着鞭。
君子万年，　　　　　　　　　　　祝贺先生万年寿，
福禄绥之⑪。　　　　　　　　　　无边福禄永平安。

## 【注释】

①这是一首祝贺新婚的诗。　②鸳鸯：水鸟名，雌雄偶居不离。诗中以喻夫妻。于：语助词。　③毕：有长柄的捕鸟小网。罗：无柄的捕鸟大网。　④宜：安。　⑤梁：拦鱼的水坝。　⑥戢：《经典释文》引《韩诗》云："戢，捷也，捷其嚼（鸟嘴）于左也。"捷，即插，意思是说，鸳鸯休息时把它们的嘴插在左边的翅里。一说戢为收敛。　⑦遐：远。　⑧乘马：驾车之马。又一车驾四马，故乘马也可解为四马。厩（jiù）：马棚。　⑨摧：通莝（cuò），铡草，喂马之用。秣（mò）：喂牲口的粮食，后称为料。或泛指草料。这里用为动词，即以粮喂马。　⑩艾：辅助。《尔雅·释诂》："艾，相也，相辅也。"一说为养。　⑪绥：安。

# 颀弁①

## （一）

有颀者弁②，　　　　　　　　　　皮帽顶子圆又圆，
实维伊何③。　　　　　　　　　　把它戴在头上边。
尔酒既旨④，　　　　　　　　　　你的酒味真醇美，
尔肴既嘉⑤。　　　　　　　　　　你的菜肴不一般。
岂伊异人⑥？　　　　　　　　　　来的哪是远门客？
兄弟匪他⑦。　　　　　　　　　　自家兄弟坐一圈。
茑与女萝⑧，　　　　　　　　　　女萝和那寄生草，
施于松柏⑨。　　　　　　　　　　要把松柏来附攀。

未见君子⑩，
忧心奕奕⑪；
即见君子，
庶几说怿⑫。

早先未见君王面，
忧愁苦闷心不安；
现在见到君王面，
心中欢喜乐陶然。

（二）

有頍者弁，
实维何期⑬。
尔酒既旨，
尔肴既时⑭。
岂伊异人？
兄弟具来⑮。
茑与女萝，
施在松上。
未见君子，
忧心怲怲⑯：
既见君子，
庶几有臧⑰。

皮帽顶子圆又圆，
戴在头上挺美观。
你的酒味真醇厚，
你的菜肴令人馋。
来的哪是远门客？
自家兄弟坐桌前。
女萝和那寄生草，
要在松柏枝上缠。
早先未见君王面，
忧愁痛苦心中烦；
现在见到君王面，
心中欢喜意兴宽。

（三）

有頍者弁，
实维在首。
尔酒既旨，
尔肴既阜⑱。
岂伊异人？
兄弟甥舅⑲。
如彼雨雪⑳，
先集维霰㉑。
死丧无日㉒，
无几相见㉓。
乐酒今夕，
君子维宴㉔！

皮帽顶子圆又圆，
戴在头上貌伟然。
你的酒味真美好，
你的菜肴香又鲜。
来的哪是远门客？
兄弟舅甥来会餐。
人生好比是雪下，
先霰后雪终化完。
不知哪天人就死，
彼此相见能几年？
今日开怀且痛饮，
及时宴乐莫耽延！

中華藏書

四书五经·最新校勘精注今译本

中国书店

**【注释】**

①这是周王宴请兄弟、亲戚的诗。　②有颊（kuǐ）：颊颊，帽顶圆貌。弁（biàn）：古代贵族所戴的一种帽子，有皮弁（武冠）、爵弁（文冠）等。　③实：是。维：为。伊：语助词。何：通荷，戴着。　④尔：指宴客的周王。旨：味美。　⑤殽：同肴，荤菜。嘉：美。　⑥伊：是。异人：别人，外人。　⑦匪他：不是他人。　⑧茑（niǎo）：一种攀援植物，又名寄生，夏季开花，果实味酸。女萝：一种攀援植物，又名兔丝、松萝，常缘树而生。　⑨施（yì）：蔓延。　⑩君子：指周王。　⑪奕奕（yì）：心神不定貌。　⑫庶几：差不多。说：通悦。怿（yì）：欢喜。　⑬期：同其（jī），语气词。　⑭时：善，美。　⑮具：通俱。　⑯恟恟（bǐng）：忧愁深重貌。　⑰臧：善。有臧：有好处。　⑱阜（fù）：丰富，盛多。　⑲甥舅：古称女婿为甥，岳父为舅；又称姊妹的儿子为甥，母亲的兄弟为舅。这里泛指异姓亲戚。　⑳雨雪：下雪。　㉑集：聚。维：是。霰（xiàn）：雪珠。霰、雪虽有先后，最后都要消融，比喻人生虽有先后，最终皆不免一死。　㉒无日：不知哪一天。　㉓无几：没有多少时间。　㉔维：同惟，只有。宴：安乐。

# 车 辖①

## （一）

间关车之辖兮②，　　　　　娶亲车轴响格格，
思娈季女逝兮③。　　　　　所思美女坐在车。
匪饥匪渴④，　　　　　　　不再如饥又似渴，
德音来括⑤。　　　　　　　美名姑娘来结合。
虽无好友，　　　　　　　　虽无好友来同会，
式燕且喜⑥。　　　　　　　宴席共饮欢乐多。

## （二）

依彼平林⑦，　　　　　　　平野茂密有树林，
有集维鷮⑧。　　　　　　　树上野鸡聚成群。
辰彼硕女⑨，　　　　　　　高挑姑娘多贤慧，
令德来教⑩。　　　　　　　曾受美德来陶熏。
式燕且誉⑪，　　　　　　　宴席之上真欢喜，
好尔无射⑫。　　　　　　　爱你不倦感情深。

虽无旨酒，　　　　　　　虽然没有高级酒，
式饮庶几[13]。　　　　　　喝上几杯不算多。
虽无嘉肴，　　　　　　　虽然没有名贵菜，
式食庶几。　　　　　　　吃上一些很快活。
虽无德与女[14]，　　　　　虽无美德将你配，
式歌且舞。　　　　　　　也请欢舞尽情歌。

（四）

陟彼高冈[15]，　　　　　　登上高冈喜心怀，
析其柞薪[16]。　　　　　　砍伐柞树当烧柴。
析其柞薪，　　　　　　　砍伐柞树当烧柴，
其叶湑兮[17]。　　　　　　叶子茂盛一排排。
鲜我觏尔[18]，　　　　　　今天有幸把您见，
我心写兮[19]。　　　　　　忧愁散尽心花开。

（五）

高山仰止[20]，　　　　　　高山仰望人云中，
景行行止[21]。　　　　　　大道宽广任意行。
四牡骓[22]，　　　　　　　迎亲四马奔驰快，
六辔如琴[23]。　　　　　　六条马缰似琴形。
觏尔新昏[24]，　　　　　　今天与您成婚配，
以慰我心。　　　　　　　心得安慰欢乐生。

【注释】

①这是一首迎娶新娘的诗。　②间关：象声词。辖（xiá）：同辖，车轴两头的金属键。
③娈：美好貌。季女：少女。逝：往，指乘车迎亲。　④匪：非，不。　⑤德音：美誉，善
名。括：通佸，聚会，指结婚。　⑥式：发语词。燕：通宴，宴饮。　⑦依：茂盛貌。平林：
平原上的树林。　⑧鹇（jiāo）：鸟名，野鸡的一种，又称鹇雉，体形及尾羽都像环颈雉。　⑨
辰：美善貌。硕女：美女。硕：高大。古以身材高大为美。　⑩令德：美德。　⑪誉：通豫，
欢乐。　⑫好：爱。射（yì）：厌。　⑬庶几：一些。　⑭与：相配。女：汝。　⑮陟（zhì）：
登。　⑯析：劈。柞：树。古人结婚时劈柴作火把，因此以析薪代指结婚迎亲。　⑰湑（xǔ）：
茂盛貌。　⑱鲜：善。觏（gòu）：遇合。　⑲写（xiè）：犹泻，宣泄忧愁而心情舒畅。　⑳
仰：仰望。止：马瑞辰《通释》："止当做之，下句同。"　㉑景行（háng）：大道。行（xíng）
止：即行之，指走路。　㉒骓：马行不停貌。　㉓辔（pèi）：马缰绳。如琴：指六条马缰有如

琴弦的协调有致。　㉔昏：同"婚"。

# 青　蝇①

## （一）

营营青蝇②，　　　　　　　苍蝇飞舞响嗡嗡，
止于樊③。　　　　　　　　篱笆上面把身停。
岂弟君子④，　　　　　　　和易近人好君子，
无信谗言。　　　　　　　　险恶谗言不可听。

## （二）

营营青蝇，　　　　　　　　苍蝇飞舞响嗡嗡，
止于棘⑤。　　　　　　　　枣树丛上把身停。
谗人罔极⑥，　　　　　　　谗人说话无定准，
交乱四国⑦。　　　　　　　祸乱四方罪不轻。

## （三）

营营青蝇，　　　　　　　　苍蝇飞舞响嗡嗡，
止于榛⑧。　　　　　　　　榛树丛上把身停。
谗人罔极，　　　　　　　　谗人说话无定准，
构我二人⑨。　　　　　　　害我二人受冤情。

【注释】

①本诗斥责谗人害人乱国，劝人警戒。本事无考。或以为讽刺幽王，而缺乏有力凭证。
②营营：蝇飞之声。一说往来貌。　③止：停止。樊：篱笆。　④岂弟：（kǎi tì）：同恺悌，
和易近人。　⑤棘：酸枣树，丛生，可以植做篱笆。　⑥罔：无。极：准则。　⑦交：俱。四
国：四方诸侯之国。　⑧榛：树名，一种丛生小灌木，可以植做篱笆。　⑨构：罗织陷害。二
人：所指不详。或以为作者与听谗者，或以为幽王与申后。

# 宾之初筵①

## （一）

宾之初筵②，  
左右秩秩③。  
笾豆有楚④，  
殽核维旅⑤。  
酒既和旨⑥，  
饮酒孔偕⑦。  
钟鼓既设，  
举酬逸逸⑧。  
大侯既抗⑨，  
弓矢斯张⑩。  
射夫既同⑪，  
献尔发功。  
发彼有的⑬，  
以祈尔爵⑭。

客人初来坐席中，  
宾主分列礼从容。  
杯盘碗盏齐端上，  
鱼肉果品摆相从。  
酒味醇和又甜美，  
举杯共饮兴冲冲。  
钟鼓乐器都齐备，  
彼此敬酒忙不停。  
兽皮靶子已竖起，  
这边搭箭又张弓。  
此时射手都来到，  
各显本领比射功。  
箭发要将靶心破，  
力争取胜赢一盅。

## （二）

籥舞笙鼓⑮，  
乐既和奏。  
烝衎烈祖⑯，  
以洽百礼⑰。  
百礼既至⑱，  
有壬有林⑲。  
锡尔纯嘏⑳，  
子孙其湛㉑。  
其湛曰乐㉒，  
各奏尔能㉓。  
宾载手仇㉔，  
室人入又㉕。

执籥起舞伴吹笙，  
众乐齐奏相和鸣。  
娱乐列祖献乐舞。  
各种礼仪组合成。  
各种礼仪既完备，  
场面又大又丰隆。  
神灵赐你福气大，  
子孙愉悦又欢迎。  
众人快乐心中喜，  
各在射场显其能。  
来宾自己选对手，  
主人也来赛一通。

酌彼康爵㉖，　　　将那大杯酒满上，
以奏尔时㉗。　　　奖给胜者祝成功。

（三）

宾之初筵，　　　　客人初来坐席中，
温温其恭。　　　　态度温和礼节恭。
其未醉止㉘，　　　开始饮酒人未醉，
威仪反反㉙。　　　端庄持重有仪容。
曰既醉止，　　　　饮酒渐多生醉意，
威仪幡幡㉚。　　　举止轻浮礼不成。
舍其坐迁㉛，　　　离开坐席任意走，
屡舞仙仙㉜。　　　手舞足蹈没正形。
其未醉止，　　　　早先初饮还没醉，
威仪抑抑㉝。　　　谨慎小心守规程。
曰既醉止，　　　　等到喝得醺醺醉，
威仪怭怭㉞。　　　轻薄侮慢丑态生。
是曰既醉，　　　　这叫醉酒人失控，
不知其秩㉟。　　　不守规矩胡乱行。

（四）

宾既醉止，　　　　客人已经醉酩酊，
载号载呶㊱。　　　大呼小叫人喧腾。
乱我笾豆，　　　　杯盘碗盏全打乱，
屡舞僛僛㊲。　　　歪三扭四舞步轻。
是曰既醉，　　　　这叫醉酒人无样，
不知其邮㊳。　　　荒唐昏乱不自明。
侧弁之俄㊴，　　　帽子倾斜歪着戴，
屡舞傞傞㊵。　　　摇摇晃晃跳不停。
既醉而出，　　　　如果喝醉出门去，
并受其福㊶；　　　大家有幸负担轻；
醉而不出，　　　　如果喝醉仍不走，
是谓伐德㊷。　　　真叫祸害缺德行。

饮酒孔嘉⑬，　　　　　　　　宴饮本来是好事，
维其令仪⑭。　　　　　　　　惟有礼节要文明。

（五）

凡此饮酒，　　　　　　　　凡是饮酒有章程，
或醉或否。　　　　　　　　醉和不醉要分清。
既立之监⑮，　　　　　　　设立酒监来监视，
或佐之史⑯。　　　　　　　也让史官作旁听。
彼醉不臧⑰，　　　　　　　聚会酗酒很不好，
不醉反耻⑱。　　　　　　　反说不醉该脸红。
式勿从谓⑲，　　　　　　　不要随人胡劝酒，
无俾大怠⑳。　　　　　　　不要使人现丑形。
匪言勿言㉑，　　　　　　　旁人不问别插话，
匪由勿语㉒。　　　　　　　不合礼法别论争。
由醉之言㉓，　　　　　　　醉人讲话无伦次，
俾出童羖㉔。　　　　　　　想要公羊角不生。
三爵不识㉕，　　　　　　　酒过三杯神志乱，
矧敢多又㉖！　　　　　　　怎敢再饮让发疯！

## 【注释】

①本诗描述了贵族的饮宴场面，讽刺了醉后的失仪丧德，并提出严正的劝诫。　②筵（yán）：古人宴会席地而坐，席前置几，放酒食，筵即所坐的竹席。初筵：刚入座。　③左右：指东西两边。古礼规定，主席在东，客席在西。秩秩：肃敬有序貌。　④笾（biān）：盛果品的竹制食器。豆：形似高足盘的食器。有楚：楚楚，行列整齐貌。　⑤殽：同肴，盛在豆中的鱼肉。核：盛在笾中的果品。维：是。旅：陈列。　⑥和旨：醇和甜美。　⑦孔偕：很整齐。指饮酒的动作。　⑧酬：敬酒。逸逸：同绎绎，往来不断貌。　⑨侯：箭靶。古人比赛射箭时，前面设一木架，上面张设兽皮或画布，分别谓之皮侯、布侯，侯的中心加圆形或方形布块，称为的（或称质、鹄、正），射者以中的为胜。抗：举，张挂。　⑩斯：乃。张：弓上弦搭箭曰张。　⑪射夫：射手。同：会齐。　⑫献尔发功：表演你的射箭本领。　⑬有：语助词。　⑭祈：求。爵：酒器名，代指酒。以祈尔爵：意即争取射中而饮酒。古代射礼，射中者饮酒。　⑮籥（yuè）：古乐器名，似后世之排箫。舞：执籥而舞。　⑯烝：进。衎（kàn）：和乐，娱乐。烈祖：有功业的先祖。　⑰洽：配合。　⑱至：齐备。　⑲壬：大。林：盛貌。　⑳锡：赐。纯：大。嘏（gǔ）：福。　㉑湛（dān）：喜乐。　㉒曰：语助词。　㉓奏：献。能：指射技。　㉔载：则。手：取，选择。仇：匹偶，指比赛射箭的对手。　㉕室人：主人。

入又：进入射场伴宾客射箭。又：借为侑。　　㉖酬：斟酒。康：大。康爵：大杯。　　㉗奏：进。时：善，指射中者。　　㉘止：语气词。下同。　　㉙反反：借为昄昄（bǎn），持重谨慎貌。　　㉚幡幡（fān）：轻浮无礼貌。　　㉛舍：离开。坐：座位。迁：移动。　　㉜仙仙：同跹跹，舞步轻盈貌。　　㉝抑抑：谨慎小心貌。　　㉞怭怭（bì）：轻薄亵慢貌。　　㉟秩：规矩。　　㊱号：大叫。呶（náo）：喧哗。　　㊲僛僛（qī）：借作欹欹，不正，醉舞歪邪貌。　　㊳邮：通尤，过失。　　㊴弁：皮帽。侧弁：歪戴着帽子。俄：倾斜。　　㊵傞傞（suō）：醉舞不止貌。　　㊶并：全部。　　㊷伐德：败德。　　㊸孔嘉：很好。　　㊹维：同惟，只是。令仪：好的仪节。　　㊺监：酒监，宴会上监察仪礼的官。　　㊻史：记事的史官，负责记载宴会情况。　　㊼臧：善。　　㊽不醉反耻：人们反而以不醉为耻辱。　　㊾式：发语词。从：跟着。谓：劝酒。　　㊿俾：使。大怠：过分怠慢失礼。大：通太。　　51匪：非。前一"言"字：问，讯。　　52由：法式。　　53由：因。　　54童：秃。羖（gǔ）：黑色公羊。童羖：没有角的公羊。伸出童羖：言外之意是说话荒唐。　　55三爵不识：喝上三杯酒，便神志不清了。　　56矧（shěn）：况且。又：指再饮。

# 鱼藻之什

## 鱼　藻①

### （一）

鱼在在藻②，　　　　　　　鱼儿游在水藻中，
有颁其首③。　　　　　　　大头摇摆自在行。
王在在镐④，　　　　　　　周王住在镐京内，
岂乐饮酒⑤。　　　　　　　日饮美酒乐融融。

### （二）

鱼在在藻，　　　　　　　　鱼儿游在水藻旁，
有莘其尾⑤。　　　　　　　左摇右摆尾巴长。
王在在镐，　　　　　　　　周王住在镐京里，
饮酒乐岂。　　　　　　　　日饮美酒喜洋洋。

### （三）

鱼在在藻，　　　　　　　　鱼儿游在水藻间，
依于其蒲⑦。　　　　　　　又循蒲草自由玩。
王在在镐，　　　　　　　　周王就在镐京住，
有那其居⑧。　　　　　　　静心安居好悠闲。

【注释】

　　①这是一首赞美周王在镐京饮酒享乐的诗。　　②鱼在在藻：何楷《诗经世本古义》："两言'在'字者，作者自为详审之辞，鱼何在乎？在于藻也。'王在在镐'放（仿）此。"　　③有颁（fén）：颁颁，头大貌。　　④镐（hào）：镐京，西周京城。故址在今陕西省西安市西。　　⑤岂：通恺（kǎi），和乐。　　⑥有莘（shēn）：莘莘，尾长貌。　　⑦蒲：蒲草，一种水生植物。　　⑧有那（nuó）：那那，安闲貌。

# 采 菽<sup>①</sup>

## （一）

| 采菽采菽<sup>②</sup>， | 采豆采豆何处放， |
| 筐之筥之<sup>③</sup>。 | 装进方筐与圆筥。 |
| 君子来朝<sup>④</sup>， | 诸侯把王来朝见， |
| 何锡予之<sup>⑤</sup>？ | 天子用啥赏四方？ |
| 虽无予之<sup>⑥</sup>， | 虽然没有厚赏赐， |
| 路车乘马<sup>⑦</sup>。 | 大车华丽肥马良。 |
| 又何予之？ | 另外还有啥奖赏？ |
| 玄衮及黼<sup>⑧</sup>。 | 盘龙礼服绣纹装。 |

## （二）

| 觱沸槛泉<sup>⑨</sup>， | 涌流而出有清泉， |
| 言采其芹<sup>⑩</sup>。 | 采摘芹菜味道鲜。 |
| 君子来朝， | 诸侯来朝把王见， |
| 言观其旂<sup>⑪</sup>。 | 遥望画旗蛟龙翻。 |
| 其旂淠淠<sup>⑫</sup>， | 龙旗飘飘随风舞， |
| 鸾声嘒嘒<sup>⑬</sup>。 | 车铃丁东声悠然。 |
| 载骖载驷<sup>⑭</sup>， | 三马四马把车驾， |
| 君子所届<sup>⑮</sup>。 | 诸侯陆续到殿前。 |

## （三）

| 赤芾在股<sup>⑯</sup>， | 蔽膝在股闪光华， |
| 邪幅在下<sup>⑰</sup>。 | 绑腿长长下面扎。 |
| 彼交匪纾<sup>⑱</sup>， | 不急不慢风度好， |
| 天子所予。 | 这是天子赐给他。 |
| 乐只君子<sup>⑲</sup>， | 诸侯公卿真愉快， |
| 天子命之<sup>⑳</sup>。 | 天子策命把奖发。 |
| 乐只君子， | 诸侯公卿心欢喜， |
| 福禄由之<sup>㉑</sup>。 | 福禄层层相叠加。 |

## （四）

维柞之枝㉒，　　　　柞树枝干生得壮，
其叶蓬蓬㉓。　　　　叶子茂盛色苍苍。
乐只君子，　　　　　诸侯公卿好愉快，
殿天子之邦㉔。　　　共为天子镇国邦。
乐只君子，　　　　　诸侯公卿心欢喜，
万福攸同㉕。　　　　万福同至意扬扬。
平平左右㉖，　　　　左右臣子才能大，
亦是率从㉗。　　　　忠心顺从报君王。

## （五）

泛泛杨舟㉘，　　　　杨木船儿河中荡，
绋纚维之㉙。　　　　绳索拴系难启航。
乐只君子，　　　　　诸侯公卿好愉快，
天子葵之㉚。　　　　天子英明善衡量。
乐只君子，　　　　　诸侯公卿心欢喜，
福禄膍之㉛。　　　　福禄丰厚甚荣光。
优哉游哉㉜，　　　　从容自得闲度日，
亦是戾矣㉝。　　　　生活安定幸福长。

## 【注释】

①这是赞美周王赏赐来朝诸侯的诗。　②菽：大豆。　③筐：方形的盛物竹器。筥（jǔ）：圆形的盛物竹器。　④君子：指诸侯。　⑤锡：赐。　⑥虽：即使。　⑦路车：古代诸侯乘坐的一种车子。乘（shèng）马：驾车的马。　⑧玄衮（gǔn）：上面绣有盘龙的黑色礼服。玄：黑。黼（fǔ）：绣有黑白相间的斧形花纹的礼服。　⑨觱（bì）沸：泉水涌流盛出貌。槛：借为滥，上涌而出。　⑩言：语助词。芹：芹菜。　⑪旂：一种画有蛟龙的旗。　⑫淠淠（pèi）：摇动貌。　⑬鸾：车铃。嘒嘒（huì）：车铃声。　⑭载：则。骖：一车驾三马。驷：一车驾四马。　⑮届：至。　⑯赤芾（fú）：红色的蔽膝，诸侯所用。　⑰邪幅：绑腿。因自腿至足邪缠束之，故名"邪幅"。　⑱彼：通匪，不是。交：借为绞，急切。纾：缓。此句写君子的风度不急不缓，从容有致。　⑲只：语气词。　⑳命之：策命。古代帝王对臣下进行封赏，都将命令写在简册（策）上，由史官在宗庙中正式宣读。　㉑申：重复，指一再叠加。㉒柞（zuò）：树名。　㉓蓬蓬：茂盛貌。　㉔殿：镇，安抚。　㉕攸：所。同：聚。　㉖平平：即便便。古平、便声通。《释文》引《韩诗》作便便，能言善辩、办事精干貌。左右：指左右之臣。　㉗率：遵从。

㉘泛泛：随波飘浮貌。　㉙绋（fú）：系船的麻绳。缅（lí）：拉船的竹索。维：系。　㉚葵：通揆，估量。指估量诸侯的才德。　㉛腬（pí）厚，指厚加赏赐。　㉜优、游：从容不迫，闲适自得貌。　㉝戾（lì）：安定。

# 角　弓①

## （一）

| | |
|---|---|
| 骍骍角弓②， | 角弓调和弓弦展， |
| 翩其反矣③。 | 卸掉弓弦向外反。 |
| 兄弟昏姻④， | 奉劝兄弟与姻亲， |
| 无胥远矣⑤。 | 彼此不要相疏远。 |

## （二）

| | |
|---|---|
| 尔之远矣， | 你若疏远不关照， |
| 民胥然矣⑥。 | 人都跟你走歪道。 |
| 尔之教矣， | 你若正面树楷模， |
| 民胥效矣， | 人们都会来仿效。 |

## （三）

| | |
|---|---|
| 此令兄弟⑦， | 关系融洽好弟兄， |
| 绰绰有裕⑧； | 相处宽厚又轻松； |
| 不令兄弟， | 兄弟关系不和好， |
| 交相为瘉⑨。 | 互相仇视总要争。 |

## （四）

| | |
|---|---|
| 民之无良⑩， | 人们品德不善良， |
| 相怨一方。 | 彼此互相怨对方。 |
| 受爵不让， | 为受爵禄争不下， |
| 至于己斯亡⑪。 | 一直争到己身亡。 |

## （五）

| | |
|---|---|
| 老马反为驹⑫， | 老马当做马驹用， |
| 不顾其后。 | 不顾后果多严重。 |
| 如食宜饇⑬， | 如同吃饭撑肚皮， |
| 如酌孔取⑭。 | 好像酌酒无止境。 |

## （六）

| | |
|---|---|
| 毋教猱升木<sup>⑮</sup>， | 猴子上树不用教， |
| 如涂涂附<sup>⑯</sup>。 | 泥巴粘泥自然牢。 |
| 君子有徽猷<sup>⑰</sup>， | 只要君子有善道， |
| 小人与属<sup>⑱</sup>。 | 众人自会跟后梢。 |

毋教猱升木⑮，　　　　　　　猴子上树不用教，
如涂涂附⑯。　　　　　　　　泥巴粘泥自然牢。
君子有徽猷⑰，　　　　　　　只要君子有善道，
小人与属⑱。　　　　　　　　众人自会跟后梢。

## （七）

雨雪瀌瀌⑲，　　　　　　　　大雪飞扬满天飘，
见晛曰消⑳。　　　　　　　　太阳一晒便融消。
莫肯下遗㉑，　　　　　　　　为人对下不谦逊，
式居娄骄㉒。　　　　　　　　态度傲慢架子高。

## （八）

雨雪浮浮㉓，　　　　　　　　大雪纷飞荡悠悠，
见晛曰流㉔。　　　　　　　　太阳一晒化水流。
如蛮如髦㉕，　　　　　　　　如像蛮夷要粗野，
我是用忧㉖。　　　　　　　　我心为此深烦忧。

## 【注释】

①周王朝贵族因种种矛盾而兄弟亲戚相疏相怨，本诗对此加以讽劝。　②骍骍（xīng）：调和貌。角弓：两端镶有牛角的弓。　③翩：借为偏。偏其：偏偏，外反弯曲貌。弓上弦后向内弯曲，卸弦后反向弯曲。　④昏姻：婚姻，指姻亲。　⑤胥：相。　⑥胥：皆，都。然：这样。　⑦令：善，友善。　⑧绰绰：宽裕貌。有裕：裕裕。宽大貌。　⑨瘉（yù）：病。　⑩民：当做"人"，《说苑·建本篇》《后汉书·章帝纪》皆引作"人"。　⑪斯：语助词。亡：死。一说通"忘"。　⑫驹：小马。这句说把老臣当做青年使用，任以重载。　⑬饫（yù）：饱。　⑭酌：饮酒。孔取：多取。　⑮毋：无。一说为语气词，无实义。猱（náo）：猴子。升木：上树。　⑯如：而。涂：泥土。附：沾着。　⑰徽：美好。猷：道。　⑱小人：指人民。与：从。属（zhǔ）：跟随。　⑲雨雪：下雪。瀌瀌（biāo）：雪盛貌。　⑳晛（xiàn）：太阳的热气。曰：语助词。　㉑遗：借为隤（tuí），下降，引申为柔顺貌。此句言不肯谦卑自下，柔和待人。　㉒式：发语词。居：通倨，傲慢。娄：借为屡，屡次。　㉓浮浮：义同瀌瀌。　㉔流：指雪化为水而流。　㉕蛮：周人称南方部族为蛮。髦：古代西南部族名，属于周人所称的"西夷"。此句以蛮髦比"小人"的粗野。　㉖是用：所以。

# 菀　柳①

## （一）

有菀者柳②，　　　　　　　柳树枯萎如经霜，
不尚息焉③。　　　　　　　别再借它去乘凉。
上帝甚蹈④，　　　　　　　天帝喜怒多变幻，
无自暱焉⑤。　　　　　　　不要近他自损伤。
俾予靖之⑥，　　　　　　　先曾邀我议朝政，
后予极焉⑦。　　　　　　　后却逐我到远方。

## （二）

有菀者柳，　　　　　　　　柳树枯萎叶颓靡，
不尚愒焉⑧。　　　　　　　别到树下去休息。
上帝甚蹈，　　　　　　　　天帝喜怒无常性，
无自瘵焉⑨。　　　　　　　不可近他惹祸机。
俾予靖之，　　　　　　　　先曾邀我议朝政，
后予迈焉⑩。　　　　　　　后却逐我到边极。

## （三）

有鸟高飞，　　　　　　　　有鸟高飞在天空，
亦傅于天⑪。　　　　　　　至高不过穿云层。
彼人之心⑫，　　　　　　　那人心肠太危险，
于何其臻⑬？　　　　　　　到何地步难说清。
曷予靖之⑭，　　　　　　　为何替他理国事，
居以凶矜⑮？　　　　　　　反要推我进火坑？

## 【注释】

①这是一个遭周王放逐的朝臣的怨诗。所刺周王，或以为厉王，或以为幽王，难以论定。　②菀（yùn）：通苑，枯病。　③不尚：不宜，不可。　④上帝：暗指周王。蹈：喜怒变动无常之意。　⑤暱（nì）：病。自暱：自惹祸殃。　⑥俾：使。靖：治理，谋划。之：指国事。　⑦极：借为殛，放逐。　⑧愒（qì）：休息。　⑨瘵（zhài）：病。　⑩迈：远行，指放逐。　⑪傅：至。　⑫彼人：指周王。　⑬臻：至。　⑭曷：何，为什么。　⑮以：于。矜：危，指危险处境。

# 都 人 士①

## （一）

彼都人士②，
狐裘黄黄③。
其容不改④，
出言有章⑤。
行归于周⑥，
万民所望⑦。

那位先生好堂皇，
狐皮袍子亮光光。
仪容不改风度美，
说话出口便成章。
将要返回镐京去，
万民仰望威信强。

## （二）

彼都人士，
台笠缁撮⑧。
彼君子女⑨，
绸直如发⑩。
我不见兮，
我心不说⑪。

那位先生不平凡，
头戴草笠黑布冠。
那位姑娘真俊俏，
头发密直特美观。
不能见到姑娘面，
我的心中甚不欢。

## （三）

彼都人士，
充耳琇实⑫。
彼君子女，
谓之尹吉⑬。
我不见兮，
我心苑结⑭。

那位先生有英风，
宝石充耳亮晶晶。
那位姑娘真美丽，
芳名尹吉多好听。
不能见到姑娘面，
我心郁结忧愁生。

## （四）

彼都人士，
垂带而厉⑮。
彼君子女，
卷发如虿⑯。
我不见兮，
言从之迈⑰。

那位先生自翩然，
佩带下垂身边悬。
那位姑娘多秀美，
鬓如蝎尾向上弯。
不能见到姑娘面，
真想找她去交谈。

中华藏书

四书五经·最新校勘精注今译本

中国书店

## （五）

| | |
|---|---|
| 匪伊垂之⑱， | 不是特地垂佩带， |
| 带则有余。 | 佩带本来就很长。 |
| 匪伊卷之， | 不是特地卷鬓发， |
| 发则有旟⑲。 | 鬓发本自高高扬。 |
| 我不见兮， | 我思姑娘难相见， |
| 云何盱矣⑳！ | 心中实在太悲伤！ |

**【注释】**

①这是一首恋歌。诗中"都人士"为诗人自称，而"君子女"则是他追求的爱人。本篇《毛诗》为五章，《三家诗》则为四章，无第一章，前人怀疑第一章为逸诗混入，有道理。孙作云《诗经与周代社会研究》也认为第一章写诸侯朝周，后四章是民间恋歌，不可混淆。　②都人：美人。马瑞辰《通释》："都人，犹言美人也。诗以都人士与君子女相对成文。"　③黄黄：借为煌煌，明亮貌。　④容：态度。　⑤有章：有系统，有文采。　⑥行：将。周：指周都镐京。　⑦望：仰望。　⑧台：通苔，苔草。台笠：苔草编的草帽。缁（zī）：黑色的布料。缁撮（cuō）：黑皮制成的束发小帽。　⑨君子女：贵族小姐。　⑩绸：马瑞辰《通释》："绸借为鬌（chóu），发多也。"直：发直。如：其。　⑪说：通悦。　⑫充耳：古代玉石饰物，悬于冠冕两旁，下垂于耳。琇：美石。实：坚。　⑬尹吉：《郑笺》："吉读为姞。尹氏姞氏，周室昏姻之旧姓也。"此女当是夫家姓尹，娘家姓姞，故称尹姞。　⑭苑（yù）结：即郁结，心中忧郁成结。　⑮垂带：下垂的佩带。而：音义同"如"。厉：《郑笺》："厉字当做裂。"裂，绸布之余，即布条。　⑯卷（quán）发：挽鬓上卷的头发。一说鬓边上卷的短发。虿（chài）：蝎子。蝎子行走时尾部上翘，这里用它比喻头发上卷。　⑰言：语首助词。迈：行。　⑱匪：非。伊：是。　⑲有旟（yú）：旟旟，扬起貌。　⑳盱（xū）：通吁，忧伤。

## 采　绿①

### （一）

| | |
|---|---|
| 终朝采绿②， | 菉草采了一早晨， |
| 不盈一匊③。 | 不到一捧是无心。 |
| 予发曲局④， | 我的长发卷曲乱， |
| 薄言归沐⑤。 | 回去洗头整均匀。 |

终朝采蓝⑥，　　　　　　　　整个清早采靛青，
不盈一襜⑦。　　　　　　　　围裙兜中仍半空。
五日为期，　　　　　　　　　丈夫约定五天返，
六日不詹⑧。　　　　　　　　如今六天无影踪。

（三）

之子于狩⑨，　　　　　　　　郎要打猎到外边，
言韔其弓⑩。　　　　　　　　我把弓箭装袋间。
之子于钓，　　　　　　　　　郎要钓鱼到水畔，
言纶之绳⑪。　　　　　　　　我给他把钓丝缠。

（四）

其钓维何⑫？　　　　　　　　什么鱼儿上钓竿？
维鲂及鱮⑬。　　　　　　　　既有鳊鱼又有鲢。
维鲂及鱮，　　　　　　　　　既有鳊鱼又有鲢，
薄言观者⑭。　　　　　　　　我在旁边细细观。

【注释】

　　①这是一首怨女思夫诗。后二章是她对丈夫回家以后情景的设想。　②绿：借为菉，草名，又为荩草，可以染黄。　③盈：满。匊（jū）：古掬字，双手合捧为掬。　④曲局：卷曲。　⑤薄言：语首助词。沐：洗头。　⑥蓝：草名，即靛青，可以染青。　⑦襜（chān）：系在衣服前面的围裙。　⑧詹：至。　⑨之子：指其丈夫。于：往。狩：打猎。　⑩言：发语词。韔（chàng）：弓袋。这里用作动词，即装入袋中。　⑪纶：丝质的钓绳。这里用作动词，缠结之意。之：其。　⑫维：是。　⑬鲂（fáng）：鳊鱼。鱮（xù）：鲢鱼。　⑭者：通诸，之乎二字的合音。

# 黍　苗①

（一）

芃芃黍苗②，　　　　　　　　黍苗蓬勃长势好，
阴雨膏之③。　　　　　　　　喜雨及时把它浇。
悠悠南行④，　　　　　　　　南行虽是遥远路，
召伯劳之⑤。　　　　　　　　多谢召伯常慰劳。

### （二）

我任我辇⑥，　　　　　　　有的拉车有的背，
我车我牛⑦。　　　　　　　马车牛车相追随。
我行既集⑧，　　　　　　　这次行役已完事，
盖云归哉⑨！　　　　　　　何不共同把家回！

### （三）

我徒我御⑩，　　　　　　　或者驾车或步行，
我师我旅⑪。　　　　　　　率领师旅共启程。
我行既集，　　　　　　　　这次行役已完事，
盖云归处⑫！　　　　　　　保不安居回家中！

### （四）

肃肃谢功⑬，　　　　　　　修建谢城快施工，
召伯营之⑭。　　　　　　　召伯劳累苦经营。
烈烈征师⑮，　　　　　　　行军队列多威武，
召伯成之⑯。　　　　　　　召伯组织训练成。

### （五）

原隰既平⑰，　　　　　　　高低之地已整平，
泉流既清。　　　　　　　　泉水河流也疏清。
召伯有成⑱，　　　　　　　召伯大功已成就，
王心则宁。　　　　　　　　君王喜悦心安宁。

【注释】

①周宣王封其舅父于申，命召伯姬虎率领官兵先到申地建筑谢城，作为国都。归途中，其从人颂美召伯，庆贺归来，作此诗。　②芃芃（péng）：草木茂盛貌。　③膏：润泽。　④悠悠：遥远貌。　⑤召伯：姓姬名虎，周初召公奭之后，封于召国，亦称召穆公，为厉王、宣王、幽王时大臣。劳：慰劳。　⑥我：犹乃。下同。任：背负。辇（niǎn）：拉车。　⑦车：指驾马车。牛：指驾牛车。　⑧集：成，成功。　⑨盖：通盍，何不。云：语助词。　⑩徒：步行。御：驾车。　⑪师、旅：据《周礼》百人为旅，五旅为师。这里都用作动词，指率军一师、一旅。　⑫归处：回家安居。　⑬肃肃：严整迅疾貌。谢：邑名，地在今河南信阳。功：通工，工程。　⑭营：经营。　⑮烈烈：威武盛大貌。　⑯成：组成。　⑰原：高平之地。隰（xí）：低湿之地。平：治理。陈奂《诗毛氏传疏》："土治曰平，水治曰清。"　⑱有成：成功。

# 隰 桑①

## （一）

隰桑有阿②，　　　　洼地柔桑有光华，
其叶有难③。　　　　繁叶茂盛密麻麻。
既见君子④，　　　　终于见到爱人面，
其乐如何！　　　　心中快乐难表达！

## （二）

隰桑有阿，　　　　洼地柔桑影婀娜，
其叶有沃⑤。　　　　繁叶肥厚又润泽。
既见君子，　　　　终于见到爱人面，
云何不乐⑥？　　　　心中怎会不快乐？

## （三）

隰桑有阿，　　　　洼地柔桑影娉婷，
其叶有幽⑦。　　　　密叶肥厚黑又明。
既见君子，　　　　终于见到爱人面，
德音孔胶⑧。　　　　绵绵话语诉衷情。

## （四）

心乎爱矣，　　　　我在心中把你爱，
遐不谓矣⑨？　　　　为何没有说出来？
中心藏之⑩，　　　　无限情思藏心底，
何日忘之！　　　　哪有一天能忘怀！

## 【注释】

①这是一位女子向爱人倾吐爱心的诗。　②隰桑：长在低湿之地的桑树。朱熹《诗集传》："隰，下湿之处，宜桑者也。"阿：通婀，柔美貌。有阿：王先谦《诗三家义集疏》："有阿，即阿阿也，故《笺》中读为阿阿。经中累字（叠字）多参用'有'字，与累字无异。"
③难：通傩（nuó）：傩傩，茂盛貌。　④君子：指她的爱人。　⑤沃：肥厚润泽。　⑥云：发语词，无义。　⑦幽：通黝，黑色。　⑧德音：好听的话，指情话。胶：盛。一说牢固。　⑨遐：通何。谓：说，告诉。　⑩中心：心中。

# 白　华①

## （一）

白华菅兮②，　　　　　　　野田菅草白花放，
白茅束兮③。　　　　　　　白茅捆花味芳香。
之子之远④，　　　　　　　那人变心抛弃我，
俾我独兮⑤。　　　　　　　使我孤身好凄凉。

## （二）

英英白云⑥，　　　　　　　天上轻轻飘白云，
露彼菅茅⑦。　　　　　　　将那菅茅来润浸。
天步艰难⑧，　　　　　　　我的命运实在坏，
之子不犹⑨。　　　　　　　可恨那人没良心。

## （三）

滮池北流⑩，　　　　　　　滮池流水向北方，
浸彼稻田。　　　　　　　　灌溉田中绿稻秧。
啸歌伤怀⑪，　　　　　　　吟啸长歌心伤痛，
念彼硕人⑫。　　　　　　　仍把那人挂心肠。

## （四）

樵彼桑薪⑬，　　　　　　　砍那桑枝做柴薪，
卬烘于煁⑭。　　　　　　　行灶烤火暖我身。
维彼硕人⑮，　　　　　　　想起他那大高个，
实劳我心。　　　　　　　　实在让我太劳神。

## （五）

鼓钟于宫⑯，　　　　　　　殿堂打鼓又敲钟，
声闻于外。　　　　　　　　声音外传远处鸣。
念子懆懆⑰，　　　　　　　忧愁不安怀念你，
视我迈迈⑱。　　　　　　　你却见我怒气生。

有鹜在梁⑲，　　　　　　　　坝上秃鹜像恶神，
有鹤在林。　　　　　　　　　白鹤孤栖在树林。
维彼硕人，　　　　　　　　　想起他那大高个，
实劳我心。　　　　　　　　　实在让我太焦心。

（七）

鸳鸯在梁，　　　　　　　　　坝上鸳鸯两相伴，
戢其左翼⑳。　　　　　　　　嘴巴插在左翅间。
之子无良，　　　　　　　　　可恨那人心不好，
二三其德㉑。　　　　　　　　抛舍旧爱觅新欢。

（八）

有扁斯石㉒，　　　　　　　　扁平石块在黄尘，
履之卑兮㉓。　　　　　　　　踩上也难高几分。
之子之远，　　　　　　　　　那人把我来抛弃，
俾我疧兮㉔。　　　　　　　　忧愁使我病缠身。

【注释】

①这是一首抒写弃妇哀怨的诗。历来认为是写周幽王宠幸褒姒后所废弃的申后，或为申后自作。清人崔述《丰镐考信录》云：“‘樵彼桑薪，卬烘于堪’等语，皆似里巷人之言，不类王后语气。”所言是。　②白华：茅草的一种。菅（jiān）：茅草沤过以后名菅。　③白茅：与上句白华皆为爱情与婚姻的象征物。此说详见李湘《诗经研究新编》。旧说以白茅喻褒姒，或以白茅束菅为二物相依为用，或以茅菅喻洁白，均误。　④之子：指其丈夫。远：远离，遗弃。　⑤俾：使。　⑥英英：又作泱泱，轻盈明洁貌。　⑦露：润泽。　⑧天步：犹言时运，命运。　⑨犹：借为婤。《广雅·释诂》：“婤，好也。”不犹：不良。　⑩瀌（biāo）池：古水名，在今陕西西安市西北。　⑪啸：蹙口出声曰啸。又，发声清越舒长者皆曰啸。啸歌：犹言吟唱，长歌。　⑫硕人：硕大的人，美好的人。　⑬樵：砍伐。　⑭卬（áng）：我，女子的自称。烘：烤。煁（chén）：可以移动的不带锅的烤灶。古称行灶。　⑮维：借为惟，思。　⑯鼓钟：击鼓敲钟。马瑞辰《通释》：“按《韩诗外传》引诗作‘钟鼓于宫’……即以今《笺》作鸣鼓钟，亦分鼓与钟为二。《正义》云：敲击其钟，失之。”　⑰懆懆（cǎo）：忧愁不安。　⑱迈迈：《释文》引《韩诗》作沛沛（pèi）。《说文》：“沛，愤怒也。”　⑲鹜（qiū）：水鸟名，又名秃鹜，似鹤而大，头项无毛，贪残好斗。梁：水坝。　⑳戢（jí）：收敛。此句言鸳鸯把嘴插在左翅中休息。　㉑二三其德：指爱情不专，三心二意。　㉒有扁：扁扁。斯：此。　㉓履：踩。卑：低。　㉔疧（qí）：忧病。

# 绵 蛮①

## （一）

绵蛮黄鸟②，　　　　　　　　黄雀喳喳叫得欢，
止于丘阿③。　　　　　　　　飞翔停止在山弯。
道之云远④，　　　　　　　　道路实在太遥远，
我劳如何！　　　　　　　　我行劳累太艰难！
饮之食之，　　　　　　　　愿人赠我水和饭，
教之诲之；　　　　　　　　教导鼓励把话谈；
命彼后车⑤，　　　　　　　　命令后车站一站，
谓之载之⑥。　　　　　　　　叫我坐在车上边。

## （二）

绵蛮黄鸟，　　　　　　　　黄雀喳喳叫得忙，
止于丘隅⑦。　　　　　　　　飞翔停在山角旁。
岂敢惮行⑧，　　　　　　　　哪敢害怕走远路，
畏不能趋⑨。　　　　　　　　只怕太慢把事妨。
饮之食之，　　　　　　　　愿人赠我水和饭，
教之诲之；　　　　　　　　教导鼓励话语长；
命彼后车，　　　　　　　　命令后车站一站，
谓之载之。　　　　　　　　叫我上车借借光。

## （三）

绵蛮黄鸟，　　　　　　　　黄雀喳喳叫不停，
止于丘侧。　　　　　　　　飞翔止落山崖中。
岂敢惮行，　　　　　　　　哪敢害怕走远路，
畏不能极⑩。　　　　　　　　只怕晚到误事情。
饮之食之，　　　　　　　　愿人赠我水和饭，
教之诲之；　　　　　　　　教导鼓励把话通；
命彼后车，　　　　　　　　命令后车站一站，
谓之载之。　　　　　　　　让我坐上再登程。

【注释】

①这是一位行役之人自述劳顿、盼望援助的诗。　②绵蛮：鸟鸣声。黄鸟：黄雀。　③丘

阿：山丘弯曲处。　④云：句中语助词，无义。　⑤后车：后边的车，亦名副车。　⑥谓之载
之：叫后车的车夫把自己载上。　⑦隅：角。　⑧惮：畏惧。　⑨趋：快走。　⑩极：至。

# 瓠　叶①

**（一）**

幡幡瓠叶②，　　　　　　　　　葫芦绿叶风中扬，
采之亨之③。　　　　　　　　　采来做菜味清香。
君子有酒④，　　　　　　　　　主人存放有陈酒，
酌言尝之⑤。　　　　　　　　　斟满杯中敬客尝。

**（二）**

有兔斯首⑥，　　　　　　　　　家有兔肉嫩又鲜，
炮之燔之⑦。　　　　　　　　　连煨带烧做一番。
君子有酒，　　　　　　　　　　主人存放有陈酒，
酌言献之。　　　　　　　　　　斟满杯中献客前。

**（三）**

有兔斯首，　　　　　　　　　　家有兔肉鲜又嫩，
燔之炙之⑧。　　　　　　　　　又是烤来又是熏。
君子有酒，　　　　　　　　　　主人存放有陈酒，
酌言酢之⑨。　　　　　　　　　客人回敬把酒斟。

**（四）**

有兔斯首，　　　　　　　　　　家有兔肉做菜肴，
燔之炮之。　　　　　　　　　　有的煨来有的烧。
君子有酒，　　　　　　　　　　主人存放有陈酒，
酌言酬之⑩。　　　　　　　　　宾主酬敬兴头高。

【注释】

　　①这是一个客人称赞主人盛情款待、酒肉宴饮的诗。　②幡幡（fán）：犹翩翩，反复翻动貌。瓠（hù）：冬瓜、葫芦等的总名。　③亨：同烹，煮熟。　④君子：指主人。　⑤言：犹而。　⑥斯：语中的助词。首：头，只。　⑦炮（páo）：把食物涂上泥巴置火中烧熟叫炮。燔（fán），把肉直接放在火里烧熟叫燔。　⑧炙（zhì）：将肉挂在火上熏烤使熟叫炙。　⑨酢（zuò）：以酒回敬。　⑩酬：与酢同义。

# 渐渐之石①

## （一）

渐渐之石②，　　　　　　　　山势峻峭陡巍巍，
维其高矣③。　　　　　　　　高耸直插上云端。
山川悠远，　　　　　　　　　山高水长路遥远，
维其劳矣④。　　　　　　　　军行辽阔苦难言。
武人东征⑤，　　　　　　　　战士东征无尽日，
不皇朝矣⑥。　　　　　　　　一天到晚忙不闲。

## （二）

渐渐之石，　　　　　　　　　山势巍巍石堆满，
维其卒矣⑦。　　　　　　　　高高耸立峻又险。
山川悠远，　　　　　　　　　山多水长路迢迢，
曷其没矣⑧？　　　　　　　　何时征途到终点？
武人东征，　　　　　　　　　战士东征干苦差，
不皇出矣⑨。　　　　　　　　深入难顾思回返。

## （三）

有豕白蹢⑩，　　　　　　　　有只大猪是白蹄，
烝涉波矣⑪。　　　　　　　　跳进水里去洗泥。
月离于毕⑫，　　　　　　　　月亮紧靠毕星近，
俾滂沱矣⑬。　　　　　　　　大雨滂沱流水积。
武人东征，　　　　　　　　　战士东征苦又累，
不皇他矣⑭。　　　　　　　　其他事情难顾及。

**【注释】**

①战士东征，艰苦备尝，作此诗。　②渐渐：通巉巉，山石高峻貌。　③维：发语词。下同。　④劳：借为辽，广阔。　⑤武人：当指战士。一说指将士。　⑥皇：通遑，闲暇。不皇朝：陈奂《诗毛氏传疏》："皇，暇也。朝，音朝夕之朝。不皇朝，犹言无暇日耳。"　⑦卒：借为崒（zú），山高而险。　⑧没：尽头。　⑨不皇出：朱熹《诗集传》："谓但知深入不暇谋出也。"　⑩豕（shǐ）：猪。蹢（dí）：蹄。　⑪烝：进。涉波：渡水。古人传说猪下水游泳是天将下大雨的征兆。　⑫离：借作丽，依附，靠近。毕：星宿名，有星八颗。　⑬俾：使。滂

沱（pāng tuó）：雨大貌。古人传说月亮靠近毕星就要下大雨。　⑭他：其他事情。

# 苕之华①

## （一）

苕之华②，　　　　　　　　凌霄花开放，
芸其黄矣③。　　　　　　　色彩是浓黄。
心之忧矣，　　　　　　　心里多忧郁，
维其伤矣④！　　　　　　实在太悲伤！

## （二）

苕之华，　　　　　　　　凌霄花开盛，
其叶青青⑤。　　　　　　叶子绿葱葱。
知我如此，　　　　　　　知我这般苦，
不如无生⑥！　　　　　　不如不降生！

## （三）

牂羊坟首⑦，　　　　　　大头瘦母羊，
三星在罶⑧。　　　　　　鱼篓映星光。
人可以食，　　　　　　　勉强能糊口，
鲜可以饱⑨！　　　　　　几人饱饥肠！

## 【注释】

①本诗写人们饥寒交迫，生活绝望。　②苕（tiáo）：植物名，又名凌霄、紫薇，蔓生，夏季开黄花。华：花。　③芸（yún）：黄色深浓貌。其：语助词。　④维：是。一说犹"何"。　⑤青青：同菁菁，茂盛貌。　⑥无生：不出生。　⑦牂（zāng）羊：母绵羊。坟：大。母羊本来头小，现在显得头大，是因为身体瘦小。　⑧三星：指参星。罶（liǔ）：鱼篓。朱熹《诗集传》："罶，笱也。罶中无鱼而水静，但见三星之光而已。"一说罶借为霤，即屋檐。　⑨鲜：少。

# 何草不黄①

## (一)

何草不黄，　　　　　　　　　什么野草不枯黄，
何日不行！　　　　　　　　　什么日子不奔忙！
何人不将②，　　　　　　　　　什么人员不行走，
经营四方，　　　　　　　　　辛苦经营跑四方！

## (二)

何草不玄③，　　　　　　　　　什么野草不烂掉，
何人不矜④！　　　　　　　　　什么人员没病痨！
哀我征夫，　　　　　　　　　广大征夫真可叹，
独为匪民⑤！　　　　　　　　　惟独不被当人瞧！

## (三)

匪兕匪虎⑥，　　　　　　　　　那些野牛和老虎，
率彼旷野⑦！　　　　　　　　　常在荒野进又出！
哀我征夫，　　　　　　　　　广大征夫真可叹，
朝夕不暇！　　　　　　　　　一天到晚赶路途！

## (四)

有芃者狐⑧，　　　　　　　　　狐狸身上毛蓬蓬，
率彼幽草！　　　　　　　　　慢慢走在深草中！
有栈之车⑨，　　　　　　　　　高大车子征夫驾，
行彼周道⑩！　　　　　　　　　常年大路走不停！

**【注释】**

①"《何草不黄》，下国刺幽王也。四夷交侵，中国背叛，用兵不息，视民如禽兽，君子忧之，故作此诗也。"（《毛诗序》）诗的中心内容是厌战，作者应是一位同情广大士兵的卿大夫。　②将：行，指出征。　③玄：赤黑色。野草由枯而腐的颜色。　④矜（jīn）：危，义近于病。一说矜通鳏，无妻者。　⑤匪民：不是人。　⑥兕（sì）：野牛。　⑦率：循，沿着。　⑧有芃（péng）：同芃芃，兽毛蓬松貌。　⑨有栈：同栈栈。栈通栈（zhàn），高大貌。　⑩周道：大路。

# 二　雅（大雅）

## 文王之什

### 文王①

#### （一）

文王在上②，
於昭于天③。
周虽旧邦④，
其命维新⑤。
有周不显⑥，
帝命不时⑦。
文王陟降⑧，
在帝左右。

文王之灵在高天，
光明显赫远处传。
周国名字虽古老，
受命统一换新颜。
周朝气象多伟大，
上帝之命美河山。
文王之灵有升降，
常在上帝身旁边。

#### （二）

亹亹文王⑨，
令闻不已⑩。
陈锡哉周⑪，
侯文王孙子⑫。
文王孙子，
本支百世⑬。
凡周之士，
不显亦世⑭。

文王创业甚辛勤，
美好名声四方闻。
天赐周兴把国建，
文王事业传子孙。
文王事业传子孙，
家族兴隆百代人。
凡是周朝众文武，
世代荣华福满门。

## （三）

世之不显，　　　　　　　世代福禄真光荣，
厥犹翼翼⑮。　　　　　　谋事勤勉又谦恭。
思皇多士⑯，　　　　　　众多贤士人材好，
生此王国。　　　　　　　幸而生在周国中。
王国克生⑰，　　　　　　周国能出众贤士，
维周之桢⑱。　　　　　　都在王朝是精英。
济济多士⑲，　　　　　　人材济济多丰茂，
文王以宁。　　　　　　　文王由此得安宁。

## （四）

穆穆文王⑳，　　　　　　文王端庄又恭谨，
於缉熙敬止㉑。　　　　　光明正大有诚心。
假哉天命㉒，　　　　　　天命确实很伟大，
有商孙子㉓。　　　　　　殷商子孙要遵循。
商之孙子，　　　　　　　殷商子孙繁衍快，
其丽不亿㉔。　　　　　　数十百万很惊人。
上帝既命，　　　　　　　天帝已经降旨意，
侯于周服㉕。　　　　　　商要向周来称臣。

## （五）

侯服于周，　　　　　　　商要向周来称臣，
天命靡常㉖。　　　　　　天命无常不由人。
殷士肤敏㉗，　　　　　　殷商后代美又敏，
裸将于京㉘。　　　　　　进行灌祭来京门。
厥作裸将，　　　　　　　他们来行灌祭礼，
常服黼冔㉙。　　　　　　礼服礼帽同在身。
王之荩臣㉚，　　　　　　君王进用诸臣子，
无念尔祖㉛。　　　　　　先祖功业记在心。

## （六）

| | |
|---|---|
| 无念尔祖, | 先祖功业记心中, |
| 聿修厥德㉜。 | 先祖品德要继承。 |
| 永言配命㉝, | 永远坚持依天命, |
| 自求多福。 | 福气还凭自力争。 |
| 殷之未丧师㉞, | 殷商未丧民心日, |
| 克配上帝。 | 能从天意做事情。 |
| 宜鉴于殷㉟, | 应该以殷为借鉴, |
| 骏命不易㊱。 | 执行天命不轻松。 |

## （七）

| | |
|---|---|
| 命之不易, | 执行天命要恭谨, |
| 无遏尔躬㊲。 | 不要断送在你身。 |
| 宣昭义问㊳, | 美好声誉要光大, |
| 有虞殷自天㊴。 | 提供殷鉴是天心。 |
| 上天之载㊵, | 上天做事难猜想, |
| 无声无臭㊶。 | 没有气味没声音。 |
| 仪刑文王㊷, | 要以文王为典范, |
| 万邦作孚㊸。 | 赢得信任万国尊。 |

【注释】

①这是一首颂美文王之歌，汉人翼奉解释说："周公作诗深戒成王，以恐失天下。"（见《后汉书·翼奉传》）大概不错。　②文王：周文王姬昌。朱熹《诗集传》对"文王在上"的解释是："言文王既没，而其神在上，昭明于天"。　③於（wū）：赞叹声。照：明。　④旧邦：周的始祖是后稷，原居邰（今陕西武功）。至文王祖父古公亶父时迁居于周（今陕西岐山），始为国名。前后历经夏、商两朝，故称旧邦。　⑤命：指天命。维：是。其命维新：言天帝初命文王建帝王之业，是新的开端。　⑥有周：即周。"有"为词头，无义。不：通丕，大。显：光明。　⑦帝：上帝。帝命：指上帝命周统一天下。时：马瑞辰《毛诗传笺通释》："时读为崇。崇，美也。"　⑧陟降：升降。　⑨亹亹（wěi）：勤勉貌。　⑩令闻：好声誉。⑪陈：借为申，一再，重复。锡：通赐。哉：与载通用。载，造。哉周：建设周围。　⑫侯：维，是。孙子：即子孙。　⑬本支：树的根干和枝叶，借指本宗和支系。　⑭亦世：同奕世，即累世。　⑮厥：其，他的。犹：计谋。翼翼：恭谨勤勉貌。　⑯思：语助词。皇：美。　⑰克：能。　⑱维：是。桢：干，骨干。　⑲济济：盛多貌。　⑳穆穆：仪表美好，容止端庄恭敬。　㉑於：赞叹词。缉熙：光明。敬：谨慎负责。止：语气词。　㉒假：大。　㉓商：商

朝。　㉔丽：数目。不：语助词，无义。亿：周代十万为亿。　㉕侯：惟。服：臣服。侯于周服：即侯服于周，只有臣服于周朝。　㉖靡常：无常。　㉗殷士：殷人。肤：美。敏：疾。　㉘裸（guàn）将：灌祭，古代的一种祭礼。裸，犹灌，酌、奠之意。将：举行。京：指镐京。　㉙黼（fǔ）：上有黑白相间花纹的礼服。冔（xǔ）：殷朝贵族所戴的礼帽。　㉚王：指周王。荩（jìn）：进。荩臣：进用之臣。　㉛无：语助词，无义。　㉜聿：发语词。　㉝言：语助词。配命：合乎天命。　㉞师：群众。　㉟鉴：镜子。鉴于殷：以殷为镜子对照自己。　㊱骏：大。此句言天命不易得到。　㊲遏：停止，断绝。　㊳宣昭：宣扬昭明。义问：好名声。问，通闻。　㊴有：同又。虞：度，鉴戒。　㊵载：事。　㊶臭（xiù）：气味。　㊷仪刑：郊法。仪：象，取法。刑：法，模式，　㊸作：则，就。孚：信服。

# 大 明①

## （一）

| 明明在下②， | 文王盛德放光芒， |
| 赫赫在上③。 | 显赫神灵在上苍。 |
| 天难忱斯④， | 天命玄深难相信， |
| 不易维王⑤。 | 不易做者是君王。 |
| 天位殷适⑥， | 天把殷朝敌人树， |
| 使不挟四方⑦。 | 使它不能保四方。 |

## （二）

| 挚仲氏任⑧， | 任家次女挚国生， |
| 自彼殷商。 | 归属殷商住远东。 |
| 来嫁于周， | 西行出嫁来周地， |
| 曰嫔于京⑨。 | 已做新娘在周京。 |
| 乃至王季⑩， | 她和王季成佳配， |
| 维德之行。 | 专把有德好事行。 |
| 大任有身⑪， | 太任不久怀身孕， |
| 生此文王。 | 生下文王是精英。 |

## （三）

| 维此文王， | 这位文王很认真， |
| 小心翼翼。 | 言行谨慎又小心。 |
| 昭事上帝⑫， | 正大光明奉上帝， |

聿怀多福<sup>⑬</sup>。　　　　　　获取幸福多如云。
厥德不回<sup>⑭</sup>，　　　　　　他的德行无差错，
以受方国<sup>⑮</sup>。　　　　　　各国归附共推尊。

（四）

天监在下<sup>⑯</sup>，　　　　　　上天明察看红尘，
有命既集<sup>⑰</sup>。　　　　　　天命已降文王身。
文王初载<sup>⑱</sup>，　　　　　　文王当年初即位，
天作之合。　　　　　　　　天帝为他配好婚。
在洽之阳<sup>⑲</sup>，　　　　　　洽水北面新娘住，
在渭之涘<sup>⑳</sup>。　　　　　　祖籍莘国渭水滨。
文王嘉止<sup>㉑</sup>，　　　　　　文王隆重办婚礼，
大邦有子<sup>㉒</sup>。　　　　　　娶来大国一美人。

（五）

大邦有子，　　　　　　　　娶来大国一美人，
俔天之妹<sup>㉓</sup>。　　　　　　好似天女下凡尘。
文定厥祥<sup>㉔</sup>，　　　　　　选择吉日聘礼定，
亲迎于渭。　　　　　　　　渭水旁边自迎亲。
造舟为梁<sup>㉕</sup>，　　　　　　联结木船浮桥架，
不显其光<sup>㉖</sup>。　　　　　　婚礼盛大动人心。

（六）

有命自天，　　　　　　　　上帝命令从天降，
命此文王。　　　　　　　　命令下给周文王。
于周于京，　　　　　　　　周国京师福禄地，
缵女维莘<sup>㉗</sup>。　　　　　　娶来莘国好姑娘。
长子维行<sup>㉘</sup>，　　　　　　她是长女来从嫁，
笃生武王<sup>㉙</sup>。　　　　　　婚后诞生周武王。
保右命尔<sup>㉚</sup>，　　　　　　天命所归天保佑，
燮伐大商<sup>㉛</sup>。　　　　　　武王发兵讨殷商。

## （七）

殷商之旅<sup>㉜</sup>，　　　　殷商军队上战场，
其会如林<sup>㉝</sup>。　　　　　军旗如林随风扬。
矢于牧野<sup>㉞</sup>：　　　　　武王誓师在牧野：
维予侯兴<sup>㉟</sup>，　　　　　天兴大周不可当，
上帝临女<sup>㊱</sup>，　　　　　上帝在天来监视，
无贰尔心！　　　　　　不许二心有彷徨！

## （八）

牧野洋洋<sup>㊲</sup>，　　　　牧野平原宽又广，
檀车煌煌<sup>㊳</sup>，　　　　檀木兵车闪明光，
驷骍彭彭<sup>㊴</sup>。　　　　四马威武头高昂。
维师尚父<sup>㊵</sup>，　　　　太师尚父传将令，
时维鹰扬<sup>㊶</sup>。　　　　如像雄鹰展翅翔。
凉彼武王<sup>㊷</sup>，　　　　辅佐武王谋略远，
肆伐大商<sup>㊸</sup>，　　　　三军勇猛战殷商，
会朝清明<sup>㊹</sup>。　　　　清晨四野凯歌扬。

**【注释】**

①这是一首叙述周朝开国历程的史诗。其关键史实是武王伐商，牧野决战，由此又突出强调了周王先祖的修积盛德，以应天命。　②明明：光明貌。《郑笺》："明明者，文王武王施明德于天下。"　③赫赫：显盛貌。　④忱（chén）：通谌，相信。斯：语气词。　⑤易：轻率怠慢。维：为。　⑥位：同立。适：通敌。　⑦挟：拥有。　⑧挚：殷畿内国名，地在今河南汝宁一带。仲氏：次女。任：姓。马瑞辰《通释》引段玉裁说："女子后姓，所以别于男子先氏。"　⑨曰：语首助词。嫔（pín）：嫁。京：指周京。周太王自幽迁岐，其地名周，王季仍建都于周。　⑩王季：太王古公亶父之子，文王之父。　⑪大任：太任。即前文的'挚仲氏任'，太任是对她嫁后的尊称。有身：怀孕。　⑫昭：光明。事：侍奉。　⑬聿：语助词。怀：来，招来。　⑭厥：其，他的。回：邪僻。　⑮方国：四方来附之国。　⑯监：监视。　⑰有命：指天命。"有"为词头。集：就，临。　⑱初载：初年。　⑲洽（hé）：古水名，现称金水河，源出合阳县北，东南流入黄河。阳：水的北岸称阳。　⑳渭：渭水。涘（sì）：水边。　㉑嘉止：嘉礼，指婚礼。《尔雅》："止，礼也。"　㉒大邦：大国，指莘（shēn）国，地在今陕西合阳县东南。子：指莘国国君的女儿。　㉓俔（qiàn）：好比。妹：少女。　㉔文：指"纳币"之礼。定：订婚。　㉕造舟为梁：把一些船衔接起来，搭上木板，做成浮桥。　㉖不：通丕，大也。　㉗缵（zuǎn）：借为瓒（zàn），美好。维：为。莘：莘国。　㉘长子：指长女。

## 绵①

### （一）

| | |
|---|---|
| 绵绵瓜瓞②， | 大瓜小瓜似连珠， |
| 民之初生③， | 周人兴起忆当初。 |
| 自土沮漆④。 | 杜水迁移到漆水， |
| 古公亶父⑤。 | 古公亶父制宏图。 |
| 陶复陶穴⑥， | 打洞挖窑先住下， |
| 未有家室⑦。 | 当时困苦没房屋。 |

### （二）

| | |
|---|---|
| 古公亶父， | 古公亶父是英雄， |
| 来朝走马⑧。 | 清晨骑马登路程。 |
| 率西水浒⑨， | 沿着渭水朝西去， |
| 至于岐下⑩。 | 岐山脚下扎盘营。 |
| 爰及姜女⑪， | 他与太姜贤妻子， |
| 聿来胥宇⑫。 | 同来居处看地形。 |

### （三）

| | |
|---|---|
| 周原膴膴⑬， | 周原肥沃又美丽， |
| 堇荼如饴⑭。 | 堇菜苦菜甜如饴。 |
| 爰始爰谋⑮， | 大家合力来谋划， |
| 爰契我龟⑯。 | 又钻龟甲占凶吉。 |
| 曰止曰时⑰， | 神灵示意可居住， |
| 筑室于兹。 | 此地建房最适宜。 |

（四）

乃慰乃止<sup>⑱</sup>，　　　　　　　　于是安心住下来，
乃左乃右<sup>⑲</sup>；　　　　　　　　前后左右地分开。
乃疆乃理<sup>⑳</sup>，　　　　　　　　划定疆界整田亩，
乃宣乃亩<sup>㉑</sup>。　　　　　　　　疏渠培垅秧苗栽。
自西徂东，　　　　　　　　　　从西到东安排定，
周爰执事<sup>㉒</sup>。　　　　　　　　共同劳动喜心怀。

（五）

乃召司空<sup>㉓</sup>，　　　　　　　　召来司空管工程，
乃召司徒<sup>㉔</sup>，　　　　　　　　司徒管地与人丁，
俾立室家<sup>㉕</sup>。　　　　　　　　分头负责快施工。
其绳则直<sup>㉖</sup>，　　　　　　　　拉开绳子量直线，
缩版以载<sup>㉗</sup>，　　　　　　　　树起夹板夯土层，
作庙翼翼<sup>㉘</sup>。　　　　　　　　庄严宗庙要修成。

（六）

捄之陾陾<sup>㉙</sup>，　　　　　　　　铲土装筐声嘭嘭，
度之薨薨<sup>㉚</sup>。　　　　　　　　填土板内响轰轰。
筑之登登<sup>㉛</sup>，　　　　　　　　登登之声是捣土，
削屡冯冯<sup>㉜</sup>。　　　　　　　　乒乒作响墙削平。
百堵皆兴<sup>㉝</sup>，　　　　　　　　百堵高墙全筑起，
鼛鼓弗胜<sup>㉞</sup>。　　　　　　　　杂声压过大鼓声。

（七）

乃立皋门<sup>㉟</sup>，　　　　　　　　筑起周都外城门，
皋门有伉<sup>㊱</sup>。　　　　　　　　城门高大又雄浑。
乃立应门<sup>㊲</sup>，　　　　　　　　王宫正门也筑好，
应门将将<sup>㊳</sup>。　　　　　　　　正门庄严气象新。
乃立冢土<sup>㊴</sup>，　　　　　　　　又为土神立祭社，
戎丑攸行<sup>㊵</sup>。　　　　　　　　众人祈祷聚如云。

肆不殄厥愠<sup>41</sup>，　　　　　　对狄怒气虽未消，
亦不陨厥问<sup>42</sup>。　　　　　　彼此聘问不绝交。
柞棫拔矣<sup>43</sup>，　　　　　　　柞棫刺枝全拔尽，
行道兑矣<sup>44</sup>。　　　　　　　道路修通远迢迢。
混夷駾矣<sup>45</sup>，　　　　　　　昆夷狼狈已逃走，
维其喙矣<sup>46</sup>。　　　　　　　疲困不堪如病疡。

（九）

虞芮质厥成<sup>47</sup>，　　　　　　虞芮两国解纷争，
文王蹶厥生<sup>48</sup>。　　　　　　追慕文王本性更。
予曰有疏附<sup>49</sup>，　　　　　　我有贤臣统百姓，
予曰有先后<sup>50</sup>，　　　　　　我有谋士辅朝廷。
予曰有奔奏<sup>51</sup>，　　　　　　我有良材扬德教，
予曰有御侮<sup>52</sup>。　　　　　　我有猛将抗侵凌。

**【注释】**

①这也是一首史诗，歌颂了周族太王古公亶父迁都于岐、奠基兴国的重大业绩。　②绵绵：连绵不断。瓞（dié）：小瓜。《孔疏》："大者曰瓜，小者曰瓞"。诗用瓜瓞的连绵比喻子孙的众多。　③民：指周人。初生：初兴，　④土：《齐诗》作"杜"，水名，在豳地。沮：借为徂，往也。漆：古水名，在岐山一带。自杜徂漆，即由豳地迁往岐山。　⑤古公亶（dǎn）父：王季的父亲，文王的祖父。古公即"远祖先公"的简称。亶父是其名字。初居豳地，后避戎狄入侵，迁居岐山之下，定国号为周。武王定天下，追尊为太王。　⑥陶：借为掏。复：三家诗作覆（fù），从山旁侧挖的洞，如窑洞。穴：向下挖的洞，即地洞。　⑦家室：指房屋。　⑧来朝：第二天早晨。走马：驰马。　⑨率：循，沿着。西：岐山在豳西。水浒：水边，即渭水旁边。　⑩岐下：岐山之下。岐山在今陕西省岐山县东北。　⑪爰：乃，于是。姜女：姜姓女子，古公亶父之妻，亦称太姜。　⑫聿：发语词。胥：相，视察。宇：居处。指建筑房屋的地址。　⑬周：地名，在岐山南。原：广平之地。膴膴（wǔ）：肥美。　⑭堇（jǐn）：菜名，野生，味苦。荼：菜名，一名苦菜。饴（yí）：糖浆。　⑮始：谋。马瑞辰《通释》："始亦谋也，始谋谓之始，犹终谋谓之究。"　⑯契：刻。龟：龟甲。契龟指占卜。先在龟甲上钻孔，然后用火灼烧，以龟甲的裂纹来断吉凶，并在上面刻上卜辞。　⑰曰：发语词。止：居住。时：借为跱，义同止，即居住。　⑱慰：安居。　⑲左、右：指划定左右区域。　⑳疆：划定疆界。理：整治田地。　㉑宣：通，指开导沟洫，以利排灌。亩：指耕种。　㉒周：全部，指人。爰：语助词。执事：从事工作。　㉓司空：掌建筑工程的官，六卿之一。　㉔司徒：掌土

地和力役的官，六卿之一。　㉕俾：使。立：建立，建筑。　㉖绳：指拉绳以取直线。　㉗缩版：直板。载：通栽，筑墙用的长板，用作动词为树立之意。　㉘庙：宗庙。翼翼：严正貌。　㉙捄（jiū）：把土装进筐里。陾陾（ré）：装土声。　㉚度（duó）：投，填。指填土在墙板内。薨薨（hōng）：填土声。　㉛筑：捣土。登登：捣土声。　㉜屡：古娄字，通偻，隆高。削屡：将土墙隆起的地方削平。冯冯（píng）：削土声。　㉝百堵：指很多墙。兴：动工。㉞鼛（gāo）：一种大鼓，长一丈二尺。打鼓的目的是为了给劳工鼓劲助兴。弗胜：指鼓声不能胜过劳动的声音。　㉟皋门：外城之门。　㊱有伉（kàng）：即伉伉，高大貌。　㊲应门：王宫正门。　㊳将将（qiāng）：庄严堂皇貌。　㊴冢（zhǒng）：大。冢土：大社。社是祭土神的坛。　㊵戎：大。丑：众。攸：所。戎丑攸行：这是大众集体活动的地方。　㊶肆：故，所以。殄（tiǎn）：断绝，消除。厥：其。愠（yùn）：怒。　㊷陨（yǔn）：坠落，失去。问：聘问。　㊸柞：树名，丛生有刺。棫（yù）：树名，亦丛生有刺。　㊹兑：畅通。　㊺混（kūn）夷：即昆夷，古种族名，西戎之一。駾（tuì）：受惊奔突。　㊻喙（huì）：通瘝，疲困。　㊼虞：古国名，地在今山西平陆县东北。芮（ruì）：古国名，地在今山西芮城县西。质：评断。成：平。相传虞、芮二国国君争田，去求周文王评断，被周人的礼让之风所感动，遂主动互让。　㊽蹶（guì）：感动。生：通性。　㊾曰：语助词。疏附：指率下亲上之臣。　㊿先后：指在王前后参谋政事之臣。　51奔奏：指奔走宣德之臣。　52御侮：指抵御侵略之臣。

# 棫　朴①

## （一）

芃芃棫朴②，　　　　　　　　棫树朴树灌木林，
薪之槱之③。　　　　　　　　砍下烧火祭天神。
济济辟王④，　　　　　　　　文王庄严又恭敬，
左右趣之⑤。　　　　　　　　左右追随众贤臣。

## （二）

济济辟王，　　　　　　　　　庄严恭敬周文王，
左右奉璋⑥。　　　　　　　　左右献酒捧玉璋。
奉璋峨峨⑦，　　　　　　　　捧璋群臣威仪盛，
髦士攸宜⑧。　　　　　　　　贤士英俊又堂皇。

## （三）

淠彼泾舟⑨，　　　　　　　　同沿泾水共扬帆，
烝徒楫之⑩。　　　　　　　　众人举桨齐划船。
周王于迈⑪，　　　　　　　　周王远行征敌寇，

六师及之⑫。　　　　　　　　　六军听令勇向前。

（四）

倬彼云汉⑬，　　　　　　　　　银河明亮广又宽，
为章于天⑭。　　　　　　　　　织成锦绣在长天。
周王寿考⑮，　　　　　　　　　周王高寿久在位，
遐不作人⑯？　　　　　　　　　怎不育人保江山？

（五）

追琢其章⑰，　　　　　　　　　精雕细刻好纹样，
金玉其相⑱。　　　　　　　　　纯金美玉质地良。
勉勉我王⑲，　　　　　　　　　我王发愤多勤勉，
纲纪四方⑳。　　　　　　　　　无上权威统四方。

**【注释】**

①这是一首歌颂文王培育贤才、文武昌盛的诗。　②芃芃（péng）：茂盛貌。棫、朴：两种丛生灌木。　③槱（yóu）：堆积木柴，烧火以祭天神。　④济济：庄严恭敬貌。辟（bì）：君。辟王：君王，指文王。　⑤左右：指周王左右大臣。趣：通趋，指快步追随。　⑥奉：捧。璋（zhāng）：指璋瓒，祭祀所用酒器名，以玉石制成。　⑦峨峨：盛壮貌。　⑧髦士：英俊之士。指助祭的朝臣。攸：所。宜：适宜。　⑨淠（pì）：舟行貌。泾：水名。　⑩烝：众。楫：划船。　⑪于：往。迈：行。此指出兵征伐。　⑫师：古以二千五百人为一师。六师：即六军，宿卫宗周的军队。《毛传》："天子六军。"及：与，追随。　⑬倬（zhuō）：广大貌。云汉：银河。　⑭章：花纹。　⑮寿考：长寿。　⑯遐：通何。作：培养，造就。　⑰追（duī）：借作雕。琢：刻。《毛传》："金曰雕，玉曰琢。"　⑱相：本质。　⑲勉勉：勤勉不懈貌。　⑳纲纪：治理。

# 旱 麓①

（一）

瞻彼旱麓②，　　　　　　　　　望那旱山山麓，
榛楛济济③。　　　　　　　　　长满榛树楛树。
岂弟君子④，　　　　　　　　　君子和乐近人，
干禄岂弟⑤。　　　　　　　　　和乐以求福禄。

## （二）

瑟彼玉瓒⑥，　　　　　　　洁净祭神玉尊，
黄流在中⑦。　　　　　　　黄色美酒香醇。
岂弟君子，　　　　　　　　君子和乐平易，
福禄攸降⑧。　　　　　　　神赐福禄降临。

## （三）

鸢飞戾天⑨，　　　　　　　雄鹰飞在高天，
鱼跃于渊。　　　　　　　　游鱼跃在深渊。
岂弟君子，　　　　　　　　平易近人君子，
遐不作人⑩。　　　　　　　造就人才万千。

## （四）

清酒既载⑪，　　　　　　　供上清醇美酒，
骍牡既备⑫。　　　　　　　备好红色公牛。
以享以祀，　　　　　　　　来对祖先祭祀，
以介景福。　　　　　　　　愿把洪福祈求。

## （五）

瑟彼柞棫⑭，　　　　　　　柞树棫树丛生，
民所燎矣⑮。　　　　　　　砍柴烧祭神灵。
岂弟君子，　　　　　　　　平易近人君子，
神所劳矣⑯。　　　　　　　神灵保佑成功。

## （六）

莫莫葛藟⑰，　　　　　　　茂密葛藤蜿蜒，
施于条枚⑱。　　　　　　　缠绕枝干中间。
岂弟君子，　　　　　　　　君子和乐平易，
求福不回⑲。　　　　　　　求福不违祖先。

【注释】

①这是一首颂美文王祭祀获福的诗。　②旱：山名，在今陕西南郑县境。麓：山脚。　③榛（zhēn）、楛（hù）：皆丛生小灌木。榛结实似栗而小，楛枝叶似荆而赤。济济：众多貌。④岂弟（kǎi tì）：即恺悌，和易近人。君子：指文王。　⑤干：求。禄：福。　⑥瑟：鲜洁貌。玉瓒：即圭瓒，天子祭神所用的酒器，玉圭为柄，一端有勺。　⑦黄流：《毛诗正义》："秬，黑黍，一稃二米者也。秬鬯者，酿秬为酒，以郁金之草和之。草名郁金，则黄如金色；

酒在器流动，故谓之黄流。" ⑧攸：所。 ⑨鸢（yuān）：一种猛禽，俗称老鹰。戾：至。
⑩遐：通何。作人：造就人才。 ⑪载：陈设。 ⑫骍（xīng）：赤色微黄的马牛。牡：雄兽。
周人尚赤，故以赤牲祭祀。 ⑬介：求。景福：大福。 ⑭瑟：众多貌。柞、棫：皆为树名。
⑮燎：指烧柴祭神。 ⑯劳（lào）：抚慰，保佑。 ⑰莫莫：茂密貌。葛藟（lěi）：葛藤。
⑱施（yì）：蔓延。条：树枝。枚：树干。 ⑲不回：不违。《郑笺》："不回者，不违先祖之
道。"一说不回即不邪。

# 思 齐①

## （一）

思齐大任②，　　　　　　太任端庄又谨严，
文王之母。　　　　　　文王之母美名传。
思媚周姜③，　　　　　　太姜和顺又美好，
京室之妇④。　　　　　　王室主妇品行端。
大姒嗣徽音⑤，　　　　　太姒继承好风范，
则百斯男⑥。　　　　　　多生男儿命在天。

## （二）

惠于宗公⑦，　　　　　　文王孝顺敬先公，
神罔时怨⑧，　　　　　　祖宗欢喜无怨生，
神罔时恫⑨。　　　　　　神无忧虑挂心中。
刑于寡妻⑩，　　　　　　文王待妻依法礼，
至于兄弟，　　　　　　同样以礼待弟兄，
以御于家邦⑪。　　　　　治理国家好兴隆。

## （三）

雝雝在宫⑫，　　　　　　和睦协调在家中，
肃肃在庙⑬。　　　　　　端庄恭敬居庙廷。
不显亦临⑭，　　　　　　明显之处查看到，
无射亦保⑮。　　　　　　阴暗之处不放松。

## （四）

肆戎疾不殄⑯，　　　　　西戎祸患已铲平，
烈假不瑕⑰。　　　　　　害人瘟疫无影踪。
不闻亦式⑱，　　　　　　听到良谋便采用，

不谏亦入⑲。　　　　　　　善言劝谏记心中。

（五）

肆成人有德，　　　　　　因此成人有德行，
小子有造⑳。　　　　　　少年儿童学业成。
古之人无斁㉑，　　　　　文王教诲无厌倦，
誉髦斯士㉒。　　　　　　才士济济汇精英。

**【注释】**

①这是一首歌颂文王美德的诗。首章赞颂周族贤母，乃述文王美德之成因。　②思：发语词。齐：通斋，庄敬。大任：即太任，王季之妻，文王之母。　③媚：美好。周姜：即太姜，古公亶父之妻，王季之母。　④京室：王室。　⑤大姒：即太姒，文王之妻。嗣：继承。徽音：美誉。　⑥百斯男：言生儿子甚多。百：为虚数。斯：语助词。　⑦惠：孝顺。宗公：宗庙中的先公，即祖宗。　⑧神：指祖宗之神。罔：无。时：所。　⑨恫（tōng）：痛。　⑩刑：礼法，制度。寡妻：正妻，嫡妻。胡承珙《毛诗后笺》："適（嫡）与庶对，庶为众，则適为寡矣。"　⑪御：治理。　⑫雝雝（yōng）：和谐貌。宫：家。　⑬肃肃：恭敬貌。　⑭不：语助词。显：指明显处。亦：语助词。临：视察。　⑮无：语助词。射（yè）：指阴暗处。保：保守。　⑯肆：故，所以。戎疾：来自西戎的祸患。不：语助词。下句同。殄（tiǎn）：断绝。　⑰烈：借为厉，瘟疫。假：借为瘕，即蛊。厉蛊：害人的瘟疫。瑕：通遐，远去。　⑱不、亦：语助词。闻：听。式：用。　⑲入：采纳。　⑳小子：儿童。造：造就，成就。　㉑古之人：指文王。斁（yì）：厌。　㉒誉：有声望。髦：英俊。斯：这些。

# 皇　矣①

（一）

皇矣上帝②，　　　　　　上帝伟大光明，
临下有赫③。　　　　　　俯视人间情形。
监观四方，　　　　　　洞察四方之事，
求民之莫④。　　　　　　谋求人民安宁。
维此二国⑤，　　　　　　殷商大国腐败，
其政不获⑥。　　　　　　境内民怨沸腾。
维彼四国⑦，　　　　　　估量四方国度，
爰究爰度⑧。　　　　　　天下谁可代承。

上帝耆之⑨，　　　　　　上帝把周看中，
憎其式廓⑩。　　　　　　使它疆域扩增。
乃眷西顾⑪，　　　　　　顾视西方岐地，
此维与宅⑫。　　　　　　让周定居经营。

（二）

作之屏之⑬，　　　　　　砍伐整理环境，
其菑其翳⑭。　　　　　　朽木枯枝扫清。
修之平之，　　　　　　　用心剪裁修整，
其灌其栵⑮。　　　　　　灌木枝条新生。
启之辟之⑯，　　　　　　努力辟土开道，
其柽其椐⑰。　　　　　　柽椐铲尽畅通。
攘之剔之⑱，　　　　　　剔除杂乱草木，
其檿其柘⑲。　　　　　　山桑黄桑葱茏。
帝迁明德⑳，　　　　　　上帝升迁明主，
串夷载路㉑。　　　　　　挫败狂暴犬戎。
天立厥配㉒，　　　　　　上天选定天子，
受命既固。　　　　　　　岐周受命勃兴。

（三）

帝省其山㉓，　　　　　　帝把岐山打量，
柞棫斯拔㉔，　　　　　　柞棫杂树拔光，
松柏斯兑㉕。　　　　　　松柏直立青苍。
帝作邦作对㉖，　　　　　帝立周与天配，
自大伯王季㉗。　　　　　太伯王季开张。
维此王季，　　　　　　　这位王季良善，
因心则友㉘。　　　　　　一片爱兄心肠。
则友其兄，　　　　　　　对兄热心友爱，
则笃其庆㉙，　　　　　　厚福带与周邦，
载锡之光㉚。　　　　　　天赐王位荣光。
受禄无丧㉛，　　　　　　受禄永不丢弃，
奄有四方㉜。　　　　　　广有天下四方。

## （四）

维此王季，　　　　　王季是位好人，
帝度其心[33]，　　　天赐明理之心，
貊其德音[34]。　　　远扬美名佳音。
其德克明[35]，　　　他能明辨正误，
克明克类[36]，　　　能把善恶区分，
克长克君[37]。　　　堪做师长人君。
王此大邦[38]，　　　当这大国君主，
克顺克比[39]。　　　上下一致推尊。
比于文王[40]，　　　直到文王继位，
其德靡悔[41]。　　　德行完美无损。
既受帝祉[42]，　　　大受天帝恩赏，
施于孙子[43]。　　　福传百代子孙。

## （五）

帝谓文王：　　　　　上帝告诉文王：
"无然畔援[44]，　　"不要跋扈逞强，
无然歆羡[45]，　　　莫把别人美慕，
诞先登于岸[46]。"　居地先占高冈。"
密人不恭[47]，　　　密国极不恭顺，
敢距大邦[48]，　　　敢抗岐周大邦，
侵阮徂共[49]。　　　侵阮袭共嚣张。
王赫斯怒[50]，　　　文王勃然大怒，
爰整其旅[51]，　　　整军开赴战场，
以安徂旅[52]。　　　遏其侵莒之狂。
以笃于周祜[53]，　　巩固周国鸿运，
以对于天下[54]。　　安定天下四方。

依其在京⑤，
侵自阮疆⑥，
陟我高冈。
无矢我陵⑤，
无陵我阿；
无饮我泉，
我泉我池。
度其鲜原⑤，
居岐之阳⑤，
在渭之将⑥。
万邦之方⑥，
下民之王。

周京军队强悍，
从阮班师凯旋，
登上高高山峦。
不许侵我陵岗，
不许占我高山；
不许饮我泉水，
不许近我池潭。
规划山陵平地，
定居岐山之南，
就在渭水旁边。
你是万国榜样，
人民君主威严。

帝谓文王：
"予怀明德⑥，
不大声以色⑥，
不长夏以革⑥。
不识不知⑥，
顺帝之则⑥。"
帝谓文王：
"询尔仇方⑥，
同尔弟兄⑥；
以尔钩援⑥，
与尔临冲⑦，
以伐崇墉⑦。"

上帝告诉文王：
"我把美德赞扬，
从不高声厉色，
不靠刑罚逞强。
不知不觉行事，
正合天帝规章。"
上帝告诉文王：
"与你邻国协商，
联合同姓诸王；
用你戈矛钩剑，
临车冲车同上，
猛攻崇国城墙。"

临冲闲闲⑦，　　　　　临车冲车强盛，

崇墉言言⑦。　　　　　崇国城墙高耸。

执讯连连⑦，　　　　　捉来俘虏成队，

攸馘安安⑦。　　　　　割敌左耳无穷。

是类是祃⑦，　　　　　祭请天神相助，

是致是附⑦，　　　　　招抚敌人投诚，

四方以无侮。　　　　　四方莫敢侵凌。

临冲茀茀⑦，　　　　　临阵冲车威猛，

崇墉仡仡⑦。　　　　　崇国城墙凌空。

是伐是肆⑧，　　　　　周军猛烈攻打，

是绝是忽⑧，　　　　　崇军彻底肃清，

四方以无拂⑧。　　　　四方莫敢抗衡。

## 【注释】

①这是一首周人的开国史诗。前二章写太王开辟岐山，打退昆夷；中二章写王季继承祖业，弘扬发展；后四章是重点，写文王伐密伐崇，胜利辉煌。　②皇：光明伟大。　③有赫：赫赫，明亮貌。　④莫：安定。一说通瘼，疾苦。　⑤二国：即上国。马瑞辰《毛诗传笺通释》："古文上作二，与一二之二相似，二国当为上国之误。"上国指殷国，因其高于其他诸侯国而称。　⑥不获：指不得民心。　⑦四国：四方国家，指殷商时各诸侯国。　⑧爰：于是。究：考虑。度（duó）：估计。　⑨耆（qí）：致，达成。　⑩憎：借为增，增加。武廓：规模。

⑪眷：念，关怀。西顾：指顾视西方的岐周之地。　⑫此：此地，指岐周之地。维：语助词。与：给予。宅：居，安居。　⑬作：借为柞，斩削、砍伐。之：指草木。屏：除去。　⑭菑（zì）：直立未倒的枯树。翳（yì）：通殪，倒在地上的枯木。　⑮灌：灌木。栵（lì）：斩而复生之木。　⑯启：开发。辟：开辟。　⑰柽（shēng）：柽柳，木名，又名西河柳，嫩叶可入药。椐（jū）：木名，又名灵寿木，多肿节，可作手杖。　⑱攘：除去。剔：剔除。　⑲檿（yàn）：木名，亦名山桑，木质硬。柘（zhè）：木名，亦名黄桑，果可食。　⑳帝：上帝。迁：升迁。明德：品德光明的人，指太王。　㉑串夷：即昆夷，亦称犬戎。载：则。路：通露，失败。太王原居豳地，犬戎为患，因而迁岐，后将犬戎击败。　㉒厥：其。配：指与天相配的人君。古人以为天人相配，君王为天子（天的儿子），受天命行事。　㉓省（xǐng）：视察。山：指岐山。　㉔柞、棫：皆木名。斯：语助词。　㉕兑（duì）：挺直高大貌。　㉖作：创造。邦：指周国。对：配，指配天的君主。　㉗大伯：即太伯，太王的长子。据说，太王有三子：长子太伯，次子仲雍，少子季历（王季）。太王见季历之子昌有才干，想让他继位。太伯仲雍知道后便让位于季历，自己逃往南方，另建吴国。太王死后，季历为君，又传位给昌，是为文

○28因：古姻字。姻心：亲热的心。友：友爱。　○29笃（dǔ）：厚，多。庆：吉庆，幸福。
○30载：乃，就。锡：赐。光：光荣。　○31丧：丧失，指丧失王位。　○32奄：包括，全部。
○33度：法度。度其：使其心合法度。　○34貊（mò）：亦作莫，传播。《广雅·释诂》："莫，播
也。"　○35克：能。克明：能明辨是非。　○36克类：能区分善恶的种类。　○37克长：能做师长。
克君：能做君主。　○38王（wàng）：称王。大邦：指周。　○39顺：使民顺从。比：使民附从。
《礼记·乐记》引作俾，比与俾古字通，《尔雅》："俾：从也"。　○40比：及，到。　○41悔：过
失，遗憾。　○42祉：福。　○43施（yì）：延续。　○44无：勿，不要。然：语助词，无义。畔援：
跋扈，暴虐。　○45歆（xīn）羡：羡慕。　○46诞：发语词。岸：喻高而有利之地势。姚际恒
《诗经通论》："谓先据高以制下也。可是密人之不恭，则征之。"　○47密：密须，古国名，地
在今甘肃灵台县西。《尚书大传》："文王受命三年，伐密须。"　○48距：通拒，抗拒。大邦：
指周国。　○49阮：古国名，地在今甘肃泾川县。徂：到。共（gōng）：古国名，地在今甘肃泾
川县北。　○50赫怒：勃然大怒。斯：语助词。　○51爰：于是。旅：军队。　○52安：借为遏，阻
止。旅：通莒，古国名。　○53笃：巩固。祜（hù）：福。　○54对：通遂，安也。　○55依其：依
依，壮盛貌。京：周京之地。　○56侵：借为寝，指息兵，停战。　○57矢：陈，指陈兵。　○58
度：计划。鲜：通巘，小山。原：平地。　○59岐：岐山。阳：山的南面称阳。　○60将：侧，旁
边。　○61方：法则，榜样。　○62明德：有美德的人，指文王。　○63以：与。色：指严厉的脸
色。　○64长：挟，依恃。夏：夏楚，即檟楚，古代学校体罚学生的刑具。革：鞭革，古代的官
家刑具。　○65不识不知：不知不觉。　○66顺：顺应。则：法则。　○67询：谋，商量。伊：侜，
匹。仇方：邻邦。　○68弟兄：指同姓之国。　○69钩：古兵器名，似剑而曲。援：戈上的横刃，
代指戈。　○70临冲：临车与冲车，两种战车名。孔颖达《毛诗正义》："临者，在上临下之名。
冲者，从傍冲突之称。故知二车不同。兵书有作临车冲车之法。"　○71崇：古国名，地在今陕
西西安沣水西。墉（yōng）：城墙。　○72闲闲：强盛貌。　○73言言：高大貌。　○74讯：俘虏。
连连：连续不断貌。　○75攸：所。馘（guó）：战争中割下所杀敌人的左耳，用以计功。安安：
舒徐貌。　○76类：通禷，出师前祭天。祃（mà）：出师后军中祭天。　○77致：招降。附：通
拊，安抚。　○78茀茀：强盛貌。　○79仡仡：同屹屹，高耸貌。　○80肆：袭击。　○81忽：灭绝。
○82拂：违逆，抗拒。

# 灵　台①

## （一）

| | |
|---|---|
| 经始灵台②， | 开始规划造灵台， |
| 经之营之。 | 苦心经营有人才。 |
| 庶民攻之③， | 百姓众多同建造 |
| 不日成之④。 | 迅速完工局面开。 |

経始勿亟⑤，　　　　　　　营建原本不急躁，
庶民子来⑥。　　　　　　　众民踊跃自动来。

### （二）

王在灵囿⑦，　　　　　　　王游灵苑意逍遥，
麀鹿攸伏⑧。　　　　　　　母鹿静卧头高高。
麀鹿濯濯⑨，　　　　　　　母鹿肥硕形态美，
白鸟翯翯⑩。　　　　　　　鸟儿净洁白羽毛。
王在灵沼⑪，　　　　　　　王在灵沼细观看，
於牣鱼跃⑫。　　　　　　　满池鱼跃乐陶陶。

### （三）

虡业维枞⑬，　　　　　　　木架大版钩齿红，
贲鼓维镛⑭。　　　　　　　上挂大鼓与编钟。
於论鼓钟⑮，　　　　　　　钟鼓配合节奏美，
於乐辟廱⑯。　　　　　　　君王欢乐在离宫。

### （四）

於论鼓钟，　　　　　　　　节奏协调鼓与钟，
於乐辟廱。　　　　　　　　君王欢乐在离宫。
鼍鼓逢逢⑰，　　　　　　　敲起鼍鼓冬冬响，
矇瞍奏公⑱。　　　　　　　盲师奏乐在公庭。

### 【注释】

　　①文王游乐于灵台、灵囿、灵沼、辟廱，本诗加以颂美。　②经始：开始规划建造。灵台：台名，故址在今陕西西安西北。　③攻：建造。　④不日：不多日子，不久。　⑤亟：同急。　⑥子：借为滋，增益。子来：意思是纷纷而来，越来越多。　⑦灵囿（yòu）：园囿名。古代帝王畜养鸟兽的园林叫囿。　⑧麀（yōu）：母鹿。攸：语助词。　⑨濯濯（zhuó）：肥美貌。　⑩翯翯（hè）：洁白貌。　⑪灵沼：池沼名。　⑫於（wū）：叹美声。下同。牣（rèn）：满。　⑬虡（jù）：悬挂钟、磬的木架。业：装在木架上的一块大板。维：犹与。枞（cōng）：大板上的齿状部件，用以悬挂钟磬。　⑭贲（fén）：一种大鼓。镛（yōng）：一种大钟。　⑮论：通伦，排列有序，配合协调。　⑯辟廱（bì yōng）：文王离宫名。辟通璧，廱为池沼。离宫中有池沼圆形如璧，因以为名。又当时皇家太学亦称辟廱，与此不同。　⑰鼍（tuó）：水生动物名，即扬子鳄，俗称猪婆龙。皮坚厚，可以蒙鼓。逢逢（péng）：鼓声。　⑱矇瞍（méng sǒu）：盲人。《毛传》："有眸子而无见者曰矇，无眸子者曰瞍。"古代乐师常用盲人充任。公：公庭。姚际恒《诗经通论》："公，公庭。《毛传》训事，非。《国风》云'公庭万舞'；《颂》

云'有瞽有瞽，在周之庭'。或云公庭，或云庭，或云公，皆取协韵耳。"

# 下　武①

## （一）

下武维周②，　　　　　　　　周人祖业有继承，
世有哲王③。　　　　　　　　世代君主尽英明。
三后在天④，　　　　　　　　三代王灵升天上，
王配于京⑤。　　　　　　　　武王承命在镐京。

## （二）

王配于京，　　　　　　　　武王承命在镐京，
世德作求⑥。　　　　　　　　继续祖德共光荣。
永言配命，　　　　　　　　永远顺应上天意，
成王之孚⑦。　　　　　　　　王者威信自形成。

## （三）

成王之孚，　　　　　　　　王者威信自形成，
下土之式⑧。　　　　　　　　身为天下好典型。
永言孝思⑨　　　　　　　　　永对先人尽孝道，
孝思维则⑩。　　　　　　　　效法祖德不变更。

## （四）

媚兹一人⑪，　　　　　　　　民爱武王是贤英，
应侯顺德⑫。　　　　　　　　能把美德来顺从。
永言孝思，　　　　　　　　永对先人尽孝道，
昭哉嗣服⑬。　　　　　　　　后王品德放光明。

## （五）

昭兹来许⑭，　　　　　　　　后王品德放光明，
绳其祖武⑮。　　　　　　　　祖先功业他继承。
於万斯年⑯，　　　　　　　　国运绵长传万代，
受天之祜⑰。　　　　　　　　受天之福永兴隆。

## （六）

| | |
|---|---|
| 受天之祜，<br>四方来贺。<br>於万斯年，<br>不遐有佐⑱！ | 受天之福永兴隆，<br>四方来贺献忠诚。<br>国运绵长传万代，<br>何不辅佐建奇功！ |

**【注释】**

①这是一首赞美武王文德的诗。　②下：后，后人。武：继承。　③哲王：明智君王。姚际恒《诗经通论》解此二句云："谓下世而能步武乎前人者维周也，以其世世有哲王也。"④三后：指太王、王季、文王。后，君。　⑤王：指武王。配：指配天。京：镐京。　⑥世：继承。求：通逑，匹配、配合。指配合三王。　⑦成王之孚：促成王者的威信。孚：信。　⑧下土：天下。式：法式、榜样。　⑨言、思：都是语助词。　⑩维：犹"是"。则：法则。　⑪媚：爱。兹：此。一人：指武王。　⑫应：顺应、适合。侯：乃。顺德：犹美德。　⑬昭：明。嗣服：后进。服：进。　⑭兹：通哉。三家诗作"哉"。来：后世，许：进。来许：义同"嗣服"。　⑮绳：继续。武：步武，迹。祖武：祖先的事业。　⑯於：叹美声。斯：语助词。　⑰祜：福。　⑱遐：何。不遐："遐不"的倒文，即何不。

# 文王有声①

## （一）

| | |
|---|---|
| 文王有声②，<br>遹骏有声③。<br>遹求厥宁④，<br>遹观厥成。<br>文王烝哉⑤！ | 文王享有好名声，<br>鼎鼎大名四海行。<br>要使万民得安乐，<br>要看国富告成功。<br>文王伟大又英明！ |

## （二）

| | |
|---|---|
| 文王受命⑥，<br>有此武功。<br>既伐于崇⑦，<br>作邑于丰⑧。<br>文王烝哉！ | 西伯爵位殷王封，<br>民富国强建武功。<br>讨伐崇国获全胜，<br>从此国都迁到丰。<br>文王伟大又英明！ |

筑城伊淢⑨，　　　　　　　　　　挖好城池筑城墙，
作丰伊匹⑩。　　　　　　　　　　丰都规制正相当。
匪棘其欲⑪，　　　　　　　　　　不是着急图私欲，
遹追来孝⑫。　　　　　　　　　　追孝先祖振家邦。
王后烝哉!⑬!　　　　　　　　　　英明伟大是文王!

王公伊濯⑭，　　　　　　　　　　文王功业好辉煌，
维丰之垣⑮。　　　　　　　　　　丰都高高起城墙。
四方攸同⑯，　　　　　　　　　　四方之国同归向，
王后维翰⑰。　　　　　　　　　　支撑天下做栋梁。
王后烝哉!　　　　　　　　　　　英明伟大是文王!

丰水东注⑱，　　　　　　　　　　沣河之水尽朝东，
维禹之绩⑲。　　　　　　　　　　大禹千年不朽功。
四方攸同，　　　　　　　　　　　四方之国同归向，
皇王维辟⑳。　　　　　　　　　　君临天下树高风。
皇王烝哉!　　　　　　　　　　　武王青史著英名!

镐京辟廱㉑，　　　　　　　　　　镐京郊外建离宫，
自西自东，　　　　　　　　　　　诸侯来朝自西东，
自南自北，　　　　　　　　　　　又自南北齐来到，
无思不服㉒。　　　　　　　　　　无人对周不服从。
皇王烝哉!　　　　　　　　　　　武王青史著英名!

考卜维王㉓，　　　　　　　　　　武王占卜问上皇，
宅是镐京㉔。　　　　　　　　　　居住镐京甚吉祥。
维龟正之㉕，　　　　　　　　　　神龟决定迁都计，
武王成之。　　　　　　　　　　　武王完成勋业长。
武王烝哉!　　　　　　　　　　　英明伟大是武王!

## （八）

丰水有芑㉖，　　　　　沣水杞柳莽苍苍，

武王岂不仕㉗？　　　　武王哪肯不自强？

诒厥孙谋㉘，　　　　　远计良谋传后代，

以燕翼子㉙。　　　　　荫庇儿辈享安康。

武王烝哉！　　　　　　英明伟大是武王！

**【注释】**

　　①文王伐崇后迁都于丰，武王灭纣后迁都于镐，这是周朝历史上两个英雄人物的两件大事，本诗对之加以颂美。　②声：名声。　③遹（yù）：发语词，同聿、曰。骏：大。　④厥：其。宁：安。　⑤烝：美。　⑥受命：文王受纣王之命为西伯。一说指文王受天命。　⑦崇：殷纣王所封诸侯国名。　⑧丰：地名，在今陕西西安北沣水西。原属崇国，文王灭崇，由岐迁都于此。　⑨淢（xù）：通洫，护城河。　⑩伊：为。　⑪棘：通亟、革，急也。　⑫追孝：孝顺已死的祖先。来：语助词。　⑬后：犹君。王后：指周文王。　⑭公：同功。王公：即王事。濯：大，显著。　⑮垣：墙。　⑯攸：乃。同：统一。　⑰翰：借为榦。这里比君王如树干，公侯为枝叶。　⑱丰水：即沣水，源出今陕西西安西南秦岭山中，北流入渭水。　⑲绩：功绩。　⑳皇王：指武王。皇：大。姚际恒《诗经通论》："言武王者，本其崩后之谥而言也。言王后、皇王者，本其在生为君而言也。"辟（bì）：君。　㉑镐京：西周国都，地在今陕西西安西南沣水东岸。辟廱：离宫，见《灵台》注⑯。　㉒思：语助词。　㉓考卜：问卜。考，问。　㉔宅：定居。　㉕维龟正之：意谓由龟卜得吉兆。正，决定。　㉖芑：通杞，杞柳。一说通芹，水芹菜。　㉗仕：遇事。　㉘诒：通贻，留下。孙：同逊，顺、善之意。　㉙燕：安定。翼：庇护。子：指武王之子成王。

# 生民之什

## 生 民①

### (一)

厥初生民②，
时维姜嫄③。
生民如何？
克禋克祀④，
以弗无子⑤。
履帝武敏歆⑥，
攸介攸止⑦。
载震载夙⑧，
载生载育，
时维后稷。

开初谁把周人生，
女祖姜嫄有大名。
先人如何被生下？
祭祀祈祷敬神灵，
乞求生子志虔诚。
踩了上帝拇趾印，
天赐大福显神通。
怀孕在身言行谨，
生一男儿养育成，
就以后稷来命名。

### (二)

诞弥厥月⑨，
先生如达⑩。
不坼不副⑪，
无菑无害⑫，
以赫厥灵⑬。
上帝不宁⑭，
不康禋祀⑮，
居然生子！

妊娠月数已满盈，
头胎孩子顺利生。
产门完好无破裂，
无灾无害甚和平，
与众不同显异灵。
姜嫄怕帝心不悦，
恐嫌祭祀不虔诚，
居然如此生男婴！

## （三）

诞寘之隘巷⑯，　　　　　　　把他弃置小巷中，
牛羊腓字之⑰。　　　　　　　牛羊喂奶有深情。
诞置之平林⑱，　　　　　　　把他丢在树林里，
会伐平林⑲。　　　　　　　　樵夫砍柴救性命。
诞置之寒冰，　　　　　　　　把他丢在寒冰上，
鸟覆翼之。　　　　　　　　　大鸟展翅来救营。
鸟乃去矣，　　　　　　　　　大鸟后来终飞走，
后稷呱矣⑳。　　　　　　　　后稷发出啼哭声。
实覃实讦㉑，　　　　　　　　哭声很长而且大，
厥声载路㉒。　　　　　　　　传满道路令人惊。

## （四）

诞实匍匐㉓，　　　　　　　　起初伏地学爬行，
克岐克嶷㉔。　　　　　　　　渐会踮脚立地中。
以就口食㉕，　　　　　　　　为了解决吃饭事，
蓺之荏菽㉖。　　　　　　　　从小种豆会务农。
荏菽旆旆㉗，　　　　　　　　大豆丰茂长得好，
禾役穟穟㉘。　　　　　　　　禾穗低垂饱盈盈。
麻麦幪幪㉙，　　　　　　　　麻麦茂盛长势旺，
瓜瓞唪唪㉚。　　　　　　　　瓜实累累结满藤。

## （五）

诞后稷之穑㉛，　　　　　　　后稷种地有才能，
有相之道㉜。　　　　　　　　生产技术甚高明。
茀厥丰草㉝，　　　　　　　　野草茂密全除掉，
种之黄茂㉞。　　　　　　　　选种嘉谷细心耕。
实方实苞㉟，　　　　　　　　苗齐又丰茂，
实种实褎㊱，　　　　　　　　既长又肥盛，
实发实秀㊲，　　　　　　　　拔节抽长穗，
实坚实好㊳，　　　　　　　　饱满子粒盈。
实颖实栗㊴。　　　　　　　　禾穗沉沉数量众，
即有邰家室㊵。　　　　　　　定居邰地喜心中。

诞降嘉种：
维秬维秠[41]，
维穈维芑[42]。
恒之秬秠[43]，
是获是亩[44]；
恒之穈芑，
是任是负[45]，
以归肇祀[46]。

后稷良种尸推行：
秬子秠子各不同，
穈谷芑谷品种精。
秬子秠子种满，
收割堆在田中；
穈谷芑谷遍地，
连挑带背丰登，
归来祭祀祖宗。

诞我祀如何？
或舂或揄[47]，
或簸或蹂[48]。
释之叟叟[49]，
烝之浮浮[50]。
载谋载惟[51]，
取萧祭脂[52]，
取羝以軷[53]。
载燔载烈[54]，
以兴嗣岁[55]。

祭祀祖神啥情形？
有人舀来有人舂，
搓米簸糠忙不停。
淘米声音嗖嗖响，
蒸出米饭热腾腾。
祭神大事同商议，
艾烧牛油香气浓，
献祭路神羊为牲。
又烧又烤把神敬，
祈求来年好收成。

卬盛于豆[56]，
于豆于登[57]，
其香始升。
上帝居歆[58]，
胡臭亶时[59]。
后稷肇祀，
庶无罪悔[60]，
以迄于今。

我将祭品用碗盛，
再上木盘与瓦登，
满堂袅袅香气升。
上帝安然来享用，
饭菜极好香味浓。
后稷首创祭祀礼，
幸得天神保安宁，
直到今天仍奉行。

中華藏書

四书五经·最新校勘精注今译本

中国书店

## 【注释】

①这是周人的一篇史诗。其中记述了其始祖后稷诞生的神奇传说和后稷对于农业生产的卓越贡献。　②厥：其。民：指周人。　③时：是。姜嫄（yuán）：传说中有邰（tái）氏之女，帝喾（kù）之妃，周始祖后稷之母。　④克：能，此处是实行之意。禋（yīn）：一种野祭。用火烧牲，使烟气上冲于天。祀：祭祀。　⑤弗：借为袚（fú），用祭祀来除去灾难。以弗无子：意即除去无子之灾，祈求生子。　⑥履：踩，踏。帝：上帝。武：足迹，脚印。敏：通拇，脚的拇指。歆（xīn）：欣喜。此句是说姜嫄踩了天神脚印中的拇指印迹而怀身孕。又，闻一多认为，履迹是祭祀仪式的一部分，疑即一种象征性舞蹈。所谓帝实即代表上帝之神尸。神尸舞于前，姜嫄尾随其后，践神尸之迹而舞，其事可乐，故曰"履帝武敏歆"，犹言与尸伴舞而心甚悦喜。恐非是。　⑦攸：语助词。介：通祄，神保佑。止：通祉，神降福。又，闻一多解介为偈，息也。盖舞毕而相携止息于幽闲之处，因而有孕也。此论恐非。　⑧载：语助词。震：通娠，怀孕。夙：通肃，严肃。古人重"胎教"，要求妇女怀孕期间肃敬恭谨。　⑨诞：发语词。弥：满。　⑩先生：初生，第一胎。如：而。达：滑利。　⑪坼：裂开。副（pì）：破析。此句言生得顺利，不致破裂产门。　⑫菑：通灾。　⑬赫：显示。　⑭不宁：不安。此下三句是写姜嫄产后的想法。奇异的受孕和生产使她怀疑是上帝对自己的祭祀不满而有意作祟。　⑮不康：不安。　⑯寘：置，弃置。　⑰腓（féi）：借为庇，庇护。字：乳。字之：给他奶吃。　⑱平林：平原上的树林。　⑲会：值，正好碰上。　⑳呱（gū）：小儿哭声。　㉑实：语助词。覃（tán）：长。訏（xū）：大。　㉒载：满。　㉓匍匐（pú fú）：伏地爬行。　㉔克：能。岐：借为跂，踮脚。嶷：借为仡，正立貌。一说"岐，知意也。嶷，哀也。"（《毛传》）　㉕就：成。　㉖蓺（yì）：种植。荏菽（rěn shū）：大豆。　㉗旆旆（pèi）：同芾芾，茂盛貌。　㉘役：借为颖，穗也。穟穟（suì）：禾穗下垂貌。　㉙幪幪（méng）：茂盛貌。　㉚瓞（dié）：小瓜。唪唪（běng）：果实累累貌。　㉛穑（sè）：指种植五谷。　㉜相：助。道：方法。　㉝茀：拔除。　㉞黄茂：嘉谷。　㉟方：整齐。苞：丰茂。　㊱种：犹肿，肥盛。褎（yòu）：禾苗渐长貌。　㊲发：舒发。秀：初长的穗子。　㊳坚：指谷粒充实。　㊴颖：禾穗下垂。栗：收获众多貌。　㊵即：往。邰（tái）：地名，故城在今陕西武功西南。此句说后稷到邰地定居。传说后稷在虞舜时代因佐禹有功，始封于邰。　㊶维：是。秬（jù）：黑黍。秠（pī）：一壳二米的黑黍。　㊷穈（mén）：一种嘉谷，初生苗赤，后渐变青。芑（qǐ）：一种嘉谷，初生时叶微白。　㊸恒：借为亘，遍的意思。　㊹获：收割。亩：指堆在田里。　㊺任：挑。负：背。　㊻肇（zhào）：始。肇祀：开始祭祀。　㊼揄：从石臼中将米舀出。　㊽蹂（róu）：通揉，揉搓。　㊾释：淘米。叟叟：淘米声。　㊿烝：同蒸。浮浮：热气上升貌。　51谋：谋划。惟：思考。此句言筹划祭祀之事。　52萧：香蒿。脂：牛肠脂。古时祭祀将牛油置香蒿上烧之，香气远闻。　53羝（dǐ）：公羊。軷（bó）：祭路神。古时郊祀上帝，先祭路神。《说文》："将有事于道，必先告其神。"　54燔（fán）：将肉放在火里烧。烈：将肉穿起架在火上烤。　55嗣岁：下一年。　56卬（áng）：我。豆：盛肉的高脚食器。　57登：盛汤的瓦制食器，似豆而浅。　58居：安。歆：享。　59胡：大。臭（xiù）：气味，指香气。亶：真。时：

好。　⑳庶：幸。悔：过失。

# 行　苇①

## （一）

敦彼行苇②，
牛羊勿践履③。
方苞方体④，
维叶泥泥⑤。
戚戚兄弟⑥，
莫远具尔⑦。
或肆之筵⑧，
或授之几⑨。

道旁芦苇远接天，
别让牛羊踩上边。
芦苇含苞茎尚嫩，
葱茏茂密绿叶繁。
同族兄弟应亲爱，
互不疏远紧相连。
铺好坐席开宴会，
先把几案放席前。

## （二）

肆筵设席⑩，
授几有缉御⑪。
或献或酢⑫，
洗爵奠斝⑬。
醓醢以荐⑭，
或燔或炙⑮。
嘉殽脾臄⑯，
或歌或咢⑰。

席上加席把客迎，
安排几案有侍从。
主人献酒客回敬，
洗杯奉献饮后停。
肉酱连汁齐奉上，
烧羊烤牛香气冲。
牛胃牛舌酒菜好，
你唱我和共欢腾。

## （三）

敦弓既坚⑱，
四鍭既钧⑲。
舍矢既均⑳，
序宾以贤㉑。
敦弓既句㉒，
既挟四鍭㉓。
四鍭如树㉔，
序宾以不侮㉕。

雕弓在手好坚硬，
四支利箭很均衡。
每人各自射一箭，
按照成绩来排名。
雕弓用劲已拉满，
四箭上弦响铮铮。
箭箭直竖在靶上，
敬客不能按输赢。

# （四）

曾孙维主<sup>㉖</sup>，宴会周王来做东，

酒醴维醹<sup>㉗</sup>。美酒醇厚味香浓。

酌以大斗<sup>㉘</sup>，大杯斟酒酬宾客，

以祈黄耇<sup>㉙</sup>。敬祝黄发老寿星。

黄耇台背<sup>㉚</sup>，老人背硬多不便，

以引以翼<sup>㉛</sup>。互相搀扶同路行。

寿考维祺<sup>㉜</sup>，长命百岁得吉利，

以介景福<sup>㉝</sup>。乞降大福靠神明。

**【注释】**

①这是一首描写周王与族人宴饮、较射的诗。　②敦（tuán）：丛聚貌。行（háng）：道路。苇：芦苇。　③践履：践踏。　④方：刚，开始。苞：含而未放貌。体：成形。　⑤维：发语词。泥泥：茂盛貌。　⑤戚戚：亲爱。　⑦具：通俱。尔：通迩，近，亲近。　⑧肆：陈，铺上。筵：竹席。　⑨几：矮木桌。　⑩设席：席为古人坐具，席上加席，是为了舒适。《礼记·礼器》："天子之席五重，诸侯之席三重，大夫再重。"　⑪缉：继续。御：侍者。⑫献：主人向宾客敬酒。酢：客人以酒回敬。　⑬爵、斝（jiǎ）：皆为青铜酒器。奠：置。洗爵奠斝：周人宴会礼节，主人敬酒，从几上拿起酒杯，先洗一洗，然后斟酒，即谓"洗爵"。客人饮毕，置酒杯于几上，即谓"奠斝"。　⑭醓（tǎn）：多汁的肉酱。醢（hǎi）：肉酱。荐：献。　⑮燔：烧肉。炙：烤肉。　⑯殽：同肴，荤菜。脾：通膍，牛胃。臄（jué）：牛舌。⑰歌、咢（è）：唱而有曲调为歌，唱而无曲调为咢。一说歌唱为歌，帮腔为咢。又《毛传》："歌者，比于琴瑟也。徒击鼓曰咢。"　⑱敦弓，即雕弓，天子所用。敦：通雕，刻画。　⑲镞（hóu）：箭名，青铜箭头，羽毛饰后。钧：通均，指四箭相同。　⑳舍矢：射箭。均：遍。此句言每人各射一箭。　㉑序宾以贤：按照才能（射技）排出宾客的名次。　㉒句（gōu）：借为彀，张弓。　㉓挟：持。　㉔树：竖立。指箭中靶上，有如竖立。　㉕不侮：不轻慢，对射不中者而言。　㉖曾孙：方玉润《诗经原始》："主席者之称，不必祭也。如宗子、嫡孙之类。"主：主人。　㉗醴（lǐ）：甜味浊酒，用米酿成。醹（rú）：醇厚的酒。此指酒味醇厚。　㉘酌：斟酒。斗：酒器名。　㉙黄耇（gǒu）：黄发老人。耇，长寿，老人。　㉚台背：台古同鲐，即鲐鱼，背有黑纹。老年人亦背生黑纹，故称台背。又高亨《诗经今注》："台背疑即驼背，长寿年老的人多驼背，故称为台背。台与驼一声之转。"㉛引：引导。翼：辅助。　㉜祺：吉祥。　㉝介（gài）：借为丐，乞求。景：大。

# 既　醉①

## （一）

既醉以酒，　　　　　　　　　畅饮美酒醉酩酊，
既饱以德。　　　　　　　　　饱尝恩德受深情。
君子万年，　　　　　　　　　祝你君子万年寿，
介尔景福②。　　　　　　　　赏赐福禄大无穷。

## （二）

既醉以酒，　　　　　　　　　畅饮美酒醉醺醺，
尔殽既将③。　　　　　　　　你的佳肴味清新。
君子万年，　　　　　　　　　祝你君子万年寿，
介尔昭明④。　　　　　　　　赐你明德照乾坤。

## （三）

昭明有融⑤，　　　　　　　　明德辉耀最久长，
高朗令终⑥。　　　　　　　　高洁名誉毕生扬。
令终有俶⑦，　　　　　　　　盛名代代终复始，
公尸嘉告⑧。　　　　　　　　神主善言告周详。

## （四）

其告维何？　　　　　　　　　神主善言啥内容？
笾豆静嘉⑨。　　　　　　　　盘盏祭品香味浓。
朋友攸摄⑩，　　　　　　　　众多宾朋来助祭，
摄以威仪⑪。　　　　　　　　礼仪隆重内心诚。

## （五）

威仪孔时⑫，　　　　　　　　祭祀典礼很隆重，
君子有孝子⑬。　　　　　　　君子又有孝子名。
孝子不匮⑭，　　　　　　　　孝子孝心永不止，
永锡尔类⑮。　　　　　　　　长远赐你好规程。

## （六）

| | |
|---|---|
| 其类维何？ | 赐你规程是哪宗？ |
| 室家之壸⑯。 | 全家一致目标同。 |
| 君子万年， | 祝你君子生万岁， |
| 永锡祚胤⑰。 | 赐福子孙代代承。 |

## （七）

| | |
|---|---|
| 其胤维何？ | 子孙后代啥光景？ |
| 天被尔禄⑱。 | 天赐福禄一重重。 |
| 君子万年， | 祝你君子活万岁， |
| 景命有仆⑲。 | 上天赐你好属从。 |

## （八）

| | |
|---|---|
| 其仆维何？ | 那些属从啥情形？ |
| 釐尔女士⑳。 | 天赐好女把婚成。 |
| 釐尔女士， | 天赐好女把婚成， |
| 从以孙子㉑。 | 随生子孙尽贤明。 |

## 【注释】

①这是周王祭祖之后，代表祖神的公尸对主祭者周王的祝词。　②介：借为匄，施予。景：大。　③将：美。　④昭：光明，显耀。明：明德。何楷《诗经世本古义》解此句曰："谓助发其智虑，小事大事，皆无不明也。"　⑤有融：即融融，长远。　⑥高朗：高明。令终：好结果。令：善。　⑦俶（chù）：始。　⑧公：君。尸：古代祭典中扮作神灵代为受祭的人叫尸。祖先是君主，则称公尸。嘉言：善言。指祝官代表尸向主祭者祝福的致辞。这种致辞古称嘏（gǔ）辞。嘏，福。　⑨笾、豆：皆为祭祀用的食器。静：善。　⑩攸：语助词。摄：佐，辅助。这里指助祭。　⑪威仪：指礼节仪式。　⑫孔：很。时：善。　⑬有：又。　⑭不匮（kuì）：不竭。　⑮锡：赐。类：法则。　⑯壸（kǔn）：借为昆。《说文》："昆，同也。"此指同心同德。　⑰祚：福。胤：嗣，后代子孙。　⑱被：赐予，加给。禄：福。　⑲景命：大命，指天命。仆：附，附属。　⑳釐：通赉，赐予。女士：《郑笺》："女而有士行者。"㉑从：随。孙子：犹子孙。

# 凫鹥①

## （一）

凫鹥在泾②，　　　　　　　野鸭鸥鸟水中央，
公尸来燕来宁③。　　　　　神主来宴共安详。
尔酒既清，　　　　　　　　你的美酒清湛湛，
尔肴既馨④。　　　　　　　你的佳肴味馨香。
公尸燕饮，　　　　　　　　神主宴中开怀饮，
福禄来成⑤。　　　　　　　福禄临门把你帮。

## （二）

凫鹥在沙⑥，　　　　　　　野鸭鸥鸟聚沙滩，
公尸来燕来宜⑦。　　　　　神主来宴共欣欢。
尔酒既多，　　　　　　　　你的美酒多无数，
尔肴既嘉。　　　　　　　　你的佳肴味道鲜。
公尸燕饮，　　　　　　　　神主宴中开怀饮，
福禄来为⑧。　　　　　　　福禄双降更增添。

## （三）

凫鹥在渚⑨，　　　　　　　野鸭鸥鸟聚沙洲，
公尸来燕来处⑩。　　　　　神主来宴乐悠悠。
尔酒既湑⑪，　　　　　　　你的美酒多清澈，
尔肴伊脯⑫。　　　　　　　干肉为肴香气流。
公尸燕饮，　　　　　　　　神主宴中开怀饮，
福禄来下。　　　　　　　　福禄临门不胜收。

## （四）

凫鹥在潀⑬，　　　　　　　野鸭鸥鸟聚港汊，
公尸来燕来宗⑭。　　　　　神主来宴同欢洽。
既燕于宗⑮，　　　　　　　宴席设在宗庙中，
福禄攸降⑯。　　　　　　　神赐洪福齐降下。
公尸燕饮，　　　　　　　　神主宴中饮开怀，
福禄来崇⑰。　　　　　　　福禄绵绵多又大。

（五）

| | |
|---|---|
| 凫鹥在亹⑱， | 野鸭鸥鸟聚峡门， |
| 公尸来止熏熏⑲。 | 神主来宴乐开心。 |
| 旨酒欣欣⑳， | 美酒丰盈香气盛， |
| 燔炙芬芬㉑。 | 烧羊烤肉味可人。 |
| 公尸燕饮， | 神主来宴多尽兴， |
| 无有后艰㉒。 | 消除祸患福无垠。 |

**【注释】**

①古代天子、诸侯在祭祀的次日设宴款待公尸，称为"宾尸"。本诗就是一首宾尸之歌。 ②凫（fú）：野鸭。鹥（yì）：鸥鸟。泾（jīng）：水中。 ③公尸：神主，扮作神灵代受祭祀的人。燕：通宴，宴饮。宁：安宁。 ④馨（xīn）：香。 ⑤成：帮助。 ⑥沙：水边沙滩。 ⑦宜：安适。 ⑧为：助。 ⑨煮：水中的沙洲。 ⑩处：安乐。 ⑪湑（xū）：滤过的酒，引申为清。 ⑫伊：是。脯（fǔ）：干肉。 ⑬漴（zhōng）：两水交会处，港汊。 ⑭宗：借为惊。《说文》："惊，乐也。" ⑮宗：宗庙。 ⑯攸：乃。 ⑰崇：重，多。 ⑱亹（mén）：门。朱熹《诗集传》："水流峡中，两岸如门也。"又，马瑞辰《通释》疑为"湄"之假借。门、眉双声，再转为湄。"读亹为湄，正与上章'在沙'、'在渚'、'在漴'同为水旁之地。" ⑲来止：陈奂《诗毛氏传疏》："来止当依《说文》作来燕。"熏熏：和悦貌。 ⑳欣欣：香气盛貌。高亨《诗经今注》："《广雅·释训》：'欣欣，馤馤，馫馫，香也。'《文选·长门赋》李注：'闻闻，香气盛也。'欣欣与欣欣、馤馤、馫馫、闻闻均是一语之转。"又俞樾《古书疑义举例》："熏熏、欣欣，字当互易。'公尸来止欣欣'，言公尸之和悦也。'旨酒熏熏'，此熏字，乃'薰'之假借。《说文》：'薰，香草也。'盖因草之香而引申之，则见香者皆得言薰也。欣、熏字音相同，古书多口授，误倒其文耳。" ㉑燔：烧肉。炙：烤肉。 ㉒后艰：后患。

# 假　乐①

## （一）

| | |
|---|---|
| 假乐君子②， | 周王可敬又可亲， |
| 显显令德③。 | 高尚品德天下闻。 |
| 宜民宜人④， | 善抚黎民善任用， |
| 受禄于天。 | 荣享福禄受天恩。 |
| 保右命之⑤， | 上天之命常保佑， |
| 自天申之⑥。 | 无边福禄再临门。 |

干禄百福⑦，　　　　　　　千福百禄齐降临，
子孙千亿⑧。　　　　　　　家族万千好子孙。
穆穆皇皇⑨，　　　　　　　个个堂皇又庄重，
宜君宜王。　　　　　　　　配做国王配当君。
不愆不忘⑩，　　　　　　　不犯过失不忘本，
率由旧章⑪。　　　　　　　先王旧制谨遵循。

（三）

威仪抑抑⑫，　　　　　　　仪表堂堂风度存，
德音秩秩⑬。　　　　　　　政教法令定人心。
无怨无恶，　　　　　　　　没人埋怨没人恨，
率由群匹⑭。　　　　　　　为政善于靠群臣。
受禄无疆，　　　　　　　　受天福禄无限量，
四方之纲⑮。　　　　　　　四方拥护万国尊。

（四）

之纲之纪⑯，　　　　　　　天下四方贺君临，
燕及朋友⑰。　　　　　　　大宴朋友会嘉宾。
百辟卿士⑱，　　　　　　　诸侯卿士全请到，
媚于天子⑲。　　　　　　　爱戴天子敬酬频。
不解于位⑳，　　　　　　　勤于职守不懈怠，
民之攸塈㉑。　　　　　　　万民归附献忠心。

【注释】

①这是一首歌颂成王美德的诗，其中赞美他遵承祖训，任贤安民，下情通达，国家安泰。
②假：借为嘉，喜。乐：爱悦。君子：指周成王。　③显显：显耀、盛明貌。令德：美德。
④宜：适合。民：指广大民众。人：指群臣百官。　⑤右：通佑，助。　⑥申：重复。　⑦
干：俞樾《群经平议》："干当做千，形似而误。"　⑧亿：周以十万为一亿。千亿：极言其
多。　⑨穆穆：肃敬貌。皇皇：光明貌。　⑩愆（qiān）：过失。　⑪率：循。由：从。旧章：
指先王的法度章程。　⑫威仪：仪表风度。抑抑：犹懿懿，美也。　⑬德音：何楷《诗经世本
古义》："言语、教令、声名，皆可称德音。"此处指教令，政教法令。秩秩：清明貌。　⑭群
匹：指群臣。　⑮纲：法则。　⑯之：这。　⑰燕：宴请。一说安也。　⑱辟：君。百辟：指
众诸侯。卿士：泛称群臣。　⑲媚：爱，爱戴。　⑳解：通懈。　㉑攸：所。塈（jì）：马瑞

辰《通释》："《传》：墍，息也，……《方言》：息，归也。民之攸墍，谓民之所息，即民之所归。"

# 公刘①

## （一）

笃公刘②，　　　　　　　　忠厚公刘谋虑长，
匪居匪康③。　　　　　　　　不敢苟且度安康。
乃埸乃疆④，　　　　　　　　划分疆界治田亩，
乃积乃仓⑤。　　　　　　　　收获粮食快装仓。
乃裹餱粮⑥，　　　　　　　　各家都把干粮备，
于橐于囊⑦。　　　　　　　　大小袋子一齐装。
思辑用光⑧。　　　　　　　　众民和睦增荣光。
弓矢斯张⑨，　　　　　　　　已将弓箭收拾好，
干戈戚扬⑩，　　　　　　　　盾戈斧钺肩上扛，
爰方启行⑪。　　　　　　　　起身开路向前方。

## （二）

笃公刘，　　　　　　　　　忠厚公刘日日忙，
于胥斯原⑫。　　　　　　　　豳地原野考察详。
既庶既繁⑬，　　　　　　　　百姓众多同来到，
既顺乃宣⑭，　　　　　　　　人民和顺喜气扬，
而无永叹。　　　　　　　　无人感叹陷忧伤。
陟则在巘⑮，　　　　　　　　有时登到山坡上，
复降在原。　　　　　　　　有时平原慢思量。
何以舟之⑯？　　　　　　　　他的身上佩何物？
维玉及瑶⑰，　　　　　　　　美玉宝石闪晶光，
鞞琫容刀⑱。　　　　　　　　佩刀玉鞘不寻常。

## （三）

笃公刘，　　　　　　　　　忠厚公刘志不凡，
逝彼百泉⑲，　　　　　　　　来到众泉岸上边，
瞻彼溥原⑳。　　　　　　　　放眼瞭望大平原。
乃陟南冈，　　　　　　　　登上南面高山看，

乃覯于京㉑。  发现京师好地盘。
京师之野㉒，  京师原野多宽阔，
于时处处㉓，  在此定居建家园，
于时庐旅㉔，  在此居住把房盖，
于时言言，  在此尽情把话谈，
于时语语。  欢声笑语喜连天。

（四）

笃公刘，  忠厚公刘志高昂，
于京斯依㉕。  定居京师建新邦。
跄跄济济㉖，  大宴群臣威仪好，
俾筵俾几㉗。  入席就座甚堂皇。
既登乃依㉘，  众宾依次都坐定，
乃造其曹㉙。  传告侍者招待忙。
执豕于牢㉚，  杀猪烹肉佳肴美，
酌之用匏㉛。  瓢中斟酒味清香。
食之饮之，  乐餐痛饮酬宾客，
君之宗之㉜。  民众公推做君王。

（五）

笃公刘，  忠厚公刘意志坚，
既溥既长㉝，  开垦豳地广又宽，
既景乃冈㉞。  测影定向上高山。
相其阴阳㉟，  山南山北详细看，
观其流泉。  勘察水貌浚流泉。
其军三单㊱。  军队三分换轮班。
庶其隰原㊲，  丈量原野低湿处，
彻田为粮㊳。  开荒耕种做良田。
度其夕阳㊴，  再把山西测量好，
豳居允荒㊵。  豳地确实大无边。

## （六）

笃公刘，  
于豳斯馆㊶。  
涉渭为乱㊷，  
取厉聚锻㊸。  
止基乃理㊹，  
爰众爰有㊺。  
夹其皇涧㊻，  
溯其过涧㊼。  
止旅乃密㊽，  
芮鞫之即㊾。

忠厚公刘是英雄，  
营建豳原动土功。  
采石横渡过渭水，  
磨石捶石运家中。  
居处地基奠定好，  
人众物多有前程。  
建房皇涧夹岸住，  
面向过涧造房成。  
百姓寄居人稠密，  
河岸两边气象宏。

**【注释】**

　　①这也是一篇周人史诗。周朝的始祖后稷建都于邰，至公刘因避夏桀之乱迁都于豳。本诗即是对公刘迁豳业绩的描写和歌颂。　②笃：厚，忠实厚道。公刘：后稷三世孙，周部族首领。公是号，刘是名。　③匪：非。居、康：意皆为安。　④场（yì）、疆：都是田界。场是小界，疆是大界。此句是说整治田地。　⑤积：指露天积粮。仓：指仓内积粮。　⑥餱（hóu）粮：干粮。　⑦橐（tuó）、囊：都是袋子，囊有底，橐无底（装物后两端扎口）。　⑧思：发语词。辑：和睦。用：而。光：光荣。　⑨斯：语助词。张：备好。　⑩干：盾。戚：斧。扬：亦名钺，大斧。　⑪爰：于是。方：开始。启行：启程，上路。　⑫于：语助词。胥：察看。斯：这。原：原野。　⑬庶、繁：都指众多。　⑭顺：安顺，和乐。宣：舒畅。　⑮陟：登。巘（yǎn）：小山。　⑯舟：借为周，环绕，佩带。　⑰瑶：似玉的美石。　⑱鞞（bǐ）：刀鞘。琫（běng）：刀鞘口的玉饰。容刀：装着刀。　⑲逝：往。百泉：众泉。百言其多。　⑳溥（pǔ）：广大。　㉑觏（gòu）：看见。京：豳的地名。　㉒京师：京邑。师：都邑。后世以京师专称帝王所居的都城。　㉓于时：于是。处处：居住。　㉔庐、旅：二字古通用，即庐庐，寄居之意。马瑞辰《通释》："庐、旅一也。《诗》上下文'处处'、'言言'、'语语'，皆用叠字，不应'庐旅'独异词。窃疑古本原作'庐庐'，谓寄其所当寄者。故《毛传》但释'庐'字。"　㉕依：依附，定居。　㉖跄跄（qiāng）：行有节奏貌。济济：从容端庄貌。朱熹《诗集传》："跄跄济济，群臣有威仪貌。"㉗俾：使。筵：竹席，坐具。几：矮桌，可供凭靠或放物。　㉘依：靠。　㉙造：借为告。三家诗作告。曹：众人。　㉚执：捉。豕：猪。牢：猪圈。　㉛酌：斟酒。匏（páo）：葫芦。葫芦一剖为二，作酒器，称匏爵。　㉜君、宗：用作动词，做君主，做族长。　㉝既溥既长：言开垦土地面积广大。溥：广。　㉞景：古影字，日影。这里指据日影测定方向。　㉟相：察看。阴：山北。阳：山南。　㊱单：通禅，更替。此句说将其军队分而为三，只用一军服役，轮流更替，以节民力。　㊲度（duó）：测量。隰原：

低平之地。　㊳彻：治。彻田：指开垦荒地。　㊴夕阳：指山的西面，因夕时向阳故称夕阳。㊵允：实在。荒：大。　㊶馆：作动词，指建房。　㊷渭：渭水。为：犹而。乱：横流而渡。　㊸厉：同砺，一种粗硬的磨石。锻：同碫，捶物的粗硬砧石。　㊹止：居。止基：房屋地基。理：治理。　㊺爰：语助词。众：指人多。有：指物多。　㊻皇涧：涧名。　㊼溯：面向。过涧：涧名。　㊽旅：寄居。密：密集。　㊾芮（ruì）：通汭，水边向内凹处。鞫（jū）：水边向外凸处。芮鞫，泛指水边。即：就。指定居。

# 泂　酌①

## （一）

泂酌彼行潦②，　　　　　　远舀路边积水深，
挹彼注兹③，　　　　　　　那边取来倒入盆，
可以餴饎④。　　　　　　　可以蒸饭香喷喷。
岂弟君子⑤，　　　　　　　君子和乐又平易，
民之父母。　　　　　　　　对民有如父母恩。

## （二）

泂酌彼行潦，　　　　　　远舀路边积水多，
挹彼注兹，　　　　　　　　那边取来倒入锅，
可以濯罍⑥。　　　　　　　可洗酒坛用清波。
岂弟君子，　　　　　　　　君子和乐又平易，
民之攸归⑦。　　　　　　　民心归附颂恩德。

## （三）

泂酌彼行潦，　　　　　　远舀路边积水长，
挹彼注兹，　　　　　　　　那边取来倒入缸，
可以濯溉⑧。　　　　　　　可把酒篓来洗光。
岂弟君子，　　　　　　　　君子和乐又平易，
民之攸塈⑨。　　　　　　　百姓拥戴爱君王。

【注释】

①这是一首赞美君王功德的诗。　②泂（jiǒng）：远。行（háng）：道路。潦（lǎo）：积水。　③挹（yì）：舀。注：灌。兹：此，指盛水器皿。　④餴（fēn）：同馎，蒸饭。饎（chì）：黍稷，或指酒食。　⑤岂弟（kǎi tì）：同恺悌，和乐平易。　⑥濯（zhuó）：洗。罍（léi）：古代容器名，似坛有盖，可盛酒或水。　⑦攸：所。　⑧溉：借为概，一种盛酒的漆

器。一说溉即清。　⑨塈（jì）：归附。

# 卷　阿①

## （一）

有卷者阿②，
飘风自南③。
岂弟君子④，
来游来歌，
以矢其音⑤。

丘陵蜿蜒好风光，
旋风呼啸自南方。
和悦近人贤君主，
遨游放歌意兴长，
群臣献诗喜洋洋。

## （二）

伴奂尔游矣⑥，
优游尔休矣⑦。
岂弟君子，
俾尔弥尔性⑧，
似先公酋矣⑨。

纵情游冶任意玩，
休息之日放悠闲。
和悦近人贤君主，
广扬善性满人间，
继承祖业续新篇。

## （三）

尔土宇昄章⑩，
亦孔之厚矣⑪。
岂弟君子，
俾尔弥尔性，
百神尔主矣⑫。

你的疆土据中心，
宽广辽阔大无垠。
和悦近人贤君主，
广扬善性满乾坤，
你做祭主祀百神。

## （四）

尔受命长矣，
茀禄尔康矣⑬。
岂弟君子，
俾尔弥尔性，
纯嘏尔常矣⑭。

你承天命甚久长，
福禄同来受安康。
和悦近人贤君主，
广扬善性满四方，
常受洪福国势强。

有冯有翼⑮，　　　　　　良材济济相辅佐，
有孝有德，　　　　　　　为人孝顺有美德，
以引以翼⑯。　　　　　　引导扶护贤士多。
岂弟君子，　　　　　　　和悦近人贤君主，
四方为则。　　　　　　　四方以你做楷模。

（六）

颙颙卬卬⑰，　　　　　　温和恭敬气轩昂，
如圭如璋⑱，　　　　　　德似白圭和玉璋，
令闻令望⑲。　　　　　　英名威望远传扬。
岂弟君子，　　　　　　　和悦近人贤君主，
四方为纲⑳。　　　　　　四方以你做纪纲。

（七）

凤凰于飞㉑，　　　　　　湛湛蓝天飞凤凰，
翙翙其羽㉒，　　　　　　百鸟展翅共翱翔，
亦集爰止㉓。　　　　　　同落佳树叶青苍。
蔼蔼王多吉士㉔，　　　　周王贤士人济济，
维君子使㉕，　　　　　　驱使由君不彷徨，
媚于天子㉖。　　　　　　爱戴天子是忠良。

（八）

凤凰于飞，　　　　　　　湛湛蓝天飞凤凰，
翙翙其羽，　　　　　　　百鸟展翅共翱翔，
亦傅于天㉗。　　　　　　比翼凌空天际扬。
蔼蔼王多吉人，　　　　　周王贤士人荟萃，
维君子命，　　　　　　　唯命是从志如钢，
媚于庶人㉘。　　　　　　爱护百姓有热肠。

（九）

凤凰鸣矣，　　　　　　　凤凰鸣叫神韵长，
于彼高冈。　　　　　　　其地高峻在山冈。
梧桐生矣，　　　　　　　山冈生长梧桐树，
于彼朝阳㉙。　　　　　　面向东方对朝阳。

萋萋蓁蓁㉚，　　　　　　　　枝叶繁茂风光美，
雝雝喈喈㉛。　　　　　　　　凤鸣和谐动远方。

（十）

君子之车，　　　　　　　　周王礼贤赐马车，
既庶且多㉜。　　　　　　　　车子华美又众多。
君子之马，　　　　　　　　周王礼贤赐良马，
既闲且驰㉝。　　　　　　　　奔驰迅速又协和。
矢诗不多㉞，　　　　　　　　群臣献诗真踊跃，
维以遂歌㉟。　　　　　　　　共答君王唱清歌。

**【注释】**

①这是召康公随从周成王出游时所献的一首颂诗。《竹书纪年》："成王三十三年，游于卷阿，召康公从。"可以参证。诗中前六章写君德，后六章喻臣贤。　②卷（quán）：曲。阿：大丘陵。　③飘风：旋风。　④君子：指周成王。　⑤矢：陈。　⑥伴奂：《郑笺》："自纵驰之意也。"　⑦优游：闲暇自得貌。　⑧俾：使。尔：指成王。弥：尽。性：指其固有的善性。　⑨似：通嗣，继承。先公：先君，指文王、武王。酋：通猷，谋略，引申为事业。　⑩土宇：封疆。版（bǎn）章：犹版图。版：同版。　⑪厚：广大辽阔。　⑫主：祭主，主祭者。　⑬茀禄：即福禄。康：安。　⑭纯：大。嘏（gǔ）：福。　⑮冯（píng）：辅。翼：助。　⑯引：引导。翼：护助。严粲《诗辑》："王氏曰：以引，引其前。以翼，翼其左右。"　⑰颙颙（yóng）：温和恭敬貌。卬卬（áng）：气概轩昂貌。　⑱圭、璋：白玉制成的礼器。　⑲令闻令望：好声誉，好名望。　⑳纲：法。　㉑凤凰：古代传说中的灵鸟。高亨《诗经今注》云："此下四章当另为一篇。（考今本《竹书纪年》：'成王八年，凤凰见。'此诗疑作于此时……）"可供参酌。　㉒翙翙（huì）：众多貌。羽：代指鸟。《说文》："凤飞，群鸟从以万数。"　㉓爰：于。止：指止息之处。　㉔蔼蔼：众多貌。　㉕维：通惟，只。君子：指成王。　㉖媚：爱。　㉗傅：至。　㉘庶人：平民。　㉙朝阳：指山的东面，因早晨向阳，故称朝阳。姚际恒《诗经通论》："诗意本是高冈朝阳，梧桐生其上，而凤凰栖于梧桐之上鸣焉；今凤凰言'高冈'，梧桐言'朝阳'，互见也。解者不知，见诗是凤凰鸣高冈，梧桐生朝阳，则凤凰、梧桐两不相属；虽漫引《庄子》'凤凰非梧桐不栖'之言，而究不知所合一也。"　㉚萋萋（péng）、蓁蓁：皆为草木茂盛貌。　㉛雝雝、喈喈：皆为鸣声和谐貌。　㉜多：古通侈，指车饰侈丽。　㉝闲：熟练。　㉞矢诗：陈诗。不：语助词，无义。不多：《毛传》："不多，多也。"　㉟遂：对，答。

# 民 劳①

## （一）

民亦劳止②，
汔可小康③。
惠此中国④，
以绥四方⑤。
无纵诡随⑥，
以谨无良⑦。
式遏寇虐⑧，
憯不畏明⑨。
柔远能迩⑩，
以定我王。

人民劳累苦难当，
急需扭转度安康。
爱护京都先抓好，
然后推开定四方。
别听狡诈欺骗话，
不良之辈要提防。
制止抢劫与残暴，
不怕权贵与豪强。
安近抚远天下定，
国泰民安利君王。

## （二）

民亦劳止，
汔可小休。
惠此中国，
以为民逑⑪。
无纵诡随，
以谨惛怓⑫。
式遏寇虐，
无俾民忧。
无弃尔劳⑬，
以为王休⑭。

人民劳累好苦情，
急需扭转得安宁。
爱护京都先抓好，
拿给民众做典型。
别听狡诈欺骗话，
争权夺利要严惩。
制止抢劫与残暴，
莫让黎民忧怨生。
昔日功劳休抛弃，
成就君王好声名。

## （三）

民亦劳止，
汔可小息。
惠此京师⑮，
以绥四国。
无纵诡随，

人民劳累苦难申，
急需扭转安民心。
爱护京师先抓好，
然后推开定四邻。
别听狡诈欺骗话，

以谨罔极⑯。　　　挫败无法无天人。
式遏寇虐，　　　制止抢劫与残暴，
无俾作慝⑰。　　　不向歹徒让寸分。
敬慎威仪⑱，　　　端庄谨慎讲仪礼，
以近有德。　　　　自觉亲近贤德臣。

### （四）

民亦劳止，　　　人民劳累苦难熬，
汔可小愒⑲。　　　急需扭转暂歇腰。
惠此中国，　　　爱护京师先抓好，
俾民忧泄⑳。　　　要使人民怨气消。
无纵诡随，　　　别听狡诈欺骗话，
以谨丑厉㉑。　　　作恶坏人莫轻饶。
式遏寇虐，　　　制止抢劫与残暴，
无俾正败㉒。　　　莫让政局太糟糕。
戎虽小子㉓，　　　你虽年轻是君主，
而式弘大㉔。　　　作用重大地位高。

### （五）

民亦劳止，　　　人民劳累苦不堪，
汔可小安。　　　急需扭转得安闲。
惠此中国，　　　爱护京师先抓好，
国无有残㉕。　　　莫让国家受摧残。
无纵诡随，　　　别听狡诈欺骗话，
以谨缱绻㉖。　　　结党营私要戳穿。
式遏寇虐，　　　制止抢劫与残暴，
无俾正反㉗。　　　别将国政弄翻船。
王欲玉女，　　　我愿君王明如玉，
是用大谏㉘。　　　因而力谏献诗篇。

## 【注释】

①《毛诗序》："《民劳》，召穆公刺厉王也。"可从。据《国语·周语》记载："厉王虐，国人谤王。邵公（即召穆公）告曰：'民不堪命矣。'王怒，得卫巫（卫国的巫者），使监谤者。以告，则杀之。国人莫敢言，道路以目。"　②亦、止：皆为语助词。　③汔（qì）：通

乞，祈求。康：安，息。　④惠：爱。中国：指西周王朝直接统治的区域，即王畿，因四方有诸侯，故称中国。　⑤绥：安抚。　⑥纵：当依《左传》作从，听众。诡随：狡诈欺骗的人。　⑦谨：谨慎，小心提防。无良：恶人。　⑧式：发语词。遏：制止。寇虐：指残暴者。　⑨憯（cǎn）：犹曾，乃。明：指高明显宠者。　⑩柔：安抚。远：远方的人。能：亲善。迩：近处的人。　⑪述：借为拯，法则，模范。　⑫憪恔（hūn náo）：喧哗争闹。　⑬尔：指成王。劳：功劳。　⑭休：美。　⑮京师：指镐京，义犹前章之"中国"。　⑯罔极：行为不正，没有法纪。　⑰慝（tè）：邪恶。　⑱敬慎：严肃谨慎。威仪：容止礼仪。　⑲愒（qì）：休息。　⑳泄：宣泄，消除。　㉑丑厉：恶人。　㉒正：通政。　㉓戎：汝，你。小子：古称年轻人，指成王。　㉔式：作用。　㉕残：伤害，破坏。　㉖缱绻（qiǎn quǎn）：本为丝缕纠结不解，此指人的勾结。朱熹《诗集传》："小人之固结其君者也。"㉗正反：政治颠覆。　㉘"王欲"二句：《郑笺》："玉者，君子比德焉。王乎，我欲令女如玉然，故作是诗，用大谏正女。此穆公至忠之言。"女：通汝。是用：因此。大谏：深切规劝。

# 板①

## （一）

| | |
|---|---|
| 上帝板板②， | 上帝反常降灾情， |
| 下民卒瘅③。 | 下界民众尽担承。 |
| 出话不然④， | 君王说话不合理， |
| 为犹不远⑤。 | 政策方针不高明。 |
| 靡圣管管⑥， | 不依圣人准则乱， |
| 不实于亶⑦。 | 只说空话不实行。 |
| 犹之未远， | 谋划国政无远虑， |
| 是用大谏。 | 因此写诗作谏诤。 |

## （二）

| | |
|---|---|
| 天之方难⑧， | 老天正让灾祸行， |
| 天然宪宪⑨。 | 不要这样喜盈盈。 |
| 天之方蹶⑩， | 老天正把骚乱降， |
| 无然泄泄⑪。 | 不要吵嚷闹哄哄。 |
| 辞之辑矣⑫， | 政令条文应宽缓， |
| 民之洽矣⑬。 | 民心安定事和融。 |
| 辞之怿矣⑭， | 政令苛严全败坏， |
| 民之莫矣⑮。 | 百姓受苦难为生。 |

我虽异事⑯，　　　　　　你我职守虽异样，
及尔同寮⑰。　　　　　　毕竟同政在朝堂。
我即尔谋⑱，　　　　　　我来与你商国事，
听我嚣嚣⑲。　　　　　　忠言逆耳把脸扬。
我言维服⑳，　　　　　　我言为求天下治，
勿以为笑。　　　　　　　莫当笑话撂一旁。
先民有言：　　　　　　　古人名言说得好：
询于刍荛㉑。　　　　　　可向樵夫问主张。

天之方虐㉒，　　　　　　老天正在降灾殃，
无然谑谑㉓。　　　　　　不应这样纵轻狂。
老夫灌灌㉔，　　　　　　老夫诚恳尽心意，
小子蹻蹻㉕。　　　　　　小子骄傲爱逞强。
匪我言耄㉖，　　　　　　不是年老说昏话，
尔用忧谑㉗。　　　　　　你来调笑太郎当。
多将熇熇㉘，　　　　　　坏事堆积如大火，
不可救药。　　　　　　　想找救药无良方。

天之方懠㉙，　　　　　　老天正把怒气申，
无为夸毗㉚。　　　　　　不要屈己顺佞人。
威仪卒迷㉛，　　　　　　乌七八糟礼仪乱，
善人载尸㉜。　　　　　　好人闭口如尸神。
民之方殿屎㉝，　　　　　人民呻吟受痛苦，
则莫我敢葵㉞。　　　　　我们不敢猜其心。
丧乱蔑资㉟，　　　　　　惨遭丧乱资财尽，
曾莫惠我师㊱。　　　　　无人周济众黎民。

天之牖民㊲，　　　　　　老天诱导四方民，
如埙如篪㊳，　　　　　　如用埙篪奏和音，

如璋如圭㊴，　　　　　　如拿圭璋两相配，
如取如携。　　　　　　　如提如携互关心。
携无曰益㊵，　　　　　　彼此提携无障碍，
牖民孔易㊶。　　　　　　引导得当民紧跟。
民之多辟㊷，　　　　　　如今邪僻人不少，
无自立辟㊸。　　　　　　乱立刑法空耗神。

（七）

价人维藩㊹，　　　　　　善人好比篱笆桩，
大师维垣㊺，　　　　　　大众好比是围墙，
大邦维屏㊻，　　　　　　大国好比是屏障，
大宗维翰㊼。　　　　　　五族好比是栋梁。
怀德维宁㊽，　　　　　　多施恩惠民安泰，
宗子维城㊾。　　　　　　嫡子站稳像城墙。
无俾城坏，　　　　　　　别使城墙遭破坏，
无独斯畏㊿。　　　　　　不要孤立受恐慌。

（八）

敬天之怒㊿，　　　　　　天若发怒要敬重，
无敢戏豫，　　　　　　　不敢嘻戏大不恭。
敬天之渝，　　　　　　　天降灾异要警惕，
无敢驰驱。　　　　　　　不敢放纵任意行。
昊天曰明，　　　　　　　老天看事明如水，
及尔出王。　　　　　　　和你一起赶路程。
昊天曰旦，　　　　　　　老天看事明如镜，
及尔游衍。　　　　　　　和你一道逛西东。

## 【注释】

①这是一首刺周厉王的诗。诗的作者传说是凡伯。对于《民劳》的作者是否召穆公和本诗作者是否凡伯，曾有争论。方玉润《诗经原始》云："盖厉王时，唯此二公为国勋旧，故借重二公名耳。然非二公俦，亦不能为此诗，即以之分属二公，奚不可者？"②板板：反也，言乖戾，反其常道。古时认为天道异常是对人间乖政的回应。　③卒瘅（dǎn）：疲病。卒，借为瘁。瘅，病。　④不然：不对。　⑤犹：同猷，谋，政策。不远：无远见。　⑥靡圣：目无圣人。管管：没有依凭，自行其是。　⑦不实：不实行。亶：诚信。　⑧方难：正降灾难。　⑨

无然：不要这样。宪宪：犹欣欣，喜悦貌。　⑩蹶：动，扰乱。　⑪泄泄（yì）：喋喋多言。　⑫辞：指政令之辞。辑：和缓协调。　⑬洽：和谐融洽。　⑭怿：借为殬（dù），败坏。　⑮莫：通瘼，病。　⑯异事：指职务不同。　⑰及尔同寮：和你是同僚。王、臣同治天下，故亦为同僚。　⑱即：往就。谋：谋计。　⑲嚣嚣：借为嗸嗸（áo），自以为是，不听善言貌。　⑳服：借为𠬝，治。　㉑刍（chú）：草。荛（ráo）：柴。刍荛：割草打柴的人。　㉒虐：指降灾。　㉓谑谑（xuè）：喜乐貌。　㉔老夫：作者自称。灌灌：犹款款，恳切貌。　㉕小子：称年轻人，此指厉王。蹻蹻（jué）：骄傲貌。　㉖匪：通非。耄（mào）：老，此指昏乱。　㉗忧谑：即优谑，调笑之意。　㉘熇（hè）：火势炽盛貌。严粲《诗辑》："积恶愈多，将熇熇然如火之炽盛，不可救止而药治之也。"　㉙僭（qí）：愤怒。　㉚夸毗（pí）：屈己卑身，以柔顺人。　㉛威仪：礼节。卒迷：全部迷乱。　㉜载：则。尸：神主。《孔疏》："尸，谓祭时之尸，以为神象，故终祭不言。贤人君子则如尸不复言语，畏政故也。"　㉝殿屎（xī）：呻吟。　㉞葵：借为揆，猜度。　㉟蔑：无。资：资财。　㊱惠：施恩。师：众，指民众。　㊲牖：通诱，诱导。　㊳埙（xūn）：一种吹奏乐器，陶制，椭圆形。篪（chí）：一种竹制管乐器。　㊴璋、圭：皆为玉制礼器。　㊵曰：语助词。益：通隘，阻碍。　㊶孔易：很容易。　㊷辟：通僻，邪僻。　㊸辟（bì）：法。　㊹价：同介，善。维：是。藩：篱笆。　㊺大师：大众。垣：墙。　㊻大邦：指诸侯中的大国。屏：屏障。　㊼大宗：指周王的同姓宗族。翰：借为"榦"，栋梁。　㊽怀德：有德。宁：指国家安宁。　㊾宗子：周王的嫡子。　㊿独：孤立。斯：这。畏：可畏。　51敬：敬畏。　52无：同毋。戏豫：嬉戏愉乐。　53渝：变。　54驰驱：任意放纵之意。　55昊天：皇天。曰：语助词。　56及：与。王：通往。　57旦：明。　58游衍：游逛，漫游。

# 荡 之 什

## 荡①

### （一）

荡荡上帝②，　　　　　　　上帝法规已残破，
下民之辟③。　　　　　　　主宰下民似阎罗。
疾威上帝④，　　　　　　　上帝暴虐又骄纵，
其命多辟⑤。　　　　　　　天命邪僻难捉摸。
天生烝民⑥，　　　　　　　上天生养众百姓，
其命匪谌⑦。　　　　　　　天命无诚不可托。
靡不有初⑧，　　　　　　　万事莫不有开始，
鲜克有终⑨。　　　　　　　坚持到底却不多。

### （二）

文王曰咨⑩，　　　　　　　文王开口发长叹，
咨女殷商⑪！　　　　　　　叹你殷商到残年！
曾是强御⑫，　　　　　　　这样任人逞强暴，
曾是掊克⑬，　　　　　　　这样任人肆贪残，
曾是在位⑭，　　　　　　　这样任人高禄位，
曾是在服⑮。　　　　　　　这样任人把权专。
天降慆德⑯，　　　　　　　天降这些骄横者，
女兴是力⑰。　　　　　　　是你助他闹翻天。

### （三）

文王曰咨，　　　　　　　　文王开口发长叹，
咨女殷商！　　　　　　　　叹你殷商到残年！
而秉义类⑱，　　　　　　　你把贤良来任用，
强御多怼⑲。　　　　　　　强暴之徒怒冲天。

流言以对⑳，　　　　　　　　　流言蜚语传外界，
寇攘式内㉑。　　　　　　　　　大肆攻击在朝班。
侯作侯祝㉒，　　　　　　　　　常把忠臣来诅咒，
靡届靡究㉓。　　　　　　　　　没完没了猛纠缠。

（四）

文王曰咨，　　　　　　　　　　文王开口发长叹，
咨女殷商！　　　　　　　　　　叹你殷商到残年！
女炰烋于中国㉔，　　　　　　　咆哮横行京城里，
敛怨以为德㉕。　　　　　　　　多行不义自称贤。
不明尔德，　　　　　　　　　　昏聩不明是本性，
时无背无侧㉖。　　　　　　　　叛臣邪恶靠身边。
尔德不明，　　　　　　　　　　不明本性已昏聩，
以无陪无卿㉗。　　　　　　　　辅佐良臣难近前。

（五）

文王曰咨，　　　　　　　　　　文王开口发长叹，
咨女殷商！　　　　　　　　　　叹你殷商到残年！
天不湎尔以酒㉘，　　　　　　　上天未让你酗酒，
不义从式㉙。　　　　　　　　　不应纵饮没个完。
既愆尔止㉚，　　　　　　　　　礼节容止不像样，
靡明靡晦。　　　　　　　　　　没明没夜太贪婪。
式号式呼㉛，　　　　　　　　　狂呼乱叫无体统，
俾昼作夜。　　　　　　　　　　白天当夜醉不堪。

（六）

文王曰咨，　　　　　　　　　　文王开口发长叹，
咨女殷商！　　　　　　　　　　叹你殷商到残年！
如蜩如螗㉜，　　　　　　　　　大蝉小蝉争吵闹，
如沸如羹㉝。　　　　　　　　　汤开水滚乱成团。
小大近丧㉞，　　　　　　　　　事情大小全弄坏，
人尚乎由行㉟。　　　　　　　　仍走老路不改弦。
内奰于中国㊱，　　　　　　　　国内人民燃怒火，
覃及鬼方㊲。　　　　　　　　　怒火直烧到远边。

## （七）

| | |
|---|---|
| 文王曰咨， | 文王开口发长叹， |
| 咨女殷商！ | 叹你殷商到残年！ |
| 匪上帝不时㊳， | 并非上帝心不好， |
| 殷不用旧㊴。 | 不循旧章路线偏。 |
| 虽无老成人㊵， | 虽无练达老臣在， |
| 尚有典刑㊶。 | 却有遗典在身边。 |
| 曾是莫听㊷， | 竟然不听先祖话， |
| 大命以倾㊸。 | 国家倾覆命运完。 |

## （八）

| | |
|---|---|
| 文王曰咨， | 文王开口发长叹， |
| 咨女殷商！ | 叹你殷商到残年！ |
| 人亦有言： | 古人有话应牢记： |
| 颠沛之揭㊹， | 大树倾倒根朝天， |
| 枝叶未有害， | 虽然枝叶未伤害， |
| 本实先拨㊺。 | 根部腐败已不堪。 |
| 殷鉴不远㊻， | 殷商鉴戒不遥远， |
| 在夏后之世㊼。 | 夏桀败亡在前边。 |

## 【注释】

①这是一首刺厉王无道、哀周室危亡的诗。全篇借周文王指斥殷纣王，语气托古讽今，指桑骂槐。旧以为召穆公所作，大致可信。　②荡荡：《郑笺》："法度废坏之貌。"③辟（bì）：君主。　④疾威：暴虐。　⑤辟：通僻，邪僻。　⑥烝：众。　⑦匪：通非。谌（chén）：诚，信。　⑧靡：无。　⑨鲜：少。克：能。　⑩咨：嗟叹声。　⑪女：汝。魏源《诗序集义》："厉恶类纣，故屡托殷商以陈刺。"　⑫曾：乃，竟然。是：这样。强御：强横凶暴。　⑬掊（póu）克：聚敛。　⑭在位：指处在统治地位。　⑮服：任。在服：与在位对言，在位指有职无权，在服指有职有权。　⑯慆（tāo）德：陈奂《诗毛氏传疏》："慆德，言其德教之慢，即荡荡之意也。"　⑰女：汝。兴：助长。力：尽力。　⑱而：通尔，你。秉：持，引申为任用。义类：善类。　⑲怼（duì）：怨恨。　⑳流言：谣言。　㉑寇攘：攻击。式：语助词。内：内部。　㉒侯：维，是。作：借为诅。祝：借为咒。作祝：即诅咒。　㉓届：尽，究。穷：穷。　㉔炰烋（páo xiāo）：借为咆哮，怒吼。　㉕敛怨以为德：朱熹《诗集传》："多行不义之事，而反自以为德矣。"　㉖时：以，所以。无：有不分、分不清之意。背：背叛者。侧：不正派者。　㉗陪：辅佐之人。卿：卿大夫。马瑞辰《通释》："'以无背无侧'为不知恶人；'以无陪无

卿'为不知善人。与经言'不明'义相贯。" ㉘湎（miǎn）：沉溺于酒。 ㉙不义：不宜。
从：借为纵。式：用。从式：指纵情饮用。 ㉚愆（qiān）：过失。止：容止，行为。 ㉛式：
犹乃。 ㉜蜩（tiáo）：蝉。螗：蝉的一种。牟应震《毛诗物名考》谓，蜩为蝉之小者，螗为
蝉之大者。 ㉝羹：汤。 ㉞小大：指小事大事。丧：失败。 ㉟人：指厉王。由行：仍走旧
路。指照旧行事。 ㊱嘒（bì）：怒。 ㊲覃：延。鬼方：殷与西周时期称北方猃狁为鬼方。
亦可泛指远方邦国。方：邦也。 ㊳不时：不善，不好。 ㊴不用旧：指不遵旧的典章制度。
㊵老成人：指经验丰富、老成练达的人。 ㊶典刑：旧法。 ㊷曾：乃。是：此，这些。
㊸大命：指国家命运。 ㊹颠沛：犹颠仆，指倒下。揭：高举。指树木倒后根部撅起。 ㊺
本：树根。拨：借为败。 ㊻鉴：镜子。 ㊼夏后：指夏桀。

## 抑①

### （一）

抑抑威仪②， 端庄严谨好仪容，
维德之隅③。 高尚品德寓其中。
人亦有言： 古人格言说得好：
靡哲不愚④。 大智惹愚最普通。
庶人之愚⑤， 常人如果挺蠢笨，
亦职维疾⑥。 那是天资不聪明。
哲人之愚， 智者好像也拙笨，
亦维斯戾⑦。 其实明理又达情。

### （二）

无竞维人⑧， 国家强盛靠贤英，
四方其训之⑨。 四方诸侯来顺从。
有觉德行⑩， 君主德行若直正，
四国顺之。 诸侯归心天下平。
讦谟定命⑪， 大计宏图方针定，
远犹辰告⑫。 深谋远虑要讲清。
敬慎威仪， 容仪行止需严谨，
维民之则⑬。 他给人民树典型。

（三）

其在于今，　　　　　　　　　如今放眼看国中，
兴迷乱于政[14]。　　　　　　政治局面乱哄哄。
颠覆厥德[15]，　　　　　　　你的德行已损坏，
荒湛于酒[16]。　　　　　　　沉湎酒肉醉惺忪。
女虽湛乐从[17]，　　　　　　只晓吃喝玩乐事，
弗念厥绍[18]。　　　　　　　不想祖业咋继承。
罔敷求先王[19]，　　　　　　不求先王治国道，
克共明刑[20]。　　　　　　　不思怎把法度明。

（四）

肆皇天弗尚[21]，　　　　　　皇天不肯来相帮，
如彼泉流，　　　　　　　　　如同泉水自流淌，
无沦胥以亡[22]。　　　　　　群臣相率共灭亡。
夙兴夜寐[23]，　　　　　　　应该早起又晚睡，
洒埽廷内[24]，　　　　　　　辛勤洒扫各厅堂，
维民之章[25]。　　　　　　　要给人民做榜样。
修尔车马，　　　　　　　　　整好你的车和马，
弓矢戎兵[26]。　　　　　　　弓箭武器妥修装。
用戒戎作[27]，　　　　　　　用来防备战争起，
用逷蛮方[28]。　　　　　　　制胜蛮夷定远方。

（五）

质尔人民[29]，　　　　　　　要让人民都安定，
谨尔侯度[30]，　　　　　　　谨守法度莫乱行，
用戒不虞[31]。　　　　　　　以防意外事发生。
慎尔出话，　　　　　　　　　开口发言要谨慎，
敬尔威仪，　　　　　　　　　行为举止有高风，
无不柔嘉[32]。　　　　　　　处处和善近人情。
自圭之玷[33]，　　　　　　　白圭上面有污点，
尚可磨也：　　　　　　　　　还可把它磨干净；
斯言之玷，　　　　　　　　　若是讲话出差错，
不可为也[34]！　　　　　　　完全无法再磨平！

## （六）

| | |
|---|---|
| 无易由言<sup>㉟</sup>， | 不要随口说一通， |

无易由言㉟，　　　　　　不要随口说一通，
无曰苟矣㊱。　　　　　　莫道马虎尚可行。
莫扪朕舌㊲，　　　　　　虽没把我舌头按，
言不可逝矣㊳。　　　　　一言既出难追踪。
无言不雠㊴，　　　　　　出言都会有答话，
无德不报。　　　　　　　施德总能得报应。
惠于朋友，　　　　　　　朋友群臣要爱护，
庶民小子。　　　　　　　民众子弟莫看轻。
子孙绳绳㊵，　　　　　　子孙人人都谨慎，
万民靡不承㊶。　　　　　万民谁会不顺承！

## （七）

视尔友君子，　　　　　　看你对待众友人，
辑柔尔颜㊷，　　　　　　和颜悦色笑吟吟，
不遐有愆㊸。　　　　　　谅无过失可指陈。
相在尔室㊹，　　　　　　看你独自在室内，
尚不愧于屋漏㊺。　　　　也应无愧于天神。
无曰不显，　　　　　　　莫道室内光线暗，
莫予云觏㊻。　　　　　　不能清楚见我身。
神之格思㊼，　　　　　　神明来时难预料，
不可度思㊽，　　　　　　出其不意便降临，
矧可射思㊾！　　　　　　岂可厌倦不相尊！

## （八）

辟尔为德㊿，　　　　　　修明你的好德行，
俾臧俾嘉(51)。　　　　　使它良善树清风。
淑慎尔止(52)，　　　　　举止谨慎行为美，
不愆于仪。　　　　　　　端正无失有仪容。
不僭不贼(53)，　　　　　不犯错误把人害，
鲜不为则(54)。　　　　　很少不被做标兵。
投我以桃，　　　　　　　人拿桃子送贺礼，
报之以李。　　　　　　　我用李子来回赠。

彼童而角<sup>⑤</sup>，          秃羊生角是胡话，
实虹小子<sup>⑥</sup>。         搅乱少主意不明。

### （九）

荏染柔木<sup>⑤</sup>，          上等木材韧又坚，
言缗之丝<sup>⑤</sup>。         制成琴瑟按丝弦。
温温恭人，            温和恭谨人宽厚，
维德之基。            道德根基是本原。
其维哲人，            若是智者在前面，
告之话言<sup>⑤</sup>，         古代名言相告传，
顺德之行。            马上落实行动间。
其维愚人，            如果是个糊涂佬，
覆谓我僭<sup>⑥</sup>，         反会说我发谬言，
民各有心。            人心各异不通连。

### （十）

於乎小子<sup>⑥</sup>，         哎哟你呀尚年轻，
未知臧否<sup>⑥</sup>！        是非好歹难辨明！
匪手携之<sup>⑥</sup>，        不但用手牵着走，
言示之事<sup>⑥</sup>。        还须具体指点清。
匪面命之<sup>⑥</sup>，        不仅当面施教诲，
言提其耳<sup>⑥</sup>。        更须提耳让你听。
借曰未知<sup>⑥</sup>，        如果说你不懂事，
亦既抱子<sup>⑥</sup>。        现在已把儿子生。
民之靡盈<sup>⑥</sup>，        为人不会无缺点，
谁夙知而莫成<sup>⑦</sup>？    谁能朝慧夕成功？

### （十一）

昊天孔昭<sup>⑦</sup>，         皇天在上最英明，
我生靡乐。           我无欢乐在人生。
视尔梦梦<sup>⑦</sup>，         看你那样懵懵懂懂，
我心惨惨<sup>⑦</sup>。         我心总是忧忡忡。
诲尔谆谆<sup>⑦</sup>，         对你谆谆来教诲，
听我藐藐<sup>⑦</sup>。         你却草草不肯听。

| | |
|---|---|
| 匪用为教， | 不用善言作指令， |
| 覆用为虐⑦。 | 反当笑料耍一通。 |
| 借曰未知， | 说你年少不懂事， |
| 亦聿既耄⑦。 | 又像老迈糊涂虫。 |

（十二）

| | |
|---|---|
| 於乎小子， | 哎哟你呀青年郎， |
| 告尔旧止⑦。 | 告你先王旧法章。 |
| 听用我谋， | 你若照我谋略办， |
| 庶无大悔⑦。 | 不致后悔陷忧伤。 |
| 天方艰难， | 上天正在降灾祸， |
| 曰丧厥国⑧。 | 只怕国家要灭亡。 |
| 取譬不远， | 所打比方都不远， |
| 昊天不忒⑧。 | 皇天赏罚理应当。 |
| 回遹其德⑧， | 邪僻性格如继续， |
| 俾民大棘⑧！ | 定使黎民受灾殃！ |

## 【注释】

①这是东周初年卫武公告诫平王的诗。据《国语·楚语》载，卫武公持身谨慎，作此诗时已九十五岁高龄。 ②抑抑：严密，严正。威仪：容止礼节。 ③隅：借为寓，寄托。 ④哲：智，指智多识广的人。 ⑤庶人：众民，一般人。 ⑥亦：语助词。职：只，主要。维：是。疾：弊病。 ⑦戾：善。马瑞辰《通释》：“《广雅》：‘戾，善也。’戾对疾言，正当训善。诗盖言庶人之愚是真愚，故以愚为疾；哲人以愚成哲，斯以愚为善耳。”一说戾为罪。 ⑧无：发语词。竞：强。维：于，由于。人：指贤人。 ⑨训：顺，服从。 ⑩觉：通梏，高大、正直貌。 ⑪訏（xū）：大。谟：谋。 ⑫犹：同猷，谋略。辰：时，及时。 ⑬则：法则，典范。 ⑭兴：俞樾《群经平议》：“兴与举同义……举为皆，兴亦得为皆。” ⑮颠覆：败坏。厥：其。 ⑯湛：通耽，过度逸乐。荒湛：沉湎。 ⑰女：汝。虽：王引之《经义述闻》引王念孙说：“虽读为惟。女虽湛乐从，言女惟湛乐之从也。《书·无逸》曰：‘惟耽乐之从。’文义正与此同。”从：从事。 ⑱绍：继承。高亨《诗经今注》：“绍字失韵，疑当做经，形近而误。经，常法也。” ⑲罔：不。敷：广。先王：指先王治国之道。 ⑳克：能。共：通拱，执。明刑：明法。 ㉑肆：发语词。尚：佑助。 ㉒无：语气词。沦：率。胥：相。沦胥：相率。以：而。 ㉓夙兴夜寐：晨起晚睡。 ㉔廷：通庭，庭院。内：室内。 ㉕维：为。章：法则，模范。 ㉖戎兵：指兵器。 ㉗戒：戒备。戒作：战事起来。 ㉘逖（tì）：剪除。蛮方：指远方异族。 ㉙质：安定。 ㉚侯：语助词。度：法度。 ㉛不虞：不测。 ㉜柔嘉：

柔和妥善。 ㉝玷（diàn）：玉上的斑点。 ㉞为：治。 ㉟易：轻易。由：于。 ㊱苟：苟且，随便。 ㊲扪：执持。朕（zhèn）：身，我。古人自称之词，自秦始皇起定为皇帝专用。 ㊳逝：逮，追及。刘向《说苑·丛谈篇》："口者，关也；舌者，机也。出言不当，四马不能追也。" ㊴雠（chóu）：答。 ㊵绳绳：谨慎貌。 ㊶承：顺承。 ㊷辑：和。 ㊸不：语气词。遐：何。愆：（qiān）过错。 ㊹相：视。 ㊺屋漏：屋里从天窗漏入的日光。王先谦《诗三家义集疏》引黄山云："不愧屋漏，即言不愧于神明。神不可知，以天明之，犹言不愧于天。天亦不可知，以日明之。"据此，屋漏即神明。 ㊻莫予云觏（gòu）：即莫觏予，没人看见我。云：语助词。觏：看见。 ㊼格：至，来。思：语助词。 ㊽度（duó）：揣测。 ㊾矧（shěn）：况且。射（yì）：通斁，厌弃。 ㊿辟：彰明。为：语助词。 (51)臧、嘉：皆为善之义。 (52)淑：美好。止：举止。 (53)僭（jiàn）：差错。贼：残害。 (54)鲜：少。则：准则。 (55)童：秃，指无角之羊。而角：以之为有角。 (56)虹：通讧，溃乱。小子：指年轻的平王。《郑笺》："天子未除丧称小子。" (57)荏染：柔韧。柔木：柔韧之木，指椅、桐、梓、漆等可做琴瑟的树木。 (58)言：语首助词。缗（mín）：安上（弦线）。丝：指琴瑟的丝弦。 (59)话言：《毛传》："古之善言也。"陈奂《诗毛氏传疏》："话，当为诂字之误也。《释文》引《说文》作告之诂言，云：'话，故言也。'是陆所见《说文》据《诗》作话言，可据以订正。" (60)覆：反。僭：错。 (61)於（wū）乎：即呜呼，叹词。 (62)臧否（pǐ）：好坏。 (63)匪：不但。携：搀着。 (64)言：语气词。示：指点。事：指事理。 (65)面命：当面教诲。 (66)提耳：提着耳朵教导。 (67)借曰：假如说。未知：没有知识。 (68)既抱子：已经生了孩子。 (69)盈：满，意指完美无缺。 (70)夙：早晨。莫：古暮字。 (71)昊天：皇天。孔：很。昭：明。 (72)梦梦：昏乱貌。 (73)惨惨：借为懆懆（cǎo），忧愁貌。 (74)谆谆（zhūn）：诚挚貌。 (75)藐藐：轻视貌。 (76)虐：借为谑，戏谑。 (77)聿：语助词。耄：老。 (78)旧：旧章，先王之法。止：语气词。 (79)庶：幸，表然希望之词。 (80)厥国：他的国家，指西周王朝。 (81)忒（tè）：差错。 (82)回遹（yù）：邪僻。 (83)棘：通急，指危难。

## 桑　柔①

### （一）

| | |
|---|---|
| 菀彼桑柔②， | 桑叶纷繁嫩又鲜， |
| 其下侯旬③。 | 桑树下面阴影宽。 |
| 捋采其刘④， | 枝叶暴采余稀落， |
| 瘼此下民⑤。 | 害苦百姓纳凉难。 |
| 不殄心忧⑥， | 心内烦忧剪不断， |
| 仓兄填兮⑦。 | 悲伤长久凄凄然。 |
| 倬彼昊天⑧， | 皇天昭明知善恶， |

宁不我矜⑨！

为何对我不可怜！

四牡骙骙⑩，
旐旟有翩⑪。
乱生不夷⑫，
靡国不泯⑬。
民靡有黎⑭，
具祸以烬⑮。
於乎有哀，
国步斯频⑯！

四马驾车奔向前，
鹰蛇旌旗舞翩翩。
祸乱四起不平静，
各国无不乱一团。
百姓死亡人稀少，
遍遭灾祸剩余残。
啊呀令人心哀痛，
国运艰危非等闲！

国步蔑资⑰，
天不我将⑱。
靡所止疑⑲，
云徂何往⑳？
君子实维㉑，
秉心无竞㉒。
谁生厉阶㉓？
至今为梗㉔。

国家命运无靠山，
天不帮我渡难关。
没有地方可栖止，
人到何处把身安？
君子所为皆正大，
不去夺利不争权。
是谁却把孽根造？
至今仍是大祸端。

忧心殷殷㉕，
念我土宇㉖。
我生不辰㉗！
逢天僤怒㉘。
自西徂东，
靡所定处。
多我觏痻㉙，
孔棘我圉㉚。

心中郁闷又忧伤，
想我故土念家乡。
生不逢时命运坏，
正遇老天怒火狂。
从西到东抬眼看，
想要安居无地方。
我逢灾祸数不尽，
又见边陲烽火扬。

## （五）

为谋为毖[31]，　　　　　谋划治国要谨慎，
乱况斯削[32]。　　　　　减轻祸乱安黎民。
告尔忧恤[33]，　　　　　你们应当忧国事，
诲尔序爵[34]。　　　　　授官察政要平心。
谁能执热[35]，　　　　　谁能迅速解炎热，
逝不以濯[36]？　　　　　却不洗澡来爽身？
其何能淑？　　　　　　　此辈怎能做善事？
载胥及溺[37]。　　　　　大家淹死共沉沦。

## （六）

如彼溯风[38]，　　　　　好比走路遇顶风，
亦孔之僾[39]。　　　　　呼吸困难不畅通。
民有肃心[40]，　　　　　人民本有进取志，
荓云不逮[41]。　　　　　环境使他难成功。
好是稼穑[42]，　　　　　努力耕种与收获，
力民代食[43]。　　　　　民苦官僚享其成。
稼穑维宝，　　　　　　　农业生产实宝贵，
代食维好。　　　　　　　不劳而获显威风。

## （七）

天降丧乱，　　　　　　　天降祸乱世事艰，
灭我立王[44]。　　　　　所立君主被推翻。
降此蟊贼[45]，　　　　　蟊贼害虫临下界，
稼穑卒痒[46]。　　　　　大批庄稼被吃完。
哀恫中国[47]，　　　　　哀痛国内广远地，
具赘卒荒[48]。　　　　　片片荒野紧相连。
靡有旅力[49]，　　　　　没有力量改局面，
以念穹苍[50]。　　　　　只有徒然唤苍天。

## （八）

维此惠君[51]，
民人所瞻。
秉心宣犹[52]，
考慎其相[53]。
维彼不顺[54]，
自独俾臧[55]。
自有肺肠，
俾民卒狂[56]。

若是循理好国君，
人民对他齐仰尊。
持心光明合正道，
考察慎选辅佐臣。
若是违理坏君主，
独断专行定方针。
自有心肠不听劝，
遂使百姓病沉沉。

## （九）

瞻彼中林，
牲牲其鹿[57]。
朋友已谮[58]，
不胥以穀[59]。
人亦有言：
进退维谷[60]。

远看那边树林中，
野鹿成群相对鸣。
朋友之间不信任，
不能彼此建深情。
人们平素常言道：
进退两难无处行。

## （十）

维此圣人，
瞻言百里[61]；
维彼愚人，
覆狂以喜[62]。
匪言不能，
胡斯畏忌？

这些圣哲眼界阔，
远达百里见山河；
那些蠢人皆短见，
反而狂妄乐呵呵。
有口并非不能讲，
为何惧怕顾忌多？

## （十一）

维此良人，
弗求弗迪[63]；
维彼忍心[64]，
是顾是复。
民之贪乱，
宁为荼毒[65]。

这些好人心良善，
不求名利不争官；
那些歹徒心残忍，
顾望反复把利沾。
百姓作乱原无奈，
只因暴政苦不堪。

## （十二）

大风有隧⑥，
有空大谷。
维此良人，
作为式谷⑥；
维彼不顺，
征以中垢⑥。

天上迅疾刮大风，
山中峡谷大又空。
一些好人心良善，
多做好事传美名；
那些浑人不讲理，
做事荒唐耻辱蒙。

## （十三）

大风有隧，
贪人败类⑥。
听言则对⑦，
诵言如醉⑦。
匪用其良，
覆俾我悖⑦。

大风迅疾天阴晦，
贪残之人害同类。
顺从之言欣然答，
讽谏之言听如醉。
不肯任用忠良臣，
反而说我道理悖。

## （十四）

嗟尔朋友，
予岂不知而作⑦！
如彼飞虫⑦，
时亦弋获⑦。
既之阴女⑥，
反予来赫⑦。

可叹僚友不自明，
我岂不知你所行！
犹如天上高飞鸟，
有时被射捉笼中。
你的底细我知道，
反来对我吓一通。

## （十五）

民之罔极⑦，
职凉善背⑦。
为民不利，
如云不克⑥。
民之回遹⑧，
职竞用力⑧。

民众心中无准绳，
专好刻薄叛乱生。
你做很多害民事，
好像还嫌不够凶。
众民走上邪僻道，
采用暴力作抗争。

## （十六）

民之未戾⑧，　　　　　　民众不把善事扬，

职盗为寇。　　　　　　专做贼寇逞豪强。

凉曰不可⑧，　　　　　　明言劝你不可做，

覆背善詈⑧。　　　　　　反在背后骂一场。

虽曰匪予⑧，　　　　　　虽然把我来诽谤，

既作尔歌⑧。　　　　　　终要为你作诗章。

**【注释】**

①这是大臣芮良夫讽刺周厉王的诗。《左传·文公元年》、《潜夫论·遏利篇》对此均有记载。厉王无道，民变蜂起，厉王出逃于彘（今山西霍县）。审度本篇诗意，当作于厉王流彘之后。　②菀（wǎn）：盛貌。　③侯：维；旬：指树阴均匀普遍。　④刘：剥落，稀疏。　⑤瘼：病，苦。　⑥殄（tiǎn）：断绝。　⑦仓兄：同怆怳（chuàng huǎng），凄凉悲伤貌。填：久。　⑧倬（zhuō）：光明貌。　⑨宁：岂，何。矜：怜悯。　⑩骙骙（kuí）：马强貌。　⑪旟（yú）：画有鹰隼的旗。旐（zhào）：画有龟蛇的旗。有翩：翩翩，旗帜飘动貌。　⑫夷：平定。　⑬泯：乱。　⑭黎：众。王引之《经义述闻》："此诗言民多死于祸乱，不复如前日之众多，但留余烬耳。"　⑮具：通俱。以：通而。烬：灰烬，比喻残余。　⑯国步：国运。频：危急。　⑰蔑：无。资：助。　⑱将：扶助。　⑲疑：通凝，定也。止疑：停息。　⑳云：发语词。徂：往。　㉑君子：指贵族，兼自指。实：是。维：为，做。　㉒秉心：持心，存心。无竞：无争。　㉓厉阶：祸端。　㉔梗：灾害。　㉕殷殷：忧伤貌。　㉖土字：土地房屋。　㉗不辰：不时。　㉘惮（dàn）怒：大怒。　㉙觏：同遘，遇到。痻（mín）：病，指灾难。　㉚棘：通急。圉（yǔ）：边陲。　㉛毖：谨慎。　㉜况：状况。斯：乃。削：削减。　㉝尔：指周王与执政大臣。忧恤：指忧患国事。恤：犹忧。　㉞序：次序。这里意指合理品评，合理安排。爵：官爵。　㉟执热：救治炎热。　㊱逝：犹而。濯（zhuó）：洗，沐浴。　㊲载：则，就。胥：都。溺：沉没。　㊳溯风：逆风。　㊴亦、之：皆为语助词。僾僾（ài）：呼吸不畅貌。　㊵肃心：进取心。肃：进。　㊶芃（pīng）：使。云：有。不逮：不及。　㊷好：喜爱。稼穑（sè）：指农业劳动。　㊸力民：使民尽力。代食：指官僚不劳而食。　㊹灭我立王：指厉王被国人攻袭流彘的事。立王：所立之王。　㊺蟊、贼：害虫。蟊吃苗根，贼吃苗节。　㊻卒：尽。瘅（yáng）：病。　㊼恫（tōng）：痛。中国：指西周王畿。　㊽具：俱。赘：通缀，连属。　㊾旅力：体力。旅：通膂。　㊿穹苍：即苍天。穹指其中间隆起四边下垂之状，苍言其青色。　51惠：顺。　52宣：明。犹：通猷，道也。　53考慎：考察慎选。相：辅佐大臣。　54不顺：指不顺之君。　55俾：使。臧：善。　56狂：林义光《诗经通解》："狂，读为尪，瘠病也。"　57甡甡（shēn）：同莘莘，众多貌。　58僭（jiàn）：借为僭，乖违不信。　59胥：相。以：同与。穀：善。　60进退维谷：进退两难。谷：穷。一说谷为善，进退维谷即进退皆善。　61言：语助词。　62覆：反而。　63迪：进。弗迪：指不求做官。　64忍心：指

内心残忍的人。　⑥宁：乃。荼毒：残害。　⑥有隧：隧隧，风疾貌。　⑥式：语助词。　⑥
征：行。中：得。垢：借为诟，耻辱。王引之《经义述闻》："不顺之人，行不顺之事，以得
耻辱，故曰征以中诟。"　⑥贪人：贪残之人，指荣夷公之流。《史记·周本纪》："厉王即位
三十年，好利，近荣夷公。芮良夫谏不听，卒以荣公为卿士。"败类：残害同类。一说类，善
也。　⑩听言：顺从之言。对：答。　⑪诵言：讽谏之言。　⑫悖：违理。　⑬而：同尔，你
们。作：作为。　⑭飞虫：指飞鸟。　⑮弋获：射中捉获。　⑯阴：通谙，熟知。女：汝。
⑰赫：通吓（嚇）。　⑱罔极：无法则。　⑲职：主，专。凉：刻薄。善背：指惯于背叛统治
者。　⑳云：语助词。克：胜。　㉑回遹（yù）：邪僻。　㉒用力：指使用暴力。　㉓戾：善。
㉔凉：语助词。　㉕覆：反，背。背：背后。詈（lì）：骂。　㉖曰：语助词。匪：林义光《诗
经通解》："匪，读为诽。"即诽谤。　㉗既：终。尔：此。

# 云　汉①

## （一）

| | |
|---|---|
| 倬彼云汉②， | 银河广阔在天空， |
| 昭回于天③。 | 群星回转放光明。 |
| 王曰於乎④， | 君王仰天长慨叹， |
| 何辜今之人⑤？ | 黎民今有啥罪行？ |
| 天降丧乱， | 老天来把灾祸降， |
| 饥馑荐臻⑥。 | 饥荒连年险象生。 |
| 靡神不举⑦， | 没有神灵不祭祀， |
| 靡爱斯牲⑧。 | 从不吝惜献牺牲。 |
| 圭璧既卒⑨， | 圭璧祭神已用尽， |
| 宁莫我听⑩？ | 为何祈祷天不听？ |

## （二）

| | |
|---|---|
| 旱既大甚⑪， | 旱情严重太过分， |
| 蕴隆虫虫⑫。 | 天气闷热似火熏。 |
| 不殄禋祀⑬， | 祭祀求雨不间断， |
| 自郊徂宫⑭。 | 郊外祭罢返庙门。 |
| 上下奠瘗⑮， | 上天下地全祭到， |
| 靡神不宗⑯。 | 没有神灵不仰尊。 |
| 后稷不克⑰， | 后稷不能把灾止， |

上帝不临。　　　　　　　上帝伟力不降临。
耗斁下土[18]，　　　　　　农田损耗遭破坏，
宁丁我躬[19]？　　　　　　大难适逢到我身！

（三）

旱既大甚，　　　　　　　旱灾严重不一般，
则不可推[20]。　　　　　　想要消除极困难。
兢兢业业[21]，　　　　　　整天惶恐又谨慎，
如霆如雷。　　　　　　　如有雷霆在上边。
周余黎民，　　　　　　　周家所余老百姓，
靡有孑遗[22]。　　　　　　即将全部受摧残。
昊天上帝，　　　　　　　皇天上帝心肠硬，
则不我遗[23]。　　　　　　不肯赐食救荒年。
胡不相畏？　　　　　　　祖先怎能不惧祸？
先祖于摧[24]！　　　　　　你们也会受牵连！

（四）

旱既大甚，　　　　　　　旱情严重难活存，
则不可沮[25]。　　　　　　救灾之法无处寻。
赫赫炎炎[26]，　　　　　　烈日炎炎如火烤，
云我无所[27]，　　　　　　没有地方可遮荫。
大命近止[28]。　　　　　　寿命已终死期近，
靡瞻靡顾。　　　　　　　神灵不看也不闻。
群公先王[29]，　　　　　　诸侯公卿众神在，
则不我助。　　　　　　　不肯帮助降福音。
父母先祖，　　　　　　　父母先祖应慈善，
胡宁忍予[30]？　　　　　　为何对我恁忍心？

（五）

旱既大甚，　　　　　　　旱灾严重遍四方。
涤涤山川[31]。　　　　　　山秃河干草木光。
旱魃为虐[32]，　　　　　　旱魔扬威逞凶暴，
如惔如焚[33]。　　　　　　如同遍地火势狂。
我心惮暑，　　　　　　　我对暑热心中怕，

忧心如熏。　　忧心好似火烧伤。
群公先正，　　诸侯公卿众神在，
则不我闻㉞。　　不肯向我问短长。
昊天上帝，　　皇天上帝请答话，
宁俾我遁㉟？　　为何使我苦难当？

（六）

旱既大甚，　　旱情严重来势凶，
黾勉畏去㊱。　　勉力在位表心诚。
胡宁瘨我以旱㊲？　　何用旱灾来加害？
憯不知其故㊳。　　不知缘故心不宁。
祈年孔夙㊴，　　祈年祭祀十分早，
方社不莫㊵。　　方祭社祭未晚行。
昊天上帝，　　皇天上帝心肠狠，
则不我虞㊶。　　不肯助我显宽容。
敬恭明神，　　恭恭敬敬把神祭，
宜无悔怒㊷。　　神明谅无恼恨生。

（七）

旱既大甚，　　旱情严重民心慌，
散无友纪㊸。　　众人散漫无纪纲。
鞫哉庶正㊹，　　百官群臣都窘困，
疚哉冢宰㊺。　　宰相忧虑无良方。
趣马师氏㊻，　　马官教官齐求雨，
膳夫左右㊼。　　厨师侍从共同忙。
靡人不周㊽，　　无人不来把灾救，
无不能止。　　仍然无法止祸殃。
瞻仰昊天㊾，　　仰望皇天心不解，
云如何里㊿？　　为何让我恁忧伤？

（八）

瞻仰昊天，　　仰望皇天尽晴空，
有嘒其星(51)。　　满天星斗放光明。
大夫君子，　　公卿众臣同致祭，

昭假无赢(52)。
大命近止，
无弃尔成！
何求为我？
以戾庶正(53)。
瞻仰昊天，
曷惠其宁(54)？

求神降福无私情。
寿命已终死不远，
认真祈祷继前功！
哪曾为我求福禄？
是为安定众公卿。
仰望皇天殷切盼，
何时赐民享安宁？

## 【注释】

①这是一首记述宣王祈雨禳灾的诗。《毛诗序》说作者是大夫仍叔，无法确考。 ②倬(zhuō)：大。云汉：银河。 ③昭：明。回：转。 ④王：指周宣王，厉王子，名静。史称中兴之主，在位四十六年。於乎：即呜呼，叹息声。 ⑤何辜：何罪。 ⑥荐：重，再。臻：至。 ⑦举：祭祀。 ⑧爱：吝惜。牲：祭祀用的牛、羊、猪等。 ⑨圭、璧：皆为玉器，祭神之用。祭天神则焚玉，祭山神则埋玉，祭水神则沉玉，祭人神则藏玉。卒：尽。 ⑩宁：何。 ⑪大：同太。大甚：太过。 ⑫蕴：通煴，闷热。隆：盛。虫虫：借为爞爞，热气熏蒸貌。 ⑬殄（tiǎn）：断绝。禋（yīn）祀：古代祭天仪式，先烧柴升烟，再加牲体、玉帛于柴焚烧。这里泛指祭祀。 ⑭郊：郊外。徂：到。宫：宫庙。周人在郊祭天，在庙祭祖。 ⑮上天：指天地。奠：陈列祭品，以祭天神。瘗（yì）：埋，将祭品埋在地下以祭地神。 ⑯宗：尊敬。 ⑰后稷：周人先祖。克：马瑞辰《毛诗传笺通释》："克，能也。善事鬼神曰能，鬼神善视之亦为能。"一说克当做享，形似而误。 ⑱耗：损耗。斁（dù）：败坏。 ⑲丁：当，遭逢。躬：身。 ⑳推：排除。 ㉑兢兢业业：恐惧小心貌。 ㉒孑遗：遗留，剩余。 ㉓遗(wèi)：赠送。指赠衣食。 ㉔丁：犹以。摧：挫折。 ㉕沮（jǔ）：止。 ㉖赫赫：阳光显耀貌。炎炎：暑气炽热貌。 ㉗云：庇荫。 ㉘大命：指寿命。止：指死亡。 ㉙群公：指前代诸侯之神。先正：指前代贤臣之神。 ㉚忍予：对我忍心。 ㉛涤涤：指山川光秃、干涸之状。 ㉜旱魃（bá)：古代传说中的旱魔。 ㉝惔：火烧。 ㉞闻：借为问，过问。 ㉟宁：岂。俾：使。遁：困。 ㊱黾（mǐn）勉：勉力。畏去：怕离君位。 ㊲瘨（diān)：病，害。 ㊳憯（cǎn)：曾，乃。 ㊴祈年：向神祈求丰年。孔夙：很早。 ㊵方：祭四方之神。社：祭土神。莫：古暮字，晚。 ㊶虞：助。 ㊷宜：应该。悔：恨。 ㊸友借为有。纪：法纪。 ㊹鞫（jū)：穷困。庶正：众长官。 ㊺疚：忧虑。冢宰：官名，如后代的丞相。 ㊻趣马：官名，主管国王马匹。师氏；官名，主管教导国王及贵族子弟。 ㊼膳夫：官名，主管国王及后妃饮食。左右：指国王左右官吏。 ㊽周：借为赒，救助。 ㊾印：通仰。 ㊿云：发语词。里：通悝，忧伤。 (51)有嘒（huì)：嘒嘒。《毛传》："众星貌。"又朱熹《诗集传》："嘒，明貌。"(52)昭：祷。假：通格，到。指神被祭者的虔诚所感而降临。无赢：没有私心。 (53)戾：安定。 (54)曷：何，何时。惠：赐。

# 嵩 高①

## (一)

嵩高维岳②，
骏极于天③。
维岳降神，
生甫及申④。
维申及甫，
维周之翰⑤。
四国于蕃⑥，
四方于宣⑦。

四岳居南是嵩山，
耸入云表上摩天。
嵩岳之神显灵圣，
吕侯申伯降人间。
申伯吕侯人材美，
周朝栋梁气不凡。
诸侯靠他为屏障，
四方以他作城垣。

## (二)

亹亹申伯⑧，
王缵之事⑨。
于邑于谢⑩，
南国是式⑪。
王命召伯⑫，
定申伯之宅⑬。
登是南邦⑭，
世执其功⑮。

申伯勤奋传美名，
周王让把祖业承。
加封谢邑新都建，
南国以他做典型。
周王命令召伯虎，
去为申伯筑新城。
建成南方强国度，
子孙世代守业功。

## (三)

王命申伯，
式是南邦。
因是谢人⑯，
以作尔庸⑰。
王命召伯，
彻申伯土田⑱。
王命傅御⑲，
迁其私人⑳。

王对申伯把令传，
要在南国做模范。
依靠谢邑老百姓，
建起你的新城盘。
周王命令召伯虎，
去为申伯整土田。
王命太傅和侍御，
助他家臣共搬迁。

## （四）

申伯之功㉑，<br>
召伯是营。<br>
有俶其城㉒，<br>
寝庙既成㉓，<br>
既成藐藐㉔。<br>
王锡申伯㉕，<br>
四牡跻跻㉖，<br>
钩膺濯濯㉗。

申伯迁都费事功，<br>
全是召伯代经营。<br>
城墙高大又坚固，<br>
寝庙壮观已落成，<br>
富丽堂皇气势宏。<br>
王向申伯赐厚礼，<br>
四匹骏马有雄风，<br>
颈上钩膺闪光明。

## （五）

王遣申伯㉘，<br>
路车乘马㉙。<br>
我图尔居㉚，<br>
莫如南土。<br>
锡尔介圭㉛，<br>
以作尔宝。<br>
往还王舅㉜，<br>
南土是保。

王向申伯把礼赠，<br>
高车驷马挂鸾铃。<br>
我曾考虑你住处，<br>
莫如南国最安宁。<br>
赐你大圭带回去，<br>
作为国宝传后生。<br>
放心去吧我王舅，<br>
常保南国永兴隆。

## （六）

申伯信迈㉝，<br>
王饯于郿㉞。<br>
申伯还南，<br>
谢于诚归㉟。<br>
王命召伯，<br>
彻申伯土疆。<br>
以峙其粻㊱，<br>
式遄其行㊲。

申伯马上要启程，<br>
王到郿郊来饯行。<br>
申伯将返南国去，<br>
决心诚恳归谢城。<br>
周王命令召伯虎，<br>
申伯田界全划清。<br>
又把粮食储备够，<br>
于是上路趁长风。

申伯番番<sup>38</sup>，　　　　　　申伯勇武又雄壮，
既入于谢。　　　　　　　　进入谢城意气昂。
徒御啴啴<sup>39</sup>，　　　　　　步兵御手一队队，
周邦咸喜<sup>40</sup>，　　　　　　全城到处喜洋洋，
戎有良翰<sup>41</sup>。　　　　　　你是国家好栋梁。
不显申伯<sup>42</sup>，　　　　　　高贵申伯多显赫，
王之元舅<sup>43</sup>，　　　　　　周王国舅有荣光，
文武是宪<sup>44</sup>。　　　　　　能文能武树法章。

（八）

申伯之德，　　　　　　　　申伯德行有美名，
柔惠且直<sup>45</sup>。　　　　　　和顺正直树高风。
揉此万邦<sup>46</sup>，　　　　　　安宁万邦人崇敬，
闻于四国。　　　　　　　　四方传扬众口称。
吉甫作诵<sup>47</sup>，　　　　　　吉甫特此把歌作，
其诗孔硕<sup>48</sup>。　　　　　　洋洋洒洒篇幅宏。
其风肆好<sup>49</sup>，　　　　　　音韵铿锵曲调美，
以赠申伯。　　　　　　　　赠与申伯诉衷情。

## 【注释】

①此为尹吉甫送申伯前往谢地就封之诗。宣王时，其母舅申伯来朝，宣王优待之，增其封地，为筑谢城，厚加赏赐，并又饯行嘉勉。大臣尹吉甫遂作此诗相送。　②嵩（sōng）：山高貌。嵩高：即嵩山，在今河南省登封县。维：是。岳：特别高大的山。中国大山有五岳之称。《尔雅·释山》："泰山为东岳，华山为西岳，霍山为南岳，恒山为北岳，嵩高为中岳。"西周时代，当为四岳。《尚书·尧典》："四岳：岱宗，南岳，西岳，北岳。"南岳当指嵩高，而霍山不在岳数。诗美南岳正以兴起"南国是式"、"式是南邦"。　③骏：借为峻，高大。极：至。　④甫：读作吕，国名。故城在今河南南阳市西。此指吕侯。申：国名，故城在今河南南阳市北，此指申伯。　⑤翰：栋梁。　⑥于：为。蕃：通藩，藩篱，屏障。　⑦宣：借为垣，围墙。　⑧亹亹（wěi）：勤勉貌。　⑨王：指周宣王。缵：继承。这里为"使……继承"之意。之：指申伯。　⑩于邑：建造都邑。于谢：在谢地。《孔疏》："申伯先封于申，本国近谢。今命为州牧，故改邑于谢。"其地在今河南唐河县南。　⑪南国：指周南一带诸侯，谢亦在周之南。式：法。　⑫召伯：亦称召穆公，名虎，宣王大臣。　⑬定：确定，指建立。宅：居处，指谢邑。　⑭登：成。南帮：指谢邑。　⑮执：守。功：事业。　⑯因：依靠。　⑰

庸：借为墉，即城。　⑱彻：治。　⑲傅：太傅，官名。御：侍御，侍候周王的官。　⑳私人：家臣。　㉑功：事，指治田、筑城等。　㉒俶：善。　㉓寝庙：宗庙。有两部分构成，前曰庙，后曰寝。　㉔藐藐：美盛貌。　㉕锡：赐。　㉖蹻蹻（jué）：强壮勇武貌。　㉗钩膺：套在马胸前颈上的带饰，即繁缨。濯濯：光泽鲜明貌。　㉘遣：赠送。　㉙路车：诸侯乘坐的一种大车。乘马：四匹马。　㉚我：作者代宣王自称。图：考虑。尔：指申伯。　㉛介：大。圭：玉制礼器。介圭：大圭。亦作玠圭。天子所执介圭长一尺二寸，又称镇圭；诸侯所执圭长九寸，又称桓圭。　㉜迨（jì）：语助词，犹哉。　㉝信：真，果然。迈：行，走了。　㉞饯：设酒食送行。郿（méi）：古邑名，地在今陕西眉县东北。　㉟谢于诚归：即诚归于谢。　㊱以：乃。峙：通庤，储备。粻（zhāng）：粮食。　㊲式：乃。遄（chuán）：迅速。　㊳番番（bō）：勇武貌。　㊴徒：步兵。御：车夫。啴啴（tān）：众多貌。　㊵周：遍。邦：指谢邑。咸：都。　㊶戎：汝。　㊷不：通丕，大也。显：显赫。　㊸元：大。　㊹宪：法式，典范。　㊺惠：和顺。直：正直。　㊻揉：马瑞辰《通释》："揉，安也。"　㊼吉甫：人名，姓尹，周宣王大臣，伐猃狁有功。诵：歌。　㊽孔：很。硕：大。此指篇幅长。　㊾风：曲调：姚际恒《诗经通论》："此《雅》也，而曰'其风肆好'，则知凡《诗》皆可称'风'，第《雅》《颂》可称'风'，《风》不可称《雅》《颂》耳。"肆好：极好。

# 烝 民①

## （一）

天生烝民②，　　　　　　苍天生下众黎民，
有物有则③。　　　　　　事物法则共遵循。
民之秉彝④，　　　　　　常人自会依常理，
好是懿德⑤。　　　　　　爱好美德是同心。
天监有周⑥，　　　　　　天把周朝来俯看，
昭假于下⑦，　　　　　　下界祈祷祭天神。
保兹天子，　　　　　　　上帝保佑周天子，
生仲山甫⑧。　　　　　　生仲山甫做贤臣。

## （二）

仲山甫之德，　　　　　　仲山甫是有德人，
柔嘉维则。　　　　　　　宽厚善良原则存。
令仪令色⑨，　　　　　　和颜悦色好风度，
小心翼翼。　　　　　　　办事谨慎又小心。
古训是式⑩，　　　　　　先王古训常遵守，
威仪是力⑪。　　　　　　典仪礼节很认真。

天子是若⑫，　　　　　　　　　天子对他很器重，
明命使赋⑬。　　　　　　　　　使颁政令与人民。

（三）

王命仲山甫，　　　　　　　　仲山甫曾接王命，
式是百辟⑭。　　　　　　　　要与诸侯做典型。
缵戎祖考⑮，　　　　　　　　继你先祖承旧业，
王躬是保⑯。　　　　　　　　保卫君王立新功。
出纳王命，　　　　　　　　　王命收发你掌管，
王之喉舌⑰。　　　　　　　　君王喉舌甚光荣。
赋政于外⑱，　　　　　　　　颁布政令到外地，
四方爰发⑲。　　　　　　　　好让四方共执行。

（四）

肃肃王命⑳，　　　　　　　　王命严肃送八方，
仲山甫将之㉑。　　　　　　　山甫执行志如钢。
邦国若否㉒，　　　　　　　　国家政局好与坏，
仲山甫明之。　　　　　　　　山甫心里亮堂堂。
既明且哲，　　　　　　　　　知识渊博明大理，
以保其身。　　　　　　　　　自保德行无损伤。
夙夜匪解㉓，　　　　　　　　日夜操劳不懈怠，
以事一人㉔。　　　　　　　　专奉一人是君王。

（五）

人亦有言：　　　　　　　　　平时不断听人言：
柔则茹之㉕，　　　　　　　　会吃要拣软的拈，
刚则吐之。　　　　　　　　　硬的难嚼吐一边。
维仲山甫，　　　　　　　　　可是这位仲山甫，
柔亦不茹，　　　　　　　　　软的东西他不馋，
刚亦不吐；　　　　　　　　　硬的也敢嚼一番；
不侮矜寡㉖，　　　　　　　　对于鳏寡不欺辱，
不畏强御㉗。　　　　　　　　面对强暴义凛然。

## （六）

人亦有言：　　　　　　　　平时不断听人言：
德辑如毛㉘，　　　　　　　品德轻如羽毛般，
民鲜克举之㉙。　　　　　　要想举高却很难。
我仪图之㉚，　　　　　　　我在心中细思念，
维仲山甫举之，　　　　　　山甫举之能上天，
爱莫助之。　　　　　　　　爱莫能助心不安。
衮职有阙㉛，　　　　　　　天子龙袍有破损，
维仲山甫补之。　　　　　　只有山甫能补填。

## （七）

仲山甫出祖㉜，　　　　　　山甫出行把路上，
四牡业业㉝，　　　　　　　四匹公马壮又强。
征夫捷捷㉞，　　　　　　　从行诸人很勤快，
每怀靡及㉟。　　　　　　　总怕办事不周详。
四牡彭彭㊱，　　　　　　　四马膘肥毛色好，
八鸾锵锵㊲。　　　　　　　八只銮铃响丁当。
王命仲山甫，　　　　　　　君王命令仲山甫，
城彼东方㊳。　　　　　　　封国筑城到东方。

## （八）

四牡骙骙㊴，　　　　　　　四匹骏马快如风，
八鸾喈喈㊵。　　　　　　　八只銮铃鸣丁冬。
仲山甫徂齐㊶，　　　　　　山甫前往济水畔，
式遄其归㊷。　　　　　　　望你早日上归程。
吉甫作诵㊸，　　　　　　　吉甫我来把歌作，
穆如清风㊹。　　　　　　　声韵和美似清风，
仲山甫永怀㊺，　　　　　　山甫临行多顾念，
以慰其心。　　　　　　　　以诗相送慰心灵。

**【注释】**

　　①卿士仲山甫奉周宣王之命前往东方筑城，尹吉甫作此诗相送。诗中对仲山甫之美德和政绩盛加赞扬。　　②烝民：众民。　　③物：事物。则：法则。　　④秉：禀赋。彝（yí）：常理。民之秉

降神。昭：祷。假：通格，到。　⑧仲山甫：周宣王大臣。仲是排行（第二），山甫是名。因封
于樊（今河南济源），谥号穆，故《国语》中《周语》称之为"樊仲山甫"，又称为"樊穆仲"，
《晋语》称之为"樊仲"。　⑨令：善。仪：仪容态度。　⑩式：法，榜样。　⑪威仪：礼节。
力：勤。　⑫若：《毛传》："顺也。"　⑬明命：成命。赋：颁布。　⑭百辟（bì）：指诸侯。辟：
国君。　⑮缵（zuǎn）：继承。戎：汝，你。　⑯王躬：指周王。躬：身。　⑰喉舌：代言人。
马瑞辰认为这种"出纳王命"的代言人当是内史，此官在唐虞时代为纳言，在秦汉时代为尚书。
　⑱赋政：颁布政令。　⑲爰：乃。发：执行。　⑳肃肃：严肃。　㉑将：执行。　㉒若：善。
否（pǐ）：恶。若否：好坏。　㉓夙：早晨。匪解：不懈。解，通懈，怠惰。　㉔事：侍奉。
一人：指周宣王。　㉕茹：吃。　㉖矜：通鳏（guān），老而无妻。寡：老而无夫。　㉗强御：
强梁，强暴。　㉘辀（yóu）轻车名，引申为轻。　㉙鲜：少。克：能。　㉚仪：揣度。图：谋
虑。　㉛衮（gǔn）：上绣龙纹的礼服，王侯所穿。衮职：王职。一说职借为适，偶然之意。阙：
通缺，缺失。　㉜祖：借为徂，往也。出祖：犹言出行，指出镐京前往东方。　㉝业业：高大
貌。　㉞捷捷：行动敏捷貌。　㉟每怀靡及：常想着事情尚未办完。　㊱彭彭：强壮貌。
㊲鸾：通銮，车铃。锵锵（qiāng）：铃声。　㊳城：筑城。东方：指樊邑。　㊴骙骙（kuí）：奔
驰不息貌。　㊵喈喈（jiē）：和谐的铃声。　㊶齐：高亨《诗经今注》："济，当读为济，水名，
源出河南济源县西王屋山。樊邑正在济水附近，所以说仲山甫徂济。"　㊷式：乃。遄（chuán）：
快速。　㊸吉甫：尹吉甫，周宣王大臣。诵：歌。　㊹穆：和美。　㊺永：长。

# 韩奕①

## （一）

奕奕梁山②，　　　　　　　　　梁山高耸入云中，
维禹甸之③。　　　　　　　　　大禹曾经到此行。
有倬其道④，　　　　　　　　　大路宽广连京地，
韩侯受命⑤。　　　　　　　　　韩侯入朝受册封。
王亲命之：　　　　　　　　　　周王亲自发命令：
缵戎祖考⑥。　　　　　　　　　把你祖业来继承。
无废朕命⑦，　　　　　　　　　我的命令莫背弃，
夙夜匪解⑧。　　　　　　　　　早晚辛勤莫放松。
虔共尔位⑨，　　　　　　　　　奉你职责要恭谨，
朕命不易⑩。　　　　　　　　　我的册命不轻行。
榦不庭方⑪，　　　　　　　　　讨伐叛逆正纲纪，
以佐戎辟⑫。　　　　　　　　　辅佐天子建新功。

## （二）

四牡奕奕，　　　　　　　四匹公马有肥膘，
孔脩且张⑬。　　　　　　体质强壮个头高。
韩侯入觐⑭，　　　　　　韩侯进京来朝见，
以其介圭⑮，　　　　　　大块玉圭手中操。
入觐于王。　　　　　　　走进朝堂对王拜，
王锡韩侯，　　　　　　　王赐礼物真不少。
淑旂绥章⑯，　　　　　　蛟龙画旗饰鸟羽，
簟茀错衡⑰，　　　　　　华美大车彩绘描；
玄衮赤舄⑱，　　　　　　黑色龙袍鞋赤色，
钩膺镂钖⑲，　　　　　　马饰环响金带飘；
鞹鞃浅幭⑳，　　　　　　浅毛虎皮蒙车轼，
鞗革金厄㉑。　　　　　　马辔马轭尽奢豪。

## （三）

韩侯出祖㉒，　　　　　　韩侯回国要出行，
出宿于屠㉓。　　　　　　途中住宿在杜陵。
显父饯之㉔，　　　　　　显父设宴来相送，
清酒百壶。　　　　　　　美酒百壶质地清。
其肴维何㉕？　　　　　　席间荤菜上何物？
炰鳖鲜鱼㉖。　　　　　　鱼是烧来鳖是烹。
其蔌维何㉗？　　　　　　席间素菜何物上？
维笋及蒲。　　　　　　　竹笋鲜嫩蒲菜青。
其赠维何？　　　　　　　临行以何为赠礼？
乘马路车㉘。　　　　　　驷马高车好威风。
笾豆有且㉙，　　　　　　碗盏众多真盛大，
侯氏燕胥㉚。　　　　　　韩侯宴上乐融融。

## （四）

韩侯取妻，
汾王之甥㉛，
蹶父之子㉜。
韩侯迎止，
于蹶之里㉝。
百两彭彭㉞，
八鸾锵锵㉟，
不显其光㊱。
诸娣从之㊲，
祁祁如云㊳。
韩侯顾之�339，
烂其盈门㊵。

韩侯结婚娶夫人，
汾王之甥为皇亲，
蹶父之女是千金。
韩侯驾车亲迎娶，
蹶父故里闹纷纷。
百辆喜车排满路，
车铃串串响和音，
大显荣耀乐在心。
陪嫁众妾随身后，
服装艳丽多如云。
韩侯举行三顾礼，
灿烂光辉照家门。

## （五）

蹶父孔武㊶，
靡国不到。
为韩姞相攸㊷，
莫如韩乐。
孔乐韩士，
川泽訏訏㊸，
鲂鱮甫甫㊹，
麀鹿噳噳㊺，
有熊有罴，
有猫有虎㊻。
庆既令居㊼，
韩姞燕誉㊽。

蹶父威武又勇健，
出使各国全走遍。
为女韩姞找人家，
莫似韩国最如愿。
住在韩国欢乐多，
河湖宽广真好看；
鳊鱼个大鲢鱼肥，
母鹿成群公鹿伴；
高熊大罴森林居，
山猫猛虎山中现。
庆贺嫁到好国邦，
韩姞芳心乐无限。

| 溥彼韩城⁴⁹， | 韩国都城广又宽， |
|---|---|
| 燕师所完⁵⁰。 | 万民兴建靠北燕。 |
| 以先祖受命， | 韩国先祖受王命， |
| 因时百蛮⁵¹。 | 节制一方领百蛮。 |
| 王锡韩侯， | 王对韩侯重封赏， |
| 其追其貊⁵²。 | 追貊两国新地盘。 |
| 奄受北国⁵³， | 总辖北方各国地， |
| 因以其伯⁵⁴。 | 你做方伯是长官。 |
| 实墉实壑⁵⁵， | 城墙城壕你操办， |
| 实亩实藉⁵⁶。 | 垦田收税你有权。 |
| 献其貔皮⁵⁷， | 白狐毛皮多进奉， |
| 赤豹黄罴。 | 赤豹黄罴贡年年。 |

## 【注释】

①此诗颂美韩侯。其中叙述他入朝受命，返回故国，显父为之饯行，途中又娶韩姞，最后扩建韩城，统镇北方。　②奕奕：高大貌。梁山：山名，在今河北固安县南。　③甸：治。④有倬：即倬倬，广大。　⑤韩侯：春秋以前有两个韩国，一在今陕西韩城县南，春秋时被晋国所灭；一在今河北固安县东南，武王之子始封于此。此处韩侯即为后者国君。受命：受周王的册命。韩侯之父死，他继位初立，来朝于周，周王为他在宗庙中举行册命之礼。　⑥缵：继承。戎：你。　⑦废：背弃。朕：我。　⑧夙夜：早晚。解：通懈。　⑨虔：诚敬。共：奉行。　⑩不易：不轻易赐给。　⑪榦（gàn）：正，匡正。不庭：犹不朝，不向周王朝觐，方：邦，邦国。　⑫辟：君王。　⑬孔：很。脩：长。张：大。　⑭觐（jìn）：朝见。　⑮介圭：大圭，玉制礼器。　⑯淑：美。旂：画有蛟龙的旗。绥章：旗杆头上所饰染色山羽或旄牛尾。⑰簟茀：遮蔽车厢的竹席。错衡：画上花纹或涂上金色的车辕前端的横木。　⑱玄衮：黑色的画有龙纹的礼服。赤舃（xì）：一种红鞋，贵族所穿。　⑲钩膺：套在马胸前颈上的带饰。镂：刻。钖（yáng）：马额上的金属装饰物，可以作响。　⑳鞹（kuò）：革，去毛的兽皮。鞃（hóng）：车厢前供人倚凭的横木（轼）上所盖的兽皮。浅：虎皮浅毛。幭（miè）：车轼上的覆盖物。　㉑鞗（tiáo）革：马笼头。厄：通轭，饰辔首的金环。　㉒出祖：出行。祖借为徂。一说祖为祭祀路神。　㉓屠：地名，屠通杜，当即杜陵，在今陕西西安东。　㉔显父：人名，事迹不详。饯：设宴送行。　㉕殽：通肴，荤菜。　㉖炰（páo）：烹煮。　㉗蔌（sù）：蔬菜。㉘乘马：四匹马。路车：贵族所乘的一种大车。　㉙笾：盛干果的竹器。豆：盛菜的高足食器。且（jū）：多貌。　㉚侯氏：指韩侯。陈奂《诗毛氏传疏》："凡诸侯觐王曰侯氏。"燕胥：安乐。　㉛汾王：即厉王。厉王被国人赶跑，流亡于彘，彘地临汾水，周人称之为汾王。甥：

韩侯的妻子，是厉王的外甥女。 ㉜蹶父（guì fǔ）：周宣王时卿士，姓姞。 ㉝里：邑。 ㉞两：借为辆。彭彭：众多貌。 ㉟鸾：车铃。锵锵：铃声。 ㊱不：通丕，大也。 ㊲娣（dì）：古代诸侯嫁女，以同姓诸女陪嫁做妾，称为娣。 ㊳祁祁：众多貌。 ㊴顾：古代男子迎亲有曲顾之礼。 ㊵烂：灿烂有光彩。 ㊶孔武：很威武。据陈乔枞《三家诗贵说考》，蹶父任周司马，掌管军队，故曰“孔武”。 ㊷韩姞（jí）：即韩侯妻子。姓姞，嫁韩侯，则称韩姞。相：看。攸：所，住所。 ㊸讦讦（xū）：广大貌。 ㊹鲂（fáng）：鳊鱼。鲊（xù）：鲢鱼。甫甫：大貌。 ㊺麀（yōu）：母鹿。鹿：指公鹿。噳噳（yǔ）：群鹿相聚貌。 ㊻猫：《毛传》：“似虎，浅毛者也。”马瑞辰《通释》谓即山猫，似虎而小。 ㊼既：犹取。令：好。 ㊽燕：安。誉：通豫，乐也。 ㊾溥（pǔ）：大。 ㊿燕：国名。周代燕国有二，一为南燕，地在今河南省汲县，国君姓姞，相传为黄帝后代；一为北燕，地在今北京市大兴县，国君姓姬，召公奭始封于此。此指北燕。师：众民。完：筑成。 (51)因：依靠。时：通是，这。百蛮：指北方众蛮族。 (52)追、貊（mò）：都是北方国名。 (53)奄：犹尽。 (54)以：犹为。伯：长。一方诸侯之长称方伯。 (55)实：是。墉（yōng）：城墙，此指筑城墙。壑（hè）：城壕，此指挖城壕。 (56)亩：指开垦田地。藉：指定收赋税。 (57)貔（pí）：又名白狐，一种猛兽。

## 江　汉①

### （一）

| | |
|---|---|
| 江汉浮浮②， | 长江汉水浩荡荡， |
| 武夫滔滔③。 | 战士出征气昂昂。 |
| 匪安匪游④， | 不图安乐闲游耍， |
| 淮夷来求⑤。 | 征讨淮夷定南方。 |
| 既出我车， | 我的兵车齐出动， |
| 既设我旟⑥。 | 我的战旗随风扬。 |
| 匪安匪舒， | 不图安乐不怕累， |
| 淮夷来铺⑦。 | 进击淮夷制强梁。 |

### （二）

| | |
|---|---|
| 江汉汤汤⑧， | 长江汉水浩荡荡， |
| 武夫洸洸⑨。 | 战士勇猛志如钢。 |
| 经营四方， | 经营四方讨叛逆， |
| 告成于王。 | 捷报随时报周王。 |
| 四方既平， | 四方之乱已平定， |
| 王国庶定⑩。 | 周王家国享安康。 |

时靡有争，
王心载宁⑪。

时局清静无战事，
君王心中乐洋洋。

（三）

江汉之浒⑫，
王命召虎⑬：
式辟四方⑭，
彻我疆土⑮。
匪疚匪棘⑯，
王国来极⑰。
于疆于理⑱，
至于南海⑲。

长江旁边汉水畔，
王命召虎开生面：
辟土垦地到四方，
治我疆土休怠慢。
施行政令莫峻急，
皆以本部做典范。
划定边界整国土，
政令远达南海岸。

（四）

王命召虎⑳，
来旬来宣㉑：
文武受命㉒，
召公维翰㉓。
无曰予小子㉔，
召公是似㉕。
肇敏戎公㉖，
用锡尔祉㉗。

册封召虎王命颂，
宗庙之中告百官：
文王武王受天命，
召公辅政是中坚。
莫说年轻经验少，
先公事业你承担。
敏捷快把大功建，
赐你福禄再翻番。

（五）

厘尔圭瓒㉘，
秬鬯一卣㉙。
告于文人㉚，
锡山土田㉛。
于周受命㉜，
自召祖命㉝。
虎拜稽首㉞，
天子万年！

赏你酒勺玉柄弯，
秬酒一壶味香甜。
祭告文德先祖辈，
周王赐你田与山。
你在歧周受册命，
把你先祖典仪搬。
召虎感恩叩头拜，
敬祝天子寿万年！

## （六）

虎拜稽首，　　　　　　　召虎叩头谢连连，
对扬王休㉟。　　　　　　报答王恩把德宣。
作召公考㊱，　　　　　　铸成青铜召公簋，
天子万寿！　　　　　　　恭祝天子寿万年！
明明天子，　　　　　　　圣明天子治海内，
令闻不已㊲。　　　　　　千古流芳美名传。
矢其文德㊳，　　　　　　广施德政万民乐，
洽此四国㊴。　　　　　　协和天下四方安。

**【注释】**

①这是一首歌颂周宣王命令召虎征伐淮夷、大获全胜的诗。近人推考，此乃《召伯虎簋铭》之一。　②江：长江。汉：汉水。浮浮：水流貌。　③武夫：指出征淮夷的兵士。滔滔：广大貌。王引之《经义述闻》："谨案，《经》当做'江汉滔滔，武夫浮浮'，《传》当做'滔滔，广大貌。浮浮，众强貌'。而写《经》者'滔滔'、'浮浮'四字上下互讹。……《风俗通义·山泽篇》引此诗曰'江汉陶陶'，陶与滔，古字通。"　④匪：非。　⑤淮夷：周人对淮河下游淮民族的称呼。胡渭《禹贡锥指》："淮夷，今淮、扬二府近海之地皆是。"来：语助词，有"是"意。求：诛求，讨伐。　⑥旟：画有鸟隼的旗。　⑦铺：借为搏，击也。　⑧汤汤（shāng）：水势浩大貌。　⑨洸洸（guāng）：威武貌。　⑩庶：庶几，差不多。　⑪载：则，就。　⑫浒（hǔ）：水边。　⑬召虎：召伯，名虎，谥召穆公。　⑭式：发语词。辟：开辟。　⑮彻：整治。　⑯疚：病，灾。棘：急。　⑰极：准则。　⑱于：乃，于是。疆：划分边界。理：治理土地。　⑲南海：泛指东南近海之地。　⑳命：册命。　㉑来：犹是。旬：通徇，宣布。古时册命仪式在宗庙举行，当众宣读内容。　㉒文武：指文王、武王。　㉓召公：指召公奭（shì），召虎的先祖，姓姬，封于召，助武王灭商有功。翰：借为榦，树干，喻重臣。　㉔予小子：假托召虎口气自称。古称年轻人为小子。　㉕似：通嗣，继承。　㉖肇（zhào）：敏。戎：大。公：通功。　㉗锡：赐。祉：福。　㉘厘：赏赐。圭瓒：即玉勺，古代以圭为柄的酒勺。　㉙秬（jù）：黑黍。鬯（chàng）：郁金香草。秬鬯：指用秬、鬯酿成的香酒。卣（yǒu）：有柄的青铜酒壶。　㉚文人：有文德的人，指召虎先祖。　㉛锡：赐。　㉜于周受命：在周王朝接受册命。　㉝自：用。召：借为绍，继续。祖命：指祖业。　㉞稽首：叩头。　㉟对：报答。扬：颂扬。休：美，指美德。　㊱考：郭沫若《青铜时代·周代彝器进化观》："考乃簋之假借字。"簋（guǐ），亦作殷，古代食器。圆口圆足，青铜或陶制，盛行于商周时代。　㊲令闻：美誉。　㊳矢：通施。　㊴洽：协和。

# 常 武<sup>①</sup>

## （一）

赫赫明明<sup>②</sup>，　　　　　宣王显赫洞察明，
王命卿士<sup>③</sup>。　　　　　册命卿士要出征。
南仲大祖<sup>④</sup>，　　　　　太庙之中命南仲，
大师皇父<sup>⑤</sup>：　　　　　太师皇父一起听：
整我六师<sup>⑥</sup>，　　　　　整我六军扬士气，
以修我戎<sup>⑦</sup>。　　　　　修理刀枪与箭弓。
既敬既戒<sup>⑧</sup>，　　　　　告诫兵卒民勿扰，
惠此南国<sup>⑨</sup>。　　　　　恩施南国致安宁。

## （二）

王谓尹氏<sup>⑩</sup>，　　　　　王让尹氏把令传，
命程伯休父<sup>⑪</sup>：　　　　程伯休父任长官：
左右陈行<sup>⑫</sup>，　　　　　左右军士排好队，
戒我师旅<sup>⑬</sup>。　　　　　注意事项当众宣。
率彼淮浦<sup>⑭</sup>，　　　　　沿那淮水岸边走，
省此徐土<sup>⑮</sup>。　　　　　巡视徐国扫祸端。
不留不处<sup>⑯</sup>，　　　　　大军不必久留住，
三事就绪<sup>⑰</sup>。　　　　　立定三卿便回还。

## （三）

赫赫业业<sup>⑱</sup>，　　　　　仪表堂堂气势雄，
有严天子<sup>⑲</sup>。　　　　　庄严天子有威风。
王舒保作<sup>⑳</sup>，　　　　　王率大军稳前进，
匪绍匪游<sup>㉑</sup>。　　　　　不是舒缓作旅行。
徐方绎骚<sup>㉒</sup>，　　　　　徐国闻讯人扰攘，
震惊徐方。　　　　　　　震动全国众官兵。
如雷如霆，　　　　　　　恰似雷霆晴空炸，
徐方震惊。　　　　　　　徐国上下皆震惊。

（四）

| | |
|---|---|
| 王奋厥武㉓， | 宣王奋发扬威武， |
| 如震如怒。 | 雷霆震怒惊下土。 |
| 进厥虎臣㉔， | 勇猛之臣冲在前， |
| 阚如虓虎㉕。 | 吼声震天如猛虎。 |
| 铺敦淮濆㉖， | 强攻迫近淮水边， |
| 仍执丑虏㉗。 | 破敌大量捉俘虏。 |
| 截彼淮浦㉘， | 截断岸边溃逃路， |
| 王师之所。 | 王师就地扎营驻。 |

（五）

| | |
|---|---|
| 王旅啴啴㉙， | 王师壮盛士气高， |
| 如飞如翰㉚， | 如同飞鸟上云霄； |
| 如江如汉， | 如同江汉水浩荡， |
| 如山之苞㉛， | 如同青山难动摇； |
| 如川之流。 | 如同洪流长不断， |
| 绵绵翼翼㉜， | 连绵壮阔势滔滔。 |
| 不测不克㉝， | 奇兵莫测不可胜， |
| 濯征徐国㉞。 | 大战徐国祸根消。 |

（六）

| | |
|---|---|
| 王犹允塞㉟， | 周王谋略甚高明， |
| 徐方既来。 | 徐国臣服献忠诚。 |
| 徐方既同㊱， | 改邪归正成一统， |
| 天子之功。 | 胜利应是天子功。 |
| 四方既平， | 四方祸乱已平定， |
| 徐方来庭㊲。 | 徐君朝拜到王庭。 |
| 徐方不回㊳， | 徐国从此不反叛， |
| 王曰还归。 | 王命班师转回京。 |

**【注释】**

①这是一首赞美宣王亲征徐国、平定叛乱的诗。　②赫赫：显盛貌。明明：明朗貌。　③卿士：西周中央的高级官员。　④南仲：人名，周宣王大臣。大祖：即太祖，指太祖庙。　⑤大师：即太师，官名，主管军事，为执政大臣之一。皇父：人名，周宣正大臣。　⑥六师：即

六军。《周礼·夏官》："凡制军，万有二千五百人为军，王六军，大国三军，次国二军，小国一军。" ⑦戎：兵器。 ⑧敬：通做，义同戒，警戒。 ⑨惠：加恩。南国：南方诸国。 ⑩尹氏：陈奂《诗毛氏传疏》："《传》云'尹氏，掌命卿士'者，尹氏为掌命卿士之官。犹师氏、保氏、旅贲氏、虎贲氏，官皆称氏矣。"一说即上章的皇父，一说为尹吉甫。 ⑪程伯：封于程（今陕西咸阳东）地的伯爵。休父：程伯之名。 ⑫陈行：列队。 ⑬戒：告诫。 ⑭率：循，顺。淮浦：淮水边。 ⑮省：巡视，实指征讨。徐：国名，故城在今安徽泗县北，是淮夷中的一个大国。 ⑯处：止。 ⑰三事：三卿，即《十月之交》一诗中的"择三有事"、《雨无正》一诗中的"三事大夫"。绪：业。就绪：各就其业。 ⑱业业：举止有威仪貌。 ⑲有严：即严严，威严貌。 ⑳舒：徐缓。保：安泰。作：为，行。 ㉑匪：非。绍：弛缓。 ㉒徐方：徐邦。绎骚：扰动。 ㉓厥：其，他的。 ㉔进：进军。虎臣：如虎之臣，喻将帅勇猛。 ㉕阚（hǎn）：如：阚然，虎怒貌。虓（xiāo）：虎叫。 ㉖铺：借为搏，击也。敦：迫。渍（fén）：沿河高地，大堤。 ㉗仍：因，就。执：捉。丑虏：蔑称战俘。 ㉘截：断绝。 ㉙啴啴（tān）：众盛貌。 ㉚翰：高飞。 ㉛苞：《毛传》："苞，本也。"《郑笺》："山本以喻不可惊动也，川流以喻不可御也。" ㉜绵绵：不绝貌。翼翼：繁盛貌。 ㉝不测：不可测度。不克：不可战胜。 ㉞濯：大。 ㉟犹：同猷，谋划。允：信，确实。塞：踏实。 ㊱同：一致，指归顺王朝。 ㊲来庭：来朝。 ㊳回：指反叛。

## 瞻卬①

### （一）

瞻卬昊天②，　　　　　　仰起头来望苍天，
则不我惠③。　　　　　　苍天对我无爱怜。
孔填不宁④，　　　　　　人间很久不宁静，
降此大厉⑤。　　　　　　降下这多大祸端。
邦靡有定，　　　　　　　国家无处能安稳，
士民其瘵⑥。　　　　　　士子人民遭病缠。
蟊贼蟊疾⑦，　　　　　　好似庄稼受虫害，
靡有夷届⑧。　　　　　　大灾没了又没完。
罪罟不收⑨，　　　　　　为恶犯罪不收禁，
靡有夷瘳⑩。　　　　　　人民病苦永无边。

人有土田，
女反有之⑪。
人有民人，
女覆夺之⑫。
此宜无罪，
女反收之。
彼宜有罪，
女覆说之⑬。

如果别人土地多，
你则强取理不说。
如果别人百姓众，
你就反来相掠夺。
这些好人本无罪，
你却偏要把他捉。
那些坏人罪不小，
你却为之去开脱。

（三）

哲夫成城⑭，
哲妇倾城⑮。
懿厥哲妇⑯，
为枭为鸱⑰。
妇有长舌，
维厉之阶⑱。
乱匪降自天，
生自妇人。
匪教匪诲，
时维妇寺⑲。

男子精明邦国兴，
女子精明邦国倾。
啊呀此女太能干，
原是恶枭猫头鹰。
妇有长舌胡说话，
灾难根源由此生。
祸乱并非从天降，
生自妇人祸水中。
没人教王施暴政，
全是妇女枕头风。

（四）

鞫人忮忒⑳，
谮始竟背㉑。
岂曰不极㉒，
伊胡为慝㉓？
如贾三倍㉔，
君子是识㉕。
妇无公事㉖，
休其蚕织。

奸邪巧妙把人害，
先是谗毁后抛开。
难道还没坏到顶，
为何邪恶满胸怀？
商人谋求三倍利，
叫他做官主意歪。
妇女休要参国政，
放弃蚕织不应该。

## （五）

天何以刺㉗？
何神不富㉘？
舍尔介狄㉙，
维予胥忌㉚。
不吊不祥，
威仪不类㉛。
人之云亡㉜，
邦国殄瘁㉝。

苍天为何降责罚？
神明为何福不加？
放开坏蛋你不管，
反而对我恨咬牙。
不祥之事无惶恐，
容止礼节分外差。
良臣贤士远逃去，
国势艰危要倒塌。

## （六）

天之降罔㉞，
维其忧矣㉟。
人之云亡，
心之忧矣。
天之降罔，
维其几矣㊱。
人之云亡，
心之悲矣。

上天发怒降灾荒，
灾情严重苦难当。
良臣贤士远逃去，
心中痛苦又忧伤。
上天发怒灾荒降，
国家危险运不祥。
良臣贤士远逃去，
心忧国事甚悲凉。

## （七）

觱沸槛泉㊲，
维其深矣。
心之忧矣，
宁自今矣㊳？
不自我先，
不自我后。
藐藐昊天㊴，
无不克巩㊵。
无忝皇祖㊶，
式救尔后㊷。

泉水翻腾乱流奔，
来于地下源头深。
我心忧伤已久远，
哪是今天才扰人？
灾殃既不生前降，
祸患也不死后临。
皇天高远神通大，
无事不能定本根。
不要辱没你先祖，
匡正王朝救子孙。

①这是一首讽刺周幽王宠褒姒、毁法纪、斥贤良、乱邦国的诗。　②卬：通仰。　③惠：爱。　④填：久。　⑤厉：恶，祸。　⑥士民：士子与人民。瘵（zhài）：病。　⑦蟊贼蟊疾：《孔疏》："蟊贼者，害禾稼之虫。蟊疾，是害禾稼之状。"　⑧夷：语助词。届：终极。　⑨罟：林义光《诗经通解》："罟，读为辜。"罪罟：指罪犯。收：拘捕。　⑩瘳（chōu）：病愈。　⑪女：汝，你。有：《广雅·释诂》："有，取也。"　⑫覆：反。　⑬说：通脱，开脱。　⑭哲：智。哲夫：才识超越常人的男子。城：犹国。　⑮哲妇：特指褒姒，幽王宠妃。倾城：覆国。　⑯懿：通噫，叹词。一说为美。　⑰枭（xiāo）：相传长大后食母的恶鸟。鸱（chī）：猫头鹰，古以为不祥之鸟。　⑱维：是。阶：阶梯，引申为根源。　⑲"匪教"二句：《郑笺》："又非有人教王为乱，语王为恶者，是惟近爱妇人，用其言故也。"时：是。寺：近。　⑳鞠（jū）：奸人。伎：借为技，巧也。忒（tè）：邪。　㉑谮（zèn）：谗毁。竟：终。　㉒极：甚。　㉓伊：发语词。胡：何。慝（tè）：邪恶。　㉔贾（gǔ）：商人。三倍：指获利三倍。　㉕君子：指从政贵族。识：通职。林义光《诗经通解》："识，读为职，识与职古通用。言如贾利三倍之人而主君子之事（君子，谓从政者）。盖商贾之不能参与政事，与蚕织者不能参与政事，其理正同也。"　㉖公事：政事。　㉗刺：责罚。　㉘富：借为福。　㉙介：大。狄：淫僻，邪恶。介狄：马瑞辰《通释》："谓大狄，犹元恶。"　㉚维：同惟。胥：相。忌：恨。　㉛"不吊"二句：严粲《诗辑》："天降不祥以遣责王，而王曾不吊愍，无恐惧之心。故不敬谨其威仪，其威仪不善矣。"类：善。　㉜人：指贤人。云：语助词。亡：逃去。　㉝殄（tiǎn）瘁：病困。　㉞罔：林义光《诗经通解》："罔读为荒。降荒犹降灾也。"　㉟优：厚，引申为严重。　㊱几：危。　㊲觱（bì）沸：泉水翻涌貌。槛：借为滥，泛滥。　㊳宁：岂，难道。　㊴藐藐：高远貌。　㊵克：能。巩：巩固。一说为约束、控制。　㊶忝（tiǎn）：辱没，有愧于。　㊷式：用。后：后世子孙。

# 召　旻①

## （一）

| | |
|---|---|
| 旻天疾威②， | 老天暴厉又嚣张， |
| 天笃降丧③。 | 大逞淫威降不祥。 |
| 瘨我饥馑④， | 饥荒遍地灾情重， |
| 民卒流亡⑤。 | 广大黎民尽流亡。 |
| 我居圉卒荒⑥。 | 荒芜景象满四方。 |

## （二）

天降罪罟⑦，　　　　　　　　　老天降罪广茫茫，
蟊贼内讧⑧。　　　　　　　　　奸贼内讧甚猖狂。
昏㮇靡共⑨，　　　　　　　　　争斗谗毁抛职守，
溃溃回遹⑩，　　　　　　　　　昏乱邪僻纷扬扬，
实靖夷我邦⑪。　　　　　　　　想把国家弄灭亡。

## （三）

皋皋訿訿⑫，　　　　　　　　　欺诳谗毁本领显，
曾不知其玷⑬。　　　　　　　　竟不自知有污点。
兢兢业业⑭，　　　　　　　　　好人谨慎又小心，
孔填不宁⑮，　　　　　　　　　长久不安担风险，
我位孔贬。　　　　　　　　　　我的职位反被贬。

## （四）

如彼岁旱，　　　　　　　　　　好像那年遭大旱，
草不溃茂⑯，　　　　　　　　　丰茂野草看不见，
如彼栖苴⑰。　　　　　　　　　遍地草枯倒一片。
我相此邦⑱，　　　　　　　　　依我看来这国家，
无不溃止⑲。　　　　　　　　　难免分崩天下乱。

## （五）

维昔之富不如时⑳，　　　　　　从前富裕今穷困，
维今之疚不如兹㉑。　　　　　　今日病苦此地甚。
彼疏斯粺㉒，　　　　　　　　　人吃野菜他精米，
胡不自替㉓？　　　　　　　　　何不辞职自反问？
职兄斯引㉔。　　　　　　　　　情况恶化更忧心。

## （六）

池之竭矣，　　　　　　　　　　假如池水要枯干，
不云自频㉕。　　　　　　　　　开始总是在边缘。
泉之竭矣，　　　　　　　　　　假如泉水要干涸，
不云自中。　　　　　　　　　　开始自然在中间。
溥斯害矣㉖，　　　　　　　　　这场灾害极广大，
职兄斯弘㉗，　　　　　　　　　情况继续在蔓延，
不烖我躬㉘。　　　　　　　　　大灾也到我身边。

中華藏書

诗 经

中国书店

## （七）

昔先王受命㉙，　　　　　　先王受命天下临，

有如召公㉚。　　　　　　　　曾有召公建奇勋。

日辟国百里㉛，　　　　　　　一日拓疆一百里，

今也日蹙国百里㉜。　　　　　而今一日百里沦。

於乎哀哉㉝！　　　　　　　　令人哀叹最伤心！

维今之人，　　　　　　　　　今日朝廷众卿士，

不尚有旧㉞？　　　　　　　　是否再无旧贤臣？

## 【注释】

①本诗讽刺周幽王荒淫昏暴、信用奸邪，慨叹内忧外患，国将覆灭。　②旻（mín）天：《尔雅·释天》："秋为旻天。"这里泛指天。疾威：犹暴厉。　③笃：厚，严重之意。　④瘨（diān）：降灾。饥馑：《尔雅·释天》："谷不熟为饥，蔬不熟为馑。"有灾荒之义，又可引申为饥饿。　⑤卒：尽。　⑥居：指国中。圉（yǔ）：边疆。　⑦罟：借为辜。　⑧蟊贼：害虫，比喻当权的坏人。内讧（hòng）：内部争斗。　⑨昏：乱。椓：通诼，谗。共：通供，指供职奉事。　⑩溃溃：昏乱貌。回通（yù）：邪僻。　⑪靖：图谋。夷：平、灭。　⑫皋皋：通謞謞，欺诳貌。呰呰（zhǐ）：毁谤貌。　⑬玷（diàn）：玉上的斑点，借指人的污点。　⑭兢兢业业：本为戒慎恐惧貌，后引申为谨慎勤勉。　⑮孔：很。填（chén）：久。　⑯溃茂：丰茂。《郑笺》："溃茂之溃当做汇。汇，茂貌也。"　⑰栖：指草偃伏如栖息之状。苴（chá）：枯草。　⑱相：视。　⑲溃：崩溃。止：陷，溃败。　⑳时：是，指当今。　㉑疚（jiù）：贫病。兹：此，指此地。　㉒疏：借为蔬，蔬菜。斯：此。粺（bài）：精米。　㉓替：废退。　㉔职：犹此。兄：同况，情况。斯：语气词。引：延长。　㉕不、云：皆为语助词。频：通濒，水边。　㉖溥：通普，普遍。斯：此。斯害：指上述王朝败乱。　㉗弘：大。　㉘不：语气词。栽同灾。躬：身。　㉙先王：指文王、武王。受命：承受天命为王。　㉚召公：召公奭，亦称召康公，文王、武王、成王时大臣。　㉛辟：开辟。　㉜蹙（cù）：缩小。蹙国：指犬戎入侵，诸侯外叛。　㉝於乎：即呜呼，叹词。　㉞尚：还。旧：指先朝的贤臣。

# 三　　颂（周颂）

## 清庙之什

### 清　庙①

| | |
|---|---|
| 於穆清庙②， | 啊！清庙华美绝伦， |
| 肃雝显相③。 | 助祭严肃深沉。 |
| 济济多士④， | 大典众士济济， |
| 秉文之德⑤。 | 文王之德记心。 |
| 对越在天⑥， | 遥奉在天神位， |
| 骏奔走在庙⑦。 | 庙中服务急奔。 |
| 不显不承⑧， | 盛德光明美善， |
| 无射于人斯⑨。 | 后人世世仰尊。 |

**【注释】**

　　①这是一首祭祀文王的乐歌。主祭者大概是武王。　　②於（wū）：赞叹声。穆：美。清庙：《郑笺》："清庙者，祭有清明之德者之宫也，谓祭文王也。"一说清为清静。　　③肃雝（yōng）：肃敬和顺。显：高贵显赫。相：助祭的公侯。　　④济济：众多貌。多士：朱熹《诗集传》："与祭执事之人也。"　　⑤秉：怀着。文：周文王。　　⑥越：于。　　⑦骏：迅速。　　⑧不：同丕，大之意。显：光明。承：美，善。　　⑨射：借为致（yì），厌弃。斯：语气词。

# 维天之命①

维天之命，　　　　　　　天命至高永恒，
於穆不已②。　　　　　　　庄严运转无穷。
於乎不显③，　　　　　　　何等光明显耀，
文王之德之纯！　　　　　文王盛德纯清！
假以溢我④，　　　　　　　善政使我安泰，
我其收之。　　　　　　　　我要认真继承。
骏惠我文王。⑤，　　　　遵顺文王之道，
曾孙笃之⑥。　　　　　　　子孙世代尽忠。

## 【注释】

①这也是一首祭祀文王的乐歌。陈奂认为，当作于周公摄政六年之末制礼作乐之后。　②於(wū)：赞叹声。穆：肃敬。不已：不止。　③不：丕，大。显：显耀。　④假：嘉，指善政。溢：通谧，安宁。　⑤骏惠：驯顺。马瑞辰《毛诗传笺通释》："惠，顺也。骏，当为驯之假借，驯亦顺也。骏惠二字平列，皆为顺。"　⑥曾孙：统言孙以下后世子孙。笃：厚，忠诚。

# 维　清①

维清缉熙②，　　　　　　　清纯长久宽广，
文王之典③。　　　　　　　文王宝贵典章。
肇禋④，　　　　　　　　　始作出征祭天礼，
迄用有成⑤，　　　　　　　终至武王定四方，
维周之祯⑥。　　　　　　　乃是大周吉祥。

## 【注释】

①也是一首在宗庙中祭祀文王的诗。祭祀时一边唱诗，一边跳舞，作击刺之状，谓之象舞。故《毛诗序》说："《维清》，奏《象舞》也。"　②维：发语词。维清缉熙：严粲《诗辑》："清则纯一而不杂，缉则悠久而不已，熙则广大而无外。三者备举文王之圣德，而以典言之者，谓其德寓于法也。"　③典：法：主要指用兵之法。　④肇：开始。禋：祀。胡承珙《毛诗后笺》："古者征伐无道，因事告神，不必定是祭天。诗意谓文王始行禋祀，有此武功，以至于今。永清大定，聿观厥成。则文王之典试，是为周家之吉祥矣。"　⑤迄：终。用：以。
⑥维：是。祯：吉祥。

# 烈　文①

烈文辟公②，
锡兹祉福③。
惠我无疆④，
子孙保之。
无封靡于尔邦，
维王其崇之⑤。
念兹戎功⑥，
继序其皇之⑦。
无竞维人⑧，
四方其训之⑨。
不显维德⑩，
百辟其刑之⑪。
於乎，前王不忘！

助祭诸公功德昌，
先王赐福最荣光。
顺我周朝到永远，
子孙共保幸福长。
别贪财利别腐化，
一心忠诚大周王。
这些武功要珍爱，
继续奋斗再发扬。
最强莫过得贤士，
四方顺从不彷徨。
先王之德极高尚，
诸侯仰望放光芒。
啊，不忘典范是前王！

**【注释】**

①这是成王在祭祖时戒勉助祭诸侯的诗。　②烈文：马瑞辰《毛诗传笺通释》："烈文二字平列，烈言其功，文言其德也。"辟公：指诸侯。　③锡：赐。兹：此。祉：福。　④惠：顺。　⑤"无封"二句：严粲《诗辑》："尔于尔之国，无封殖以专利，无侈靡以伤财，当维王室之是尊也。"　⑥戎功：武功。　⑦继序：继承。序：古通叙、绪。皇：光大。　⑧无竞维人：莫强于得贤人。竞：强。人：指贤人。　⑨训：顺。　⑩不：通丕，大也。　⑪百辟：众诸侯。刑：通型，典范。用为动词，意为效法。

# 天　作①

天作高山②，
大王荒之③。
彼作矣，
文王康之④。
彼徂矣⑤，
岐有夷之行⑥，
子孙保之！

天生高峻岐山，
太王开辟艰难。
民众辛勤建设，
文王抚定平安。
万民不断归往，
岐山大道宽宽，
子孙永保万年！

①这是周王祭祀岐山的乐歌。 ②作：生。高山：指岐山，在今陕西省岐山县东北。 ③大王：太王，即文王的祖父古公亶父。当年避戎狄之侵，由豳地迁于岐山之下，豳人皆从之，定国号为周。武王时追尊为大王。荒：治。严粲《诗辑》："治荒为荒，犹治乱为乱也。今谚言开荒，即始辟之意也。" ④"彼作"二句：《郑笺》："彼，彼万民也……彼万民居岐邦者，皆筑作宫室以为常居，文王则能安之。"康：安乐。 ⑤徂：往、到，指万民归周。 ⑥夷：平坦。行（háng）：道路。

# 昊天有成命①

| | |
|---|---|
| 昊天有成命②， | 上天命定在冥冥， |
| 二后受之③。 | 文王武王来秉承。 |
| 成王不敢康④， | 成王不敢图安乐， |
| 夙夜基命宥密⑤。 | 日夜勤勉盼成功。 |
| 於缉熙⑥， | 多悠久啊多广大， |
| 单厥心⑦， | 尽心竭力不放松， |
| 肆其靖之⑧。 | 故而天下太平。 |

【注释】

①这是一首歌颂成王功德的诗。 ②昊天：犹皇天、苍天。成命：定命。一说明命。③后：君。二后：指文王、武王。 ④成王：名诵，武王之子。幼年即位，由叔父周公旦摄政七年，然后亲自执政。马瑞辰《毛诗传笺通释》："成王，盖时人美其德，生有此号。《酒诰》、《释文》载马融注引'或曰'：'以成王为少成二圣之功，生号曰成王，没因为谥。'其说是也。"康：安乐。 ⑤夙夜：早晚。基：奉持。基命：奉持天命，即奉持王业。宥：借为有，语助词。密：借为勉，努力。 ⑥於：呜，叹美声。缉熙：悠久，广大。 ⑦单：通殚，尽也。厥：其。 ⑧肆：故，所以。靖：安定。

# 我　将①

我将我享②，
维羊维牛，
维天其右之③。
仪式刑文王之典④，
日靖四方⑤。
伊嘏文王⑥，
既右飨之⑦。
我其夙夜，
畏天之威，
于时保之⑧。

我来献祭在明堂，
奉上牛和羊，
请天保佑国运昌。
效法文王旧典制，
日日操劳定四方。
神圣文王多伟大，
祭品请他一道尝。
我须日夜勤谨，
唯恐天威损伤，
保此天命继周邦。

**【注释】**

①此为祭祀上帝于明堂而以文王配享之诗。　②将：奉。享：祭献。　③右：同佑，保佑。　④仪式：法度。刑：通型，效法。典：典章，法则。　⑤靖：安定，治理。　⑥伊：发语词。嘏：借为假，大，伟大。　⑦飨：享受祭祀。　⑧时：是。

# 时　迈①

时迈其邦②，
昊天其子之③，
实右序有周④。
薄言震之⑤，
莫不震叠⑥。
怀柔百神⑦，
及河乔岳⑧。
允王维后⑨！
明昭有周，
式序在位⑩。

出巡天下万国中，
皇天爱我与子同，
保我大周运亨通。
初发天兵神威怒，
哪方诸侯不震惊！
安抚百神来祭祀，
高山大河共显灵。
本王为君尽忠诚。
大周昭明理天下，
各得其所赏罚公。

载戢干戈⑪，　　　　　　收起刀枪入兵库，
载櫜弓矢⑫。　　　　　　敛藏弓箭放囊中。
我求懿德⑬，　　　　　　我求天下贤德士，
肆于时夏⑭。　　　　　　海内共把善政兴。
允王保之。　　　　　　　王保天下永无穷。

**【注释】**

①是一首武王巡视天下四方、祭祀山川百神的乐歌。　②时：是，语助词。迈：行，指巡狩。　③昊天：皇天。子之：把我视为儿子。　④右：同佑，保佑。序：助。吴闿生《诗义会通》："右、序，皆助也。"　⑤薄、言：皆为语助词。震：指施以武力。　⑥震：惊。叠：通慑，恐惧。　⑦怀柔：安抚。怀：来，归。柔：安。　⑧乔岳：高山。　⑨允：信，诚然。王：武王自称。维：是。后：君主。　⑩或：发语词。序：安排。在位：指各在位诸侯。　⑪载：则、就。戢（jí）：收藏。　⑫櫜（gāo）：盛弓箭的袋。这里用为动词，意为装起。　⑬懿德：指有美德的人。懿：美。　⑭肆：施。时：是此。夏：指中国，即周之天下。

# 执　竞①

执竞武王②，　　　　　　勇猛强悍忆武王，
无竞维烈③。　　　　　　伐纣功业最辉煌。
不显成康④，　　　　　　缔造安康名显耀，
上帝是皇⑤。　　　　　　上帝对之极赞扬。
自彼成康⑥，　　　　　　由于成功国安泰，
奄有四方⑦，　　　　　　治理天下统四方，
斤斤其明⑧。　　　　　　武王明察亮堂堂。
钟鼓喤喤⑨，　　　　　　敲钟击鼓冬冬响，
磬筦将将⑩，　　　　　　击磬吹箫声锵锵，
降福穰穰⑪。　　　　　　上天赐福难计量。
降福简简⑫，　　　　　　洪福滚滚从天降，
威仪反反⑬。　　　　　　祭礼盛大不寻常。
既醉既饱，　　　　　　　既醉又饱神心乐，
禄福来反⑭。　　　　　　报还福禄大无疆。

①这是一首祭武王的乐歌。　②执：持。竞：强。《郑笺》："能持强道者，维有武王耳。"③无竞：无比。维：其。烈：功业。　④不：通丕，大。成康：成就安定局面。康，安。⑤皇：美，嘉。　⑥自：由于。　⑦奄：覆盖，全部。　⑧斤斤：借为昕昕，明察。　⑨喤喤（huáng）：声音洪亮和谐。　⑩磬（qìng）：一种打击乐器。筦：同管，竹制的管乐器。将将（qiāng）：同锵锵，象声词。　⑪穰穰（ráng）：众多貌。　⑫简简：盛大貌。　⑬威仪：指祭祀的礼节仪式。反反：借为昄昄，慎重貌。　⑭反：同返，还报。

# 思　文①

思文后稷②，　　　　　　文德卓著后稷，

克配彼天③。　　　　　　足可配享上帝。

立我烝民④，　　　　　　助我广大人民，

莫匪尔极⑤。　　　　　　莫不学你范例。

贻我来牟⑥，　　　　　　留下麦子良种，

帝命率育⑦。　　　　　　帝命把民养育。

无此疆尔界，　　　　　　农政不分界疆，

陈常于时夏⑧。　　　　　推行全国各地。

【注释】

①这是一首郊祀后稷以配天的乐歌。　②思：语助词。文：有文德。　③克：能。配天：指配享上帝。　④立：成。烝：众。此句言后稷教民种植百谷，使众民得以生存。　⑤莫匪：莫不。尔极：以你为准则。极：法则。　⑥贻：留下。来：小麦。牟：大麦。　⑦率：皆。育：养。　⑧陈：遍布，施行。常：常规，指农政。时：是，此。夏：古时称中国为夏。

# 臣工之什

## 臣 工①

嗟嗟臣工②，　　　　　呼唤众官认真听，
敬尔在公③。　　　　　对待公事要热诚。
王厘尔成④，　　　　　耕作方法王赐告，
来咨来茹⑤。　　　　　仔细考虑弄分明。
嗟嗟保介⑥，　　　　　开口再把田官叫，
维莫之春⑦。　　　　　暮春已到须看清。
亦又何求⑧？　　　　　你们还要求何事？
如何新畬⑨？　　　　　休闲之地咋轮耕？
於皇来牟⑩，　　　　　大麦小麦长势好，
将受厥明⑪。　　　　　将来定有好收成。
明昭上帝，　　　　　　昭明上帝多恩惠，
迄用康年⑫。　　　　　再赐一年大丰登。
命我众人⑬，　　　　　吩咐农夫听命令，
庤乃钱镈⑭，　　　　　锄头铁铲备充盈，
奄观铚艾⑮。　　　　　待观收获庆成功。

## 【注释】

①这是在成王举行的耨（nòu）礼上所唱的乐歌。西周初年，周王自己拥有大片土地，称为籍田。为表示重视农业，周王常在此举行各种农事典礼，耨礼（锄草之礼）即为其一。　②嗟嗟：叹词。臣工：群臣众官。工：官。　③敬：慎。尔：你们，指众官。在公：在职办公，此指参加耨礼。　④厘：通赉，赏赐。成：成法，指耕作之法。　⑤来：是。咨：商谋。茹：忖度。⑥保介：田官，亦称田畯。郭沫若《由周代农事诗论到周代社会》："介者界之省，保介者保护田界之人。"　⑦莫：古暮字。　⑧又：犹有。　⑨畬（yú）：开垦了三年的熟田。新畬：古时实行轮种，休闲几年的地重新再种，故称新畬。　⑩於：呜，赞叹声。皇：美好。来：小麦。牟：

大麦。　⑪厥：其，它的。明：成。马瑞辰《毛诗传笺通释》："古以年丰谷熟为成。"　⑫迄：至。用：以。康：犹乐岁、丰年。　⑬众人：指农人。　⑭庤（zhì）：储备，准备。乃：你。钱（jiǎn）：农具名，铁铲一类。镈（bó）：锄头。　⑮奄：爱，乃。铚（zhì）：一种短镰刀。艾：借为乂（刈，yì），一种农用大剪刀。铚艾：用为动词，意为收割。

## 噫　嘻①

| | |
|---|---|
| 噫嘻成王②， | 成王亲自下田间， |
| 既昭假尔③。 | 告诫你们众农官。 |
| 率时农夫④， | 率领农夫加紧干， |
| 播厥百谷。 | 播种百谷到公田。 |
| 骏发尔私⑤， | 快把你处农具献， |
| 终三十里⑥， | 方三十里早耕完。 |
| 亦服尔耕⑦， | 从事耕作你们领， |
| 十千维耦⑧。 | 万犁耦耕赶在前。 |

**【注释】**

　　①这是在成王举行的耤田典礼上所唱的乐歌。　②噫嘻：叹美之声。成王：是生时的称呼，不是死后的谥号。　③昭：明。假：借为格，至，达于。尔：指农官。昭假尔：成王明白告喻农官。　④率：带领。时：是，此。　⑤骏：迅速。发：发放。尔：指农官。私：当为耜字之误。耜，古代一种似锹的农具。　⑥终：尽。三十里：方三十里，共九百方里。此为约数。　⑦亦：语气词。服：从事。尔：指农官。　⑧十千：一万人。耦：两耜并列，即一张犁上装两个犁头。《周礼·考工记》："耜广五寸，二耜为耦。"

## 振　鹭①

| | |
|---|---|
| 振鹭于飞②， | 白鹭展翅飞晴空， |
| 于彼西雝③。 | 在那西边大泽中。 |
| 我客戾止④， | 我的宾客飘然至， |
| 亦有斯容。 | 同样白衣好姿容。 |
| 在彼无恶⑤， | 在他宋国无人怨， |
| 在此无斁⑥。 | 来在此地受欢迎。 |
| 庶几夙夜⑦， | 望你日夜常勤勉， |
| 以永终誉⑧。 | 永在众口传美名。 |

【注释】

①此诗疑为殷商后代宋子微子朝周助祭时的乐歌。　②振：群飞貌。鹭：白鹭。　③雝（yōng）：水泽。　④戾（lì）：至。止：语气词。　⑤彼：指微子的宋国。无恶：无人怨恨。　⑥无斁（yì）：无人讨厌。斁：厌。　⑦庶几：表希望之词，犹言"也许可以"、"也许能够"。夙夜：从早到晚，指勤于工作。　⑧永：长久。终：借为众。

# 丰　年①

丰年多黍多稌②，　　　　　　丰年多黍多稻米，
亦有高廪③，　　　　　　　　高大粮仓排排挤，
万亿及秭④。　　　　　　　　万斗亿斛收家里。
为酒为醴⑤，　　　　　　　　甜酒香酒齐酿成，
烝畀祖妣⑥，　　　　　　　　奉敬先考和先妣，
以洽百礼⑦，　　　　　　　　各种祭礼都合宜，
降福孔皆⑧。　　　　　　　　普降洪福人更喜。

【注释】

①这是一首丰收之后秋冬大报，祭祀列祖列宗、天地百神的乐歌。　②稌（tú）：稻谷。　③亦：语助词。廪（lǐn）：粮仓。　④亿：周代十万为亿。秭（zǐ）：《尔雅·释诂》："秭，数也。"郭璞注："今以十亿为秭。"　⑤醴（lǐ）：一种甜酒。　⑥烝：进献。畀（bì）：给予。祖妣：指各代男女祖先。　⑦洽：合。百礼：各种祭礼。又《孔疏》："牲玉币帛之属，合用以祭。"　⑧孔：很。皆：普遍。

# 有　瞽①

有瞽有瞽②，　　　　　　　　盲人乐队阵容强，
在周之庭。　　　　　　　　　聚拢周家祖庙堂。
设业设虡③，　　　　　　　　乐器架子全摆上，
崇牙树羽④。　　　　　　　　木钩上面彩羽镶。
应田县鼓⑤，　　　　　　　　大鼓小鼓悬挂好，
鞉磬柷圉⑥。　　　　　　　　鞉磬柷圉列成行。
既备乃奏，　　　　　　　　　乐器备足齐演奏，

| | |
|---|---|
| 箫管备举<sup>⑦</sup>。 | 排箫笛管甚悠扬。 |

箫管备举⑦。　　　　　　　排箫笛管甚悠扬。

喤喤厥声⑧，　　　　　　　声音和谐又洪亮，

肃雝和鸣⑨，　　　　　　　肃穆庄严好乐章，

先祖是听。　　　　　　　　先祖聆听在上方。

我客戾止⑩，　　　　　　　我有贵客席间坐，

永观厥成⑪。　　　　　　　一曲奏成意兴长。

## 【注释】

①此为成王于宗庙大合乐祭先祖之歌。　②瞽（gǔ）：盲人。此为乐官，周代乐官常以盲人充任。　③业：古代乐器架子横梁上的大板叫业，状如锯齿，用以悬挂编钟、编磬等。虡（jù）：悬挂钟、磬的直木架。　④崇牙：业上的木钉，高耸上曲，以挂乐器。树羽：插上五彩羽毛，以作装饰。　⑤应：小鼓。田：大鼓。县：古悬字。　⑥鞉（táo）：有柄与两耳的摇鼓。磬：用玉、石做的版状打击乐器。柷（zhù）：乐器名。《尔雅·释乐》："柷如漆桶，方二尺四寸，深一尺八寸，中有椎柄连底，挏之令左右击，"击柷表示奏乐的开始。敔（yǔ）：乐器名。形似伏虎，背上刻有二十七齿，以木尺划之作声。乐章结束时用以止乐。　⑦箫：古箫为排箫，一种编管乐器。管：乐器名，如笛。　⑧喤喤（huáng）：形容声音洪亮和谐。　⑨肃雝：形容声音和谐庄重。　⑩戾：至。止：语气词。　⑪成：完成。指乐曲终结。

# 潜<sup>①</sup>

猗与漆沮<sup>②</sup>，　　　　　　啊呀漆水沮水间，

潜有多鱼<sup>③</sup>。　　　　　　藏鱼多种说不完。

有鳣有鲔<sup>④</sup>，　　　　　　鳣鱼鲔鱼个头大，

鲦鲿鰋鲤<sup>⑤</sup>。　　　　　　鲦鲿鲇鲤样样全。

以享以祀，　　　　　　　　烹好来把祖神祭，

以介景福<sup>⑥</sup>。　　　　　　求降洪福大无边。

## 【注释】

①这是周王以各种嘉鱼献祭于宗庙的乐歌。　②猗与：赞叹词。漆、沮（jū）：西周二水名，皆为渭水支流，在今陕西省。　③潜：深藏水中。　④鳣（zhān）：鳇鱼。鲔（wěi）：鲟鱼。　⑤鲦（tiáo）：白条鱼。鲿（cháng）：又名扬鱼，黄颊鱼。鰋（yǎn）：鲇（nián）鱼。　⑥介：借为丏，乞求。景：大。

# 雝①

有来雝雝②，
至止肃肃③。
相维辟公④，
天子穆穆⑤。
於荐广牡⑥，
相予肆祀⑦。
假哉皇考⑧，
绥予孝子⑨。
宣哲维人⑩，
文武维后⑪。
燕及皇天⑫，
克昌厥后⑬。
绥我眉寿⑭，
介以繁祉⑮。
既右烈考⑯，
亦右文母⑰。

来者和顺如轻风，
到此严肃又雍容。
诸侯群公来助祭，
天子静穆又谦恭。
献头公畜体肥壮，
助我盛大祭礼成。
光荣先父多伟大，
抚我孝子得安宁。
贤明睿智为臣子，
文武双全把王称。
经邦治国安上帝，
能保后代永兴隆。
赐我长寿活百岁，
降我福禄大无穷。
也劝先母饮几盅。

## 【注释】

①这是一首武王祭祀文王的乐歌，为撤去祭品时所唱。　②有：语助词。来：指诸侯前来助祭。雝雝：和顺貌。　③止：语气词。肃肃：恭敬貌。　④相：助，指助祭。维：是。辟公：指诸侯。　⑤天子：指周武王。穆穆：形容容止端庄肃敬。　⑥於（wū）：鸣，赞叹声。荐：献祭。广：大。牡：雄牲。　⑦予：武王自称。肆：陈列。肆祀：祭祀名。　⑧假：大。皇考：对已死父亲的美称。此指文王。　⑨绥：安抚。　⑩宣哲：明哲。维：为。人：指臣子。　⑪后：群。　⑫燕：安。　⑬克：能。昌：盛大。　⑭绥：赐。眉寿：长寿。　⑮介：助。繁祉：多福。　⑯右：通侑，指劝神用祭品。烈：光。烈考：光明的先父。　⑰文母：文德之母。即文王之妻大姒。王引之《经义述闻》："古人赞美先世，多谓之文。"

# 载　见①

载见辟王②，　　　　　众诸侯始朝我王，
曰求厥章③。　　　　　来寻求制度典章。
龙旂阳阳④，　　　　　画龙旗鲜明飘摆，
和铃央央⑤。　　　　　闻车铃振响丁当。
鞗革有鸧⑥，　　　　　马缰绳金饰美盛，
休有烈光⑦。　　　　　好漂亮明丽辉煌。
率见昭考⑧，　　　　　率人把武王来祭，
以孝以享⑨。　　　　　将祭品呈献上方。
以介眉寿⑩，　　　　　求赐我长寿百岁，
永言保之⑪，　　　　　神保佑国运永昌，
思皇多祜⑫。　　　　　福禄多助我成王。
列文辟公⑬，　　　　　诸公侯文德炳耀，
绥以多福⑭，　　　　　神灵把福禄赐赏，
俾缉熙于纯嘏⑮。　　　要使之大福洋洋。

## 【注释】

①此首为成王即政之初，诸侯来朝，助祭武王之乐歌。　②载：始。辟王：君王，指成王。　③曰：语助词。厥：其。章：典章制度。　④阳阳：鲜明貌。　⑤和铃：挂在车轼上的铃称和，挂在车衡上的铃称铃。央央：铃声。　⑥鞗（tiáo）革：马缰绳。有鸧（qiāng）：即鸧鸧，金饰美盛貌。　⑦休：美。烈光：光明。　⑧率：带领。昭考：指武王。周代庙制，太祖居中，在东三庙为昭，在西三庙为穆。武王庙在东，故称昭考。　⑨孝、享：二字义同，皆献祭之义。　⑩介：求。眉寿：长寿。　⑪言：语助词。　⑫思：语助词。皇：君，指成王。祜：福。　⑬烈文：辉煌而有文德。辟公：指诸侯。　⑭绥：赐。　⑮俾：使。缉熙：悠久广大。纯嘏（gǔ）：大福。

# 有客①

有客有客②，  
亦白其马③。  
有萋有且④，  
敦琢其旅⑤。  
有客宿宿⑥，  
有客信信⑦。  
言授之絷⑧，  
以絷其马⑨。  
薄言追之⑩，  
左右绥之⑪。  
既有淫威⑫，  
降福孔夷⑬。

我有贵客来远处，  
白色骏马驰健步。  
前呼后拥随从多，  
所选个个好风度。  
一宿两宿待客居，  
三宿四宿留客住。  
着人快去拿绳索，  
拴住马蹄别走路。  
我为客人来饯行，  
左右代我赠礼物。  
往昔大祸已了结，  
天降洪福多无数。

**【注释】**

①本首是宋微子朝周，见祖庙，成王为之设宴饯行的乐歌。 ②客：指宋微子，名启，商纣王庶兄，曾屡谏纣王，不听，遂出走。武王灭商时向周乞降。周公旦平武庚之乱后，封于宋。朱熹《诗集传》："周既灭商，封微子于宋，以祀其先王，而以客礼待之，不敢臣也。" ③亦：语助词。白其马：《礼记·檀弓》："殷人尚白，戎事乘翰（白马）。" ④有萋有且（jū）：即萋萋且且，人众盛多貌。且且，犹据据。马瑞辰《通释》："草之盛曰萋萋，服之盛曰裾据，人之盛曰萋且，其义一也。" ⑤敦（duī）琢：雕琢，引申为选择。旅：众，指随行众臣。 ⑥宿：住一夜。宿宿：住两夜。 ⑦信：住两夜。马瑞辰《通释》："信者，申之假借。《广韵》：申，重也。重之，故为再宿。"信信：泛指连住数日。 ⑧言：语首助词。絷（zhí）：绳索。 ⑨絷：用为动词，指绊住马足。热情留客之意。 ⑩薄言：语助词。追：送，饯送。 ⑪左右：指成王左右大臣。绥：予，指赐予礼品。 ⑫淫威：《毛传》释为大法，《通释》释为大德。吴闿生《诗义会通》云："唯'既有淫威'，则明指革命之事而言，说者乃皆避之……淫威者，犹云奇祸，谓天降之灾，非谓周人之作威福也。今人有被灾祸者，其亲戚相慰藉，必曰，子之祸甚酷矣，自今以往其安泰矣。此奥咻深切之词，毋以为讳，且正以见亲厚之至意。不明此理，则诗之微指胥失之矣。"后说为是。 ⑬孔夷：很大。

中华藏书

四书五经·最新校勘精注今译本

中国书店

# 武①

於皇武王②，<br>
无竞维烈③。<br>
允文文王④，<br>
克开厥后⑤。<br>
嗣武受之⑥，<br>
胜殷遏刘⑦，<br>
耆定尔功⑧。

英明伟大周武王，<br>
他的功业难比量。<br>
文王确是文德美，<br>
开创子孙基业长。<br>
武王继续来光大，<br>
战胜纣王灭殷商，<br>
建此大功震四方。

**【注释】**

①这是一首颂美武王克商的乐歌，是舞曲《大武》（共六章）的第二章。据《吕氏春秋》，为周公所作。　②於：鸣，赞叹声。皇：美，大。武王：此为生前之称，非指死后谥号。　③无竞：无比。维：其。烈：功业。　④允：诚然。文：有文德。　⑤克：能。厥后：他的后代。　⑥嗣武：继其功业的武王。　⑦遏：止，灭。刘：杀。遏刘：消灭。　⑧耆：致，达到。定：实现。尔：此。

# 闵予小子之什

## 闵予小子①

闵予小子②，　　　　　　悲伤叹我年纪小，
遭家不造③，　　　　　　家遭大难如山倒，
嬛嬛在疚④。　　　　　　孤苦伶仃心病扰。
於乎皇考⑤，　　　　　　啊呀先父是明王，
永世克孝⑥！　　　　　　我尽孝心到终老！
念兹皇祖⑦，　　　　　　想我祖父文王公，
陟降庭止⑧。　　　　　　神庭升降连冥邈。
维予小子，　　　　　　我今年幼初嗣位，
夙夜敬止。　　　　　　日夜恭谨常祈祷。
於乎皇王⑨，　　　　　　告慰先祖在天灵，
继序思不忘⑩！　　　　　承遗志永把江山保！

【注释】

①此为成王遭武王之丧、告于宗庙之诗。当时成王年幼，诗作者似为周公。　②闵：通悯，悼伤，病困。小子：托以成王口吻自称。　③不造：不善，不幸。　④嬛嬛（qióng）：孤独无依貌。疚：忧伤。　⑤於乎：即呜呼，叹息声。皇考：指武王。　⑥永世：终生。克：能。　⑦兹：皇祖，指文王。　⑧陟（zhì）：升。庭：指王庭。止：语气词。　⑨皇王：兼指文王、武王。　⑩序：绪，事业。思：语气词。

## 访　落①

访予落止②，　　　　　　即位初始谋众臣，
率时昭考③。　　　　　　先王大道要遵循。
於乎悠哉④，　　　　　　啊呀令人怀忧虑，

朕未有艾⑤。　　　　　　　我的阅历尚不深。
将予就之⑥，　　　　　　　助我认真行旧典，
继犹判涣⑦。　　　　　　　继承大业安黎民。
维予小子，　　　　　　　　现在本王年纪少，
未堪家多难⑧。　　　　　　家国多难压力沉。
绍庭上下⑨，　　　　　　　朝廷上下好继续，
陟降厥家⑩。　　　　　　　俯仰谨慎在家门。
休矣皇考⑪，　　　　　　　先父武王英名美，
以保明其身⑫。　　　　　　靠你保我勉自身。

**【注释】**

①这是成王朝武王庙而谋政于群臣的乐歌。似作于管蔡作乱、周公东征期间。　②访：谋，商议。落：始。　③率：遵循。时：是。昭考：武王。　④悠：借为忧。　⑤朕（zhèn）：我，成王自称。艾：历，阅历。　⑥将：扶助。就：因，遵从。　⑦犹：通猷，谋略。判、涣：二字皆义为大。　⑧家多难：指遭父死丧，兼遇管叔、蔡叔、武庚叛乱与淮夷之难。　⑨绍：继续。庭：朝廷。　⑩陟降：俯仰。　⑪休：美。皇考：指武王。　⑫明：勉。

## 敬　之①

敬之敬之②，　　　　　　　要自警千万自警，
天维显思③，　　　　　　　老天爷十分高明，
命不易哉④！　　　　　　　保国运大不轻松！
无曰高高在上，　　　　　　莫说天高高在上，
陟降厥士⑤，　　　　　　　对群臣升降公平，
日监在兹⑥。　　　　　　　每天在监视不停。
维予小子，　　　　　　　　我如今正在年少，
不聪敬止。　　　　　　　　不慎戒受人欺蒙。
日就月将⑦，　　　　　　　勤学习日长月久，
学有缉熙于光明⑧。　　　　广积累事理精通。
佛时仔肩⑨，　　　　　　　担重任群臣辅助，
示我显德行⑩。　　　　　　指示我显耀德行。

**【注释】**

①此为成王自诫诗。　②敬：警戒。　③维：是。显：明。思：语助词。　④命：天命，指国运。不易：不容易。　⑤陟降：升降。厥：其。　⑥监：监视。兹：此。　⑦就：久。将：长。　⑧缉：积。熙：广大。缉熙：积渐广大。　⑨佛：借为弼，辅助。时：是。仔肩：责任。　⑩显：光明。

## 小 毖①

予其惩②，　　　　　　　　自我警戒要提早，
而毖后患③。　　　　　　　谨防后患来困扰。
莫予荓蜂④，　　　　　　　无人拉我入歧途，
自求辛螫⑤。　　　　　　　是我自把辛苦找。
肇允彼桃虫⑥，　　　　　　开始是个小鹪鹩，
拚飞维鸟⑦。　　　　　　　翻飞变成大恶鸟。
未堪家多难，　　　　　　　家国多难苦不堪，
予又集于蓼⑧！　　　　　　我陷困境何时了！

**【注释】**

①这是成王惩管蔡之乱而深自儆戒的诗。　②予：成王自称。惩：警戒。　③毖（bì）：谨慎。　④荓（pīng）蜂：牵引辅助。　⑤辛螫（shì）：辛劳。螫：借为事。　⑥肇：始。允：语气词。桃虫：即鹪鹩，一种极小的鸟。　⑦拚：通翻，翻飞。以上二句喻小事不慎终成大祸，管蔡之乱即如此。　⑧蓼（liǎo）：水草名，味苦辣，喻苦境。

## 载 芟①

载芟载柞②，　　　　　　　杂草铲除树砍光，
其耕泽泽③。　　　　　　　耕地润泽趁好墒。
千耦其耘④，　　　　　　　双犁上千草除净，
徂隰徂畛⑤。　　　　　　　洼地行走田界方。
侯主侯伯⑥，　　　　　　　家主长男齐下地，
侯亚侯旅⑦，　　　　　　　兄弟晚辈也相帮，

侯强侯以⑧。

有嗿其馌⑨，

思媚其妇⑩。

有依其士⑪，

有略其耜⑫。

俶载南亩⑬，

播厥百谷。

实函斯活⑭，

驿驿其达⑮。

有厌其杰⑯，

厌厌其苗⑰。

绵绵其麃⑱，

载获济济⑲。

有实其积⑳，

万亿及秭㉑。

为酒为醴，

烝畀祖妣㉒，

以洽百礼㉓。

有飶其香㉔，

邦家之光。

有椒其馨㉕，

胡考之宁㉖。

匪且有且㉗，

匪今斯今㉘，

振古如兹㉙。

强弱合力干一场。

田间吃饭声杂乱，

农妇貌美站一旁。

男子体魄强又壮，

犁头锋利耕作忙。

起土翻草南亩内，

播下五谷一行行。

种子下地芽出土，

连绵不断长苗秧。

先长禾苗特肥壮，

大田苗齐长势强。

禾穗无数头低下，

收获累累遍地香。

场上粮囤排排挤，

千担万斛亿箩筐。

酿成酒醴美味浓，

供奉先祖众神灵，

各种祭礼尽完成。

新米饭食发香气，

又为家邦添光荣。

椒酒醇厚馨香远，

神赐长寿与安宁。

并非现在始为祭，

祭礼也非我新兴，

自古如此制度明。

**【注释】**

①本诗描述了农人们垦荒耕种和丰收后祭祖祀神的情景。即可用于耤田之礼，也可用于秋冬大报。　②载：开始。芟（shān）：除草。柞（zé）：砍树。　③泽泽：润泽。　④耦：两耜并列，即一张犁上装两个犁头。耘（yún）：除草。　⑤徂：往。隰：指低湿的田地。畛（zhěn）：田间小路，指田界。　⑥侯：语助词。主：家长。伯：长子。　⑦亚：次，指长子以

下各子。旅：众，指晚辈。 ⑧强：强壮者。以：与，助手。 ⑨噆（tǎn）：众人饮食声。馌（yè）：送到田间的饭菜。 ⑩思：语助词。媚：美。 ⑪有依：同依依，壮盛貌。士：指耕地的男子。 ⑫有略：同略略，锋利貌。耜（sì）：翻土农具，如犁头。 ⑬俶（chù）：起土。载：翻草。 ⑭实：种子。函：同含，指含于土中。斯：乃。活：生，指萌发。 ⑮驿驿：同绎绎，连续貌。达：长出地面。 ⑯有厌：同厌厌，饱满貌。杰：特出者。 ⑰厌厌：借为稽稽（yàn）：苗齐貌。 ⑱绵绵：连续不断貌。麃（biāo）：借为穮（biāo），禾谷的梢末，即穗。 ⑲济济：众多貌。 ⑳有实：同实实，满满貌。积：堆积在场。 ㉑万亿及秭（zǐ）：极言粮食之多。当时十万为亿，十亿为秭。 ㉒烝：进献。畀（bì）：给。祖妣（bǐ）：男女祖先。 ㉓洽：合。百礼：各种祭礼。 ㉔铋（bì）：饭食之类。 ㉕椒：严粲《诗辑》："《诗故》曰：椒之气烈，故古者谓椒酒，取其香且烈也。"馨：《说文》："香之远闻也。" ㉖胡：寿。考：老。宁：安。 ㉗匪：非。且：此。前一且字指此时，后一且字指祭祀。 ㉘今：前一今字指今时，后一今字指今事，即祭祀。 ㉙振古：自古。如兹：如此。

# 良 耜①

晏晏良耜②，　　　　　　　　犁头锋利事春耕，
俶载南亩③。　　　　　　　　开始先耕南亩中。
播厥百谷，　　　　　　　　各类种子分播下，
实函斯活④。　　　　　　　　种子下地渐萌生。
或来瞻女⑤，　　　　　　　　有人给你来送饭，
载筐及筥⑥，　　　　　　　　方筐装来圆筥盛，
其饟伊黍⑦。　　　　　　　　送来黄米热腾腾。
其笠伊纠⑧，　　　　　　　　头戴斗笠结帽带，
以薅荼蓼⑩。　　　　　　　　锄头锋利草除清，
其镈斯赵⑨，　　　　　　　　锄去杂草禾苗荣。
荼蓼朽止⑪，　　　　　　　　杂草腐烂在田内，
黍稷茂止。　　　　　　　　庄稼生长更葱茏。
获之挃挃⑫，　　　　　　　　挥镰收割唧唧响，
积之栗栗⑬。　　　　　　　　场上积粮入半空。
其崇如墉⑭，　　　　　　　　高如城墙堆粮垛，
其比如栉⑮，　　　　　　　　鳞次栉比不透风。
以开百室⑯。　　　　　　　　成百仓库全开启，

| | |
|---|---|
| 百室盈止， | 成百仓库尽满盈， |
| 妇子宁止。 | 妇女孩童心安宁。 |
| 杀时犉牡<sup>⑰</sup>， | 杀头公牛个子大， |
| 有捄其角<sup>⑱</sup>。 | 两只牛角像弯弓。 |
| 以似以续<sup>⑲</sup>， | 祭礼献呈答社稷， |
| 续古之人<sup>⑳</sup>。 | 古人传统后人承。 |

**【注释】**

①此为周王于秋收后报祭社稷（土神、谷神）之歌。 ②畟畟（cè）：锋利貌。耜：犁。 ③俶：起土。载：翻草。 ④实：种子。函：指含于土中。活：指萌发。 ⑤或：有人。瞻：借为赡，供养，指送饭至田间，即所谓"来馌"。女：汝，指耕者。 ⑥载：持。筐、筥（jǔ）：方筐称筐，圆筐称筥。 ⑦饟（xiǎng）：同饷，送饭。伊：是。 ⑧纠：缠结。 ⑨镈（bó）：锄类农具。赵：刺，锋利。 ⑩薅（hāo），除草。荼：指陆地野草。蓼（liǎo）：指水边野草。 ⑪朽：腐烂。止：语气词。 ⑫挃挃（zhì）：割禾声。 ⑬栗栗：众多貌。 ⑭崇：高。墉（yōng）：城墙。 ⑮比：排列。栉（zhì）：篦子。 ⑯室：指仓库。 ⑰时：是，这。犉（rún）：牛七尺为犉。牡：公牛。 ⑱捄：借为觓，兽角弯曲貌。 ⑲似：通嗣，继续。 ⑳古之人：指祖先。

## 丝　衣<sup>①</sup>

| | |
|---|---|
| 丝衣其紑<sup>②</sup>， | 神尸丝衣鲜又光， |
| 载弁俅俅<sup>③</sup>。 | 头戴爵弁好端庄。 |
| 自堂徂基<sup>④</sup>， | 从打明堂到门内， |
| 自羊徂牛。 | 巡视所祭牛和羊。 |
| 鼐鼎及鼒<sup>⑤</sup>， | 察看列鼎大中小， |
| 兕觥其觩<sup>⑥</sup>。 | 兕牛铜杯摆上方。 |
| 旨酒思柔<sup>⑦</sup>。 | 美酒柔和味悠长， |
| 不吴不敖<sup>⑧</sup>， | 不事喧哗不骄傲， |
| 胡考之休<sup>⑨</sup>。 | 神赐长寿运吉祥。 |

**【注释】**

①这是一首周王祭祀灵星的诗。灵星，星名，主谷，为后稷之代名，古以辰日祭之于东南以祈年报功。王先谦《诗三家义集疏》引黄山云："周以后稷配天，非时不敢祭，故别立灵星

以为常祀，旱涝虫蝗盖皆祷之。"　②丝衣：扮神受祭的尸所穿的衣服（见杜佑《通典》引刘向《五经通义》）。纻（fóu）：衣服鲜洁貌。　③载：借为戴。弁：一种圆顶皮帽。俅俅（qiú）：恭顺貌。　④堂：此指太庙之明堂，为帝王祭祀、议事之地。徂：往。基：借为畿，门内。　⑤鼐（nài）：大鼎。鼒（zī）：小鼎。皆为古代三足食器。　⑥兕觥（sìgōng）：一种兕牛形酒器。觩（qiú）：兽角弯曲貌。　⑦旨酒：美酒。思：语气词。柔：指酒味柔和。　⑧吴：大声喧哗。敖：借为傲，傲慢。　⑨胡：寿。考：老。休：美，福。

## 酌[1]

| | |
|---|---|
| 於铄王师[2]， | 武王大军多壮盛， |
| 遵养时晦[3]。 | 时代黑暗善养兵。 |
| 时纯熙矣[4]， | 局势大明当机断， |
| 是用大介[5]。 | 随即猛进去出征。 |
| 我龙受之[6]， | 父业荣宠我承受， |
| 蹻蹻王之造[7]。 | 先王大军气势雄。 |
| 载用有嗣[8]， | 继承祖业来光大， |
| 实维尔公允师[9]。 | 师法文王建新功。 |

### 【注释】

①此为叙写武王即将伐纣之诗。是舞曲《大武》的第一章。　②於（wū）：鸣，叹美词。铄（shuò）：通烁，辉煌。　③遵：屯聚。遵养：屯兵不动而教养训练之。时晦：时代黑暗。指纣王末年。　④纯：大。熙：光明。　⑤介：进。大介：指兴师大进。　⑥我：指武王。龙：借为宠；光荣。受：承受。　⑦蹻蹻（jué）：勇武貌。王：指先王，即文王。造：借为曹，众人，指众将士。　⑧载：乃。嗣：继承。　⑨维：同惟，只有。尔：指文王。公：借为功，功业。允：语助词。师：师法。

## 桓[1]

| | |
|---|---|
| 绥万邦[2]， | 平定天下抚万邦， |
| 娄丰年[3]。 | 连遇丰年谷满仓。 |
| 天命匪解[4]。 | 谨守天命防不祥。 |
| 桓桓武王[5]， | 武王威风凛凛， |
| 保有厥士[6]， | 保有广阔封疆。 |
| 于以四方[7]， | 远达域外守四方， |

克定厥家⑧。 齐家治国安康。

於昭于天⑨， 美德扬天上，

皇以间之⑩。 代商国运长。

【注释】

①本诗颂美了武王克商后的昌隆宏阔景象。此为舞曲《大武》的第六章，即末章。　②绥：安定。　③娄：通屡。　④解：通懈，懈怠。　⑤桓桓：威武貌。　⑥士：当做土，形似而误。　⑦于：乃。以：有。　⑧克：能。　⑨於：呜，叹美声。　⑩皇：天。间：代。陈奂《诗毛氏传疏》："於昭于天，皇以间之：言武王之德昭著于天，故天以武王代殷也。《皇矣》序云：天监代殷莫若周，此其义也。"

# 赉①

文王既勤止②， 文王勤勉建武功，

我应受之③。 我要认真来继承。

敷时绎思④， 广布圣德来光大，

我徂维求定⑤。 为求安定事南征。

时周之命⑥， 周承天命国兴旺，

於绎思⑦！ 誓让功德更恢宏！

【注释】

①本诗叙写武王灭殷后经营南国之事。此为舞曲《大武》的第四章。　②止：语气词。③我：武王自称。应受：承受。　④敷：布，施陈。时：是，这。绎（yì）：连续不断。思：语气词。敷时绎思：姚际恒《诗经通论》："布施是政，使之续而不绝，不敢倦而中止也。"⑤徂：往，指南征。　⑥时：通"承"。　⑦於：即呜，叹美声。

# 般①

<table>
<tr><td>於皇时周②，</td><td>周国壮丽无边，</td></tr>
<tr><td>陟其高山③。</td><td>登上巍巍高山。</td></tr>
<tr><td>堕山乔岳④，</td><td>峻岭低峦多无数，</td></tr>
<tr><td>允犹翕河⑤。</td><td>沈河酒水归大川。</td></tr>
<tr><td>敷天之下⑥，</td><td>今日普天之下，</td></tr>
<tr><td>裒时之对⑦，</td><td>诸侯共颂王安，</td></tr>
<tr><td>时周之命⑧。</td><td>大周承命万代传。</td></tr>
</table>

## 【注释】

①本诗叙写武王灭殷后班师回朝之盛况。《尔雅·释言》云："般，还也。"此为舞曲《大武》的第三章。　②於：赞叹声。皇：美大。时：是，这。　③陟（zhì）：登。　④堕（duò）：狭长的山。乔：高。岳：高大的山。　⑤允：借为沇（yǔn）：水名：济水的别称。犹：借为酒（qiú）：水名，在西周境内。翕（xì）：合。河：黄河。　⑥敷：同普。　⑦裒（póu）：聚集。时：是，这里。对：答。马瑞辰《通释》："对，当读如'对扬王休'之对。对犹答也。谓诸侯皆聚于是，以答扬天子之休命也。"　⑧时：通承。

# 三　颂（鲁颂）

## 駉①

### （一）

駉駉牡马②，
在坰之野③。
薄言駉者④，
有骄有皇⑤，
有骊有黄⑥，
以车彭彭⑦。
思无疆⑧，
思马斯臧⑨。

群马肥壮大又高，
牧场遥远在荒郊。
大群肥马极出色，
骄马皇马带白毛，
骊马黄马色气亮，
用来驾车任游遨。
鲁公思虑远，
骏马好身膘。

### （二）

駉駉牡马，
在坰之野。
薄言駉者，
有骓有駓⑩，
有骍有骐⑪，
以车伾伾⑫。
思无期，
思马斯才⑬。

群马雄健气昂昂，
牧场迢迢在远方。
大群肥马极出色，
骓马駓马油光光，
骍马骐马毛杂配，
用来驾车有力量。
鲁公远谋虑，
骏马材力强。

| 駉駉牡马， | 群马肥美又雄健， |
|---|---|
| 在坰之墅。 | 牧场迢迢在荒原。 |
| 薄言駉者， | 大群肥马极出色， |
| 有驒有骆⑭， | 驒马骆马体毛斑， |
| 有骝有雒⑮， | 骝马雒马有美鬃， |
| 以车绎绎⑯。 | 用来驾车跑得欢。 |
| 思无斁⑰， | 鲁公思不倦， |
| 思马斯作⑱。 | 骏马永向前。 |

（四）

| 駉駉牡马， | 群马肥大健又雄， |
|---|---|
| 在坰之野。 | 牧场迢迢荒原中。 |
| 薄言駉者， | 大群肥马极出色， |
| 有駰有騢⑲， | 駰马騢马毛色明， |
| 有驔有鱼⑳， | 驔马鱼马有特点， |
| 以车祛祛㉑。 | 用来驾车善奔腾。 |
| 思无邪， | 鲁公思虑正， |
| 思马斯徂㉒。 | 骏马快如风。 |

## 【注释】

①这是一首颂美鲁僖公养马盛多的诗。古代国家的军事力量，主要看兵车，故养马乃关军国之重，而牧马之盛则表现出鲁僖公谋政深远。　②駉駉（jiōng）：马肥壮貌。牡：《释文》："牡，本亦作牧。"《颜氏家训·书证》："江南书皆为牝牡之牡，河北本悉为放牧之牧。"按当做牧。牧马：即放牧的马。　③坰（jiōng）：同迥，远。高亨《诗经今注》："坰之野，遥远的野地。"又《尔雅·释地》："邑外谓之郊，郊外谓之牧，牧外谓之野，野外谓之林，林外谓之坰。"　④薄言：语助词。　⑤骄（yù）：黑马白胯。皇：《说文》引作騜，黄白之马。　⑥骊（lí）：纯黑之马。黄：黄赤色马。　⑦以车：用以驾车。彭彭：马强壮有力貌。　⑧思：谋虑。下文"思无期"、"思无斁"、"思无邪"之"思"同此。无疆：深远无边。　⑨思：语首助词。斯：语气词。臧：僖。　⑩骓（zhuī）：苍白杂色之马。駓（pī）：黄白杂色之马。　⑪骍（xíng）：赤黄色马。骐（qí）：有青黑花纹之马。　⑫伾伾（pī）：有力貌。　⑬才：才能，材力。　⑭驒（tuó）：青黑色而有白鳞花纹之马。骆：白毛黑鬃之马。　⑮骝（liú）：赤身黑鬃之马。雒（luò）：黑身白鬃之马。　⑯绎绎：善跑。　⑰斁（yì）：厌倦。　⑱作：奋起。　⑲駰（yīn）：浅黑间白色之马。騢（xiá）：赤中间白之杂色马。　⑳驔（diàn）：脚胫有白色长毛之马。鱼：两眼白毛围绕之

马。　㉑祛祛（qū）：强健。　㉒徂：行，指善跑。

# 有　駜①

## （一）

有駜有駜②，　　　　　　　肥壮力量强，

駜彼乘黄③。　　　　　　　壮马四匹黄。

夙夜在公④，　　　　　　　早起晚睡忙公务，

在公明明⑤。　　　　　　　勤勉不息在公堂。

振振鹭⑥，　　　　　　　　手挥鹭羽起舞，

鹭于下⑦　　　　　　　　　好似白鹭飞翔。

鼓咽咽⑧，　　　　　　　　鼓声咚咚不断，

醉言舞⑨。　　　　　　　　乘醉起舞跄跄。

于胥乐兮⑩！　　　　　　　君臣全部乐洋洋！

## （二）

有駜有駜，　　　　　　　　力强壮又高，

駜彼乘牡。　　　　　　　　公马四匹骄。

夙夜在公，　　　　　　　　早起晚睡忙公事，

在公饮酒。　　　　　　　　公堂饮酒暂逍遥。

振振鹭，　　　　　　　　　手挥鹭羽起舞，

鹭于飞。　　　　　　　　　好似白鹭飞飘。

鼓咽咽，　　　　　　　　　鼓声咚咚不断，

醉言归。　　　　　　　　　酒醉回家休调。

于胥乐兮！　　　　　　　　君臣个个乐陶陶！

## （三）

有駜有駜，　　　　　　　　肥壮力无穷，

駜彼乘骃⑪。　　　　　　　四匹黑铁骢。

夙夜在公，　　　　　　　　早起晚睡忙工作，

在公载燕⑫。　　　　　　　公堂开宴暂轻松。

自今以始⑬，　　　　　　　从打今年开始，

岁其有⑭。 年年岁岁丰登。

君子有穀⑮, 公侯大行善事,

诒孙子⑯。 留与子孙守成。

于胥乐兮! 君臣一道乐融融!

**【注释】**

①这是一首颂祷鲁僖公与群臣饮宴、庆贺丰年的乐歌。 ②驲（bì）：马肥壮力强貌。③乘（shèng）黄：四匹黄马。 ④夙夜：早晚，从早至晚。公：办公处所。 ⑤明明：借为勉勉，指尽力于公事。 ⑥振振：群飞貌。鹭：此指舞者所持的鹭羽。 ⑦于：语助词。 ⑧咽咽（yuān）：形容鼓声有节奏。 ⑨言：语助词。 ⑩于：发语词。胥：皆。 ⑪骍（xuān）：青黑色的马，又叫铁骢。 ⑫载：则，就。燕：通宴。 ⑬以：同而。 ⑭有：丰收。 ⑮君子：指鲁僖公。穀：善。 ⑯诒：通贻，留给。孙子：即子孙。

# 泮 水①

## （一）

思乐泮水②, 泮水之滨喜气扬,

薄采其芹。 采摘水芹味芳香。

鲁侯戾止③, 鲁侯车驾已来到,

言观其旂④。 看取龙旗闪光芒。

其旂茷茷⑤, 龙纹画旗迎风摆,

鸾声哕哕⑥。 车铃串串响丁当。

无小无大⑦, 百官不论小和大,

从公于迈⑧。 紧随鲁侯车后方。

## （二）

思乐泮水, 泮水之滨喜气盈,

薄采其藻。 采摘水藻色青青。

鲁侯戾止, 鲁侯车驾已来到,

其马骄骄⑨。 马儿强健四蹄轻。

其马骄骄, 马儿强健蹄轻快,

其音昭昭⑩。 车上响铃甚好听。

载色载笑⑪, 鲁侯和气微微笑,

匪怒伊教⑫。 循循善诱无怒容。

## （三）

思乐泮水，　　　　　　　　泮水之滨喜气高，
薄采其茆⑬。　　　　　　　　采摘莼菜要嫩苗。
鲁侯戾止，　　　　　　　　鲁侯车驾已来到，
在泮饮酒。　　　　　　　　泮水岸边摆酒肴。
既饮旨酒，　　　　　　　　同在席间饮美酒，
永锡难老⑭。　　　　　　　　永赐不老寿迢迢。
顺彼长道⑮，　　　　　　　　沿着遥远长征路，
屈此群丑⑯。　　　　　　　　制服贼寇祸根消。

## （四）

穆穆鲁侯⑰，　　　　　　　　鲁侯庄重又谦和，
敬明其德，　　　　　　　　恭谨昭明树美德，
敬慎威仪，　　　　　　　　敬慎仪容端举止，
维民之则⑱。　　　　　　　　堪为众民做准则。
允文允武⑲，　　　　　　　　的确能文又能武，
昭假烈祖⑳。　　　　　　　　告明神祖到天国。
靡有不孝㉑，　　　　　　　　事事效法祖宗制，
自求伊祜㉒。　　　　　　　　自求神灵降福多。

## （五）

明明鲁侯㉓，　　　　　　　　勤勉不倦贤鲁侯，
克明其德。　　　　　　　　能修美德四方流。
既作泮宫㉔，　　　　　　　　泮宫建好求神佑，
淮夷攸服㉕。　　　　　　　　征服淮夷大功收。
矫矫虎臣㉖，　　　　　　　　英勇将官如猛虎，
在泮献馘㉗。　　　　　　　　献敌左耳似山丘。
淑问如皋陶㉘，　　　　　　　官如皋陶明审讯，
在泮献囚。　　　　　　　　泮宫献上众敌囚。

济济多士㉙，　　　　　　　济济一堂多贤人，
克广德心㉚。　　　　　　　广扬德行善意存。
桓桓于征㉛，　　　　　　　威风凛凛出征去，
狄彼东南㉜。　　　　　　　平定东南除祸根。
烝烝皇皇㉝，　　　　　　　浩荡大军多美盛，
不吴不扬㉞。　　　　　　　无人喧哗叫纷纭。
不告于讻㉟，　　　　　　　不自争功强申辩，
在泮献功。　　　　　　　　泮宫之内献功勋。

（七）

角弓其觩㊱，　　　　　　　牛角雕弓强又硬，
束矢其搜㊲。　　　　　　　众箭齐发嗖嗖行。
戎车孔博㊳，　　　　　　　战车隆隆数不尽，
徒御无斁㊴。　　　　　　　步兵车士向前冲。
既克淮夷，　　　　　　　　淮夷终于被战胜，
孔淑不逆㊵。　　　　　　　俯首听命不敢争。
式固尔犹㊶，　　　　　　　坚定执行谋略妙，
淮夷卒获。　　　　　　　　终将淮夷全扫平。

（八）

翩彼飞鸮㊷，　　　　　　　翩然飞下猫头鹰，
集于泮林。　　　　　　　　泮水岸边林内停。
食我桑黮㊸，　　　　　　　吃过我家甜桑葚，
怀我好音㊹。　　　　　　　对我鸣音变好听。
憬彼淮夷㊺，　　　　　　　淮夷受挫已觉悟，
来献其琛㊻。　　　　　　　来献珍宝到宫中。
元龟象齿㊼，　　　　　　　大龟象牙实贵重，
大赂南金㊽。　　　　　　　南金巨玉价连城。

**【注释】**

　　①这是一首颂美鲁僖公修建泮宫、平服淮夷的诗。　　②思：发语词。泮（pàn）水：水名。《通典》："鲁郡泗水县，泮水出焉。"　　③戾：到。止：语气词。　　④言：语助词。旂：画有

蛟龙的旗。 ⑤茷茷（pèi）：通旆旆，旗旗飘扬貌。 ⑥鸾：车铃。哕哕（huì）：有节奏的铃声。 ⑦无小无大：指不论小官大官。 ⑧于：而。迈：行。 ⑨骄骄（jué）：强壮勇武貌。 ⑩昭昭：响亮。 ⑪载：又。色：和颜悦色。 ⑫匪：非。伊：是。 ⑬茆（mǎo）：水草名，即莼菜。 ⑭锡：赐。难老：长寿之意。 ⑮长道：远路。 ⑯屈：征服。群丑：蔑称淮夷。 ⑰穆穆：端庄恭敬，容仪美好。 ⑱维：为，是。则：准则，模范。 ⑲允：确实。 ⑳昭：明。假：格，至。昭假：明诚敬之心于神灵。烈祖：即列祖。烈：通列。 ㉑靡：无。孝：通效，效法。 ㉒伊：贵。祜：福。 ㉓明明：勉勉。 ㉔作：建筑。泮宫：宫名，以傍泮水而称。 ㉕攸：语助词。 ㉖矫矫：勇武貌。 ㉗馘（guó）：割下敌尸的左耳以计战功称馘，这里指割下的左耳。 ㉘淑问：善于审问。皋陶（yáo）：传说为虞舜之臣，造狱立律。 ㉙济济：众多貌。 ㉚广：推广。德心：善意。 ㉛桓桓：威武貌。 ㉜狄（tì）：治理，平定。东南：指淮夷。 ㉝烝烝皇皇：美盛貌。 ㉞吴：喧哗。扬：轻浮。 ㉟不告于讻（xiōng）：朱熹《诗集传》："师克而和，不争功也。"讻：争辩。 ㊱角弓：以兽角嵌饰的弓。觩（qiú）：弯曲貌。 ㊲束矢：成捆的箭。或云一束五十矢，或云一束百矢。马瑞辰《通释》："束矢无定数，皆取敛聚之义。"其搜：即嗖嗖，箭发之声。 ㊳戎车：兵车。孔博：很多。 ㊴徒：步兵。御：驾车的甲士。敩（yì）：厌倦。 ㊵孔淑：甚善。不逆：指顺利。 ㊶式：语助词。固：坚定。犹：通猷，计谋。 ㊷鸮（xiāo）：猫头鹰。 ㊸葚（shèn）：亦作椹，桑树的果实。 ㊹怀：借为馈，给予。 ㊺憬（jǐng）：觉悟。 ㊻琛（chēn）：珍宝。 ㊼元龟：大龟。 ㊽赂（lù）：俞樾《群经平议》："赂，借为璐，玉也。"郭沫若以为贝名。南金：南方所产黄金。郭沫若释金为铜。

# 閟 宫①

## （一）

| | |
|---|---|
| 閟宫有侐②， | 姜嫄之庙甚幽清， |
| 实实枚枚③。 | 宏伟壮丽密层层。 |
| 赫赫姜嫄④， | 姜嫄明亮光辉照， |
| 其德不回⑤。 | 品德纯正无邪行。 |
| 上帝是依⑥， | 神秘妊娠凭上帝， |
| 无灾无害。 | 无灾无害仗神灵。 |
| 弥月不迟⑦， | 怀胎足月不迟缓， |
| 是生后稷， | 后稷安然来降生， |
| 降之百福。 | 天赐百福好丰盈。 |
| 黍稷重穋⑧， | 黍谷成熟有早晚， |

稙稚菽麦⑨。 豆麦种植时不同。
奄有下国⑩, 后稷拥有广阔地,
俾民稼穑⑪。 教会黎民事农耕。
有稷有黍, 谷子黍子样样有,
有稻有秬⑫。 稻米黑黍年年成。
奄有下土, 统有四海肥沃地,
缵禹之绪⑬。 继承大禹创新功。

（二）

后稷之孙, 后稷子孙人材强,
实维大王⑭。 古公亶父是太王。
居岐之阳⑮, 居住岐山南面地,
实始翦商⑯。 开始筹划灭殷商。
至于文武, 传至文王武王日,
缵大王之绪。 太王事业更宏扬。
致天之届⑰, 秉承天意伐殷纣,
于牧之野⑱。 牧野决战士气昂。
无贰无虞⑲, 莫怀二心别恐惧,
上帝临女⑳! 上帝明察莫彷徨!
敦商之旅㉑, 猛烈攻击商军阵,
克咸厥功㉒。 完成大业载史章。
王曰叔父㉓, 成王欢欣叫叔父,
建尔元子㉔, 封您长子作侯王,
俾侯于鲁。 使居鲁国幸福长。
大启尔宇㉕, 奋发努力开疆土,
为周室辅。 屏卫周室在东方。

（三）

乃命鲁公, 遂向鲁公传命令,
俾侯于东。 让他为侯去远东。
锡之山川, 赐他山川和土地,
土田附庸㉖。 周围小国做附庸。
周公之孙㉗, 僖公本是周公后,

庄公之子,
龙旂承祀[28],
六辔耳耳[29]。
春秋匪解[30],
享祀不忒[31]。
皇皇后帝[32],
皇祖后稷[33],
享以骍牺[34],
是飨是宜[35],
降福既多。
周公皇祖,
亦其福女。

庄公之子把位承。
龙旗飘扬行郊祭,
六条马缰光彩生。
四时致祭不松懈,
礼仪完备内心诚。
光辉普照仰上帝,
远祖后稷显神灵。
纯色赤牛请神用,
献食献肉祭品丰,
天降洪福多无穷。
先祖周公同保佑,
赏赐福禄一重重。

(四)

秋而载尝[36],
夏而楅衡[37]。
白牡骍刚[38],
牺尊将将[39]。
毛炰胾羹[40],
笾豆大房[41]。
万舞洋洋[42],
孝孙有庆[43]。
俾尔炽而昌[44],
俾尔寿而臧[45]。
保彼东方,
鲁邦是常[46]。
不亏不崩,
不震不腾[47]。
三寿作朋[48],
如冈如陵。

举行秋祭庆丰年,
自夏养牲在牛栏。
白猪赤牛全献上,
碰杯敬酒声喧喧。
烤猪肉汤香味远,
广设碗盏与杯盘。
表演万舞场面大,
孝孙僖公尽情欢。
使你兴旺而昌盛,
使你长寿又平安。
保卫东土永康定,
固守鲁邦代代传。
坚似青山不崩溃,
平如绿水无狂澜。
人与三寿同长久,
岁比峻岭与高山。

（五）

公车千乘㊾，
朱英绿縢㊿，
二矛重弓(51)。
公徒三万(52)，
贝胄朱绥(53)，
烝徒增增(54)。
戎狄是膺(55)，
荆舒是惩(56)，
则莫我敢承(57)。
俾尔昌而炽，
俾尔寿而富，
黄发台背(58)，
寿胥与试(59)。
俾尔昌而大，
俾尔耆而艾(60)，
万有千岁(61)，
眉寿无有害。

千辆战车国力雄，
弓缠绿线矛红缨。
二矛高树双弓备，
三万步卒效鲁公。
头盔贝饰红丝绕，
大军列阵密层层。
戎狄为患齐扫荡，
荆舒不轨要严惩，
无人胆敢抗雄兵。
使你繁荣而兴旺，
使你长寿又丰盈；
黄发满头黑纹背，
举世罕见老寿星。
使你兴隆又盛大，
使你长命寿无穷；
千秋万岁人不老，
长寿福康灾不生。

（六）

泰山岩岩(62)，
鲁邦所詹(63)。
奄有龟蒙(64)，
遂荒大东(65)，
至于海邦(66)，
淮夷来同(67)。
莫不率从，
鲁侯之功。

泰山高峻耸云中，
鲁人仰望寄豪情。
并有龟山蒙山在，
边境延伸向远东。
直达滨海天涯地，
包括淮夷尽属从。
无人胆敢不归顺，
这些全是鲁侯功。

## （七）

保有凫绎⑱，
遂荒徐宅⑲。
至于海邦，
淮夷蛮貊⑳。
及彼南夷㉑，
莫不率从。
莫敢不诺㉒，
鲁侯是若㉓。

保有凫绎两山青，
又把徐国控手中。
沿海之地全归附，
淮夷蛮貊尽属从。
势力南扩达荆楚，
莫不相从来效忠。
无人胆敢不听话，
恭颂鲁侯最贤明。

## （八）

天锡公纯嘏㉔，
眉寿保鲁。
居常与许㉕，
复周公之宇㉖。
鲁侯燕喜㉗，
令妻寿母㉘。
宜大夫庶士㉙，
邦国是有。
既多受祉㉚，
黄发儿齿㉛。

天赐吉祥鲁公府，
高龄百岁永保鲁。
常邑许田齐回收，
恢复周公旧疆土。
鲁侯庆贺设筵席，
贤惠良妻长寿母。
大夫众士性温和，
国家兴隆承先祖。
幸蒙天帝降福多，
白发变黄新齿补。

## （九）

徂来之松㉜，
新甫之柏㉝，
是断是度㉞，
是寻是尺㉟。
松桷是舄㊱，
路寝孔硕㊲，
新庙奕奕㊳。
奚斯所作㊴，
孔曼且硕，
万民是若㊵。

徂徕山上满苍松，
新甫岭头柏树青。
大树砍倒粗锯破，
长短木材细加工。
松木方椽真坚固，
正寝一改旧颜容，
姜嫄新庙气势宏。
奚斯作歌来赞颂，
长篇巨制荡春风，
顺应万民仰慕情。

**【注释】**

①这是一首颂美鲁僖公修建寝庙的诗。由修庙祀祖又广及列祖功绩、祖神降福、僖公勋业，反复错综，铺张扬厉，成为《诗经》中的第一长篇。　②閟（bì）：同祕，神也。閟宫：神庙，指后稷母亲姜嫄的庙。有侐（xù）：侐侐，清静貌。　③实实：广大貌。枚枚：致密貌。　④赫赫：显耀貌。姜嫄：后稷之母，僖公远祖。姜嫄生后稷，后稷十二代孙为太王，太王之孙文王，文王之子武王，武王之子成王。周公为成王叔父，曾东征平叛，胜利后成王封周公长子伯禽于鲁，成为鲁国始祖。僖公即为伯禽之后。诗自此句开始推本众先祖之德，历加颂祷。　⑤回：邪僻。　⑥依：依凭。　⑦弥月：满月。　⑧重：通穜（tóng），先种后熟的农作物。穋（lù）：后种先熟的农作物。　⑨植（zhí）：早种的谷物。稚：晚种的谷物。　⑩奄有：尽有。下土：指其国土。　⑪俾：使。稼穑：指耕种。　⑫秬（jù）：黑黍。　⑬缵（zuǎn）：继续。绪：事业。　⑭大（tài）王：即古公亶父，后稷十二代孙，文王祖父。　⑮岐：岐山。太王由豳迁于岐山。阳：山的南面。　⑯翦：消灭。　⑰致：达到，完成。届：同殛，诛罚。　⑱牧之野：即牧野，古地名，距殷都朝歌约七十里，为商周决战之地，在今河南淇县西南。　⑲贰：有二心。虞：惊，畏惧。　⑳临：临视，监察。女：汝。　㉑敦：攻击。旅：军队。　㉒咸：完成。　㉓王：指周成王。叔父：成王以称周公。　㉔建：立。元子：长子，指周公长子伯禽。　㉕启：开辟。字：居，引申为疆土。　㉖附庸：附于诸侯的小国。朱熹《诗集传》："附庸，犹属城也。小国不能自达于天子，而附于大国也。"　㉗周公之孙：指鲁僖公。周公传至庄公共十七君，孙为统称 庄公有二子，一是闵公，在位二年早死，一是僖公。　㉘承祀：继承祭祀之礼。　㉙耳耳：华美貌。　㉚春秋：代指四季。解：通懈。　㉛享祀：祭祀。忒（tè）：差错。　㉜皇皇：光明。后帝：指上帝。　㉝皇祖后稷：《郑笺》："成王以周公功大，命鲁郊祭天，亦配之以君祖后稷。"　㉞骍（xīng）：赤色。牺：祭神的牲口，周人尚赤，故以赤牺祭神。　㉟飨：以饮食献神。宜：肴，引申为以肉献神。　㊱载：始。尝：秋祭曰尝。　㊲楅（bì）衡：此指牛栅栏。　㊳白牡：指白色公猪。骍刚：赤色公牛。刚：借为㸚（gāng），公牛。　㊴牺尊：一种卧牛形的铜质酒器。将将（qiāng）：器物触撞声。　㊵毛炰（páo）：指带毛烧熟的猪。炰，烧、臇（zì）羹：肉汤。臇：切成块的肉。　㊶笾、豆：皆食器名。大房：一种盛大块肉的木制食器。　㊷万舞：舞蹈名。陈奂《诗毛氏传疏》："凡宗庙舞，诸侯以羽，唯天子兼以干。万舞，有干有羽也……诗为祀周公，故万舞矣。"洋洋：盛大貌。　㊸孝孙：指僖公。　㊹炽：盛。　㊺臧：善。　㊻常：守。　㊼震：动荡。腾：沸腾，翻腾。　㊽三寿：三等长寿者。《文选》李善注引《养生经》："上寿百二十，中寿百年，下寿八十。"朋：比，侣。　㊾车：兵车。千乘：千辆。鲁国军制，兵车一辆，配甲士十人，步卒二十人。　㊿朱英：古代兵器上的红色羽饰。绿縢（téng）：指缠在弓上的绿色丝绳。　51二矛：指每辆战车上竖的两支矛，一为酋矛，一为夷矛。重弓：指每个士兵带两张弓，其中一张为备用。　52徒：步兵。　53贝胄（zhòu）：饰有贝壳的头盔。朱綅（qīn）：红线，用来把贝联在盔上。　54烝：众。增增：犹层层。　55戎狄：我国古代北方的两个民族。膺：击。　56荆：楚国别名。舒：楚国属国，地在今安徽庐江县。　57承：抵挡。　58黄发台背：指年老。

台同鲐，即鲐鱼，背有黑纹。老年人头发由白变黄，背生黑纹如鲐鱼。　　59胥：相。试：比。　　60耇：老。艾：久。又《礼·典礼》："五十曰艾，六十曰耇"。　　61有：通又。　　62岩岩：高峻貌。　　63詹：借为瞻，仰望。　　64奄有：尽有。龟：龟山，在今山东新泰县西南。蒙：蒙山，亦名东山，在今山东蒙阴县南。　　65荒：有。大东：远东，指鲁国东面之境。　　66海邦：海滨之国　　67来同：犹来朝。　　68凫：凫山，在今江苏徐州地方。　　69徐：徐戎，在今江苏徐州地方。徐宅：徐戎所居之地，即徐国。　　70蛮貊（mò）：古称南方部族为蛮，北方部族为貊。蛮貊又通称远方部族。　　71南夷：指荆楚。据《春秋》僖公四年，僖公伐楚。　　72诺：答应，顺从。　　73若：顺。　　74纯：大。嘏：借为祜，福也。　　75常：地名，在鲁国南境，曾被齐国侵占，鲁庄公时复归于鲁。许：许田，地名，在鲁国西境，曾为郑国所占，也在僖公时重归于鲁。　　76宇：犹域，疆域。　　77燕：同宴。　　78令：善。　　79宜：和顺。庶士：众士，众臣。　　80祉：福。　　81儿齿：朱熹《诗集传》："齿落更生细者，亦寿征也。"　　82徂来：山名，亦作徂徕，在山东泰安县东南。　　83新：山名，亦名梁父，在泰山旁边。　　84度：借为剫，砍开，伐木。　　85寻：八尺。　　86桷（jué）：方形椽子。舄（xì）：大。　　87路寝：正寝，帝王宗庙后殿藏衣冠处。　　88新庙：即閟宫。《郑笺》："修旧曰新。新者，姜嫄庙也。"奕奕：高大美盛貌。　　89奚斯：鲁国大夫，亦名公子鱼。作：指作本诗。　　90若：善。

# 三　颂（商颂）

## 那①

| | |
|---|---|
| 猗与那与②， | 多盛大哟多隆重， |
| 置我鞉鼓③。 | 放好摇鼓祭神灵。 |
| 奏鼓简简④， | 鼓声起奏咚咚响， |
| 衎我烈祖⑤。 | 烈祖在上喜欢听。 |
| 汤孙奏假⑥， | 汤孙陈言奏神祖， |
| 绥我思成⑦。 | 赐我大福事业兴。 |
| 鞉鼓渊渊⑧， | 摇鼓频击音洪亮， |
| 嘒嘒管声⑨。 | 箫管抑扬有清声。 |
| 既和且平， | 声调和谐又平静， |
| 依我磬声⑩。 | 随我玉磬节奏明。 |
| 於赫汤孙⑪， | 啊呀汤孙真显赫， |
| 穆穆厥声⑫。 | 乐队庄严声隆隆。 |
| 庸鼓有斁⑬， | 钟鼓铿锵气势大， |
| 万舞有奕⑭。 | 洋洋万舞场面宏。 |
| 我有嘉客⑮， | 我有嘉宾来助祭， |
| 亦不夷怿⑯。 | 人人欢乐喜盈盈。 |
| 自古在昔， | 追思昔日在远古， |
| 先民有作⑰。 | 先祖有为建奇功。 |
| 温恭朝夕， | 温良终日勤发奋， |
| 执事有恪⑱。 | 平时谨言又慎行。 |
| 顾予烝尝⑲， | 秋冬致祭请光顾， |
| 汤孙之将⑳。 | 汤孙供奉献忠诚。 |

①这是一首祭祀商朝始祖成汤的乐歌。《国语·鲁语》云："昔正考父校商之名颂十二篇于周太师，以《那》为首。"据此可知《那》为商代诗歌而由春秋时宋大夫正考父校改，校改程度则难以考知。　②猗（ē）、那（nuó）：马瑞辰《毛诗传笺通释》："猗、那二字叠韵，皆美盛之貌。通作猗傩、阿难。草木之美盛曰猗傩，乐之美盛曰猗那，其义一也。"与：通欤，叹词。　③置：陈放。鞉（táo）鼓：一种摇鼓。严粲《诗辑》："鞉虽小鼓，所以节乐，故首言之。"　④简简：形容谐和洪大之声。　⑤衎（kàn）：欢乐。烈祖：功业卓著的先祖，指成汤。　⑥汤孙：成汤的子孙，指主祭的时王，此为宋君。奏：进。假：格，致，指祭者上致于神。　⑦绥：赠予。思：语助词。成：备，即福。　⑧渊渊：鼓声。　⑨嘒嘒（huì）：吹管声。　⑩磬：玉制打击乐器。　⑪於（wū）：叹美声。赫：显盛貌。　⑫穆穆：美好貌。声：指音乐。　⑬庸：通镛，大钟。有斁（yì）：斁斁，音乐盛大貌。　⑭万舞：舞名。有奕：奕奕，舞蹈盛大貌。　⑮嘉客：指宋之同姓附庸小国的前来助祭者。　⑯不：语助词。夷、怿：皆为喜悦之意。　⑰有作：有所作为。　⑱有恪（kè）：恪恪，恭谨貌。　⑲顾：光顾。烝尝：祭名。冬祭曰烝，秋祭曰尝。　⑳将：奉献。

# 烈　祖①

嗟嗟烈祖②，
有秩斯祜③。
申锡无疆④，
及尔斯所⑤。
既载清酤⑥，
赉我思成⑦。
亦有和羹⑧，
既戒既平⑨。
鬷假无言⑩
时靡有争。
绥我眉寿⑪，
黄耇无疆⑫。
约軝错衡⑬，
八鸾鸧鸧⑭。

烈祖功勋万代扬，
洪福广大降下方。
反复赏赐无穷尽，
纷纷来到你身旁。
陈设清酒把祖祭，
赐我大福事业昌。
又有羹汤实鲜美，
五味齐全散芳香。
心中默默来祷告，
无人争吵秩序良。
赠我长命百年寿，
黄发满头福无疆。
车轴红漆衡彩绘，
四马八铃响丁当。

以假以享⑮，　　　　　祈请祖神享祭礼，
我受命溥将⑯。　　　　国家受命广又长。
自天降康⑰，　　　　　天降福禄民安泰，
丰年穰穰⑱。　　　　　五谷丰登粮满仓。
来假来飨，　　　　　　先祖降临来享用，
降福无疆。　　　　　　降赐洪福如海洋。
顾予烝尝⑲，　　　　　秋冬致祭请光顾，
汤孙之将⑳。　　　　　汤孙供奉表衷肠。

## 【注释】

①这也是一首祭祀成汤的乐歌。　②嗟嗟：叹美声。烈祖：指成汤。　③有秩：秩秩，广大貌。祜：福。　④申：重，又。锡：赐。　⑤斯所：此处。　⑥载：陈，设置。清酤（gū）：清酒。　⑦赉（lài）：赐。思：语气词。成：福。　⑧和羹：调好的汤。　⑨戒：完备，指五味具备。平：平和。　⑩鬷（zòu）：同奏。奏假：祭祷。　⑪绥：赠。　⑫黄耇（gǒu）：黄发老人，长寿之称。　⑬軝（qí）：车轴两端伸出轮外的部分。约軝：用皮革缠束车辕并涂以红漆。错衡：在车衡上涂金为饰。衡，车辕前端的横木，用以驾马。　⑭鸾：通銮，挂在马镳上的铃。八鸾：一马二鸾，四马八鸾。鸧鸧（qiāng）：形容铃声。　⑮假（gé）：通格，指祭者上致神灵。享：祭。　⑯溥：广大。将：长远。　⑰康：安乐。　⑱穰穰（ráng）：禾黍众多貌。　⑲顾：光顾。烝：冬祭。尝：秋祭。　⑳汤孙：成汤子孙。将：奉献。

## 玄　鸟①

天命玄鸟②，　　　　　天命玄鸟神卵降，
降而生商③，　　　　　母食生契契封商，
宅殷土芒芒④。　　　　居住殷土广茫茫。
古帝命武汤⑤，　　　　古时成汤奉帝旨，
正域彼四方⑥。　　　　征服各部统四方。
方命厥后⑦，　　　　　广对诸侯发号令，
奄有九有⑧。　　　　　尽揽九州入封疆。
商之先后⑨，　　　　　商代先君承天命，
受命不殆⑩，　　　　　化险为夷国运长，
在武丁孙子⑪。　　　　武丁中兴路康庄。

武丁孙子，　　　　　　　　　孙子武丁是贤主，
武王靡不胜⑫。　　　　　　　　胜任祖业继成汤。
龙旂十乘，　　　　　　　　　　龙旗飘飘十车驾，
大糦是承⑬。　　　　　　　　　大载酒食祭先王。
邦畿千里⑭，　　　　　　　　　土境广远方千里，
维民所止⑮。　　　　　　　　　人民居此度安康。
肇域彼四海⑯，　　　　　　　　重收四海天下治，
四海来假⑰。　　　　　　　　　四海诸侯来朝堂。
来假祁祁⑱，　　　　　　　　　络绎不绝人繁盛，
景员维河⑲。　　　　　　　　　聚会京师喜气扬。
殷受命咸宜，　　　　　　　　　殷商受命皆合义，
百禄是何⑳。　　　　　　　　　承受百福业永昌。

**【注释】**

①这是一首祭祀殷高宗武丁的乐歌。武丁是继续盘庚之后的又一代中兴之主，曾任用傅说为相，内修政治，外建武功。本诗为颂武丁，又推及商的始祖契与武王成汤，故可视为一首简要的殷商史诗。　②玄鸟：燕子。玄：黑。燕黑色，故名玄鸟。一说玄鸟为凤凰。　③商：指商朝的始祖契。《列女传》载：“契母简狄者，有娀氏之长女也。当尧之时，与其姊妹浴于玄邱之水。有玄鸟衔卵过而坠之，五色甚好。简狄得而含之，误而吞之，遂生契焉。”契建国于商（今河南商丘）。　④宅：居住。殷土：指商地。殷在盘庚迁殷（今河南安阳小屯）前称商，迁殷后称殷。后人也称商地为殷土。芒芒：即茫茫，广大貌。　⑤古：从前。帝：上帝。武汤：即成汤，自号武王。　⑥正：·借为征。域：有。　⑦方：通旁，普遍。厥：那些。后：君，指诸侯，各部落首领。　⑧奄有：尽有。九有：借为九域，即九州。　⑨先后：先王。⑩殆：危险。　⑪武丁：殷高宗。武丁孙子：即孙子武丁。　⑫胜：胜任。　⑬糦（xī）：同馈，酒食。承：供奉。　⑭邦：借为封，疆界。畿：边境。　⑮维：为。止：居。　⑯肇域彼四海：陈奂《诗毛氏传疏》：“肇，始。域，有也。王肃云：‘殷道衰，四夷来侵，至高宗，然后始复以四海为境域也。’”　⑰假（gé）：通格，至。来假：指来朝。　⑱祁祁：众多貌。⑲景：通京，大。员：周围。景员：犹云幅员，指广大领土。河：黄河，指殷都之地。景员维河：指天下诸侯会聚于京师。　⑳何：通荷，蒙受。

# 长　发①

## （一）

濬哲维商②，　　　　　　　明哲智慧是商王，
长发其祥③。　　　　　　　久已见出征兆祥。
洪水芒芒④，　　　　　　　洪水茫茫思古代，
禹敷下土方⑤。　　　　　　大禹治理定四方。
外大国是疆⑥，　　　　　　无边外域收疆内，
幅陨既长⑦。　　　　　　　大夏幅员更广茫。
有娀方将⑧，　　　　　　　有娀姑娘承帝命，
帝立子生商⑨。　　　　　　生契开基建殷商。

## （二）

玄王桓拨⑩，　　　　　　　玄王威武是英华，
受小国是达⑪，　　　　　　小国受封政令发，
受大国是达。　　　　　　　大国教化亦通达。
率履不越⑫，　　　　　　　遵循礼制不超越，
遂视既发⑬。　　　　　　　督促实行常检查。
相土烈烈⑭，　　　　　　　契孙相土威名震，
海外有截⑮。　　　　　　　海外归服共一家。

## （三）

帝命不违，　　　　　　　　不违帝命共遵行，
至于汤齐⑯。　　　　　　　降至汤王集大成。
汤降不迟⑰，　　　　　　　汤王诞生时代好，
圣敬日跻⑱。　　　　　　　恭谨明哲日日升。
昭假迟迟⑲，　　　　　　　虔诚祈祷不松懈，
上帝是祇⑳。　　　　　　　对于上帝尽精忠。
帝命式于九围㉑。　　　　　帝命九州效典型。

## （四）

受小球大球<sup>㉒</sup>，　　　　大小法度照天国，

为下国缀旒<sup>㉓</sup>，　　　　要为诸侯作楷模，

何天之休<sup>㉔</sup>。　　　　受天恩赏美名播，

不竞不絿<sup>㉕</sup>，　　　　不去争执不急躁，

不刚不柔，　　　　不甚刚强不软和。

敷政优优<sup>㉖</sup>，　　　　施行政令求宽缓，

百禄是遒<sup>㉗</sup>。　　　　百福聚集数量多。

## （五）

受小共大共<sup>㉘</sup>，　　　　大小法制效天堂，

为下国骏厖<sup>㉙</sup>，　　　　庇护诸侯作贤王，

何天之龙<sup>㉚</sup>。　　　　承天恩赐受荣光。

敷奏其勇<sup>㉛</sup>，　　　　不曾震惊不乱套，

不震不动，　　　　不曾惧怕不恐慌。

不戁不竦<sup>㉜</sup>，　　　　大忠大勇常展现，

百禄是总<sup>㉝</sup>，　　　　百福总聚多洋洋。

## （六）

武王载斾<sup>㉞</sup>，　　　　武王征夏大发兵，

有虔秉钺<sup>㉟</sup>。　　　　青铜巨斧握手中。

如火烈烈，　　　　军威如火燃烈烈，

则莫我敢曷<sup>㊱</sup>。　　　　无人敢来作抗争。

苞有三蘖<sup>㊲</sup>，　　　　一棵树干三枝杈，

莫遂莫达<sup>㊳</sup>，　　　　不容继续长和生，

九有有截<sup>㊴</sup>。　　　　征服九州天下同。

韦顾既伐<sup>㊵</sup>，　　　　扫除豕韦消灭顾，

昆吾夏桀<sup>㊶</sup>。　　　　昆吾夏桀一命终。

## （七）

昔在中叶⁴²，　　　　往古中期国势盛，

有震且业⁴³。　　　　威武强大四方平。

允也天子⁴⁴，　　　　汤为天子极诚信，

降予卿士⁴⁵。　　　　天降卿士甚贤明。

实维阿衡⁴⁶，　　　　贤明卿士数伊尹，

实左右商王⁴⁷。　　　辅佐商汤建殊功。

【注释】

①这是一首殷商后王举行大禘（dì）的乐歌。《郑笺》："大禘，郊祭天也。"《礼记大传》："礼，不王不禘。王者禘其祖之所自出，以其祖配之。"　②濬：借为睿（ruì），智慧。睿哲：明智。维：是。商：指契。　③长：久。祥：吉兆。　④芒芒：同茫茫。　⑤敷：治理。方：四方。　⑥外大国：指夏朝统治以外的地域。大国指夏。　⑦幅陨：即幅员，疆域。　⑧有娀（sōng）：上古国名，地在今山西运城蒲州镇。此指有娀之女，即简狄。将：借为壮。　⑨帝：上帝。商：指契。契后任尧的司徒，封于商，故此处以商代契。　⑩玄王：商之后人对契的追尊之称。桓：威武。拨：明。桓拨：犹英明。　⑪达：通。指契能通教令于民。　⑫率：循。礼：借为履。　⑬视：视察。发：实行。　⑭相土：契的孙子。烈烈：威武貌。　⑮有截：截截，整齐貌。　⑯齐：通济，成。　⑰降：出生。　⑱圣：明达。敬：谨慎。日跻（jī）：日升，与日俱进。　⑲昭假（gé）：诚敬祈祷。假：通格。戴震《毛郑诗考证》："精诚表见曰昭，贯通所至曰格。"迟迟：久久不息。　⑳祗（zhī）：恭敬。　㉑帝：上帝。式：法式，楷模。九围：九州。陈奂《诗毛氏传疏》："帝命式于九围，言上帝命汤王天下，为九州所观法。"　㉒球：借为捄，法制。　㉓下国：指诸侯国。缀旒（liú）：表率之意。《毛传》："缀，表。旒，章也。"　㉔何：通荷，蒙受。休：美，指美誉。　㉕竞：争。絿（qiú）：急躁。㉖敷政：施政。优优：宽和貌。　㉗逑（qiú）：聚。　㉘共：借为拱，法度。　㉙骏厖：意为庇覆保护。骏：借为徇，卫也。厖：借为蒙，覆也。　㉚龙：通宠，荣誉。　㉛敷奏：施展。　㉜戁（nǎn）：恐。竦（sǒng）：惧。陈奂《毛诗后笺》："吴江潘受生云：'不震不动，不戁不竦二句，当在敷奏其勇之上，与上章一律。'奂按：《家语·弟子行篇》引《诗》：'不戁不竦，敷奏其勇。'是王肃本不误，此亦一证。大戴《礼》卫将军文子篇引同。"所言是。　㉝总：聚。㉞武王：成汤。载：则。斾：借为发，指出兵讨伐夏桀。　㉟有虔：即虔虔，强武貌。秉：执，拿。钺（yuè）：大斧，一种青铜制兵器。马瑞辰《通释》："《字林》：钺，王斧也。故王者亲征，多秉钺。"　㊱曷：通遏，阻止，抗御。　㊲苞：树的根干，喻指夏桀。蘖（niè）：旁生之枝。三蘖：喻指韦、顾、昆吾三国，皆为夏桀盟国。　㊳遂：生。达：长。㊴九有：九州。　㊵韦：国名，亦名豕韦，地在今河南滑县东南。顾：国名，地在今山东鄄城东北。　㊶昆吾：国名，地在今河南许昌东。夏桀：夏朝末代君主，名癸，暴虐荒淫，汤起兵讨伐，败之于鸣条（今河南封丘东）。

# 殷　武①

### （一）

| | |
|---|---|
| 挞彼殷武②， | 武丁大军气势雄， |
| 奋伐荆楚③。 | 奋然前进伐楚荆。 |
| 罙入其阻④， | 深入敌境攻险阻， |
| 裒荆之旅⑤。 | 抓获俘虏结队行。 |
| 有截其所⑥， | 横扫楚国成一统， |
| 汤孙之绪⑦。 | 汤王后代树奇功。 |

### （二）

| | |
|---|---|
| 维女荆楚⑧， | 你们荆楚在远方， |
| 居国南乡⑨。 | 殷商之南地蛮荒。 |
| 昔有成汤， | 古有成汤兴大业， |
| 自彼氐羌⑩， | 遥控远国制氐羌。 |
| 莫敢不来享⑪， | 无人敢不献方物， |
| 莫敢不来王⑫， | 无人敢不拜朝堂， |
| 曰商是常⑬。 | 共尊殷主是明王。 |

### （三）

| | |
|---|---|
| 天命多辟⑭， | 天命诸侯制宏图， |
| 设都于禹之绩⑮。 | 大禹旧迹建国都。 |
| 岁事来辟⑯， | 每年定期来朝见， |
| 勿予祸適⑰， | 不加责罚罪名除， |
| 稼穑匪解⑱。 | 抓好农业莫疏忽。 |

（四）

天命降监<sup>⑲</sup>，　　　　　　　　上天降命视人间，
下民有严<sup>⑳</sup>。　　　　　　　　万民庄敬又谨严。
不僭不滥<sup>㉑</sup>，　　　　　　　　不敢违礼不妄动，
不敢怠遑<sup>㉒</sup>。　　　　　　　　不敢怠惰不偷闲。
命于下国，　　　　　　　　　　天对下国施恩惠，
封建厥福<sup>㉓</sup>。　　　　　　　　大降福禄到身边。

（五）

商邑翼翼<sup>㉔</sup>，　　　　　　　　商都兴盛又繁荣，
四方之极<sup>㉕</sup>。　　　　　　　　辉耀四方是准绳。
赫赫厥声<sup>㉖</sup>，　　　　　　　　声誉赫然传播远，
濯濯厥灵<sup>㉗</sup>。　　　　　　　　光明正大显神通。
寿考且宁，　　　　　　　　　　长命百岁享安乐，
以保我后生<sup>㉘</sup>。　　　　　　　保我子孙永兴隆。

（六）

陟彼景山<sup>㉙</sup>，　　　　　　　　登上大山在云中，
松柏丸丸<sup>㉚</sup>。　　　　　　　　松柏劲挺傲苍穹。
是断是迁，　　　　　　　　　　砍伐大树齐搬运，
方斲是虔<sup>㉛</sup>。　　　　　　　　锯破斧削土木兴。
松桷有梴<sup>㉜</sup>，　　　　　　　　松木方椽质量好，
旅楹有闲<sup>㉝</sup>。　　　　　　　　堂前大柱对长风。
寝成孔安<sup>㉞</sup>。　　　　　　　　寝庙建起慰神灵。

**【注释】**

　　①这是一首立庙祭祀高宗的颂歌。　②挞（tà）：壮武貌。殷武：殷王武丁，即高宗。③荆楚：荆州之楚国。　④罙：深的本字。阻：险阻。　⑤裒（póu）：借为俘，俘虏。旅：众。　⑥截：整齐貌。其所：指楚地。　⑦汤孙：汤的子孙，指武丁。绪：功业。　⑧女：汝。⑨国：指殷商。　⑩氐（dī）、羌：古代两民族名，原居今陕西、甘肃、青海、四川等省。⑪享：奉献。　⑫来王：来朝，朝拜。　⑬常：俞樾《群经平议》："常读为尚，主也。"　⑭多辟（bì）：众诸侯。辟：君。　⑮都：国都。绩：借为迹。禹之绩：马瑞辰《通释》："九州皆经禹治，因称禹迹。"　⑯事：从事，实行。来辟：来朝。　⑰祸：同过，罪过。適：借为谪，谴责，惩罚。　⑱稼穑：指农耕。解：通懈。　⑲监：监察。　⑳有严：严

严，肃敬貌。　㉑僭（jiàn）：越礼。滥：妄为。　㉒怠：懒惰。遑：闲暇。　㉓封：大。厥：其。　㉔翼翼：繁盛貌。　㉕极：准则，榜样。　㉖赫赫：显著貌。声：名声。　㉗濯濯：光明貌。灵：神灵。　㉘后：后代子孙。生：语助词。　㉙陟：登。景山：大山。　㉚丸丸：条直挺拔貌。　㉛方：是。斲（zhuó）：砍，斩。虔：伐，削。　㉜桷（jué）：方形的椽子。有梴（chān）：即挺梴，木材长大貌。　㉝旅：众多。楹（yíng）：堂前之柱。有闲：闲闲，大貌。　㉞寝：寝庙，此指祭高宗之庙。孔安：甚安，大安。